本书出版得到
国家重点文物保护专项补助经费资助

明蓟镇长城

1981～1987年考古报告

第七卷 马兰峪 黄崖关

河北省文物研究所 编著

主　编 郑绍宗

副主编 韩立森 郑立新

文物出版社

2012 · 北京

封面题签　宿　白
盒封照片（金山岭长城）　罗哲文

封面设计　周小玮
责任印制　陆　联
责任编辑　张庆玲

图书在版编目（CIP）数据

明蓟镇长城：1981～1987年考古报告．第七卷，马兰峪、黄崖关／河北省文物研究所编著．—北京：文物出版社，2012.10

ISBN 978－7－5010－3536－6

Ⅰ．①明…　Ⅱ．①河…　Ⅲ．①长城－考古发掘－发掘报告－遵化市－明代　Ⅳ．①K878.05

中国版本图书馆CIP数据核字(2012)第203510号

明蓟镇长城——1981～1987年考古报告

第七卷　马兰峪　黄崖关

河北省文物研究所　编著

*

文 物 出 版 社 出 版 发 行

北 京 市 东 直 门 内 北 小 街 2 号 楼

邮政编码：100007

http：//www．wenwu．com

E－mail：web@wenwu．com

北京中达兴雅印刷有限公司印刷

新　华　书　店　经　销

889×1194　1/16　印张：23.25

2012年10月第1版　2012年10月第1次印刷

ISBN 978－7－5010－3536－6　定价：330.00元

总　目

目　次

附 表

实测图目次

图版目次

第十三章　马蹄峪　罗文峪　沙坡峪长城

（第十一测区长城［属松棚路］）

第一节　马蹄峪—沙坡峪边墙建筑遗迹

本测区是1983年3月调查的，自东而西从遵化的马蹄峪口西侧开始向西沿长城线调查，直到西边的沙坡峪，敌台从1号编到64号。64号敌台位于沙坡峪河东岸，向西越过沙坡峪口，再西行265米与第十测区的第159号敌台相接（图［11］001~023）。

这一带的长城主要修筑在燕山脊南麓的中山区，一般海拔300~500米左右，但长城北面的山势险峻陡峭，南坡则较平缓。

本测区共调查：

主体长城	16197.8米（其中砖墙1786.3米、石墙14411.5米）
附墙体（拦马墙）	1691米（其中窄石墙409米、拦马墙1282米）
敌台	64座
炮台	2座
烽墩	12座
房基	6座
口门	9座
城堡	9座
便门	3座
战台	2座
石碣	4块

下面从马蹄峪口向西记述：

马蹄峪口

位于马蹄峪村北1000米小河的河道上，小河由北向南流，是一峡谷的洼地，东、西两面皆山，口门原建在这个季节河的河道上。河名马蹄峪东河。河流的东北是一条通往兴隆和遵化的公路，路宽4米，东西依山，公路西越口子紧接马蹄峪台1号。

传说口门有水门洞，今已痕迹全无。《四镇三关志》："马蹄峪关，洪武年建。正关、稍城俱通骑极冲，余通步缓。”[①] 口门的东西两侧为长城，墙体多遭破坏，越河西30米的山坡上有敌台残迹，编为1号。以马蹄峪为敌台编号的字头。

口门前1000米为马蹄峪东河的西岸，有马蹄峪堡城，关于堡城的情况，另文记述。

（一）马蹄峪台1号

位于口门西30米处的山坡上。

台体早年已毁，只存残迹。砖石结构。平面方形，边长6、存高1.5米。

主体墙从马蹄峪台1号沿山坡攀高西行60米为马蹄峪台2号。墙体系毛石白灰砌筑，宽3、高4米。

（二）马蹄峪台2号

位于马蹄峪口西山坡上，由东往西地势逐渐升高。

楼体早年被毁，已成一堆废砖石。平面方形，边长6、存高1.5米。

主体墙由东行向西山高地，从马蹄峪台2号到马蹄峪台3号为297米。墙体为毛石白灰砌筑，宽3、高4米。马道铺以薄石板。

（三）马蹄峪台3号

位于马蹄峪口西山坡上。

楼体毁坏严重，砖石结构。平面方形，边长9、存高3米。

主体墙从马蹄峪台3号到马蹄峪台4号为204米。墙体两侧用毛石加白灰砌筑，内填碎石、沙子，宽3、高2.5米。在马蹄峪台4号西100米处有一段墙体，垛口墙为砖砌。

（四）马蹄峪台4号

位于台庄村西南500米的山冈上。东为马蹄峪口。

楼体早年毁坏，仅存楼基。基底用三层条石平铺，以上用砖。平面近方形，东西12、南北11.8、存高3米。楼体存高2、总高5米。存有残墙。从马蹄峪台4号到马蹄峪台5号为127米。中途经过便门1号。

便门1号

楼体东南侧墙体上有一便门（内口门），门高1.7、宽2米。门前有石阶10层，长1.6米，宽、高均为0.2米。进门后由台阶上马道，上口长7米。

（五）马蹄峪台5号

位于台庄村西南600米处的山梁上，东为马蹄峪口。

楼体已毁，存楼基。基底用毛石白灰砌筑。平面近方形，东西8.9、南北9、存高5.2米。

主体墙从马蹄峪台5号到马蹄峪台6号为15米。台墙不连。台北侧墙体保存完好，为毛石白灰砌筑，宽3、高4米。

---

① （明）刘效祖：《四镇三关志·形胜》，三十二乙，中国科学院图书馆藏本。

（六）马蹄峪台 6 号

位于马蹄峪台 5 号西南 15 米处，在墙体内侧。

楼体已毁。平面方形，边长 7.5、高 5.2 米。

主体墙从马蹄峪台 6 号到马蹄峪台 7 号为 122 米。墙体为毛石白灰砌筑，保存较好，高 3.2、宽 4 米。从此往西部分砖砌。

（七）马蹄峪台 7 号

位于台村西南，在马蹄峪口西。

楼体呈方柱形，已毁。现存东墙和西墙。

基底用三层条石平铺，以上砖铺到顶。基底平面方形，边长 10、高 4.5 米。通高 7 米。现存的东、西两墙上还有六个箭窗和三个券门。一箭窗宽 0.42、高 0.85 米。内窗龛进深 1.4、高 2 米。券门宽 1.37、高 2 米。

楼内原有三道筒拱和两道隔墙。筒拱宽 1.85 米，隔墙宽 1.3 米。墙上有三座券门。

主体墙从马蹄峪台 7 号顺山势西行 80 米到马蹄峪台 8 号。墙体为毛石白灰砌筑，宽 3.5、高 4 米。

（八）马蹄峪台 8 号

位于侯家寨公社蔡家峪大队东北 100 米处，在蔡家峪口东 500 米处的山脊上。在兴隆县大庄村东南 1500 米处。

楼体为方柱形，早年已塌陷。现存南、北、西残墙。

基底用三层条石平铺，以上砖铺，用白灰勾抹。平面方形，边长 9、基高 3.1 米。

楼体砖砌。西墙有一门两箭窗。门券宽 0.8、高 1.85 米。墙厚 0.35 米。箭窗宽 0.6、存高 0.3 米。墙厚 0.2 米。窗内龛高 2.1、宽 0.9、进深 1 米。

南北两侧墙箭窗的尺寸与上相同。

楼内有三道东西向筒拱，中间设两道隔墙。筒拱长 7.2、宽 1.6、高 2.8 米。隔墙上各有三个券门，门宽 1.3、高 2.3 米。

顶部已毁，仅存四框，框长 8.7、宽 8.7 米。

楼体通高 9.3 米。其中楼基高 3.1、楼体高 6.2 米。

主体墙从马蹄峪台 8 号到马蹄峪台 9 号为 266.5 米。墙体由东而西随山势降低了高度。墙体由毛石白灰砌筑，宽 2.5、高 4 米。

（九）马蹄峪台 9 号

位于蔡家峪口东面的山梁上。

楼体已毁，仅存楼基。平面方形，砖石结构。边长 10、存高 3 米。

楼南侧有一分支窄墙延山体南行 380 米而止，已接近蔡家峪村北。此墙宽 2.1、存高约 1.5 米。

主体墙从马蹄峪台 9 号到马蹄峪台 10 号为 220 米。墙体为毛石砌筑，宽 2.5、高 3～4 米。由东山上直下到两山间的谷地——蔡家峪口。

蔡家峪口

位于蔡家峪河—蔡家峪东河的河谷上游，东西两山为峡谷之地。口北 2000 米是黑石沟自然村，南 1000 米则是南流的蔡家峪东河。

现口门处存有一座砖砌水门洞，门道宽 9、进深 10 米。小门左右有平台，西面长 15、宽 10 米。东西紧靠马蹄峪台 10 号。该敌台是专为守卫这座山口而设，口门左右的平台上原可能有建筑，今已不存。蔡家峪口南有寨，即今北营房旧址。

（一〇）马蹄峪台 10 号

位于兴隆县黑石沟南，在大左村东南 2000 米处，在蔡家峪北 1000 米口门的东侧。

楼体早年被毁，仅存残基址。砖石砌筑。平面近方形，东西 10.5、南北 12.5、高 5 米。

马蹄峪台 10 号西侧为水门洞——蔡家峪口，再往西越水门西平台直上山坡北行 204 米到达马蹄峪台 11 号。

墙体建在口门西侧向北拐弯直上处，毛石白灰砌筑，宽 2.5、高 3 米。

（一一）马蹄峪台 11 号

位于蔡家峪口门西山坡北侧。

楼体已被破坏，仅存基址。

基底用条石铺砌，上用条砖平铺到顶。平面长方形，东西 9.5、南北 12.5、高 3 米。

主体墙从马蹄峪台 11 号西北行 216 米到达马蹄峪台 12 号。墙体为毛石干砌，宽 2.5、高 3～4 米。在敌台西北侧有一便门，拱券已不存，门宽 1 米，门内有长 6 米的台阶通向马道。

（一二）马蹄峪台 12 号

位于蔡家峪口北，在南距蔡家峪村 1500 米的一个山头上，在主体墙内侧（南）3.2 米处。

楼体破坏严重，已成废墟。基底平面方形，边长 8、存高约 3 米。

主体墙从马蹄峪台 12 号向北偏西行 150 米到达马蹄峪台 13 号。墙体为毛石干砌，宽 4、高 3 米。

（一三）马蹄峪台 13 号

位于朱家峪东的山梁上，其北为黑石沟的散落民居。

楼体早年已毁，存基底。平面长方形，东西宽 11、南北 8、存高 3.2 米。

主体墙从马蹄峪台 13 号西行，由山顶向沟谷底延伸，直到朱家峪口，到口门西侧的马蹄峪台 14 号为 366 米。墙体用毛石干砌，宽 2.5～4、高 2～3 米。

朱家峪口（秋科峪小口）

位于马蹄峪台 14 号东的两山峡谷之地，为马蹄峪口的第三道沟。山势北高南低，中间有小河南流。此地叫秋科峪北湾，也有叫“秋科峪（东）小口”的，属秋科峪寨下。因其南为朱家峪村故名朱家峪口。

口门早年已毁，现存水门洞基址，宽 10、进深 4 米，其他无存。口西即为马蹄峪台 14 号。

（一四）马蹄峪台 14 号

位于秋科峪北 1500 米的北湾处，在朱家峪口西侧（即秋科峪小口西侧），东西皆为高山。

楼体破坏严重，砖石结构。基底平面方形，边长10、高约3米。

主体墙从马蹄峪台14号向山上西行174米到达马蹄峪台15号。有130米为毛石白灰砌筑，唯北侧（外面）又加固一层厚0.6米的砖。从130米处往西为毛石干砌。石墙宽4、高3～4米。顶部有残垛口墙，墙高1.5、宽0.4米。

（一五）马蹄峪台15号

位于秋科峪小口西的山脊上，其南1000米为秋科峪村。

楼体早年毁坏，存基址。砖石结构。平面近方形，东西10、南北8、高2米。

主体墙从马蹄峪台15号西行222.5米到马蹄峪台16号。石墙体越过馒头形山顶，两侧为窄沟，南北山峦起伏。墙宽2.5、高1～2米。中途经过炮台1号。

炮台1号

位于马蹄峪台15至16号之间墙体内侧的山顶上。毛石干砌，平面方形，边长8.5、存高1.6米。

（一六）马蹄峪台16号

位于秋科峪村北1000米馒头形的高山上，东西皆为窄沟，高于附近众山。

楼体已彻底毁坏，只存一堆废砖石。平面长方形，东西10、南北8、高1.5米。

主体墙从马蹄峪台16号沿馒头形山山脊西行208米到达马蹄峪台17号。墙体为毛石干砌，是宽2、高2米的小窄墙。

（一七）马蹄峪台17号

位于秋科峪村北馒头形山西侧的山脊上。

楼体早年被毁，仅存北墙和一道东西筒券。基底系用四层条石平铺，以上砖铺。平面方形，边长10、基高2.7米。通高（加楼体）7.7米。

北墙存有四个箭窗，窗宽0.6、高1米。窗内龛宽1.4、高1.9米，墙厚0.65米。

楼内原有东西筒拱式通券和隔墙，结构皆已毁坏。

主体墙从马蹄峪台17号到达马蹄峪台18号为410米。墙体沿山体弯曲西行，系毛石干砌，宽3、高4米。中间有一因上下墙道而形成的豁口（图版［11］001）。

（一八）马蹄峪台18号

位于秋科峪口东侧山体上。其南1000米为秋科峪村，西北为梁东村，西为秋科峪口门。

楼体早年被人为破坏，仅存基址。砖石结构。基底平面方形，边长8、存高2米。

主体墙从高山直下行140米到山谷底为秋科峪口，过该口再向西，沿山坡西行到马蹄峪台19号。从马蹄峪台18号到马蹄峪台19号为390米。

秋科峪口

位于秋科峪村北1000米的河谷地，北为大厂村，东西连山，是峡谷道口连接山区和平原的要冲。中间有一道小河，自北向南流，河东有一条宽2米的土路通往关内外。

口门原为水门洞式，宽10米左右，现基础皆无，只存小河通过处的豁口一道。

秋科峪口为秋科峪正关的北口，据《四镇三关志》："秋科峪寨，洪武年建正关，秋科峪东空山墩、猪尿墩通骑冲，余通步缓。”① 现秋科峪村即为当年该寨堡所在地。

（一九）马蹄峪台 19 号

位于秋科峪口西北 150 米处的山坡上。

楼体早年已毁，只存一堆废砖石。平面方形，边长 7、高约 2 米。

主体墙从马蹄峪台 19 号偏西北又偏西行 161 米到达马蹄峪台 20 号。墙体为毛石加白灰砌筑，宽 2.5、高 4 米。顶部垛口墙已毁。

便门 2 号

马蹄峪台 19 号西侧的墙体内有一便门，门外存有石阶十五层，长 3、宽 1.5 米，进入便门即可达马道。

（二〇）马蹄峪台 20 号

位于秋科峪村北 1000 米处，西北 500 米为大佐村，北 1000 米为大厂村。

楼体早年已毁，只存楼基。平面方形，边长 10、存高 2.5 米。

主体墙从马蹄峪台 20 号南行到马蹄峪台 21 号为 209 米。墙体为毛石白灰砌筑，宽 3.4、高 3.5 米。顶存部分垛口墙，墙宽 0.7、高 1.6 米。

（二一）马蹄峪台 21 号

位于大佐村南甘查峪西北的山梁上。

楼体早年被毁，仅存基址。砖石结构。平面方形，边长 10.1、高 2.5 米。

主体墙从马蹄峪台 21 号西南行到马蹄峪台 22 号为 305 米。墙体保存较好，毛石白灰砌筑，宽 3.5、高 4.2 米。墙顶存部分垛口墙。大石料皆经过修整。在马蹄峪台 21 号楼内发现万历二年（1574 年）敌楼鼎建碑一块。碑中间曾被凿为三段。碑周有一圈忍冬纹，碑头圆形，中间楷书阴刻“碑记”二字。字左右为云纹图案。碑长 110、宽 59、厚 15 厘米。自右而左刻楷书十三行，每行三十字左右。现抄录于后：

> 万历二年夏五月吉日阅视蓟辽保定等处□□□右侍郎兼都察院右佥
> 都御囸歙县□道昆总督蓟辽保定等处军务□□饷都察院右都御史兼
> 兵部右侍郎□县刘应节整饬蓟州等处边备□□抚顺天等府地方都察院
> 右副都御史膚施杨兆巡按直隶监察御史平□□整饬蓟州等处地方兵
> 备山西布政使司右参议兼佥事泾阳王之弼□□□事务兼镇守蓟州永
> 平山海等处地方总兵官中军都督府左都督□□□光协守蓟州东路等
> 处地方分理□兵事务副总兵官都指挥佥事□□□□督军门中军参将
> 都指挥山□□枝抚院中军游击将军都指挥□□□□下游击将军都指
> 挥义乌□□□管理练兵事务兼蓟镇中军都□□□□台州崔经分守松棚
> 谷等处□□□击将军都指挥佥事永平谷承□□标下委官松棚谷路
> 练兵千□□□余金荣提调罗文谷以都指挥佥□乌金福松棚谷路中军千

① （明）刘效祖：《四镇三关志·形胜》，三十二乙，中国科学院图书馆藏本。

户镇朔□□□休千总武举遵化县陈良策把□□镇朔卫百户孟尚仁千户李镛□……□鼎建。

(二二) 马蹄峪台22号

位于大佐村南甘查峪西山梁上。

楼体已毁坏，仅存残基。砖石结构。平面方形，边长10、存高2.5米。

从敌楼北墙向北出15米，然后西拐，修筑有一道和墙体平行的拦马墙（削坡），拦马墙和主体墙保持有15米的间距。

主体墙从马蹄峪台22号到马蹄峪台23号为157米。墙体为毛石白灰砌筑，墙宽3、高4米。存有部分垛口墙。

(二三) 马蹄峪台23号

位于大佐村南甘查峪西山上。

楼体早年毁坏，存残基。砖石结构。平面近方形，东西9.5、南北11、存高2.5米。

主体墙从马蹄峪台23号到马蹄峪台24号为157米。墙体为毛石白灰砌筑，向西延伸，墙宽3、高4.5米。

拦马墙

拦马墙在主体墙北并与之平行，两者间距15米。从马蹄峪台21号到马蹄峪台23号拦马墙长451米，墙北形成一道直立的削坡，直立面石砌，顶与墙体基部平齐。墙高3、宽2.1米。

(二四) 马蹄峪台24号

位于甘查峪西、大佐村南1000米的山梁上。附近山势平漫。俗称“新楼洼”。向东1000米是秋科峪，向南2000米是下营村。

楼体为梯柱形，保存较好。

楼基底平铺三层条石，高1.1米。以上砖铺，白灰勾缝。楼基平面方形，边长12.8、楼基高4.1、通高8.2米。

楼体东墙有一门两箭窗，南墙有一门三窗，西墙有三箭窗，北墙有四箭窗（图［11］024；图版［11］002）。

东墙门位于南侧，门宽0.8、高1.9、门边墙厚0.35米。南墙门位于西侧。

门内券进深0.9、宽1.28、高2.1米。门下有门枕石，上凿门槛和门臼窝。门枕石宽0.5、长1.35米，门槛外宽0.25、内宽0.2米。南墙门同。

东墙箭窗宽0.65、高1.15米。窗内龛宽1.2、高1.85、进深0.95米。窗边墙厚0.4米。余南、西、北墙箭窗与东墙箭窗相同（图［11］025）。

楼内有东西向三道筒拱和中间两道隔墙。筒拱东西长9.8、宽2.4、高3.4米。两边墙各有四个券门，门宽1.15、高1.8、券门间相距1.75米。

室内东西10、南北10米。在室内顶东侧设一梯井口，东西1.2、南北1.3米，可登软梯到达楼顶部。

楼顶　原设楼橹早年已毁，仅存基址。东西6.7、南北3.35米。楼橹四墙分别东距垛口墙4.8、北距垛口墙2.9、南距垛口墙3、西距垛口墙1.7米。

残存部分垛口墙，墙高1.4、宽0.9米，垛口高0.25、宽0.2米。楼顶东西12、南北12米。

在该楼北侧与拦马墙之间有一处房基（未编号），两间，一间南北长6.66、宽2.2米，南与楼体相接；另一间在西侧，东西5、南北2.5米。

主体墙从马蹄峪台24号到马蹄峪台25号为87.5米。墙体为毛石砌筑，用白灰勾抹。宽4.3、高3.6米（图版［11］003）。

墙体北侧仍有石砌拦马墙向西延伸，两墙间距15米，墙宽2.1、存高2.95米。

（二五）马蹄峪台25号

俗称“新楼洼”楼。位于马蹄峪台24号以西，两者相距不远，皆保存较好。

楼体为梯柱形，砖石结构。基底用三层条石平铺，以上用砖和白灰砌到顶。平面方形，东西12.7、南北12.7、基高4.5、通高9米。

楼体四墙　西墙有一门二箭窗，东墙有三箭窗，南、北墙各有四箭窗。

门在西墙南侧，门宽0.8、高1.8米。门墙厚0.26米。门内券宽1.2、高1.9、进深1.05米。

各墙箭窗尺寸皆同。窗宽0.59、高1米。窗边墙厚0.3米。窗内龛宽1.35、高1.9、进深0.97米。

楼内有东西向三道筒拱，中间有两道隔墙和四个券门。筒拱东西长10、宽2.4、高3.1米。隔墙厚1.4米。隔墙上的四个拱券门相同，门宽1.17、高1.85米。每个拱门间隔1.7米。

楼顶　梯道口设在东侧，东西宽1.3、南北长1.4米。

顶部平面方形，楼橹早年已毁。基址东西6.75、南北3.6米。楼橹四周距垛口墙东3、西1.7、南5、北2.9米。垛口墙高1.4、宽0.4米，垛口宽0.2、高0.25米。

主体墙从马蹄峪台25号到马蹄峪台26号为125米。墙体下为毛石白灰砌筑，顶部的垛口墙为条砖砌成。墙体宽4.2、高3米。

拦马墙

从马蹄峪台25号到马蹄峪台26号墙体北侧的拦马墙，以壕沟形式代替，即在主体墙外挖取深壕以阻骑兵。壕沟深2、宽3～4米。

（二六）马蹄峪台26号

位于罗文峪东北的山梁上，北为大佐村。

楼体已毁，仅存基址。基底有一层条石，以上白灰砖砌。平面近方形，东西10、南北11、存高4米。

主体墙从马蹄峪台26号到马蹄峪台27号为256米。墙体皆为毛石白灰砌筑，顶部平铺大石板，垛口墙为砖砌。墙宽3.8、高4.6米。墙北的拦马墙——壕沟与主体墙仍保存有15米间距，且壕沟较深。

（二七）马蹄峪台27号

位于罗文峪口东北700米的山梁上，北为正北峪。

楼体早年坍塌，现存楼基。基底铺条石一层，以上铺砖。平面近方形，东西9.5、南北9、高

4 米。

北墙有三个箭窗和半个通券。北墙所存箭窗宽 0.6、高 0.95、墙厚 0.43 米。中室通券高 3.6、宽 2.1、长 8 米。其他不存。

主体墙从马蹄峪台 27 号到马蹄峪台 28 号为 143 米。墙体为毛石白灰砌筑。墙宽 3.1、高 2.5 米。其中有 15 米为单墙，宽 0.5、高 3.7 米。

（二八）马蹄峪台 28 号

位于罗文峪东北 1250 米的山梁上。

楼体早年毁坏，今存楼基。砖石砌筑。平面方形，边长 12、存高约 3 米。

主体墙从马蹄峪台 28 号到马蹄峪台 29 号为 155 米。墙体为毛石白灰砌筑。宽 4.2、高 5 米。

（二九）马蹄峪台 29 号

位于罗文峪东北 1000 米墙体内侧的山包上，北距墙体 10 米。

楼体已毁，仅存楼基（图版［11］004）。基底用三层条石平铺，以上用条砖白灰砌筑。平面方形，边长 11、存高 2.4 米。

主体墙从马蹄峪台 29 号到马蹄峪台 30 号为 152 米。墙体保存完好，均为毛石白灰砌筑。呈东北—西南走向，墙宽 3、高 3.1 米。

马蹄峪台 30 号东 20 米处有一小口。

于家峪口

位于马蹄峪台 30 号东 20 米处，口门宽 3 米，门道长 3 米，其他早年已毁。《四镇三关志》罗文峪下："于家峪关，洪武年建，通大川，平漫通众骑，极冲。"①

（三〇）马蹄峪台 30 号

位于罗文峪东北 1000 米的山梁上。

楼体早年已毁，仅存残基。砖石结构。平面近方形，东西 9、南北 10.8、存高 3.5 米。

主体墙从马蹄峪台 30 号西南行 122 米到达马蹄峪台 31 号。墙体基本完好，毛石白灰砌筑。宽 4、高 3.5 米。

从马蹄峪台 30 号向北 94 米在山体脊部有一四边形烽墩。

烽墩 1 号

石砌，东西长 18、南北宽 10 米。再北而西有一道拦马墙。

拦马墙从烽墩北行 50 米后沿山坡而下西行至罗文峪口北河边，为窄体墙，全长 409 米。墙宽 2.5、存高 1 米。

（三一）马蹄峪台 31 号

位于罗文峪口东北 300 米的山梁上。

楼体已毁。基底以三层条石平铺，以上用砖和白灰勾抹。平面近方形，东西 10.5、南北 11、高

---

① （明）刘效祖：《四镇三关志·形胜》，三十二乙，中国科学院图书馆藏本。

4 米。

主体墙从马蹄峪台 31 号西行 205 米到马蹄峪台 32 号。马蹄峪台 31 号以西 30 米以内墙体为石砌，30 米以外墙体用砖砌。因接近罗文峪口墙体被加固，墙内用碎石沙土充填。墙宽 2.5、高 3 米。

（三二）马蹄峪台 32 号

位于罗文峪口东 90 米处的山梁上。四周是果园，西下谷底 100 米为罗文峪河和罗文峪口子。

楼体已毁，顶部大部分坍塌，今存楼岔子。基底平铺五层石条，以上砖铺，白灰勾抹。基底保存完好。平面方形，边长 11.9、基高 4.8、通体高 10.2 米。

楼体砖砌，存高 5.4 米。东墙有一门两箭窗，西墙已毁，南、北两墙各有四箭窗。

门已毁坏，尺寸不详。各箭窗的尺寸相同。窗宽 0.7、高 1.2、墙厚 0.45 米。窗内龛宽 1.65、高 2.55、进深 0.6 米。

楼内有东西向三道筒拱和两道隔墙。三道筒拱的尺寸相同，通长 8.8、宽 2.1、高 4.2 米。隔墙上各有三个券门，门宽 1.35、高 2.3 米；门与门间距 1.25 米。墙体内部平面东西 8.8、南北 9.1 米。

楼顶结构已毁。

主体墙从马蹄峪台 32 号到马蹄峪台 33 号为 56 米。墙体为砖砌，大部完好。宽 3.2、高 3～4 米。部分基石被拆走。

（三三）马蹄峪台 33 号

位于罗文峪口东岸山坡 34 米处，在罗文峪村东北 100 米处。

楼体全部被毁，仅存残迹。平面方形，边长 11、存高 1.5 米。

在马蹄峪台 33 号以东山坡上，利用主体墙的一部分，砌有一座小城。

罗文峪口东小城

东小城是利用马蹄峪台 31 号到马蹄峪台 32 号墙体为北垣，长 205 米；又利用马蹄峪台 32 号到马蹄峪台 33 号墙体为西垣，长 56 米；从马蹄峪台 31 号沿山体向南筑垣 96.5 米，然后直拐向西筑垣 205.5 米与马蹄峪台 33 号相接，形成平面东西为长方形的砖石砌筑的小城，当是长城墙体内的又一道防线。小城保存基本完好，砖石砌筑。墙宽 3.2、高 3～4 米。墙体总长 383 米（图［11］037）。

城内未发现遗物。

主体墙从马蹄峪台 33 号西行 34 米到达罗文峪口。

罗文峪口

位于侯家寨公社罗文峪关城东北，口两侧形成峡谷。口东有一河自北向南流，口西为罗文峪关城北垣。口东山势较高，口西山势平缓，其南为罗文峪关城，口北有一道拦马墙。

口门早年已毁，原为砖筑，今不存。口门东小河上传说有水栅门，惜早年已毁。在口门位置有今兴隆—遵化公路南北通过。口西 69 米为马蹄峪台 34 号。主体墙为关城北垣。

拦马墙

位于罗文峪口北，横跨公路和小河，有一道从东而西的拦马墙位于山神庙两侧。墙多已毁坏，据痕迹推测长约 150 米。

主体墙从马蹄峪台 33 号到马蹄峪台 34 号为 103 米。

（三四）马蹄峪台 34 号

位于罗文峪村，在罗文峪城内小城北垣、也是主体墙的中间。

已全部毁坏，仅存痕迹。平面方形，边长 11、存高 1.5 米。

主体墙从马蹄峪台 34 号西行 151 米为马蹄峪台 35 号。墙体北面为兴隆—遵化公路。砖砌墙宽 5.8～7、高 4 米左右。

（三五）马蹄峪台 35 号

位于罗文峪关城西部的高地上。

楼体破坏严重，只存残迹。平面方形，边长 11、存高 2 米。

楼体南侧为罗文峪大城西垣的南行部分，东为大城北垣。

主体墙从马蹄峪台 35 号随山势升高而沿山麓北行，行 157 米到达马蹄峪台 36 号。

（三六）马蹄峪台 36 号

位于罗文峪西北，其北为正北沟。

楼体已毁成废墟。平面方形，边长 10、存高 1 米。

主体墙从马蹄峪台 36 号沿山麓北行 139 米到达马蹄峪台 37 号。墙为毛石白灰砌筑，宽 3.8、存高 0.5 米。毁坏严重。

（三七）马蹄峪台 37 号

位于兴隆—遵化公路西面的高山上。

楼体破坏严重，仅存基底。基底用三层条石平铺，高 0.8 米，以上砖砌，存残墙一面。平面方形，边长 11、高 3.5 米（图版［11］005）。

主体墙从马蹄峪台 37 号到马蹄峪台 38 号为 180 米，墙体沿山麓东侧北行。保存较好，毛石白灰砌筑，宽 3.8、高 4 米。

（三八）马蹄峪台 38 号

位于罗文峪村北 350 米的高山上。

楼体早年倒塌，仅存西、北两墙和楼基。基底以四层条石平铺，以上用砖。平面近方形，东西 10、南北 9.5、存高 4.2 米。

西墙有三箭窗，北墙有四箭窗。以北墙箭窗为例：窗宽 0.7、高 10.5、墙厚 0.3 米；箭窗内龛宽 1.35、高 2.4、进深 0.8 米。

楼内有三道筒拱和两道隔墙。筒拱宽 1.8 米，长度不详。

该楼用砖长 0.44、宽 0.21、厚 0.91 米。

主体墙从马蹄峪台 38 号到马蹄峪台 39 号为 108.5 米，墙体为毛石白灰砌筑，沿山麓北行。宽 3.2、高 3.5 米。垛口墙已毁。

（三九）马蹄峪台 39 号

位于罗文峪村北 400 米处。

楼体已毁，基底用三层条石平铺，以上砖砌。平面方形，边长 11、高 3.5 米（图版［11］006）。

主体墙从马蹄峪台 39 号到马蹄峪台 40 号为 161 米。墙体保存基本完好，毛石白灰砌筑，宽 3、高 3.5 米。

（四〇） 马蹄峪台 40 号

位于罗文峪村西北 500 米处。

楼体已毁，仅存基址。基底用三层条石平铺，以上用砖，白灰勾抹。平面方形，边长 11、高 2.4 米。该楼西侧有一台阶，长 4 米。

主体墙从马蹄峪台 40 号到马蹄峪台 41 号为 71.1 米，中途经过一座口门（猫儿峪口）。墙体为毛石白灰砌筑，宽 4.5、高 3.7 米。

猫儿峪口（敌楼口）

为一小口，见于记载。一般群众呼为猫儿峪口或“敌楼口”。位于马蹄峪台 41 号南 45 米处，在兴隆猫儿峪村南 100 米远的山沟沟脑上部。北通正北峪，南 500 米通营子小城，再南通罗文峪村，是罗文峪西北的一处重要隘口。

口门建筑已无，仅存一边长 10 米的建筑基址，形同豁口。现口门宽 1.8、门洞进深 4.5 米，拱门已毁。

《四镇三关志》：“猫儿峪寨，洪武年建，通大川，平漫通众骑极冲。”[①] 猫儿峪口即在猫儿峪寨北面，是长城上的一处口门，建于洪武年间。当年的猫儿峪寨应即该口南 500 米处的小城，今名为营子村的地方。

（四一） 马蹄峪台 41 号

位于罗文峪村西北 500 米处无名口的西面。

该楼早年已毁。基底为砖石覆盖。平面方形，边长 10、高 4 米。现存东西筒拱一段，宽 1.2、高 1.8 米。

主体墙从马蹄峪台 41 号向北偏西行 103.5 米到马蹄峪台 42 号。墙体为毛石白灰砌筑，宽 2.8、高 6.2 米。其中 25 米长一段墙体外加一层包砖，宽 1、高 2.5 米。墙上垛口不存。

（四二） 马蹄峪台 42 号

位于敌楼口西侧的山包上。

楼体早年破坏，仅存基址。平面方形，边长 9、高约 2.5 米。

便门 3 号

在马蹄峪台 42 号南侧墙体上有一便门，门已毁。从墙体上墙道由西向东进 2 米，又向南上 4 米达墙顶，路宽 1.5 米。墙体保存基本完好，唯垛口墙不存。毛石白灰砌筑，宽 3、高 4 米。

主体墙从马蹄峪台 42 号随山体突成直角向西拐，沿西山脊而西行，行 75 米到达马蹄峪台 43 号。

拦马墙

从马蹄峪台 42 号西行的墙体，内外各有一道拦马墙，拦马墙与主体墙东西平行，墙北的一道拦

---

① （明）刘效祖：《四镇三关志·形胜》，三十二乙，中国科学院图书馆藏本。

马墙与主体墙间隔 15 米，墙南的一道拦马墙与主体墙间隔 15～50 米。北道（即墙外）拦马墙从马蹄峪台 42 号西行 200 米到马蹄峪台 44 号止；南面（即墙外）的拦马墙从马蹄峪台 42 号西行到马蹄峪台 45 号而止，长 260 米。墙宽 2、高 0.5～1 米。

烽墩 2 号

位于马蹄峪台 42 号北 200 米处的山顶上。石砌。边长 8、高 2 米。

（四三）马蹄峪台 43 号

俗称“底楼”。位于马蹄峪台 42 号以西。

楼体已彻底毁坏。砖石结构。基底平面方形，边长 10、存高 1.5 米。

主体墙从马蹄峪台 43 号西行 97 米到达马蹄峪台 44 号。石墙宽 3、高 3 米。

（四四）马蹄峪台 44 号

位于西沟北的山梁上。

楼体毁坏，已成废墟。基底平面方形，边长 10、存高 1.5 米。

主体墙从马蹄峪台 44 号到马蹄峪台 45 号为 70 米。石砌，墙宽 3.5、高 3 米。

（四五）马蹄峪台 45 号

位于西沟北的山梁上。

楼体已毁。砖石砌筑。基底平面方形，边长约 10、高 1 米。

主体墙从马蹄峪台 45 号西南行 275 米到马蹄峪台 46 号，中途经过房基 1 号。石墙宽 3、高 3.5 米。

房基 1 号

位于马蹄峪台 45 号西南 45 米的墙体内侧。石筑，现存四墙。平面长方形，东西 8.5、南北 4、存高 1 米。

（四六）马蹄峪台 46 号

俗称“药景楼”。位于西沟村北的山梁上，向东 500 米为罗文峪村。

楼体已坍塌，存楼基和北、东、西墙各一部分。

基底以三层条石平铺，以上砖砌。平面方形，边长 10、基高 5.2、通高 9.2 米（图版［11］007）。

楼体用长方砖，以白灰勾抹。北墙存四箭窗，窗宽 0.65、高 1、墙厚 0.4 米。东、西墙各有一箭窗，尺寸同上。

楼内有三道筒拱和二道隔墙，筒拱宽 1.4、长 7.7 米，高度不详。

楼体高 4 米，残墙总高 9.2 米。

主体墙从马蹄峪台 46 号到马蹄峪台 47 号为 223 米。中途经过房基 2 号。墙体沿山势脊部西南行，毛石白灰砌筑，宽 3、高 3.2 米。顶部垛口墙存高 1、宽 0.6 米。内无宇墙建筑。

房基 2 号

位于墙体内侧。石砌，平面近方形，东西 8.5、南北 9 米。

(四七) 马蹄峪台47号

位于西沟村西北的山脊上。

楼体已毁，仅存楼基。平面方形，边长13、存高4米。

主体墙从马蹄峪台47号沿山脊走向西南行278米到马蹄峪台48号。墙体为毛石白灰砌筑。宽3、高4米。顶部只有垛口墙而无宇墙。垛口墙存高0.9米。中途经过烽墩3号。

烽墩3号

位于马蹄峪台48号墙体南侧。毛石砌筑。平面近方形，东西6、南北6.8米。

(四八) 马蹄峪台48号

位于山寨峪东2000米的山脊上。

楼体早年被毁，仅存楼基。砖石结构。平面方形，边长10、存高4米。

主体墙从马蹄峪台48号沿山脊向西延伸，行971米到达马蹄峪台49号。此段墙体为毛石白灰砌筑，以碎石、沙土填心。有的地方保存较好，一般宽3、高4米。顶部存部分垛口墙，墙宽0.6、高0.8米。中途经过烽墩4号。

烽墩4号

位于马蹄峪台48号西南墙体内侧。石砌。平面方形，东西4.5、南北5、高约1米。

烽墩4号以西墙体保存较好。毛石白灰砌筑，宽3、高4米。顶部存部分垛口墙，垛口墙高1.8、宽0.4米；垛口高0.75、宽0.9米，箭孔宽0.25、高0.3米。箭孔与箭孔之间相隔2.8米。

此段墙体分为三段，中间砖砌，两端用毛石白灰砌成。

(四九) 马蹄峪台49号

位于曹家堡公社前、后章子村北1500米的山梁上，西距山寨峪口900米。

楼体已塌，楼基和部分墙体保存。基底用二层条石平铺，高0.9米，以上用砖。平面方形，边长11、高3.9米（图版［11］008）。

楼体仅存南墙，有二箭窗，窗宽0.7、高1米，墙厚0.35米。窗内龛宽1.05、高约2、进深0.7米。因毁甚，其他尺寸不详。

主体墙从马蹄峪台49号到马蹄峪台50号为727.4米，中途经过烽墩5号。墙体为砖砌，以条石为基，宽4、高3.5米。马道用砖铺砌。有垛口墙而无宇墙。垛口墙宽0.35、高1.8米，垛口宽0.6、高0.8米。

烽墩5号

位于马蹄峪台49号以西427米处，在墙体南侧。

因遭破坏，现仅存残迹。石砌。平面方形，边长8、存高1米。

(五〇) 马蹄峪台50号

位于山寨峪口东偏南400米的山梁上，在山寨峪口东南。

楼体早年被毁，仅存基址。基底以四层条石平铺，以上用砖，白灰勾抹。平面近方形，东西11.2、南北12、高4.8米。

主体墙从马蹄峪台 50 号到马蹄峪台 51 号为 118 米。墙体从东山沿坡西下进入山寨峪沟谷的口门子，西为从山寨峪南流的小河。毛石白灰砌筑，保存尚好，墙顶为石板铺砌。在马蹄峪台 51 号东侧 24 米处筑一台阶，长 5、宽 1.5 米，因遭破坏，台阶有几层不详。

（五一）马蹄峪台 51 号

位于山寨峪村东南 300 米处。在小河——山寨峪河东岸高山之巅下的平漫之地，西临山寨峪口。

楼体已倒塌，仅存基址。基底系用三层条石平铺，以上用白灰砖砌。平面方形，边长 11.2、高 1.5 米（图版［11］009）。

楼体现存西墙和四个箭窗，窗宽 0.6、高 1.05 米，内窗龛高 1.75、宽 0.9、进深 1 米。其余箭窗的尺寸大致相同。楼整体存高 7.8 米（图版［11］010）。

墙体从马蹄峪台 51 号向山下延伸，从河谷西越山寨峪河，河宽 61 米，无墙体，又往西，石砌墙体加宽到 14 米，高 7、长 81 米。西为山寨峪口。口西为马蹄峪台 52 号，也是山寨峪关城的西北角楼。

从马蹄峪台 51 号到马蹄峪台 52 号为 142 米。

山寨峪口（口门子）

位于山寨峪关门村南 100 米处，在关城的东北角。西为曹家堡公社后苇子村；东面有 50 米宽的平地，再东为高山，上有马蹄峪台 51 号；南为平地。东与宽墙体相接，在 14 米宽的墙体上可能有门楼一类建筑，现已不存。相传在宽墙体东的小河道上原有一水门栅，今已不见。

山寨峪口的口门，原有门洞，上应有城楼，今仅存一个大豁口，形成南北通道。

口门以东的马蹄峪台 51 号和口门以西的马蹄峪台 52 号东西呼应，形成控扼河道咽哽的两座屯戍地，起到了居高临下控险拒敌的作用。

（五二）马蹄峪台 52 号

位于山寨峪关城东北角，是山寨峪口向西的延续。

楼体早年被破坏，砖石结构。平面近方形，东西 8.5、南北 9、高约 3.5 米。

主体墙从马蹄峪台 52 号西行 82 米为马蹄峪台 53 号。此段构成了山寨峪关城的北垣。中途经过关城的北门。石墙体东段宽 6、高 3.5 米；西段宽 4、高 3.5 米。关城北门在东段，门宽 2.5、门洞长 6 米，顶部不存。

（五三）马蹄峪台 53 号

位于关城（稍城）西北角，也是城的角楼。

台体已毁，存基址。基底平铺四层石条，以上砖砌。平面近方形，东西 10、南北 10.5、高约 2.4 米。

主体墙从马蹄峪台 53 号到马蹄峪台 54 号为 150 米，中途经过炮台 2 号。石墙加白灰砌筑，宽 1.7、高 3 米。

炮台 2 号

位于马蹄峪台 54 号东 74 米处，在墙体北侧。石砌。平面长方形，东西 6、南北 4.5、存高 5.6 米。

（五四）马蹄峪台54号

位于山寨峪村西偏南500米的山梁上。

楼体已毁，存基址。基底用三层条石平铺，1.2米以上用条砖加白灰砌筑。平面近方形，东西11、南北11.4、高4.2米。楼体残墙存高3.5米。

主体墙从马蹄峪台54号延陡峭山脊向西南延伸，到马蹄峪台55号为870.5米，中途过经烽墩6号、7号和战台1号。此处山势陡峭，起伏叠嶂，敌楼少而烽墩、战台增多。墙体为毛石白灰砌筑。宽3、高3.2米。保存较好，顶部尚存部分垛口墙。因山势陡峭，顶部的垛口墙筑成台梯式。高0.4～0.6、宽0.3～0.5米。

烽墩6号

位于马蹄峪台54号西280米处，在墙体北侧。石砌。平面长方形，东西6、南北3、高2米。

烽墩7号

位于烽墩6号北249米处，在墙体内侧。石砌。平面方形，边长7.5、高2米。

战台1号

位于烽墩7号西113.8米处。石砌。平面方形，边长7.7、存高3.5米。

（五五）马蹄峪台55号

位于山寨峪南500米处，在关门子村西南大抓角山北的梁脊上。

楼体保存较好，梯柱式，顶已塌陷。

基底用四层条石平铺，1.6米以上用砖砌。平面长方形，东西11、南北8.4、基高5.2、通高9.2米。基底以上为楼体地面，用砖平铺，砖长0.4、宽0.2、厚0.08米。

楼体高4米，加基础通高9.2米。四墙：东、西两墙各有四箭窗（图版［11］011），南、北两墙各有一门一箭窗。

门为石制，以南墙为例。门宽0.8、高1.85米，门拱下部为一字石。门枕石长1.85、宽0.2、高0.37米。门内券宽1.25、高2.25、进深0.85米。两侧有门栓孔，西侧的门栓孔为圆形，直径0.1米；东侧的门栓孔为方形，边长0.1米。

箭窗表面皆毁坏。以南墙为例，内窗龛进深0.75、宽1.15、高2.1米。窗台枕石长1.1米。其余各墙的窗框皆被毁。

楼体东西宽5.55、南北长8.8米。内部由南北两道筒拱中加一道隔墙组成。筒拱通长8.8、宽1.9、拱高3.25米。隔墙上有三券门，三门大小不一。南券门宽1.45、长2.5、高2.05米；中券门宽1、长2.5、高2.2米；北券门宽2、长2.5、高2.2米。券门间距2米。

在西墙箭窗内北侧和南墙西侧各筑一个灯龛，龛宽0.25、高0.35米。

在西墙两箭窗中间有一凹槽，宽0.4米，有镶嵌石碑的痕迹。推测因顶部塌陷，石碑落地后被掩埋于地下，这需要清理后才能证实。现北墙西侧、北侧皆有壁龛，龛宽0.65、高0.9、进深0.55米，可能用于储存粮草和食物、器具。楼内各墙原均有壁龛，现存遗迹七个。

在西墙的两端各筑一个烟道。烟道高0.2、宽0.1、进深0.4米。

在隔墙的南侧券门北筑有梯道拱门，宽70、高1.7米。从拱门向东1.25米再往北长4米，下设台阶，以上部分因毁不详。

楼顶已毁，顶周东西 7.4、南北 10.9 米。楼体从基底到楼顶存高 9.2 米。楼橹不存。

主体墙从马蹄峪台 55 号到马蹄峪台 56 号为 318.5 米，中途经过战台 2 号（图版［11］012）。墙体向西南行，石砌，顶部也用石块平铺，宽 3.5、高 3 米。垛口墙宽 0.6、高 2 米。此段筑有宇墙，墙宽 0.4、存高 0.2 米。

战台 2 号

位于马蹄峪台 56 号之东，在墙体北侧。石砌。平面方形，边长 7、高 3.5 米。

（五六）马蹄峪台 56 号

位于兴隆县桃园子村东 1000 米的山包上。

楼体方柱形，保存较好。

基底初以毛石为基，上铺条石四层，铺高到 1.65 米以上用条砖。平面长方形，南北 11.9、东西 8.5、基础高 5.1 米。条砖长 0.35、宽 0.2、厚 0.6 米。楼体通高 8.4 米。

墙体四墙　南、北墙各有一门一箭窗，东、西两墙各有四箭窗（图［11］026；图版［11］013）。两门形制相同，均为石砌，拱券形，由七块石组成，左右有石门柱，拱脚上铺一字形石，发券。门宽 0.8、高 1.85 米。下为门枕石，长 1.4、宽 0.35、厚 0.2 米。门内券宽 1.2、高 2.6、进深 0.85 米。门左右有门栓孔，平面近方形，高 0.25、宽 0.15、厚 0.25 米（图版［11］014）。

箭窗以东墙为例，窗宽 0.63、高 0.98 米。窗内侧龛宽 1.12、高 2.3、进深 0.94 米。窗台石长 1.05、宽 0.4 米。窗栏长 0.82、宽 0.1、厚 0.2 米。窗口至地面高 0.8 米。至敌楼基底 5.9 米（图［11］027）。

楼内由南北两道筒拱和中间一道隔墙组成。筒拱通长 9.3、宽 1.7、高 3.4 米。中间隔墙上有三座券门，南侧券门宽 1.94、长 2、高 2.4 米；中间券门宽 1.3、长 2、高 2 米；北侧券门宽 1.75、长 2、高 2.2 米。在南券门北墙西侧有一壁龛，宽 0.85、高 0.95、进深 0.76 米；东侧筑一壁龛，宽 1.2、高 1.55、进深 0.58 米（图［11］028）。

在北侧券门南有一梯道，宽 0.72、高 2 米。梯道向东长 1.3 米，又向南长 1.5 米，其上有台阶达楼顶。

西、北、南三墙箭窗中部墙面上筑有壁龛，南、北墙各有一座，西墙四座，一共六座。壁龛高出楼地面 0.8 米，宽 0.36、高 0.42、进深 0.36 米。推测为储藏室。

在西墙中部两窗中间辟一龛，宽 0.53、高 1.05、进深 0.17 米。原龛内有石碑痕，今不存。在碑龛上 0.2 米处有一壁龛，宽 0.44、高 0.56 米；该墙北侧也筑有一壁龛，宽 0.47、高 0.53、进深 0.2 米。这三龛都有嵌碑的痕迹，但不见石碑。在西墙两侧各筑有烟道口，宽 2.3、高 2、进深 0.65 米。推测是楼内散烟的出口。

楼顶东西 8.1、南北 11.5、总高 8.4 米。顶中楼橹为长方形，东西 3.5、南北 6.8 米。可以看出为面三进一的敞亭，内北侧有梯道口，长 1.1、宽 0.7 米。楼顶四周的垛口墙破坏较甚，存高 1、宽 0.4 米，顶周砖砌一周菱角牙子（图［11］029）。

主体墙从马蹄峪台 56 号延山势崎岖南行 1168.5 米到达马蹄峪台 57 号，中途经过烽墩 8 号、9 号。墙体为毛石白灰砌筑，部分为石块干砌。墙宽 3.5、高 3 米（图版［11］015）。

烽墩 8 号

位于马蹄峪台 56 号西南 371 米处，在墙的西南侧。石砌。平面长方形，东西 7、南北 6、高

4.5 米。

烽墩 9 号

位于 8 号烽墩南 614 米处，在墙东侧。石砌。平面方形，边长 8、存高 1 米。

（五七）马蹄峪台 57 号

位于沙坡峪沟东 2000 米的山梁上。在大河沟水库西 1500 米、前后杖子村西 1000 米的山脊上。俗称该地为高梁沟东沟。

楼体呈梯柱形，保存基本完好，顶部已毁（图［11］030）。

基底平面长方形，保存完好。以四层条石平铺，高 1.5 米，以上用砖。东西 8.5、南北 11.8、基高 5.4 米。砖长 0.4、宽 0.2、厚 0.06 米。

楼体总高 9.3 米。南、北墙各有一门一箭窗，东、西墙各有四箭窗。以南墙为例：

南墙门设在东侧，为石制，左右门柱石宽 0.3、厚 0.2 米。上有一字石，再上为石拱券。门宽 0.8、高 1.9 米，门内券宽 1.2、高 2.5、进深 0.85 米。箭窗外口宽 0.7、高 0.95 米。石窗台长 1、宽 0.45 米。窗内龛宽 1.1、高 2.2、进深 0.8 米，窗台至地面 0.8 米。

楼内由南北两道筒拱和一道隔墙组成。两筒拱尺寸相同，均长 9、宽 1.85、高 3.15 米。隔墙两侧和中央各设一拱券门，券门尺寸相同，中间券门宽 1.2、长（进深）2、高 1.85 米。门与门间距 2 米（图［11］031）。

西墙两侧各有一烟道，南墙南侧两箭窗之间也有一烟道，共三个。烟道口高 0.3、宽 0.2、深 0.6 米。西墙北侧箭窗内券南侧筑壁龛三个，西墙南侧窗内券北侧筑一壁龛。西墙两窗中间墙壁内侧筑一石碑龛，一共五座壁龛。现西墙中间的石碑龛内已无石碑。龛高 1.1、宽 0.8、进深 0.2 米（图［11］032）。

在隔墙北侧筑有一梯道，梯道宽 0.8、拱券高 2.2 米，呈 L 形，下筑砖阶可达楼顶。在隔墙南侧分别筑有两个大型壁龛，以储存器械粮秣之类物品。

楼顶早年塌陷，顶周东西 8、南北 11 米。楼橹已毁。该楼通高 9.3 米，其他不详。

从马蹄峪台 57 号到马蹄峪台 58 号为 1117 米。墙体保存完好。毛石白灰砌筑，或干砌。墙高 3、宽 3.5 米。顶存部分垛口墙，墙高 1.5、宽 0.6 米。上有箭孔，高 0.4、宽 0.25 米。箭孔与箭孔间距 3 米。

主体墙从马蹄峪台 57 号南行爬上附近最高峰，行 398 米到达大抓脚山，此地是遵化县与兴隆县的分水岭，也是最高点，海拔 559.3 米，楼顶上树有三脚架——测点。墙体从此由南行转为顺山脊西行奔沙坡峪方向，又行 719 米到达马蹄峪台 58 号。由于大抓脚山以西山体陡峭，墙体顶部难行，于是顺山势高低起伏，筑大量石阶以上下。石阶筑于墙内侧，分两段：一段长 130 米，另一段长 30 米，高0.2～0.4、宽 0.7～0.9 米，总计大约有 200 层左右。

此段墙体中途经过房基 3 号、烽墩 10 号。

房基 3 号

位于马蹄峪台 57 号南侧大抓脚山测绘标志点西侧 3 米处。石筑，存房墙。平面长方形，东西 9.5、南北 7、墙高约 0.7 米。

烽墩 10 号

位于马蹄峪台 58 号东 110 米处的墙体内侧。石砌。平面方形，边长 9.5、存高 3 米。

（五八）马蹄峪台 58 号

位于沙坡峪东 1400 米的山脊上，南距化石峪大队 1500 米。

楼体早年已毁，现存楼基和南墙上的四个箭窗。基底平铺九层石条。平面长方形，东西 13.5、南北 9.5、高 3.4 米。南墙存四个箭窗。箭窗形制相同。窗宽 0.7、高 1.1、窗边墙厚 0.4 米。窗内龛宽 1.2、进深 0.9 米。总高 8.5 米。

楼内有东西向三道筒拱和两道隔墙。两侧券道小，中间券道大。中间筒拱宽 3.65 米。隔墙上存南北券门，其他结构不存。南墙顶部尚存部分菱角檐。

从马蹄峪台 58 号到马蹄峪台 59 号为 634 米，中途经过房基 4 号、5 号。这一段有 146 米因山险未筑墙。此段墙体保存较好。房基 5 号以东为石砌，用白灰勾缝。宽 4、高 3.7 米。垛口墙宽 0.46、存高 1.5 米；箭孔呈方形（0.35 米 ×0.35 米），深 0.65 米，孔与孔间隔 3 米。垛口宽 0.6、深 0.5、存高 0.4 米，垛口与垛口相距 3.3 米。房基 5 号以西墙体顶部改为砖砌，马道用条砖和方砖平铺。方砖 0.4 米 ×0.4 米 ×0.6 米；条砖 0.15 米 ×0.4 米 ×0.06 米。砖墙宽 4、高 3～4 米左右。

房基 4 号

位于马蹄峪台 58 号以西 181 米处，在墙体南侧。存四墙。石砌。东西 3.6、南北 3、高 0.4、墙厚 0.4 米。

房基 5 号

位于房基 4 号以西 366 米处的墙体内侧。南北石砌，东西砖砌，皆已倒塌。平面方形，边长 3 米。

（五九）马蹄峪台 59 号

位于沙坡峪东 1000 米的山脊上，南侧为一大沟——名刺沟。

楼体早年毁坏，今存基础和部分南墙。基底用三层条石平铺，高 1.1 米。以上用条砖白灰砌筑。平面方形，边长 10、存高 3.6 米。

南墙上存有二箭窗。窗宽 0.55、高 0.75、墙厚 0.35 米。窗内券进深 0.9、宽 1.05 米。楼体高约 4 米。总高 7.6 米。

主体墙从马蹄峪台 59 号到马蹄峪台 60 号为 482 米，中途经过烽墩 11 号。墙体为毛石白灰砌筑，马道、垛口墙皆砖砌。墙宽 4、高 5 米。垛口墙存高 0.8、宽 0.8 米；垛口高 0.75、宽 0.4 米。垛口之间的间隔为 2.4 米。垛口墙上的箭孔为方形（0.35 米 ×0.35 米），箭孔间距 2.1 米。此段墙体的陡峭处筑有台阶，阶高 0.4～0.5 米。

烽墩 11 号

位于马蹄峪台 59 号西侧 108 米处的墙南侧。石砌。平面方形，边长 10、高 3 米。

（六〇）马蹄峪台 60 号

位于沙坡峪口东 600 米的山梁上，在兴隆县邓家庄东南 600 米处。楼东侧有一大沟，称为付家沟。

楼体方柱形，保存较完整。

基底平铺三层条石，高 1.1 米。以上铺砖。平面方形，边长 9.5、基高 4.4、通高 7.65 米。条砖长

0.38、宽0.18、厚0.08米。楼基外南侧筑有上楼石台阶八层直达台门，阶高0.2、宽0.2～0.8米。

楼体高3.25米（图［11］033）。

东墙有一门二箭窗，门在中间（图版［11］016）。西墙有一门二窗，门在南侧。南、北墙各有三箭窗。东墙门为拱券形，宽0.8、高1.8米。门内券宽1.4、高2、进深0.8米；箭窗宽0.53、高0.8、窗边墙厚0.36米；窗内龛宽0.98、高2.1、进深0.85米。其余箭窗的尺寸相同。各墙箭窗之间相距1.57米（图［11］034）。

楼内有东西向三道筒拱和两道隔墙。筒拱长7、宽1.5～1.62、高3.25米。隔墙上各有三座券门，北墙中间券门宽1.17、长1.14、高1.9米。两侧券门宽1.2、长1.14、高1.85米。隔墙门间距1.64米；南隔墙中间券门宽1.16、长1.14米。两侧券门宽1.2、高1.85米。

该楼梯井口设于南侧券室东部，口东西1.6、南北1.1米。

楼顶中部设楼橹。东西5.1、南北3.1米，砖筑，残墙高1.1、厚0.55米。楼顶四周的垛口墙已毁。周边有三层出檐砖，一层做出菱角牙子。

主体墙从马蹄峪台60号到马蹄峪台61号为168米，中途经过房基6号。墙体基本完整。为毛石白灰砖包，马道垛口墙砖砌。墙宽4、高3米。垛口墙存高1、宽0.7米。

拦马墙

从马蹄峪台60号开始到马蹄峪台63号，在主体墙北侧修筑了拦马墙。墙约高2、宽0.6～1.5米，与主体墙间距0.2～0.7米不等。这段墙长约800米，从马蹄峪台62号西南拐向沙坡峪口，全部削坡取直，形成高2～3、宽1.5米的另一道石墙，拱于主体墙外，十分坚固。

房基6号

位于马蹄峪台60号西南50米处。存房墙。东西6.6、南北4.3、厚0.4米。

（六一）马蹄峪台61号

位于沙坡峪东400米的山梁上。

楼体已坍塌，存四面残墙和楼基（图版［11］017）。

基底平面方形，以三层条石平铺，石层高1.1米，以上用条砖砌筑。边长9.4、基高约3.8米。条砖长0.39、宽0.19、厚0.06米。楼体存高4.3、通高8.1米。

东墙有一门两箭窗，门在中间。门宽0.8、高1.8、门墙厚0.3米。门内宽1.4、高2.35、进深0.95米。门槛石制，石长1.15、宽0.3米。两侧各向砖墙深入0.15米。箭窗宽0.5、高0.7、窗墙厚0.35米；窗内龛宽0.95、高1.9、进深0.8米。北墙、南墙各有一箭窗，南墙已毁坏。

楼内有东西向三道筒拱和两道隔墙。中央筒拱长6.8、宽1.5、高3.5米。两侧筒拱长6.8、宽1.5、高3.5米。现存南隔墙门长1.2、宽1.1、高2.1米；北隔墙门长1.2、宽1.1、高1.9米。

楼体东面外侧筑有台阶数层，以进入楼内。

主体墙从马蹄峪台61号到马蹄峪台62号为130.3米。墙体下为石砌上为砖砌，墙宽3.5、高4.1米。马道、垛口墙砖砌，垛口墙高1.2、宽0.38米，箭孔高0.25、宽0.25、深0.35米。孔与孔间距3米（图版［11］018）。

（六二）马蹄峪台62号

位于沙坡峪口东山上（图版［11］019）。

楼体早年已毁，仅存楼基。基底用三层条石平铺，高 1.3 米，以上砖铺。平面方形，边长 11、高 5 米。

基底以上仅存部分北墙和一个北墙箭窗。窗宽 0.5、高 1.65 米。

主体墙从马蹄峪台 62 号到马蹄峪台 63 号为 184 米，保存完好。墙体用一层条石铺基，石长 0.85、高 0.48 米，以上铺砖，砖墙一般存高 2.4 米。

马蹄峪台 62 号以西墙宽 4.5、存高 3 米，皆用两层砖包外墙皮，即墙体经过二次加工，特别坚固。墙上马道、垛口墙、宇墙均为砖砌，垛口高 0.75、宽 0.8 米，垛口与垛口间距 1.8 米。垛墙上、下皆有箭孔，孔高 0.2、宽 0.15、深 0.55 米，上下相隔 0.8 米。箭孔与箭孔相距 3 米。

此段山势陡峭起伏，墙体顶部内外错落，修筑有障墙。障墙多已倒塌，存高 0.5、宽 0.8 米。内外障墙中间形成走廊，相错 0.3 米。中间用砖筑成台阶，以供上下。台阶大约有 300 多级。

（六三）马蹄峪台 63 号

位于沙坡峪口东北的山上，为口门东第二楼。

楼体早年已毁，存楼基。砖石结构。楼体顺山体斜面修成，东北面基底与山平，东南面高 3 米，东西 11.3、南北 10.5 米。

从马蹄峪台 63 号西行沿山坡而下直到沙坡峪口门东的马蹄峪台 64 号为 96 米。墙体保存完好。基底铺一层条石，石长 0.85、高 0.5 米，以上为双层砖包外皮到顶，垛口墙、宇墙不存。墙体宽 4.5、总高 3 米。在马蹄峪台 63 号北有烽墩 12 号，北侧的拦马墙到此为止。

烽墩 12 号

位于沙坡峪口西北侧约 100 米的山包上。因破坏严重仅存一堆废石。平面方形，边长 8、存高 1 米。

（六四）马蹄峪台 64 号

位于沙坡峪口东北的山脚下。

因破坏严重，仅存基址。

楼体为口门东第一楼，控扼关隘，位置重要，当年曾是一座大楼，今毁。原为砖石结构。平面方形，边长 11、存高 1 米。

主体墙从马蹄峪台 64 号西进入沙坡峪小河的河谷低地由北向西南行，越河滩 198 米到达沙坡峪口即小河河道，又西南行越过遵化—兴隆的土公路，再西行爬上西山与冷嘴头测区的敌楼 159 号相接（图版［11］020）。其间因山势陡峭有 70 米长未筑墙。

沙坡峪口

位于曹家堡公社沙坡峪村北 1000 米处。口为东北西南向。东西两侧为高山，东面山势缓而西面险峻。两山间为一条小河，名沙坡峪东河，河宽 24 米，河水由北向南流，原水门洞就筑在这条季节河上，现水门已无，只存干河道。口门西侧为兴隆—遵化公路。口门两侧长城展开，城体为双包砖，修筑水平较高（长城沿线的双包砖城墙并不多见）。

口门南约 1000 米为沙坡峪堡。

从马蹄峪台 64 号西行 159 米到沙坡峪口，又西行 70 米和第十测区的 159 号敌楼相接。

从马蹄峪台 64 号到第十测区沙坡峪台 159 号相接共长 229 米。

第二节　第十一测区城址

（一）马蹄峪城

位于马蹄峪口南1200米的东河西岸70米处。东河是从马蹄峪口自北而南流入的一条小河，北面山峦叠嶂。城址坐落在三面环山、东西两山之间的谷地上。南距侯家寨公社1200米，东南为大屯村（图［11］035）。

城址因早年就有民居，已遭破坏，四周墙体多坍塌。平面因山势取不规则的长方形，并非正南北向。西北和东南角各设一角楼，南面中部有一门。城内为马蹄峪村民居。

城内四面墙体全部为毛石白灰砌筑。东垣保存基本完好，宽5、高5米，全长141米。西垣成弓形，中间有一段弯曲，残存墙基。宽5、高5、长183米。北垣墙体较完整。长135米，高、宽与前相同。南垣东半部较完整，西段残。长114米，高、宽与前相同。中部有一门，门宽5、进深5米。拱门不存。

西北角楼石砌，存残基。平面方形，边长12米。

东南角楼石砌，早年已毁，今存基址，平面方形，长8米。

《四镇三关志》："马蹄峪关，洪武年建，正关稍城俱通骑极冲，余通步缓。"可见马蹄峪关城是建于洪武年间，稍城指关城，正关指马蹄峪口。

（二）蔡家峪口北营房城

位于蔡家峪村北1000米处，在蔡家峪口南的东西两山冲要峡谷之地。城内为蔡家峪村居民（图［11］036）。

城址平面呈不规则椭圆形，南北长约100米，东西宽约60米。石砌，墙体皆被破坏。仅南面有一门，已毁。

传说北营房城是守口士卒的居住地，紧扼蔡家峪口，进退方便。

蔡家峪口北营房城，应即当年蔡家峪寨旧址。据《四镇三关志》："蔡家峪寨，永乐年建正关，稍城，通众骑，极冲。"① 现正关已不见建筑痕迹了。

（三）罗文峪关城

位于侯家寨公社罗文峪村，在罗文峪口西侧。北为正北峪，南为下营（图［11］037、038）。

关城分为大、小两城，名为"罗城"。小城，在大城内北侧，两城北垣均倚主体长城的北垣，是利用北长城体向南接出的连壁城。

小城

石砌，白灰勾抹。平面为南北向的长方形，北垣不取直，随长城体偏斜。

---

① （明）刘效祖：《四镇三关志·形胜》，三十二乙，中国科学院图书馆藏本。

北垣长110、宽4、高4.5米。中部有马蹄峪台34号。东垣石砌。长95、宽12、高4.5米。南垣石砌。长110、宽12、高4.5米。中部有一门，门宽4、进深12米。西垣石砌。长120、宽12、高4.5米。周长435米。

小城原为重要的屯驻之所，现四垣多被拆毁，城内为民居，格局早已被破坏，难以复原。

大城

套在小城外面，只存残垣，北墙系利用长城主体墙。平面呈不规则长方形，东西266、南北366米，城墙宽5、高4.5～5米不等。

大城原有南门和东门，今已毁，基址不存。大城东垣和小城东垣并行到北垣。

据《四镇三关志》："罗文峪关，洪武年建，通大川，倒沟峪墩，名空，通众骑，极冲。"①

（四）山寨峪关城

位于山寨峪口西侧，在山寨峪村南小河西岸的平坦处，南为后杖子村，北为山寨峪下的口门子自然村。小河西岸地势平漫，因而筑城以固（图［11］039）。

城址平面为长方形，西面近山坡地势微高，北倚长城主体墙，西、南两垣平直。北垣长82米，南垣长104米，西垣长131.5米，东垣长100米。城西北角抹角，东北、西北两角有角楼，是长城线上的敌台，东北角为马蹄峪台52号，西北角为马蹄峪台53号。城垣皆石砌，仅西墙保存完好，余三墙皆颓废。一般墙宽4、存高3米，城周全长417.5米。

城内除北门为一小便门外，东、南两垣可能有门址，今已不存。现城内已成为一片废墟，未见任何遗物。

城北70米为山寨峪村下的关门村。山寨峪村位于关外，可能是以山寨峪关城命名的。

山寨峪是罗文峪下属的关寨之一，据《四镇三关志》："山寨峪关，洪武年建。正关东西稍城、黄草安尖山墩、莺窝崖、白岭儿、石板沟各墩空通众骑极冲，余通步缓。"可见此关城为山寨峪的西稍城，口东还有东稍城，现已不存，其形制和马兰关相似。

（五）沙坡峪营城堡

位于遵化县曹家堡公社沙坡峪村北，在沙坡峪东河的西岸。营城坐落在一处较高的台地上。城北500米为沙坡峪口，再北越长城为邓家庄（图［11］040）。

城址因早年变为村庄，破坏严重。城四垣有的已成为一道碎石垅。

城址平面接近长方形，东北角凸出一块。城址全部为石块砌筑，内填碎石、三合土。城东垣、南垣和西垣皆有门址。

东垣长165.5米。在距东南角55.5米处有一门址，宽3、进深（门道）5米。

西垣长156.5米。北段有47.5米向西的拐弯。西垣在距西南角45.5米处有一门，门宽3、门道长5米。东门和西门直对。

南垣长127.5米。中部有一门，门宽3、门道长5米。

北垣长100米。中间有26米长一段向南拐弯。

由此可以看出城内南部为十字街，东西门相对，南北街取直，北垣无门。现城内居民以南门内外

---

①（明）刘效祖：《四镇三关志·形胜》，三十二乙，中国科学院图书馆藏本。

最为密集。

城内有青花瓷片和残石臼等。

《四镇三关志》罗文峪下有："沙坡峪关，洪武年建。正关来树安迤西东山墩三空通单骑冲，余通步缓。"① 沙坡峪应称为"正关"，建于明洪武年。而营城可能修建较晚，具体尚须考证。

（六）于家峪城

位于遵化县侯家寨公社秋科峪大队于家峪村，现为村民居住。北距马蹄峪台18号500米（图［11］041）。

石砌，每面墙不足百米。平面长斜形，墙体多倒塌成一道石櫄。

西垣长112米，仅存墙痕，北段有一门；北垣长86米，为斜长形；东垣长82米；南垣长80米，西段有一门，门宽4、长6米。石墙宽6、存高3米，周长360米。

此城距边墙较近。《四镇三关志》罗文峪下有："于家峪关，洪武年建。正关桃树安墩西界倒沟岑墩各空通单骑冲。"记载中的于家峪应即此。于家峪正关的地名和关口按《四镇三关志》记载应在秋科峪西马蹄峪台30号以东，那里确有一口关，当时未确定，后经核实为"于家峪口"无误。

在于家峪堡城内居民家发现两块残碑，皆文字不全，但能证实此确为于家峪城。原名"于家峪堡"。

其一为于家峪万历二十五年碑。石制，圆头，下半部残，碑周刻缠枝忍冬纹，碑存长64、宽56、厚16厘米。碑头正中刻篆书自右而左"修于家堡题记"六字。左右为云纹。正文自右而左为十六行，文曰：

原蒙

钦差总督蓟辽保定□……□

钦差整饬蓟州等处□……□

钦差巡 按 直□……□

巡按 直□……□

钦差整饬蓟州等处□……□

钦差镇守蓟州永平□……□

钦差协守蓟州中路□……□

钦差分守松棚路□……□

□□统领河大营□……□

□□守备罗文谷关等□……□

案 沠河□……□

三尺底□……□

军政河大营□……□

分管□……□

万历二十五年五月。

其二为一残碑。今存石碑后半部一长边，边饰忍冬纹，只存碑尾文字。自右而左为：

---

① （明）刘效祖：《四镇三关志·形胜》，三十二乙，中国科学院图书馆藏本。

二司把总河间卫后所实受百户孙应辉

于家谷守关官镇朔卫右所实受百户田节武。

日立 石

（七）罗文峪下营城

位于侯家寨公社下营村村北，今名下营（图［11］042；图版［11］021）。

城址坐落在平川上，面积稍大，平面呈斜长形，东大西小。全部石砌。皆残破。

南垣长285、宽5.7、存高1.5米。西垣长201、宽5.7、存高1米。北垣长288、宽5.7、存高2米。在北垣东面两端各筑一个角楼，中间伸出一附墙台，现存楼基。东垣长247.5、宽5.7、存高4米。周长1021.5米。

下营城的东、南、西三面皆有门，门宽4米，门道长6米，东、西两门直对和南门形成“T”字形。现门址多废。东门存有一块石匾额，南门存半块石匾。

下营城东门匾额，横式，石刻，长160、宽17、厚16厘米。匾中间自右而左横刻“迎旭门”三字，两旁阴刻楷书小字各五行：

钦命总监蓟镇中西二协整理粮饷兵马边墙事务军门邓希诏

钦差分守蓟镇中西二协整理粮饷兵马边墙防缉移（?）贩事务军门杜勋

钦差总督蓟辽保定等处军务兼理粮饷经略御倭兵部右侍郎兼都察院吴阿衡

钦差整饬蓟州等处边备兼巡抚顺天等府地方都察院右佥都御史陈祖苞

钦差整饬蓟州等处兵备监军驿传饷务山西提刑按察司副使服奉二级崔源之

迎旭门

钦差镇守永平蓟镇等处地方兼备倭总兵官左军都督府都督陈国威

钦差协守蓟镇中路等处地方分理练兵事务副总兵官右军都督府都督韩文献

钦差分守蓟镇松棚路等处地方参将都指挥刘在垣

钦□守备罗文谷关等处地方以都指挥体统行事指挥佥事许克柞

崇祯岁次丁丑孟秋吉日重建。

罗文峪下营城南门匾额，石制，刻有文字，存右半段，现存长86、宽85、厚16厘米。自右起存楷书五行：

□……□年岁次丙子

□……□蓟州等处地方兵备带管驿传山西提刑按察司副使齐□□

巡按直隶监察御史□右

钦差整饬蓟州等处边备兼巡抚顺天等府地方都察院右佥都御史曲安王 □

钦差总督蓟辽保定等处军务兼理粮饷都察院右都御史兼兵部左侍郎关中杨 □

匾额中间的“南山□□”，据当地群众回忆当为“南山献绣”四字（图版［11］022）。

以上东、南门匾额皆存城内。

（八）罗文峪西营房城

位于罗文峪口西500米处，在罗文峪村西北。北距马蹄峪台40号和41号之间的敌楼口300米。敌楼口即猫儿峪（毛尔峪）口（图［11］043）。

此地群众名之为营房。现该城已辟为耕地，唯四面残垣上存有倒塌的碎石块，据此可以推测其平面结构。

墙体石砌，顺山坡形势建造。平面南北顺长，东西较窄，随山形筑成长方折尺形，南北长 120、东西宽 29～38 米。现南垣保存较好，尚存一门址。墙宽 3、高 1 米余。

此堡面积不大，今无人居住，已成废墟。堡城北近猫儿峪口，此营城应是猫儿峪寨，和口门同为明初洪武年所建。

第十四章　马兰峪　大安口　沙坡峪长城

（第十测区长城［属马兰峪］）

第一节　马兰峪—沙坡峪边墙建筑遗迹

本测区调查于1982年10月至1983年3月，其中包括遵化东陵测区、马兰峪测区、鲶鱼池测区、大安口测区和冷嘴头测区。西起马兰峪东陵西的钻天缝山（高地），东止冷嘴头东沙坡峪，为第十测区马兰峪—沙坡峪段，是自西而东进行调查的（图［10］001~056）。

钻天缝是遵化县清东陵测区西面的一个制高点（图版［10］001），位于兴隆、蓟县、遵化三县交界山脊的一座高峰上，海拔895.0米①。在本测区沙坡峪台1号基址上有一制高点的航标（三脚架），当是因基址较高而被航标所利用。

本测区共调查：

主体长城	37108米（其中砖墙11982.3米、石墙24234.2米、山险墙891.5米）
楦门子东北第1分支附边边墙	4287米（其中石墙3887米、山险墙400米）
楦门子东北第2分支边墙长度不详。	
敌台	159座
战台	34座
烽墩	15座
房基	54座
关隘	6座、小口门1座，计7座
城堡	10座
碑碣	8块

钻天缝，西接第九测区的跑马厂到马兰峪段，在钻天缝西，墙体与本测区相接。现以敌台为主线，从钻天缝山的敌台1号向东记述。因全段为马兰峪—沙坡峪段，故冠以“沙坡峪”字头。

① 五万分之一图标，K-50-140-A，马兰峪。

（一）沙坡峪台 1 号

位于遵化县东陵公社新立大队（即老新立屯）西北，在琉璃厂西钻天缝的山顶上。台西属蓟县，台北属兴隆县。

今台上建有一个三角点航标。

楼体方形，砖石合砌。基底平面长方形，东西 10.7、南北 8.8、残高 2.1 米（图版［10］002）。

基底用七层条石平铺，以上砖铺，坐灰。

从沙坡峪台 1 号往东墙体因山险而断断续续，有 21 米长的石墙，墙宽 2.7、高 2.5 米；再往东 300 米无墙体，四周树木苍翠，山势陡峭，峰如列屏，人迹罕到。再往东 115 米有墙体；又向东 100 米无墙体；再向东又出现 30 米墙体；由此过钻天缝，再向东 100 米无墙体；再向东又出现 45 米墙体，而后接战台 1 号。这一段有墙之处也多窄小，宽 2.1～3、高 2.5 米。部分墙体存垛口墙，墙宽 0.6、高 1.5 米，垛口宽 0.55 米，垛口与垛口之间宽 2.5 米（图版［10］003）。

从沙坡峪台 1 号到沙坡峪台 2 号为 1166 米，都是密林区，山体陡峭。中途经过战台 1 号。

战台 1 号

位于 711 米墙体向东拐角处。全部毛石砌筑。平面圆形，直径 7.5、存高 1.8 米。

从战台 1 号到沙坡峪台 2 号间仍有墙体，长 488 米，毛石砌筑，存高 1.2～1.8、宽 2.7 米（图版［10］004）。

（二）沙坡峪台 2 号

正南北向。

位于东陵新立大队琉璃厂村西，在钻天缝帽山东侧。

楼体早年已毁，仅存基址。

基底现存一层石条。平面近方形，东西 8.1、南北 8.4、存高 2.5 米（图版［10］005）。

主体墙从沙坡峪台 2 号东行 496 米为沙坡峪台 3 号。墙体沿山势崎岖东行，用毛石干砌，多已倒塌，宽 2.7、高 0.5～1 米。

（三）沙坡峪台 3 号

位于琉璃厂村西的山梁上。

该楼已成废墟。基底平面长方形，东西 4.5、南北 3.5、存高 3 米（图版［10］006）。

石墙从沙坡峪台 3 号南行 314 米到达沙坡峪台 4 号。墙体多坍塌，宽 2.7、高 0.5～1 米。

（四）沙坡峪台 4 号

方向北偏东 4°。

位于琉璃厂村上海沟西北的山脊上。

楼体已毁。砖石结构。平面近方形，东西 11.2、南北 11、存高 2 米（图版［10］007）。

主体墙东南行 89 米到达沙坡峪台 5 号。石墙大部毁坏，存一石檩。宽 2.7、高 0.5～1 米。

（五）沙坡峪台 5 号

方向南偏东 25°。

位于琉璃厂村上海村西北五道梁山脊上。

楼体已毁。砖石结构。平面长方形，东西 9.8、南北 6.9、存高 1.5 米（图版［10］008）。

主体墙从沙坡峪台 5 号所在地五道梁山脊东南行 213 米到达沙坡峪台 6 号。皆毛石干插砌筑。长 8、宽 6.4、高 1～2 米。

（六）沙坡峪台 6 号

方向南偏西 30°。

位于琉璃厂村上海沟北五道梁山脊上。

楼体已毁。砖石砌筑。平面近方形，东西 11.3、南北 10.2、存高 1.4 米（图版［10］009）。

主体墙从沙坡峪台 6 号沿五道梁山脊东南行 672 米到达沙坡峪台 7 号。墙宽 4、存高 1 米。已成一道石檩。其间经过战台 2、3、4 号。战台皆位于墙体上。

战台 2 号

位于沙坡峪台 6 号东南 227 米处的墙体内侧，附于墙体上。毛石干砌，呈不规则四方形，东西 17.2、南北 2 米（图版［10］010）。

战台 3 号

位于战台 2 号之东 142 米处，为一向北跨出墙体的小台，毛石砌成。平面长方形，东西 4、南北 8、高 2 米（图版［10］011）。

从战台 3 号往西有一段“旧墙”体往西分支。

战台 4 号

正南北向。

位于战台 3 号东南，为一跨墙小台，毛石砌筑。平面长方形，东西 3、南北 4、存高 2.5 米。

（七）沙坡峪台 7 号

方向南偏西 10°。

位于上海村堡子北 1000 米的五道梁山脊上。俗称“望火楼”。

楼体早年已毁，仅存楼基。东西 12.4、南北 10.3、存高 2.3 米（图版［10］012）。

主体墙从沙坡峪台 7 号东南行 355 米到达沙坡峪台 8 号。墙宽 3、残高 1.5 米。在 7 号楼南 800 米有上海村西堡子一座（另有记述）。

（八）沙坡峪台 8 号

方向南偏东 12°。

位于东陵琉璃厂上海村东北的山梁上。

该楼已毁。平面方形，边长 9、存高 3 米。

主体墙从沙坡峪台 8 号东北行 471 米到达沙坡峪台 9 号。石墙宽 3.6、高 1.8 米。中途经过战台 5 号。

战台 5 号

位于沙坡峪台 9 号西墙体内侧 10 米处，呈不规则六角形。东西宽 8.3、南北长 20 米。四角台面已毁。

（九）沙坡峪台9号

方向南偏东4°。

位于上海村东北的山梁上。

砖石合筑，已毁。基底用条石平铺，以上用砖。平面长方形，东西13、南北8、存高1.4米。

主体墙从沙坡峪台9号东北行896米到达沙坡峪台10号。墙宽3.6、高2米。中途经过烽墩1号。

烽墩1号

位于沙坡峪台9号东侧烟囱山高峰顶上，台北侧是头拨子自然村。

台体已倒塌成一堆废石。

（一〇）沙坡峪台10号

方向北偏西7°。

位于兴隆县头拨子大队村南的山脊上，南为琉璃厂村。

楼体早年倒塌，现存基址。砖石合筑。平面近方形，东西7.1、南北7.5、存高2米。

主体墙从沙坡峪台10号向东偏北从高山东下，行540米到大西河（即龙洞峪西支河谷）。此段墙体皆倒塌，为毛石坐白灰砌筑。宽3.5、高2米。河谷地段的墙体已冲毁，多不存。河谷宽258米。其中从西向东到大西河西岸123米，又东50米过河道为券门子口墙体，继续东行60米为关城北垣所利用，又东行25米到沙坡峪台11号。从沙坡峪台10号到沙坡峪台11号墙体共长798米，中途经过战台6号。

楦门子口

位于新立屯北乾宝山大西河的河道上，东南距新立屯2000米。口门位于楦门子小村西的两山峡谷间，中间是大西河道，河水不大，可以涉足。口门就坐落在宽50米的河道中间，群众称为“楦门口”，可见是一座拱券式的小门洞，早年已经冲毁，结构不详。

大西河是龙洞峪河的西支，东支即龙洞峪河，东、西两支在新立屯村北相汇东南流。

清东陵

清东陵共建有十五座陵寝，除顺治皇帝的孝陵之外，还有第二帝康熙的景陵，第四帝乾隆的裕陵，第七帝咸丰的定陵，第八帝同治的惠陵。皇后陵有孝庄文皇后的昭西陵，孝惠章皇后东陵，孝贞显皇后和孝钦显皇后也就是慈禧、慈安的定东陵，以及景妃、景双妃、裕妃、定妃、惠妃等妃园寝及一座公主园寝。清东陵共葬有五位皇帝、15位皇后、136位妃嫔、三位皇子、二位公主，共计161人①。

陵区方圆约15公里，东起马兰峪，西到裕大村，北面的昌瑞山树木葱郁，山峦叠嶂，风景如画，清初以来清东陵的修建，使明朝在陵区一带的长城线、关隘和边墙受到影响，许多墙体和关隘被毁或消失。

《四镇三关志》中记载的宽佃峪下属六寨中的宽佃峪寨、独松峪寨、丰台寨（据《日下旧闻考》清初改为凤台山，康熙时封为昌瑞山）均不见于清朝建立以后的地名。而饿老婆岭寨的名字更不会

① 清东陵文化传播中心编著：《走向世界的清东陵》第四编《世界文化遗产清东陵》解说词，440页。

在陵区出现。

从券门子（楦门子）口东行即楦门关城北垣，长60米。此关城原名不知，暂定为券门子（楦门子）关城。另有券门子（楦门子）关城报告，此不赘。北垣上有战台一座，编为6号。

战台6号

位于楦门子河（大西河）东岸楦门子关城北垣墙体向东24米处。筑于墙体外（北）侧，上部已毁，石筑，今存台基。东西10、南北4、残高2米。关门北垣宽6、长84、高3.3米。全部用毛石块包砌，以碎石沙土填心。

（一一）沙坡峪台11号

位于券门子（楦门子）口东侧85米处的山坡上，北为兴隆县头拨子村。

楼体结构已毁，仅存楼基。石砌。平面长方形，东西7.5、南北9.5、存高3.5米（图版［10］013）。

主体墙从沙坡峪台11号到沙坡峪台12号之间有106米。墙体完整，全部为毛石白灰砌筑。宽2.6、高2.3米。外部砌垛口墙，今多坍塌，马道内无宇墙（图版［10］014）。

在关城北和沙坡峪台11号之间的大西河东岸，墙体外侧筑有四道护城墙。四道墙南北平列，间隔20～37米，形制相同，皆石砌，墙宽1.5、存高1.8米，长在40～50米之间。形成关城外的多道防线。

在沙坡峪台11号北侧50米的山坡上筑有敌台两座，当地群众称为“旧楼子”。两楼东西向排列，各据高处，相距40米。两处旧楼子基址形制相同，皆毛石干插，内填碎石沙土。编为旧1号、旧2号。尺寸相同，平面近方形，东西9、南北8.5、高3.2米。

（一二）沙坡峪台12号

位于楦门子城北的山坡上。附近为秃山，无树木。

楼体早年已毁，只存楼基（图版［10］015）。基底用石条平铺，中夹白灰，以上砖砌。平面近方形，东西11.2、南北10.2、存高3.5米。楼基内用碎石、沙土夯筑。

主体墙从沙坡峪台12号延山体北行，保存基本完好。宽2.6、高2.3米，外侧存垛口墙。墙体北行341米到沙坡峪台13号。

（一三）沙坡峪台13号

正南北向。

位于新立大队西小队村北（楦门子村北）约1000米的山梁上。

楼体已毁，存楼基（图版［10］016）。

基底用条石平铺，白灰勾缝，楼心用碎石、沙土夯筑，夯层0.14米。平面近方形，东西10、南北11.1、存高4米。

便门1号

在沙坡峪台13号向南37米处，墙内侧筑有通向墙体的石台阶四层，阶宽0.8、高0.25米。

主体墙从沙坡峪台13号顺山梁北行，起伏上下，行450米到达沙坡峪台14号。全部毛石砌筑，墙宽2.6、高2.3米。墙顶仍存部分垛墙，垛口墙宽0.6、高0.3～1米。

便门2号、3号、4号

这段墙保存还好，内尚存便门三座，门间等距。门宽0.9、进深1米。门口用毛石砌筑，门前各有台阶四层，石阶宽、高各0.25米。

（一四）沙坡峪台14号

方向北偏东30°。

位于楦门子村北偏东的山梁上。

楼体早年已毁，基础石条被拆走，只存一块柱础石。平面近方形，东西7.4、南北8.6、存高3米（图版［10］017）。

主体墙从沙坡峪台14号东行461米到达沙坡峪台15号。墙体保存完好，石筑，宽2.6、高2.3米。存部分垛口墙，墙高0.4、宽0.65米，石砌白灰勾缝，墙心填碎石、沙土。中途经过便门5号和战台7号。

便门5号

位于墙内侧。门宽0.9、进深1米。

战台7号

位于沙坡峪台15号以西60米的墙体外侧，斜出。毛石白灰砌筑。东西5.5、南北5、存高3.5米。

在沙坡峪台14号北侧，有一段石墙体分支为楦门子第一分支附边（图版［10］018），附边向北进入兴隆县头拨子村北的北山峰上，群众称为“聊天架子”，海拔603.5米①。墙体到西山又有一分支即楦门子第二分支附边（图版［10］019）。楦门子第一分支面向西南，穿过大河西与山顶的10号楼相近，分支墙上筑有四座方形台址，高1～2.5米，墙体内存有房基一座，面积4～5平方米。楦门子第二分支在正西南向二拨子西南山顶钻天缝方向逐渐消失。

第一分支墙体总长4287米，皆毛石砌筑，宽1.7、高0.5～1.5米。分支长城两端和主体墙重合，时代或可早些，需要进一步证实。

（一五）沙坡峪台15号

方向北偏东6°。

位于楦门子村东北山梁上。

楼体早年已毁，今存楼基。平面近方形，东西8.7、南北8.3、存高3米。全部毛石砌筑（图版［10］020）。

主体墙从沙坡峪台15号东行158米到达沙坡峪台16号。中间有便门一座（便门6号）。墙体保存较好，毛石砌筑，存部分垛口墙。

便门6号

位于沙坡峪台115号西55米处，门宽1、进深1米，前有石阶五层，每层宽、高0.2米，毛石砌成。

---

① 五万分之一图标，K－50－140－A，马兰峪。

（一六）沙坡峪台 16 号

方向北偏东 40°。

位于兴隆县四拨子公社龙洞峪村石家台南 500 米的南山顶上，俗称“黑枣楼”。

楼体已毁，仅存楼基。基底用五层条石平铺，白灰勾缝，以上用砖，楼心用碎石、沙土充填。平面长方形，东西 8.5、南北 10、存高 5.3 米。

主体墙从沙坡峪台 16 号到房基 1 号为 550 米。石墙体大部已残，垛口墙多毁。

房基 1 号

位于墙体内侧，石砌。平面长方形，东西 14.6、南北 12.37、宽 0.6 米。

主体墙从房基 1 号顺山而下到沟谷，行 165 米为龙洞峪关城，再东为龙洞峪口（水门口）。

龙洞峪口（水门口）

长城从龙洞峪城向东延伸跨越东大河。河道宽约 50 米，原可能有过河的小栅门洞，惜早年已冲毁，今仅存河道。此处即为原来的水门口。

水门口以北的 30 米主河即龙洞峪河绕城南行，在小溪子城东北角桥东汇入东大河中。

城东北角越乡间公路 100 米为驻军营房。从龙洞峪关城北垣向东延的主体墙沿山体上行到战台 8 号，其间因山险有 264 米不筑墙。

战台 8 号

方向北偏东 10°。

位于龙洞峪口东山顶，在主体墙上。石砌。平面近方形，东西 8.4、南北 9、存高 0.4 米。

主体墙从战台 8 号沿山势东行 135.5 米到达沙坡峪台 17 号。石墙宽 3.4、高 0.5 米。

从沙坡峪台 16 号到沙坡峪台 17 号为 1114.5 米。

（一七）沙坡峪台 17 号

方向北偏东 20°。

位于龙洞峪口门东的山梁上。俗称“灰池子沟楼”。

楼体已毁，存基底。平铺石条二层。平面长方形，东西 10.5、南北 5.5、存高 1 米。

石边墙从沙坡峪台 17 号沿山体东行 1246 米到达沙坡峪台 18 号，中途经过房基 2 号、3 号。墙宽 3.4、存高 0.5 米。

房基 2 号

位于主体墙内侧，紧靠边墙，东、西、南三面均为 15 米，墙厚 0.7、存高 1.5 米。

房基 3 号

位于房基 2 号东 784 米的墙体内侧。平面四边形，东西 12、南北 8、墙厚 0.7、存高 0.2 米。

（一八）沙坡峪台 18 号

正南北向。

位于东陵公社峪大村万年沟小队向北 1500 米的山岭之上。

楼体早年已毁，只存楼基。

基底石砌。平面近方形，东西 8、南北 7、存高 0.5 米。

墙体从沙坡峪台18号东偏北行809米到达战台9号。墙宽3.6、高0.5～1米左右，垛口皆毁。

战台9号

位于东陵公社北3000米的后宝山最高峰，因地势较高，当地称为“凤头山”，应为“丰台岭”山（明代地名）。战台上有测量标记——三脚架，海拔约431.0米①。台东2500米是马兰关公社马兰关大队。

现存基址石砌。平面长方形，东西11、南北16.4米。

石墙体从战台9号东北行822米到达战台10号。这段墙体因据东陵北山，有碍陵寝风水，多被推倒，有些段落断续不清。墙基宽4.5、存高0.3米。

墙体从大凤头山（“丰台岭”山）向东北方向延伸，到小凤头山脊又缓缓而下。

战台10号

位于马兰关西2500米的山脊低处，山北1000米为兴隆县头道沟。

现存基址，底用毛石平铺。平面近方形，东西4、南北5、存高0.2米。

主体墙从战台10号沿山体脊部东北行290米到达沙坡峪台19号。今仅存基址。中途经过房基4号。

房基4号

位于头道沟村东南。毛石干砌。平面长方形，东西1、南北4、存高0.2米。

从沙坡峪台18号到沙坡峪台19号有1921米。

（一九）沙坡峪台19号

位于兴隆县八挂岭公社头道沟村南约1000米的山梁上。

楼体已毁，仅存一堆乱石。平面近方形，东西8、南北7.5、存高0.5米。

主体墙从沙坡峪台19号东南行随山势向东北行430米到沙坡峪台20号。墙体多倒塌，断断续续存有一道石檩。

（二〇）沙坡峪台20号

位于马兰关村西北1500米的山梁上。

楼体早年被毁，存楼基。基底用二层大块毛石垫铺。平面方形，边长8、存高0.5米。

主体墙从沙坡峪台20号东北行270米到沙坡峪台21号。石墙大部已毁，据当地群众反映是清初修东陵时，因影响风水而被推倒的。现能看出断断续续的墙体。

（二一）沙坡峪台21号

方向南偏东20°。

位于马兰关村西1200米的山梁上，西北为头道沟村。

楼体早年被拆毁，现存一堆碎砖石。平面方形，边长8、存高1米。

主体墙从沙坡峪台21号东北行154米到达沙坡峪台22号。因接近马兰关谷地和大河，所以敌台距离加密。石墙体大部毁坏，只存一道石檩。

---

① 五万分之一图标，K－50－140－A，马兰峪。

（二二）沙坡峪台 22 号

方向北偏西 20°。

位于马兰关村西 1000 米的山梁上。

楼体已毁，只存楼基。基底用三层条石平铺，以上用砖，碎石沙土填心。平面近方形，东西 12、南北 11、存高 1 米。

主体墙从沙坡峪台 22 号东行到沙坡峪台 23 号为 281 米。毛石白灰砌筑，大部塌倒毁坏。墙宽 4、残高 0.3～1.5 米。

（二三）沙坡峪台 23 号

方向北偏西 20°。

位于马兰关村西不足 1000 米的山梁上，西北为头道沟，南为东陵区五花岭。

楼体早年倒塌，只存楼基，原砌条石被拆走。基底平面近方形，东西 10.6、南北 9、存高 2.5 米（图版［10］021）。

主体墙从沙坡峪台 23 号东行 90 米到达沙坡峪台 24 号。

（二四）沙坡峪台 24 号

位于马兰关村西 600 米。

楼体已毁，仅存基址。原铺条石已拆走，中心用碎石、沙土夯筑，夯层厚 0.35 米。基底平面近方形，东西 11.4、南北 10、存高 3 米（图版［10］022）。

主体墙从沙坡峪台 24 号东行 89 米到达沙坡峪台 25 号。这一带密集的敌台因近马兰关村，大多被破坏。石墙体宽 4、存高 1.5 米。

（二五）沙坡峪台 25 号

位于马兰关村西 500 米的山梁上。

楼体已毁，存基址。基底条石被拆走，仅存一堆废石、砖。平面近方形，东西 10.8、南北 9.5、存高 2.8 米。

主体墙从沙坡峪台 25 号东行 112 米到达沙坡峪台 26 号。石墙体大部坍塌。宽 4、存高 1 米。

（二六）沙坡峪台 26 号

位于马兰峪关村西 400 米的山梁上。

楼体早年已毁，只存一堆砖、石。平面近方形，东西 10.4、南北 11、存高 2 米。

主体墙从沙坡峪台 26 号东行 183 米到达沙坡峪台 27 号。石墙体多倒塌。宽 4、存高 0.5 米。墙体从高处向东低行，即将进入马兰峪河谷地。

（二七）沙坡峪台 27 号

方向北偏西 40°。

位于马兰峪村西约 300 米的低山坡上。楼体早年已毁，只存基址。基底条石被拆走。平面方形，边长 12、存高 3.8 米。

主体墙从沙坡峪台 27 号东行 105 米到达沙坡峪台 28 号。这段墙体因接近马兰关，保存较好。系用毛石坐灰砌筑，墙内以碎石、沙土填心。现墙宽 3.6、存高 3.5 米，墙顶部仍存部分垛口墙。

（二八）沙坡峪台 28 号

方向北偏西 4°。

位于马兰关村西的马兰关一大队，在河西 100 米处的山坡上。背靠西山，东俯河谷地，控扼马兰关口，形势险要。

楼体早年已毁，现存下部和楼基。基底以石条铺砌，以上用砖，现石条被拆掉。平面方形，边长 11.7、存高 3.7 米。这是马兰关西岸的一座大型空心敌台，可惜未保存下来（图版［10］023）。

墙体从沙坡峪台 28 号下到河谷东行 123 米为毛石砌筑，保存完整。宽 3.6、高 2 米。再向东接马兰关西城北垣，墙体改为砖砌，加宽、加厚，下面用二层条石铺砌，以上砖包，宽 12、高 8 米。这段高大的宽墙向东经过西城口门到东城的东北角，全长 510 米。

主体墙从沙坡峪台 28 号向东 173 米到马兰关城西北角，再东行 447 米到正关城东北角，再行 138 米到沙坡峪台 29 号。中途经过马兰关东西关城和战台 11 号、墩台 23 号。

从沙坡峪台 28 号到沙坡峪台 29 号为 758 米，这一带敌台密集。墙体为下面石砌上面砖包，仍为砖石合筑。

马兰关口

位于马兰关东、西两城中间 115 米处的连接点。在马兰关村一大队村中间的河中，河旁是通往关内外的大道。口门处早已形成一大豁口，墙体皆无（图版［10］024）。

关口两侧墙全长 230 米，两端为东、西两关城北垣的延长。

整体来说，关口的东、西两墙保存尚好。据说，该关为一大关门，侧有水门。据实地测量，关门宽 12 米，门洞长 12 米。关门的东、西两墙，下铺二层石条，以上砖包，墙宽 12、高 8 米，远观仍非常壮观。据说关门上有门楼，墙上的垛口、宇墙、马道等尚存。如今砖包墙多劈裂，其内夯层清晰。关口以东城墙有明显的加宽痕迹，有的在原基础上加宽 1.2、加高 1.5～2 米。

东、西关城北垣和关门墙都属于长城墙体的延长。两关城为连壁城。

墙体从口门向东 434 米到马兰关正关城东北角。这里的墙体开始变窄，再向东 138 米为沙坡峪台 29 号。马兰关东城的东北角有一分支墙长 98 米。石砌，高 4.5、宽 5.8 米，大部已倒塌。

战台 11 号

位于马兰关西城北垣外侧。台顶已毁，存基址和碎石。平面方形，边长 7 米。

烽墩 2 号

位于战台 11 号北 60 米的山包上。现墩体已毁，仅存一堆乱石。

烽墩 3 号

位于关口墙东 25 米、墙北 45 米处。现存一堆乱石。

（二九）沙坡峪台 29 号

方向北偏东 40°。

位于马兰关一大队东关城东北 100 米处。

现楼体已毁，仅存一块基石。平面近方形，东西 9、南北 8、存高 4.6 米。

墙体从东关城东北角向北向东延长，墙宽 2.8、高 2.5 米。

主体墙从沙坡峪台 29 号到沙坡峪台 30 号为 178 米。

（三〇）沙坡峪台 30 号

方向西偏北 20°。

位于马兰关村东北 300 米的墙体上。这一带敌台密集，间隔较近。

楼体已毁，只存楼基。基底用二层条石平铺，白灰勾缝，以上用砖。台心裸露，夯层厚 0.15～0.6 米。平面近方形，东西 11、南北 11.3、高 4.8 米（图版［10］025）。

主体墙从沙坡峪台 30 号到沙坡峪台 31 号为 59 米。墙体下为石基，石基以上部分包砖，保存较好，墙宽 3.6、高 2～2.5 米。

（三一）沙坡峪台 31 号

方向北偏西 20°。

位于马兰北关 400 米处。

楼体已倒塌，仅存楼基。基底用二层石条砌筑，以上铺砖。平面近方形，东西 11、南北 11.2、高 4.2 米（图版［10］026）。

主体墙从沙坡峪台 31 号到沙坡峪台 32 号为 66 米。墙内为毛石砌筑白灰灌浆，内填沙土，外皮用砖包，现砖皮多被拆走。墙宽 2、存高 4.8 米。

（三二）沙坡峪台 32 号

方向北偏西 20°。

位于马兰关村东 450 米处的山梁上。

楼体已倒塌，现仅存一堆碎砖石。平面近方形，东西 11、南北 12.2、存高 4 米（图版［10］027）。

主体墙从沙坡峪台 32 号东行至沙坡峪台 33 号为 100 米。用毛石灌白灰浆砌筑，砖包外皮，应当是二次筑城，多已剥落。宽 3.6、高 2～2.5 米。

（三三）沙坡峪台 33 号

正南北向。

位于马兰关村东 500 米处。

楼体已毁，仅存楼基（图版［10］028）。基底用三层条石平铺，以上用砖，碎石、沙土填心。平面长方形，东西 10、南北 12.6、高4.8 米。

主体墙从沙坡峪台 33 号到沙坡峪台 34 号为 173 米。保存较好，内用毛石砌筑，以白灰灌浆，外用砖包，当为二次构筑，现砖多被人拆走。墙宽 2.5、存高 4.5 米。

（三四）沙坡峪台 34 号

方向南偏西 5°。

位于马兰关村东700米处，西北距西区1500米。

楼体已毁，楼基被人拆走，现只存一堆乱石。平面近方形，东西10、南北9.8、存高2.5米（图版［10］029）。

主体墙从沙坡峪台34号到沙坡峪台35号长176米（图版［10］030）。墙体西侧有明显的二次加宽痕迹。墙基用五层石条平铺，以上用砖砌，白灰勾缝。墙体原宽2.4米，后加宽1.2米；原高4.5米，后又加高1.5～2米。

（三五）沙坡峪台35号

方向北偏西20°。

位于马兰关村北900米的山坡上，北为桃花峪。

楼体早年已毁，现已成为一堆废砖石。平面近方形，东西12、南北11、存高1.3米（图版［10］031）。

主体墙从沙坡峪台35号北偏东行136米到达沙坡峪台36号。墙体内用毛石白灰灌浆砌筑，外用青砖包皮，现墙宽2.4、存高4.3米。

嘉靖三十二年摩崖分界石

在沙坡峪台35号楼北20米处当地俗称闫宝泉沟的墙体外侧底部有一块较大的石块上刻有文字，记录如下：

分界
黄崖口迤东
修完边城三
十五丈
嘉靖三十二年
四月两。

可见，这段边墙在明“嘉靖三十二年四月”修过三十五丈，但未载明修筑者是属于哪一系统。

（三六）沙坡峪台36号

位于闫宝泉沟北侧，楼西1500米是兴隆县八挂岭公社西区大队。

楼体现已坍塌，仅存楼基。平面近方形，东西11、南北10.7、存高3.5米（图版［10］032）。

主体墙从沙坡峪台36号到沙坡峪台37号为212米。墙外砖包皮已被拆走，现仅存毛石墙心。墙宽2.6、存高4米。

（三七）沙坡峪台37号

位于马兰关村北1000米处。

楼体早年坍塌，现存楼基。基底用二层条石铺砌，以上铺砖。平面近方形，东西11、南北12、存高3.8米（图版［10］033）。

主体墙从沙坡峪台37号到沙坡峪台38号为213米。其中西端85米一段砖墙保存完整。从沙坡峪台37号向东56米，墙体两侧已无包砖加宽的痕迹，并从此向东由砖墙改为石筑墙，全部干砌，墙内用碎石沙土充填。墙宽2.8、存高4.2米。砖墙只筑在马兰关口东西两侧的一段距离内。

此段墙体从沙坡峪台 37 号沿山体向东北有一段石墙分支，但不长。在接近沙坡峪台 38 号处有一小口门。

小口门

位于沙坡峪台 38 号南 10.4 米处。口门贯通关内外，门宽 1.2 米，顶部已塌。口门西通桃花峪，东通东河。

（三八）沙坡峪台 38 号

方向西偏南 20°。

位于马兰关村北 1200 米处。

楼体已毁，楼基条石被拆走。只存台心。夯土层厚 0.1 米。平面近方形，东西 11.4、南北 12、存高 3.5 米。

主体墙从沙坡峪台 38 号北行到沙坡峪台 39 号为 97 米。墙体全部毛石干砌，宽 2.8、存高 3 米（图版［10］034）。

（三九）沙坡峪台 39 号

正南北向。

位于马兰关村北 1300 米的山梁上。

楼体早年已毁，存楼基。基底用三层条石平铺，以上砖铺。平面近方形，东西 11、南北 10.4、存高 3 米。

主体墙从沙坡峪台 39 号到沙坡峪台 40 号为 178.5 米。其间墙体大部倒塌。原为毛石干砌，墙宽 2.8、存高 1.4 米（图版［10］035）。

（四〇）沙坡峪台 40 号

方向西偏北 20°。

位于马兰关村东北 1400 米的山梁上。

楼体已毁，存楼基。平面近方形，东西 11.2、南北 10.6、存高 3.5 米（图版［10］036）。

主体墙从沙坡峪台 40 号到沙坡峪台 41 号为 93 米。墙体已成一堆石檩，为毛石干砌，宽 2.8、高 3.6 米。

（四一）沙坡峪台 41 号

方向西偏北 10°。

位于马兰关村东 1500 米的山梁上。俗称“水泉沟梁”。

楼体已倒塌，仅存楼基。基底铺一层条石，以上砖石皆碎。平面方形，边长 10.4、存高 4 米。

主体墙东北行 252 米为沙坡峪台 42 号。墙体用毛石干砌，内外墙自下而上收分。墙宽 2.8、高 3.6 米。

（四二）沙坡峪台 42 号

方向北偏西 8°。

位于马兰关村山神庙子村大沟2000米的山坡上，北为剪台沟。

楼体已毁，只存楼基。基底用七层条石平铺，白灰勾缝，以上用毛石砌成。平面近方形，东西13.2、南北13.3、存高3.5米（图版［10］037）。

主体墙从沙坡峪台42号沿山体东行164米到达沙坡峪台43号。墙多倒塌，毛石干砌，宽2.9、存高3.7米。墙顶部仍残留有部分垛口墙，存高0.2、宽0.6米。

（四三）沙坡峪台43号

位于马兰关村东北2000米的山顶上。

楼体已毁，基底存四层条石，以上砖铺。平面近方形，东西10、南北11.2、存高4米。

主体墙从沙坡峪台43号东北行230米到沙坡峪台44号。墙为毛石干砌，现顶部存垛口墙。墙宽0.6、存高0.3～0.8米。

（四四）沙坡峪台44号

位于马兰关村东北约2000米的山梁上。

楼体已倒塌，结构不存。基底用二层条石平铺，以上铺砖。平面长方形，东西9、南北13、存高6.5米（图版［10］038）。

主体墙从沙坡峪台44号顺山脊东北行212米为沙坡峪台45号。在沙坡峪台44号东30米处有明显的东西接茬的痕迹。墙为毛石白灰砌成，顶部存有垛口墙。向东120米有一处房基。

（四五）沙坡峪台45号

位于兴隆县西区村的南山上。

楼体已倒塌，现存楼基。基底用四层条石平铺，以上用砖砌。平面近方形，东西10.4、南北11.7、存高4.7米（图版［10］039）。

主体墙从沙坡峪台45号东北行120米到达沙坡峪台46号。墙为毛石干砌，宽14.5、高3.8米。墙顶外边有垛口墙，墙高0.4、宽0.66米。

（四六）沙坡峪台46号

方向北偏东40°。

位于平顶山西300米处，东为东区散存民居。

楼体已毁。基底用七层石条砌筑，以上铺砖。平面近方形，东西10、南北10.5、高4.5米（图版［10］040）。

主体墙从沙坡峪台46号到达沙坡峪台47号为114米。墙宽3.5、存高4.1米，全部毛石干砌，顶部存马道及垛口墙，垛口墙宽0.6、存高0.18～0.3米。在沙坡峪台46号北200米的山顶上有烽墩一座，编为4号。

烽墩4号

位于墙体外侧向北200米的山顶上。平面方形，边长5米，现已塌成一堆乱石。

（四七）沙坡峪台47号

方向北偏东2°。

位于平顶山西200米的东西行山脊上。

楼体早年已毁，现存楼基。砖石筑成。基底用六层条石平铺，白灰勾缝，以上用砖。平面近方形，东西9、南北9.9、存高4.2米（图版［10］041）。

主体墙从沙坡峪台47号东行沿山体奔向东面的制高点平顶山高地，此段墙体保存较好。墙两侧皆用大块毛石灌白灰浆砌筑，墙内以碎石、沙土填心。马道外侧用毛石筑成，垛口墙尚存，垛墙宽0.6、高1.5～2米。从沙坡峪台47号向东，墙体马道上筑有台阶八层，阶宽1.7、高0.8米，此段墙体加宽到3.3米、高3.4米。

从沙坡峪台47号到沙坡峪台48号为207米。

（四八）沙坡峪台48号

位于兴隆县八卦岭公社黑泥匠沟村西南1500米高的平山顶上。平山顶又称平顶山，海拔391.0米，上有测标①。

楼体仅存基础和四墙。基底用八层石条平铺，以上用条砖铺砌到顶。平面近方形，东西9.4、南北10.5、高9米。台体上长满杂树。据上可俯瞰四野，有居高临下之感（图版［10］042）。

主体墙从沙坡峪台48号东北行419米到达沙坡峪台49号。墙体大部倒塌。沙坡峪台48号以南仍为石筑墙，宽3.6、高1.2～3.8米，部分现存垛口墙宽0.6、存高0.2～0.4米。墙体向东北行209米，由石墙改砌砖墙，石心，外包砖皮，白灰勾缝。此段山势十分险要，墙体上下起伏，坡度较大，皆绕山梁而行。

沙坡峪台48号南侧有房基5号（图版［10］043）。

房基5号

位于沙坡峪台48号南侧3米处。平面长方形，存四墙。东墙14、西墙15、南墙38、北墙38、存高2.1米。在房基南侧11米处，沿山坡筑有石台阶11层，以供上下之用，台阶每层高0.2、宽0.3米。

房基东南4米处有两处水井遗迹，两井相距约10米。

房基上后来曾建有一处庙堂，水井东有一座老道墓。沙坡峪台48号南150米处有两个石洞，一名“白猫洞”，另一名“黑猫洞”。

紧靠沙坡峪台48号北侧的房基，长38、宽15米，墙存高2.1米，是一座边墙内侧的大房子，里面可能有小的开间，因未发掘，详情不清，房基面积为570平方米。这样大的房子应是戍卒屯驻处，推测可容纳士兵近百人。东南的两口水井则可供屯驻士卒饮用。

据《钦定日下旧闻考》引《三镇边务总要》“鲶鱼石（池）……正关……又（西）四里至平山顶砦（寨）”②。据调查，平山顶东南侧1500米远的沟谷和平川交界处有一平山寨，应即平山顶寨，而平山顶上的大房子应为其据守的重要地点。

（四九）沙坡峪台49号

方向北偏西40°。

---

① 五万分之一图标，K－50－140－A，马兰峪。

② （清）于敏中等:《钦定日下旧闻考》卷一百五十二《边障》，2443页，北京古籍出版社，1983年。

位于平山顶东北的一座山梁上。

楼体已倒塌，内部结构已毁，仅存楼基。基底为一层石条平铺，以上用砖，以碎石、沙土填心。平面近方形，东西 9、南北 7、存高 2.5 米（图版［10］044）。

主体墙从沙坡峪台 49 号到达沙坡峪台 50 号为 81 米。砖墙多倒塌，墙宽 3.2、存高 3.8 米。

在沙坡峪台 49 号到沙坡峪台 50 号之间的墙北侧（外侧）筑有两道拦马墙，是为护城沟的形式。护城沟的内侧用毛石块筑成陡立面，石墙宽 1.5、高 2 米。护城沟和拦马墙相结合，外线全长 180、内线全长 50 米，共 230 米。

（五〇）沙坡峪台 50 号

方向北偏西 50°。

位于平山顶东北部的山脊上，北为东区村，南为全山玉沟黄土坡村。

楼体已毁，存楼基。基底平面近方形，用四层条石平铺，以上用砖。东西 11、南北 11.8、高 4.5 米（图版［10］045）。

主体墙从沙坡峪台 50 号曲折东行 125 米到沙坡峪台 51 号。墙体毁坏严重，宽 2.3、存高 3 米。

（五一）沙坡峪台 51 号

方向北偏西 31°。

位于平山顶东北曲折的山脊上。

楼体早年已毁，只存楼基。基底用四层条石平铺，以上用砖。平面近方形，东西 10、南北 9、存高 4 米（图版［10］046）。

主体墙从沙坡峪台 51 号向东偏北行 256 米到达沙坡峪台 52 号。墙体大部倒塌。墙宽 2.5、高 3.2 米。

（五二）沙坡峪台 52 号

方向北偏西 5°。

位于平山顶东，地势险要而陡峭，楼北为巨崖，难于攀缘而上。

楼体已毁，只存楼基。基底用五层条石平铺，以上用砖。平面近方形，东西 9.1、南北 10、存高 4 米（图版［10］047）。

主体墙从沙坡峪台 52 号向东偏北行 147 米到达沙坡峪台 53 号。其间山势陡峭险峻。墙体系用毛石块砌筑，宽 2.8、高 3.4 米，大部已倒塌，仅存部分垛口墙，墙高 1.5～0.3、宽 0.6 米（图版［10］048）。

（五三）沙坡峪台 53 号

位于平山顶东北的山脊上。地势较高，北为东区村，南为平山寨。

楼体已毁，仅存楼基。基底用二层条石平铺，以上用砖。平面近方形，东西 10.2、南北 10.1、高 2.5 米。

主体墙从沙坡峪台 53 号东北行 78 米到达沙坡峪台 54 号。墙宽 2.6、高 4.5 米。大部已倒塌，现存部分石墙和垛口墙，垛口墙高 0.2～0.9 米。

（五四）沙坡峪台 54 号

位于兴隆县八卦岭公社黑泥匠村南 1500 米的山顶上。

楼体已毁，存楼基。现残存楼基的石条被人拆走，仅存一堆废石。平面长方形，东西 13、南北 9.5、存高 6.4 米。

主体墙从沙坡峪台 54 号向东偏南行 117 米到达沙坡峪台 55 号。墙为毛石砌筑，以碎石、沙土填心。宽 2.6、高 4.5 米。墙顶垛口墙宽 0.6、高 0.5 米。

（五五）沙坡峪台 55 号

位于平山顶东山势平漫的一个山顶上。

楼体已经倒塌，内部毁坏。基底用五层条石平铺，白灰勾缝，台心内填碎石，用三合土夯筑。平面近方形，东西 10、南北 10.5、高 3.5 米（图版［10］049）。

主体墙从沙坡峪台 55 号东南行 148 米到达沙坡峪台 56 号。墙体保存较好，唯顶部垛墙已毁。墙宽 2.6、存高 3.2 米。墙外地势陡峭难攀。在接近沙坡峪台 56 号西北 10 米处，于墙体内侧筑有通向墙体的上墙道——阶梯。高 2.7、南北长 4.6、东西宽 1.8、顶部长 2.2 米，共筑十层台阶，每层高 0.2、宽 0.2 米，毛石筑成。

（五六）沙坡峪台 56 号

位于平山顶东汤泉公社鲶鱼池村西约 2000 米的山顶上，其北 2500 米为八卦岭公社。

楼体已倒塌，结构已毁。基底用一层石条平铺，以上用砖。平面长方形，东西 8.1、南北 9.5、存高 3 米（图版［10］050）。

主体墙从沙坡峪台 56 号东行到沙坡峪台 57 号为 134 米。墙体宽 3.8、高 2.7 米。中途经过房基 6 号。

房基 6 号

位于沙坡峪台 56 号南 10 米的墙体内侧。已毁。房基东西 11.5、南北 6 米，墙存高 0.3、厚 0.6 米。

（五七）沙坡峪台 57 号

位于鲶鱼池上关村西 2000 米的山脊上。

楼体已毁。为砖石砌筑。基底用一层石条平铺，以上用砖。平面长方形，东西 10.3、南北 7、存高 3.7 米。

主体墙从沙坡峪台 57 号向东偏南行 205 米到达沙坡峪台 58 号。墙体为毛石砌筑，以白灰抹缝，宽 3.6、高 3 米。保存较好，唯顶部垛墙皆毁。部分垛口墙宽 0.7、存高 0.3 米。在沙坡峪台 57 号以北有烽墩 5 号，向东 56 米处有明显的两墙接茬的痕迹。

在沙坡峪台 57 号向东 17 米处有通往墙体的石梯道，东西宽 2.2、南北长 2.5、存高 1.5 米。

台阶以东内侧有战台 12 号，再向东有房基 7 号。墙体东端顺山体弯曲，在山脊上修筑有一道护城壕坡，上建有烽墩 5 号。

烽墩5号

在沙坡峪台57号北60米处的山顶上。

现以倒塌。底用二层条石砌筑。平面方形，边长10、存高3.4米。

战台12号

位于墙体内侧，用毛石块砌成。平面长方形，东西12、南北8、存高3米（图版［10］051）。

房基7号

位于战台12号东7.4米处的墙内侧。

毛石砌筑。平面长方形，东西4.8、南北3.9米，墙存高1.2、厚1米。

护城壕堑

位于沙坡峪台58号以西27米处。

在主体墙以北挖有一道护城的壕沟，沟土填在外侧（北边）形成短墙，壕沟顺山体而行向东、向北复向东与沙坡峪台59号主体墙相接，长416米，中部有烽墩6号。

烽墩6号

位于沙坡峪台58号以北280米处的山顶上，其北1500米为兴隆县八卦岭村八卦岭大队。

已倒塌成一堆残石。平面方形，边长6.6、高3.6米（图版［10］052）。

（五八）沙坡峪台58号

位于鲶鱼池上关村西1500米的山脊上。

楼体早年已毁，现存楼基。基底用条石平铺，以上用砖。平面方形，边长8.2、高3米（图版［10］053）。

主体墙从沙坡峪台58号东南行127米为沙坡峪台59号，中途经过房基8、9、10号。墙体西端仍为石砌，向东1000米改为砖砌，当因已接近鲶鱼池上关之故。石墙宽仅1米，存高0.2～1.5米（图版［10］054）。

房基8号

位于沙坡峪台58号东19米处的墙体内侧。毛石砌筑。平面近方形，东西4.1、南北3.6米，房墙存高0.3、厚0.6米。

房基9号

位于沙坡峪台59号西3米处。石垒。平面长方形，东西5.6、南北8.2米，房墙存高0.4、厚0.8米。

房基10号

位于沙坡峪台59号南侧。石垒。平面长方形，东西5、南北14米，房墙存高0.3、厚0.75米。

（五九）沙坡峪台59号

位于鲶鱼池上关村西1500米处。

楼体已毁，存楼基。基底铺一层石条。平面方形，边长10.8、存高4.3米。

主体墙从沙坡峪台59号东南行204米为沙坡峪台60号。此段墙体为砖墙，白灰勾缝。墙基用条石铺砌，以上砖包，填心用碎石、夯土筑成夯层，厚0.3米，墙宽3.6、存高3米。

（六〇）沙坡峪台 60 号

位于鲶鱼池上关村西 700 米的山梁上。楼体已毁，现存楼基。平面方形，边长 9.6、存高 4 米。

主体墙从沙坡峪台 60 号东南行 187 米到达沙坡峪台 61 号。墙体为砖砌，白灰勾缝并砖包。宽 3.7、高 3.5 米。

（六一）沙坡峪台 61 号

位于鲶鱼池上关村西约 1200 米处。

楼体已毁，只存楼基。砖石砌筑。平面方形，边长 12、存高 3.8 米。

主体墙从沙坡峪台 61 号到沙坡峪台 62 号为 75 米，中途经过战台 13 号。墙体内为毛石灌浆，外包砖皮。墙宽 4.4、高 3.2 米。

战台 13 号

位于沙坡峪台 61 号东 35 米处的墙体内侧。毛石砌筑。平面长方形，东西 14.3、南北 0.9、存高 0.6 米。

（六二）沙坡峪台 62 号

位于鲶鱼池上关村西 1000 米的山坡上。

楼体已毁，现存楼基。砖石结构。基底用条石铺砌，以上用砖，现存夯土台心三堆。平面方形，边长 10、高 3 米。

主体墙从沙坡峪台 62 号到沙坡峪台 63 号为 146.3 米，中途经过战台 14、15 号。墙体石基上砖包外皮。中间以毛石灌浆，基底铺石，外皮砖包。墙宽 2.6、存高 1.4 米。

战台 14 号

位于沙坡峪台 62 号南 10 米处。底部用二层条石砌起，上为毛石。东西 2.6、南北 5、存高 0.5 米。

战台 15 号

位于沙坡峪台 63 号西 5 米处。在墙体内侧。今存基底条石二层。平面长方形，东西 3、南北 1.9、存高 0.5 米。

（六三）沙坡峪台 63 号

位于鲶鱼池上关村西约 900 米的山梁上。

楼体已经坍塌，只存基底。砖筑。基底用八层毛条石平铺，以上用砖。平面近方形，东西 10、南北 10.2、存高 4 米（图版［10］055）。

主体墙从沙坡峪台 63 号东行 172.8 米到达沙坡峪台 64 号。墙用砖和毛石灌白灰浆砌成，内填碎石、沙土夯实，外底铺条石，以上砖包到顶，现砖皮多剥落。墙宽 2.6、高 3.8 米。中途经过战台 16、17 号。

战台 16 号

位于沙坡峪台 63 号东 11 米的墙体内侧。破坏严重。基底为三层条石平铺，以上石砌。平面长方形，东西 4、南北 2.6、存高 0.65 米。

战台 17 号

位于沙坡峪台 64 号西 50 米的墙体内侧。基底用三层条石平铺，台内填碎石、沙土。平面长方形，东西 3. 8、南北 1. 8、高 0. 8 米。

（六四）沙坡峪台 64 号

俗称“尖势楼”。位于上关水库西侧的山岭上，楼西北 2500 米是兴隆县八卦岭公社八卦岭村，东北 900 米为草厂村。

楼体已毁。基底用三层条石平铺，白灰勾缝抹平，上部砖砌，以碎石、沙土填心。平面方形，边长 10、高 3. 8 米（图版［10］056）。

主体墙从沙坡峪台 64 号到沙坡峪台 65 号为 219 米。墙体为毛石白灰砌筑，已大部倒塌。墙基底铺石条，以上砖包。今墙宽 2. 6、高 3. 8 米。

（六五）沙坡峪台 65 号

位于遵化县上关村西较高的山顶上。

楼体已毁，仅存楼基。砖石合筑。基底石条大部被拆走，以上为砖铺，内为碎石、沙土填心，夯层厚 0. 15 米。平面长方形，东西 12、南北 10、高 4. 2 米（图版［10］057）。

主体墙从沙坡峪台 65 号到沙坡峪台 66 号为 100 米，中途经过烽墩 7 号。墙体为毛石白灰砌筑，再用沙土、碎石夯成。墙宽 2. 6、高 3. 2 米。

烽墩 7 号

位于沙坡峪台 66 号东北 2000 米的山顶上，在两道护城沟的中间。台体早年坍塌，现成一堆废石。平面方形，边长 6、存高 4. 5 米。

（六六）沙坡峪台 66 号

位于上关水库西约 800 米的山梁上。

楼体已倒塌，内部结构毁坏，仅存基址，上面长满灌木，砖石料多被拆走。平面近方形，东西 13、南北 12、存高 4. 5 米（图版［10］058）。

主体墙从沙坡峪台 66 号到沙坡峪台 67 号为 118 米，中途经过战台 18 号。砖墙从山顶向东下行，已接近上关村。砖包墙体皆被拆走，存墙心，毛石白灰沙土夯砌成。因接近上关，墙体加宽到 4. 6、存高 3. 8 米。

战台 18 号

位于沙坡峪台 67 号西 2 米的墙体内侧。台体已被破坏。平面近方形，东西 4、南北 3. 8、存高 1 米。

（六七）沙坡峪台 67 号

位于上北关水库西侧 500 米处。

该楼已倒塌，基址的砖石皆被拆走，仅存台心和碎石砖。平面长方形，东西 13. 5、南北 10、存高 6. 5 米（图版［10］059）。

主体墙从沙坡峪台 67 号到沙坡峪台 68 号为 172 米，中途经过房基 11 号和烽墩 8 号。墙为砖砌，其内毛石白灰填心，中间夹有碎石和夯土。外基底铺条石，以上砖包外皮，现砖皮被拆走。墙宽 4、存高 3.5 米。

房基 11 号

位于沙坡峪台 68 号西 3 米处，在墙内侧。现存房基四垣痕迹。毛石砌筑。平面长方形，东西 10.8、南北 6、存高 0.4 米。

烽墩 8 号

位于沙坡峪台 68 号北 30 米处的山顶上。现存台基，毛石砌筑。平面方形，边长 10、存高 3.5 米。

（六八）沙坡峪台 68 号

方向北偏东 20°。

位于上关水库西 300 米的山坡上。楼体早年倒塌，仅存残基，从中可见碎石和夯土，夯层厚 0.1 米。平面方形，边长 10、高 3.5 米（图版［10］060）。

主体墙从沙坡峪台 68 号到沙坡峪台 69 号为 116 米，中途经过房基 12 号。墙上的包皮砖皆被拆走，尚存石墙和碎石、夯土墙心。墙宽 4、存高 3 米。

房基 12 号

位于房基 11 号东南 8 米处。仅存四墙，石砌。平面长方形，东西 6.5、南北 10.7、存高 0.3 米。

（六九）沙坡峪台 69 号

正南北向。

位于上关水库西接近水库的山坡上。

楼体已毁，只存楼基。楼基以石条平铺，以上用砖，现石条、砖被拆走，只存台基内的碎石和夯土，夯土层厚 0.1 米。平面近方形，东西 8.3、南北 9、存高 3.5 米。

主体墙从沙坡峪台 69 号到沙坡峪台 70 号长 40 米。因已接近水库，墙体多被修水库时拆毁。存墙心。现墙宽 4、存高 1 米。

（七〇）沙坡峪台 70 号

位于上关东西两山峡谷的西侧平漫之地，东接上关北去八卦岭的土公路，再东为上关水库。是扼守上关的敌台之一。

楼体结构已毁。只存楼基和碎砖石。平面长方形，东西 9、南北 11、存高 3 米。

从沙坡峪台 70 号东行越过兴隆—遵化公路，再东行有 73.4 米的墙体，再东为上关水库。关口即鲶鱼池口，现为水库淹没。从水库往东 150 米到达沙坡峪台 71 号。即从沙坡峪台 70 号到沙坡峪台 71 号为 223.4 米。西端未被淹没墙体的砖石后来又被拆掉，仅存墙心。墙用毛石白灰砌筑，外基底用条石，以上包砖。墙宽 4、存高 2 米。

上关口（鲶鱼池关）

即鲶鱼石（池）正关，关内（南）1000 米为鲶鱼池村（寨），鲶鱼石寨即设于此。大者为关，小者为口，此处正名为“鲶鱼池关”，可见原来的建筑规模较大。

鲶鱼池正关，即上关，位于魏进河的中心位置，关位于谷底，东西两山形势险要。当时设此关是为了防范北面来犯之敌。此关南距水库大坝500米。

1973年修上关水库以前，关口保存尚好，位置在沙坡峪台70号至沙坡峪台71号之间的115米处，位于今天的河谷中心。关口上原有阁楼，两个水门洞分列上关阁楼的东西两侧。修上关水库时拆掉了关口和水门洞，现基址已沉入水底。修水库时，在上关口西侧曾发现一块上关和长城记事石碑，现该石碑存于上关大队村南侧的徐万金家中（当时由于某种原因未曾拓片）。

上关口东西两山地势险要，都是高峰，设此以控扼关外，十分重要，关内东侧1000米即鲶鱼池（石）寨。

（七一）沙坡峪台71号

位于鲶鱼石（池）村上关口以东水库的东岸，此间地势逐渐升高。此台与水库相距仅10米，修水库时被拆毁，现存一堆柱状碎砖石。平面近方形，东西9、南北10、存高3.2米（图版［10］061）。

主体墙从沙坡峪台71号向东逐渐爬上山坡，行131米到达沙坡峪台72号。其中因山势陡然升高有50米不筑墙，接近沙坡峪台72号的一段墙体为砖砌，稍加宽并砌成阶梯十一层，现存七层，每层高1.4、宽2.3米，墙宽3、存高4米，一直延伸到山顶。

（七二）沙坡峪台72号

方向北偏西10°。

俗称土楼子。

楼体已毁，现仅存楼基和夯土堆，夯层厚0.1～0.15米。基址平面方形，边长14、存高3米。

主体墙从沙坡峪台72号沿山体向上向东行133米到达沙坡峪台73号。墙体仍为毛石砌白灰灌浆，内填碎石、沙土，外包砖皮，基底用石条铺砌。墙宽3、存高3.5米。中途经过房基13号、烽墩9号（图版［10］062）。

房基13号

位于沙坡峪台72号东4米处的墙体内侧，现只存房墙。毛石砌筑。平面长方形，东西14、南北8、存高0.5、厚0.6米。

烽墩9号

位于沙坡峪台72号北250米处的山包上。台体已毁，仅存残基址。石砌。平面方形，边长10、存高3.5米。

（七三）沙坡峪台73号

方向北偏东3°。

位于上关水库东北约500米的山冈上。楼北1500米是兴隆县八卦岭公社草场村。

楼体已毁，现存一堆废砖石。平面长方形，东西10.5、南北12.6、存高3.8米（图版［10］063）。

主体墙从沙坡峪台73号到沙坡峪台74号长153米。中途经过房基14号、烽墩10号。墙仍为石墙心，外用包砖，大多已倒塌。宽3、高3.8米。因山险，有些地方只用砖和白灰筑成单边窄墙，宽仅1米多。从沙坡峪台73号向东40米处有明显的两墙接茬处。

房基 14 号

位于沙坡峪台 73 号南 6 米处。毛石砌筑，存墙基痕迹。平面长方形，东西 6、南北 12 米。

烽墩 10 号

位于沙坡峪台 73 号东北 20 米的山包上，在主体墙外侧。倒塌严重，只存残基。用毛石白灰砌筑，内填碎石和沙土。平面方形，边长 10、存高 5.8 米（图版［10］064）。

（七四）沙坡峪台 74 号

位于上关水库东 1000 米的山梁上。

楼体已倒塌，只存楼基。砖石砌筑。平面长方形，东西 9、南北 11、存高 2 米。

在该楼南 30 米处，于山面岩石上凿有台阶二十层，每层高 0.1、宽 0.2 米。

主体墙从沙坡峪台 74 号东南行 246 米到达沙坡峪台 75 号。毛石白灰砌筑，以上用砖包。墙宽 3、高 3.5 米（图版［10］065）。

（七五）沙坡峪台 75 号

位于上关水库东 1200 米的山梁上。

楼体早年已毁，今存基址。砖石砌筑。平面方形，边长 9.4、高 3.5 米。

主体墙从沙坡峪台 75 号到沙坡峪台 76 号为 227 米。墙体由砖墙结构改为用毛石块砌筑，中羼白灰，墙心为碎石、沙土夯成，墙宽 2.8、存高 3.5 米。墙上存有部分垛口墙，墙高 0.3～0.5、宽 0.75 米（图版［10］066）。

沙坡峪台 75 号向东 76 米的墙体上筑有天梯四层，每层高 1.6、宽 2.3 米，这种墙是随山势升高而筑，但与障墙不同。

（七六）沙坡峪台 76 号

位于汤泉公社鲶鱼池村北 1500 米的山顶上，俗称“五眼楼”。

楼体顶部坍塌，存楼基。基底下大上小，底用十五层毛石砌成，以上用砖。平面方形，边长 9.7、现通高 8 米（图版［10］067）。

主体墙从沙坡峪台 76 号到沙坡峪台 77 号为 171.2 米。中途经过房基 15 号。墙体多倒塌。石砌，白灰勾抹石缝，以碎石沙土填心，墙宽 3、高 3.4 米。

房基 15 号

位于沙坡峪台 76 号南侧。外为方形护坡墙。平面长方形，东西 16、南北 13 米。内为房基址，平面长方形，东西 11、南北 4 米。存残垣。

（七七）沙坡峪台 77 号

位于鲶鱼池村北 2000 米处。俗称“墩子楼”。

楼体早年倒塌。现存楼基。基底用五层条石平铺，以上砖砌。平面长方形，东西 12.7、南北 9.4、存高 4.3 米（图版［10］068）。

从沙坡峪台 77 号东南行 260 米到达沙坡峪台 78 号。墙体石筑，白灰抹缝。在沙坡峪台 77 号向东 12 米处，因山险，墙体中断 8 米。墙宽 3、高 3.4 米，顶部残存部分垛口墙，墙宽 0.65、高 0.2～

1.8 米。

（七八）沙坡峪台 78 号

俗称“高楼子”。位于鲶鱼池村北 2200 米处的山梁上。

楼体坍塌，存基址。砖石砌筑。平面长方形，东西 14.6、南北 10.5、存高 3.5 米。

主体墙从沙坡峪台 78 号到沙坡峪台 79 号为 131 米。中途经过房基 16 号。墙体石砌，多倒塌，宽 3、高 4 米。在沙坡峪台 78 号北墙体上随山势升高有台阶七层，（阶段墙）每层高 1.7、宽 2.2 米。墙顶筑有用毛石砌的垛口墙。

房基 16 号

位于沙坡峪台 78 号南侧，石砌，现存短墙不足 1 米。平面长方形，东西 4、南北 6 米。

（七九）沙坡峪台 79 号

方向北偏西 20°。

位于鲶鱼池村北 2500 米处。

今存楼基。砖石砌筑，基础为大型加工石块砌成。平面长方形，东西 6、南北 4、存高 4 米（图版［10］069）。

主体墙从沙坡峪台 79 号到沙坡峪台 80 号为 134 米。墙体石砌，沿山体北行，唯马道铺砖，俗称“砖帽墙”。从沙坡峪台 79 号向北 43 米处的墙体内筑有上墙道，为石筑台阶五层，坡长 2.8、宽 1.1、高 1.8 米。每层高 0.2、宽 0.3 米。

（八〇）沙坡峪台 80 号

位于鲶鱼池村东 2700 米处，在沙岭村北的万树菴村西山梁上。

楼体已坍塌，存楼基。砖石结构。平面长方形，东西 14.5、南北 8.5、存高 3 米。

主体墙从沙坡峪台 80 号到沙坡峪台 81 号为 273 米。石墙沿山体向东北行，规整且保存完好。毛石白灰砌筑，墙宽 3、高 3.5 米。唯垛墙不存（图版［10］070）。

（八一）沙坡峪台 81 号

方向北偏东 40°。

俗称“碾子楼”。位于鲶鱼池（石）村东北 2800 米处，在沙岭寨北 2000 米万树菴村的西山梁上。

该楼已倒塌，存楼基。基底用四层条石平铺，以上用条砖，白灰勾缝，内填碎石、沙土。平面长方形，东西 13.6、南北 3.3、存高 3.5 米（图版［10］071）。在沙坡峪台 81 号楼根部发现半块残碑，碑右半部文字全毁。碑长 30、宽 50 厘米。现将石碑文字抄录如下：

> □□等处地方兼备倭总兵官太子太师
> □□中路等处地方分理练
> □□马兰中路等处地方副总兵官后
> □□军政佥书统领昌镇秋防左营官
> 中军指挥同知杨春茂督工把总千

□□防左营官军奉文派修毛山雷击敌

□□一十四丈四尺东西长四丈五尺南北

□□□石纯砖灰浆灌缝抿抹修砌

□□□右记勒为记

□□大安□等处地方以都

月。

从沙坡峪台 81 号到沙坡峪台 82 号为 427 米。墙体由此往东因接大安口开始改为砖墙，而且一直延伸至鲶鱼池最高峰，俗称“狗尾巴尖山”，海拔 334.8 米①。

从沙坡峪台 81 号向北 48 米因山势险要为砖砌单边墙，绕过“狗尾巴尖山”北侧向东，墙窄仅 1 米，高不足 2 米。墙体从北向东向南，然后又向东改为双边墙（含垛墙、宇墙）东去。中途经过房基 17 号至 23 号。

房基 17 号

位于沙坡峪台 81 号东南 10 米处，有房基痕迹。平面长方形，东西 3.3、南北 5.5、高 0.6 米。

房基 18 号

位于沙坡峪台 81 号东北 5 米处，存基址。平面长方形，东西 13、南北 5、高 0.6 米。

房基 19 号

位于沙坡峪台 81 号北边狗尾巴尖山顶峰。毛石白灰灌浆砌筑。存基址。平面方形，边长 3.3 米。

房基 20 号

位于房基 19 号南 6 米处。石砌。平面长方形，东西 5、南北 6.5、高 0.6 米。

在房基 20 号向东 27 米处，墙体内侧筑有上墙道，东西 3.2、宽 1.3、高 2.2 米。台阶已毁。

房基 21 号

位于上墙道东 24 米处的墙内侧。平面长方形，东西 6、南北 5、房墙存高 0.8 米。

房基 22 号

位于房基 20 号东 10 米处，现地面存有二层毛石块残墙。平面长方形，东西 6、南北 3.3、高 0.2 米。

房基 23 号

位于房基 22 号南 7 米处，现存残石墙。平面长方形，东西 6.5、南北 2.4、高 0.45 米。

（八二）沙坡峪台 82 号

位于下营公社沙岭寨村西 1000 米处。

楼体已倒塌。楼基用三层条石平铺，以上用砖，白灰勾缝抹平。平面长方形，东西 15、南北 8、存高 4 米。

主体墙从沙坡峪台 82 号到沙坡峪台 83 号为 329 米。墙体倒塌较少，毛石砌筑，墙宽 3、高 3.7 米。从沙坡峪台 82 号往北 37 米处的墙顶尚存有吐水嘴。

由沙坡峪台 82 号向北经过房基 24、25、26 号和烽墩 11 号。敌台东边的台阶已毁。向东 115 米处有台阶通往马道，长 2、宽 1 米，台阶每层高 0.35、宽 0.15 米。

---

① 五万分之一图标，K－50－140－8，遵化。

房基 24 号

位于沙坡峪台 82 号东北 8 米处。存房基墙。石砌。平面长方形，东西 8、南北 6 米，墙宽 0.5、高 0.8 米，墙南侧有台阶。

房基 25 号

位于烽墩 11 号南侧。平面近方形，东西 5.2、南北 4.5、存高 1.4 米。

烽墩 11 号

位于沙坡峪台 82 号向北 151 米处，在房基 25 号以北 5 米处。墩体已倒塌，现存基址石砌。平面方形，边长 6、存高 2.5 米（图版［10］072）。

房基 26 号

位于沙坡峪台 83 号南 55 米处墙内台阶的东侧。地面仅存房墙痕迹。平面近方形，东西 3.3、南北 3.7 米，墙厚 0.55、高 0.8 米。

（八三）沙坡峪台 83 号

方向西偏南 20°。

位于沙岭寨村北约 1000 米的山梁上。

楼体早年倒塌。基底以四层条石平铺，白灰勾缝抹平。以上用砖，内填碎石、沙土。平面长方形，东西 10.5、南北 14.5、高 3.8 米。

主体墙从沙坡峪台 83 号到沙坡峪台 84 号为 201 米，中途经过房基 27、28、29 号。墙体为毛石砌筑。宽 3.4、高 3.5 米。

房基 27 号

位于沙坡峪台 83 号北墙体南侧。毛石砌筑。平面方形，边长 5、高 0.7 米。

房基 28 号

位于房基 27 号西 5 米处。石砌。平面方形，边长 10.5、存高 0.25 米。

房基 29 号

位于房基 28 号东北 2 米处。现存基址。平面长方形，东西 10、南北 4、残墙高 0.34～1.5 米。

以上三座房址成倒“品”字形排列。

（八四）沙坡峪台 84 号

位于兴隆县八卦岭公社草场村东南 1500 米的山岭上。

楼体早年倒塌，只存基础。基底用四层条石平铺，内填碎石、沙土。平面方形，边长 10、存高 4.8 米。条石以上用砖。楼周用毛石料五层加固砌成大台一周，形成护墙，高 2 米。

主体墙沿山脊弯曲北行，从沙坡峪台 84 号北行 202.5 米到达沙坡峪台 85 号。毛石白灰砌筑。宽 4.5、高 4.6 米（图版［10］073）。

（八五）沙坡峪台 85 号

方向北偏西 30°。

位于南草场东杨家楼南沙岭寨北的山岭上。

楼体早年倒塌，存楼基。基底用四层条石平铺，内填碎石、沙土。现基址上形成柱墩。楼体内部存有木质结构痕迹。平面方形，边长 12.8、存高 5 米（图版［10］074）。

主体墙从沙坡峪台 85 号向东北行 143 米到达沙坡峪台 86 号。毛石白灰砌筑，宽 4、存高 5 米。

（八六）沙坡峪台 86 号

方向北偏西 30°。

位于东草场村东山脊上。

楼体已毁，仅存楼基。砖石砌筑。平面方形，边长 11.8、存高 5.5 米（图版［10］075）。

主体墙从沙坡峪台 86 号北行 67 米到达沙坡峪台 87 号。倒塌严重，毛石白灰砌筑，部分马道外侧存垛口墙，已毁。高 5、宽 4.2 米。

（八七）沙坡峪台 87 号

位于东草场村东沙岭寨北的山脊上。

楼体倒塌，只存楼基。基底用条石白灰砌筑，内填碎石、沙土。平面近方形，东西 11、南北 10、存高 5.5 米（图版［10］076）。

主体墙从沙坡峪台 87 号到沙坡峪台 88 号为 98.5 米。保存较好。毛石白灰砌筑，宽 4.2、高 5 米。

（八八）沙坡峪台 88 号

方向北偏东 10°。

位于杨家楼东，沙岭村北。

楼体早年已毁。基底用两层条石平铺，白灰勾抹。平面近方形，东西 11、南北 12、存高 6 米。

主体墙从沙坡峪台 88 号到沙坡峪台 89 号为 144 米。毛石砌筑，宽 4.2、高 5.5 米。

（八九）沙坡峪台 89 号

方向北偏西 20°。

位于沙岭寨北。

楼体已毁。楼基用五层条石平铺，白灰勾抹。以上石块砌筑，再上用砖。内填砂石、夯土，夯层厚 0.1 米。平面近方形，东西 11、南北 12、存高 7 米（图版［10］077）。

主体墙从沙坡峪台 89 号向北 116 米到沙坡峪台 90 号。毛石白灰砌筑。宽 4.2、高 5 米。

（九〇）沙坡峪台 90 号

位于沙岭寨正北峪南山岭上。

楼体已倒塌，条石也被拆走，只存基址。夯层厚 0.15～0.3 米。平面近方形，东西 11.5、南北 12、存高 3.5 米。

主体墙从沙坡峪台 90 号到沙坡峪台 91 号为 103.8 米。中途经过房基 30、31 号。墙体顺山势北行，从沙坡峪台 90 号向北 14 米处开始加宽、加厚，内侧仍用毛石砌筑，外侧改用砖包，砖已被拆光，墙体加厚 1 米（图版［10］078）。基本程序为，中间用毛石白灰灌浇砌成石墙，墙内填砂石、沙土。石墙内外加厚砖包至 1 米，砖墙底用石条铺基。和前述二次墙相同。唯除砖包加厚外这里也出现了少部分用毛石加厚包砌的墙体。

从沙坡峪台91号向东墙内外皆用砖包皮。在沙坡峪台90号向东1米处有一段石砌上墙道，为石砌台阶，长5.8、宽1.8、现存高3.5米，呈斜坡式台阶，共十一层，每层宽0.3、高0.28米（图版[10]079、080）。

房基30号

位于沙坡峪台90号北27米处。存房墙。毛石砌筑。东西3、南北3.2、存高0.5、厚0.4米。

房基31号

位于沙坡峪台90号北30米处墙内侧。毛石筑砌。东西2.4、南北4.5米。

（九一）沙坡峪台91号

位于杨家楼东山脊上。

楼体早年被毁。砖石结构，基底用五层石条平铺，以上毛石砌筑，白灰勾缝，内用三合土夯筑。平面近方形，东西13、南北11.5、存高5米（图版[10]081）。

主体墙从沙坡峪台91号北行到沙坡峪台92号为120.5米。中途经过战台19号。墙为砖筑，砖包皮多被拆走，宽4.7、存高2米。

战台19号

位于沙坡峪台92号西2米处，紧靠楼体。毛石砌筑。倒塌严重。平面呈不规则四边形，东边30、西边15、南北9.5、存高2米。

（九二）沙坡峪台92号

方向北偏西30°。

位于下营公社大安口村万树蓄三队西850米的山梁上。西北距杨家楼沟400米。

楼体全部毁坏，存基底台心。石砌。平面近方形，东西12、南北11.5、高5米。

主体墙从沙坡峪台92号到沙坡峪台93号为87米，中途经过战台20号。墙为毛石砌筑，白灰抹缝，内心为三合土，两侧包砖为人拆走。墙宽4.7、存高3.8米。

战台20号

位于沙坡峪台92号向东北67米处的墙体内侧，现存墙皮。平面方形，边长11米。

（九三）沙坡峪台93号

方向北偏西40°。

俗称“杨家楼”。位于杨家楼沟村南400米处，在万树蓄村北的山梁上。

台体已毁，存基址。毛石砌筑。平面近方形，东西12、南北11、存高4米。

主体墙从沙坡峪台93号到沙坡峪台94号为89米。墙体倒塌严重，存宽1.5、高2米。

（九四）沙坡峪台94号

位于杨家楼沟村南，在万树蓄村北的山梁上。

楼体早年已毁，存基址。毛石砌成，台心为三合土夯筑。平面近方形，东西12、南北11.5、存高4.5米（图版[10]082）。

主体墙从沙坡峪台 94 号到沙坡峪台 95 号为 159.5 米，中途经过战台 21 号。墙体大部毁坏。基底用石条铺砌，以上砖包，内为三合土碎石夯筑，砖皮已无。墙宽 4.7、高 1～4 米。

战台 21 号

位于沙坡峪台 94 号东北 41 米墙体内侧。已毁。石砌。平面长方形，东西 14.5、南北 10.5 米。

（九五）沙坡峪台 95 号

方向北偏西 50°。

位于杨家楼沟村南、万树蓭（安）村北的山梁上。

楼体倒塌，结构已毁。据残迹，楼内原应为木结构。砖砌。平面近方形，东西 12.1、南北 11、存高 4.5 米（图版［10］083）。

主体墙从沙坡峪台 95 号到沙坡峪台 96 号长 112 米，中途经过战台 22 号。从沙坡峪台 95 号往北又改为毛石砌筑，内填碎石、沙土，敌台向东 40 米处有两段墙体的接缝痕迹。墙宽 4.5、存高 4 米。

战台 22 号

位于沙坡峪台 95 号东 50 米处。石砌，存一残基址。平面长方形，东西 7、南北 11 米。

（九六）沙坡峪台 96 号

位于万树蓭（安）村北的山梁上。

楼体已倒塌，仅存三合土楼心，夯层厚 0.2 米。平面长方形，东西 10.5、南北 13、存高 5 米（图版［10］084）。

主体墙从沙坡峪台 96 号到沙坡峪台 97 号为 100 米，中途经过战台 23 号。墙体为毛石砌筑，白灰勾抹。墙宽 4.5、存高 3 米。

战台 23 号

位于沙坡峪台 96 号东 40 米处。仅存残基。石砌。平面长方形，东西 4.7、南北 3.5、存高 2 米。

（九七）沙坡峪台 97 号

俗称“五眼”。位于万树蓭北、大安口村西 700 米的山梁上，北临小水泉正北峪。

楼体已毁，存基址。基底系用三层条石平铺，以上用毛石砌筑。平面长方形，东西 14、南北 11、存高 7 米（图版［10］085）。

主体墙从沙坡峪台 97 号到沙坡峪台 98 号为 112 米，中途经过战台 24 号。

战台 24 号

位于沙坡峪台 97 号东 62 米处的墙体上。

毛石白灰砌成。平面长方形，东西 7.5、南北 5、存高 3 米。

（九八）沙坡峪台 98 号

位于万树蓭北、杨家楼村的东山岗上，东近大安口。

敌楼已毁。砖石被拆走。现存三合土夯打台基。平面近方形，东西 10.5、南北 10、存高4 米。

主体墙从沙坡峪台 98 号东行到沙坡峪台 99 号为 219.5 米。墙体从西而东随山势下降，从沙坡峪台98号向东南145米处为石墙，毛石白灰砌筑，内填碎石、沙土；145米以东又改为外为砖包加宽，内为毛石白灰砌筑。现砖包外墙多被拆走。墙宽3、高3.5米。

（九九）沙坡峪台99号

方向北偏东40°。

位于大安口西山上，居高临下。

楼体早年已毁。基底用条石平铺，毛石勾缝，台心为三合土筑，以上砖包。平面方形，边长14、存高5米。这原是一座大型砖楼，可俯控大安口（图版［10］086）。

主体墙从沙坡峪台99号到沙坡峪台100号为229米。毛石白灰砌筑，内填碎石、沙土，石墙心宽3、高3.5米。石墙最外层砖包，加宽1米，加高1～2米（图版［10］087）。

（一〇〇）沙坡峪台100号

方向北偏东20°。

位于万树菴村北300米处，在大安口西500米的山坡上。

楼体早年坍塌，今存基址。残楼基顶部有一层厚0.5米的夯土（当是楼体地面）。现基底所铺石和砖皆被拆掉。平面近方形，东西12、南北10、存高4米。

主体墙从沙坡峪台100号东北行111米到达沙坡峪台101号，中途经过房基32号、战台25号。砖包墙皮剥落，只存毛石墙心。墙宽5、存高4～5米。

房基32号

位于沙坡峪台100号东6米处的墙体内侧。房基和地面持平。毛石砌筑。平面长方形，东西7、南北17米。

战台25号

位于沙坡峪台101号南2米处。石砌，存台基。平面近方形，东西2.5、南北3米（图版［10］088）。

（一〇一）沙坡峪台101号

方向北偏西40°。

位于大安口西250米的山坡下，接近河谷地带。

楼体已毁，存楼心夯土堆。原为砖石结构。平面方形，边长12、存高4米。

主体墙从河西岸向东北行66米为沙坡峪台102号。存毛石白灰砌筑的墙心和其内的沙土、碎石。墙宽5、存高5.5米。

（一〇二）沙坡峪台102号

位于大安口河西岸，在大安口村西。

该楼近村居，早年已毁。现存残楼基。砖石结构。平面长方形，东西9.5、南北11、存高5米（图版［10］089）。

主体墙已毁。从沙坡峪台102号沿河滩东行97米过小口门，又东行124米过大安口河边耕地，又东过河——水门洞22米到达沙坡峪台103号。从沙坡峪台102号到沙坡峪台103号为211米。墙体为石砌砖包外皮。砖皮已剥落，只存石墙，河心一段有 85 米被冲毁，特别是河心 22 米一段只存原大安口口门一座。沙坡峪台 102 号以东墙体的石墙外砖包宽 5、加宽 1 米，存高 5 米。

小口门（西便门）

位于沙坡峪台 102 号东 97 米处。

口门原可能有拱门，今不存，用毛石砌成坚固的门垛。门宽 2.8、门洞长 4、存高 5 米。小口门以东有 61 米宽的河边耕地，此门可能是便门，无正名。小口门以东墙体多倒塌，现存高 0.3～1 米。

大安口门（正关门）

位于大安口村北 500 米处，口子中间已变为一条南北通行的土路，视野开阔。据群众反映，大安口原系砖结构，有门，早年已经毁坏，变为公路，两侧连接部分墙体，东为河流，西为公路所破坏（图版［10］090）。

据了解，土公路东的河心有水门洞（西便门）一座，已毁坏（图版［10］091）。

（一〇三）沙坡峪台 103 号

位于大安口村北侧、在河流的东岸。

现楼体已毁，仅存基址。砖石结构。平面长方形，东西 8、南北 12、存高 4 米。

主体墙从沙坡峪台 103 号东行 178 米到沙坡峪台 104 号。现墙体剥蚀严重。墙基用五层条石平铺，以上用条砖白灰砌筑。砖皮内为河卵石，以白灰灌浆，沙土填心。墙宽 8、高 4 米。

在沙坡峪台 103 号东 34 米处筑有一座便门，门进到墙体 5 米，左右有砖阶通向马道。砖阶每层高 0.3、宽 0.25 米。

（一〇四）沙坡峪台 104 号

位于大安口堡北垣东端，是接近堡东北角的一座大敌台，现已全毁。砖石结构。平面长方形，东西 12、南北 15、高 3.5 米（图版［10］092）。

主体墙从沙坡峪台 104 号到沙坡峪台 105 号为 133 米。墙体从大安口堡北垣向东延长部分毁坏严重，西侧包砖和基底的条石均被拆走，仅存毛石白灰灌浇的石墙心。墙宽 4、存高 3.1 米。

（一〇五）沙坡峪台 105 号

方向北偏西 10°。

位于大安口堡东的山坡上。

楼体早年坍塌。原为砖石结构，外表剥落后只存三合土台心。平面方形，边长 12、存高 4 米（图版［10］093）。

主体墙从沙坡峪台 105 号东南行 35 米到达沙坡峪台 106 号。原为砖包卵石墙，现砖墙被拆走，存卵石墙心。宽 3、高 3.2 米。

（一〇六）沙坡峪台 106 号

位于大安口东 300 米的山梁上。

楼体早年坍塌。只存楼基和一堆墙砖、石。基底系先用毛石白灰砌好，然后在四角和周边用条石铺砌加厚，四角用大型加工毛石砌筑，显然为二次修筑时使楼体加宽、加大，以上再包砖。每边加宽约1.5米。今基址平面近方形，东西11、南北12、存高4米（图版［10］094）。

主体墙从沙坡峪台106号到沙坡峪台107号为166米。中途经过房基33、34号（图版［10］095）。

砖包卵石墙，砖被剥拆，存卵石白灰墙心，内填碎石、沙土，墙顶部有后世修补加高1.5～2米的痕迹。现墙宽只剩2.8米，存高5米。

房基33号

位于沙坡峪台106号东68米处，在墙体内侧。平面长方形，东西25、南北6米，面四进一，存残垣。

房基34号

位于沙坡峪台106号南，在墙体内侧。平面长方形，东西4.6、南北3.2米。

（一〇七）沙坡峪台107号

方向北偏西40°。

位于大安口村东山岭上。

墙体早年倒塌，砖、石被拆，现存基址的夯筑台心，夯层厚0.1米。平面方形，边长10、存高4米（图版［10］096）。

主体墙从沙坡峪台107号到沙坡峪台108号为212米。墙体顺山势如长蛇曲折东行，由砖包改为毛石羼白灰砌筑。唯顶部用砖铺砌，外边有垛口墙（为白灰条石砌筑）。现墙高4.5、宽3.8米（图版［10］097）。

（一〇八）沙坡峪台108号

方向北偏西30°。

位于大安口村东山岭上。

墙体已毁，存楼基。毛石砌筑。平面方形，边长10、存高4.5米。

主体墙从沙坡峪台108号到沙坡峪台109号为107米。毛石羼白灰砌筑，保存大体完好，墙宽3.8、高4.5米。现存有部分毛石白灰砌的垛口墙，垛口墙高0.3～1.2、宽1.1米，墙顶宽0.6米。

（一〇九）沙坡峪台109号

方向北偏西40°。

俗称“高楼子”。位于大安口村东500米的山梁上，其南300米为双义村。

墙体早年已毁，存楼基。砖石结构。基底以五层条石平铺，白灰勾抹，以上用砖，台心为三合土夯实。东西14.2、南北13.4、存高5.5米（图版［10］098）。

主体墙从沙坡峪台109号到沙坡峪台110号为84米。毛石白灰砌筑，宽3.8、高4.5米。

（一一〇）沙坡峪台110号

方向北偏西40°。

位于双义村南的山脊上。楼体已毁，存碎石、沙土台心。平面近方形，东西10.2、南北9.6、存高5.5米（图版［10］099）。

主体墙从沙坡峪台110号到沙坡峪台111号为258米，中途经过房基35至38号。毛石砌筑，宽

3.8、高4.5米。

房基35号

位于沙坡峪台110号东158米处的墙体内侧。石筑。平面方形，东西4.6、南北3.2米。

房基36号

位于房基35号东墙内侧，现存一堆废石。平面近方形，东西3、南北3.6米。

房基37号

位于房基36号东北36米处的墙体内侧。平面长方形，东西4.7、南北6.7米。

房基38号

位于房基37号东6米处的墙体内侧。平面长方形，东西4.3、南北6.3米。

从房基35号到房基38号为一组房址。

（一一一）沙坡峪台111号

位于双义村北东西向的山脊上。

墙体早年坍塌，现存夯土台心和碎砖石。平面近方形，东西11、南北12、存高6米（图版［10］100）。

主体墙从沙坡峪台111号到沙坡峪台112号为172米，中途经过战台26号和房基39、40号。毛石白灰砌筑，宽3.8、高4.5米。墙顶存部分垛口墙，高0.5～1.2米。

战台26号

方向北偏西30°。

位于沙坡峪台111号东北132米处的墙体上。石砌。平面近方形，东西9、南北9.6米，北侧比南侧高，北侧高5.5、南侧高4.5米。东、北、西三侧存有石墙痕迹，墙厚1、高0.2米。

房基39号

位于上述战台北12米的墙体内侧。石砌。平面长方形，东西5、南北3.3米，现为一堆废石。

房基40号

位于房基39号东4米处，存石砌残垣。东西4、南北5米。

（一一二）沙坡峪台112号

方向北偏西30°。

位于双义村东北的山脊上。

墙体已倒塌，仅存一堆砖石。平面方形，边长12.3、高5.5米。

主体墙从沙坡峪台112号东行到沙坡峪台113号为205米，中途经过战台29号。毛石白灰砌筑。宽4.5、高3.8米。马道上存有一段垛口墙，宽0.5米。

战台27号

位于沙坡峪台112号东123米处的墙体内侧。毛石砌筑。平面长方形，东西7.9、南北4.2、存高1.9米。

（一一三）沙坡峪台113号

正南北向。

位于双义村东北的山脊上。

该楼已毁，仅存一堆砖石。在墙砖中存有夯土柱墩两个。基底为毛石砌筑。平面方形，边长13、存高4.5米。敌台南北有用毛石砌成东西长20、高2米的护坡，以防楼体倒塌。

主体墙从沙坡峪台113号到沙坡峪台114号为191米。墙体倒塌少，两侧用毛石白灰砌筑，内填碎石和沙土。宽3.4、高3.5米。马道用石板平铺，现残存垛口墙高0.3～0.5、厚1米。

（一一四）沙坡峪台114号

方向北偏东20°。

位于双义村东北的山脊上。

楼体早年倒塌。基底用二层条石平铺，白灰勾缝。基心夯筑，夯层厚0.05～0.1米。平面方形，边长11.7、高5米（图版［10］101）。

主体墙从沙坡峪台114号到沙坡峪台115号为211米。中途经过战台28号和房基41、42、43号及兴州前屯卫摩崖刻石（图版［10］102）。

兴州前屯卫摩崖刻石

墙体仍用毛石白灰砌筑，宽3.4、高3.5米。在沙坡峪台114号向东25米处的东、西两段石墙体相互接茬的位置，于东段自然石块的平面上刻有四行文字，记录如下：

兴州前屯卫以
东分修一十五
丈三十一年四
月初二日完。

这段石刻文字记载“三十一年”兴州前屯卫民工修筑沙坡峪台114号以东一段墙体“一十五丈”，于三十一年四月二日完工。此“三十一年”有可能是嘉靖三十一年（1552年）。兴州前屯卫原设于今滦平兴州附近，后调入关内驻防。

战台28号

位于沙坡峪台114号东14米处，在墙体内侧。毛石砌筑。平面近方形，东西7、南北8、高0.6米。

房基41号

位于沙坡峪台114号东2米、向南10米的墙体内侧。平面长方形，东西7、南北4.1米。

房基42号

位于战台28号，其东、北墙利用主体墙。平面近方形，东西3.5、南北4、高0.7米。

房基43号

位于房基42号东侧。平面长方形，东西6、南北3.5米。

（一一五）沙坡峪台115号

方向北偏西20°。

位于双义村东北的山脊上。

楼体已毁，存楼基（图版［10］103）。基底用三层条石平铺，以上用砖，三合土夯筑墙心。平面近方形，东西11.5、南北11、高7米。

主体墙从沙坡峪台115号到沙坡峪台116号为266米，中途经过房基44号。毛石白灰砌筑，保存基本完整。墙宽3.4、高3.5米。部分墙顶上存垛口墙，墙宽0.8、高0.3米。

房基44号

位于沙坡峪台116号西14.5米处的墙体内侧。石砌。平面长方形，东西长8、南北宽4、存高0.8米。

（一一六）沙坡峪台116号

位于双义村北偏东的山脊上。

楼体已塌陷，只存基址。基底用条石平铺，以上砖砌，三合土填心。平面长方形，东西10、南北12、存高7米（图版［10］104）。

主体墙从沙坡峪台116号到沙坡峪台117号为318米。墙体沿山脊东北行，中途经过烽墩12号、战台29号。墙宽3.4、高3.5米。部分存垛口墙高0.5～1.5、宽0.8米。

烽墩12号

俗称“迎风楼”。位于沙坡峪台116号东100米处，在墙体内侧50米的山顶上。底部用条石平铺，上用条砖砌筑，砖已被拆，内心外用毛石，内用三合土筑起。夯层厚0.1米，三合土中夹0.25米的碎石层加固，这和一般筑层有别。从程序看是：外砖包皮，包皮内为毛石所筑的墙，心为三合土夹“碎石层”。平面方形，边长11、高5米。

战台29号

位于沙坡峪台116号东北239米处。毛石砌筑。平面长方形，东西3.5、南北2、存高2.5米。

（一一七）沙坡峪台117号

方向北偏西50°。

位于双义村东北的山脊上。

敌台早年被毁，存基址。基底用条石平铺，以上砖砌，白灰勾抹。平面方形，边长14、高约3米（图版［10］105）。

主体墙从沙坡峪台117号沿山脊北行335米到达沙坡峪台118号。中途经过房基45、46号。毛石白灰砌筑，以碎石、沙土填心。宽2.5、高3.8米。顶部外侧存有垛口墙，存高0.3～1、宽0.6米。

房基45号

位于沙坡峪台117号北16米处的墙体内侧。平面方形，边长4、墙厚0.6、高0.9米。

房基46号

位于沙坡峪台118号南6米处的墙体内侧。石砌。平面长方形，东西4.5、南北2.8米。东部稍大。

（一一八）沙坡峪台118号

位于兴隆县八卦岭公社小水泉大队村东1500米处，在狼窝子山的高峰上。

楼体早年已毁，现存一堆废砖石。平面近方形，东西11、南北12、存高4米（图版［10］106）。

主体墙从沙坡峪台118号东行到沙坡峪台119号为288米，中途经过房基47号。皆毛石砌筑，宽2.8、存高4米。

房基47号

位于沙坡峪台119号西南39米处，在墙体内侧，仅地面留有基址痕迹。东西4.2、南北9.5米。

（一一九）沙坡峪台119号

位于双义村东北、兴隆县西马道村南的山顶上。

楼体已毁，存楼基。基底用二层条石平铺，以上用砖。平面近方形，东西12、南北11、存高5米（图版［10］107）。

主体墙从沙坡峪台119号到沙坡峪台120号为165米。毛石砌筑，以碎石、沙土填心。宽3、高3.5米（图版［10］108）。

（一二〇）沙坡峪台120号

位于马道村南山上。

楼体已毁，只存一堆废石。平面方形，边长14、存高4米。

主体墙从沙坡峪台120号到沙坡峪台121号为279米。墙体沿山脊弯曲东行，毛石砌筑，基本完好，墙心以碎石、沙土充填，墙宽3.5、存高3.5米。

（一二一）沙坡峪台121号

位于西马道南，在龙西寨西北的山脊上。

楼体倒塌，存基址。基底以条石砌筑，以上砖铺。平面方形，边长12、高4米。

从沙坡峪台121号到沙坡峪台122号为187米。墙体保存较好，毛石白灰砌筑。平面方形，边长3.8、高4米。

（一二二）沙坡峪台122号

位于西马道村西南500米、遵化县上坎村北750米的山冈上。

楼体早年倒塌，今存台基。基底现存二层条石，以上毛石砌筑。从基底看，该楼墙体为二次毛石加厚，东、西两侧加宽1米，北、南均加宽。平面长方形，东西11.5、南北12、高4米。顶部不存（图版［10］109）。

主体墙从沙坡峪台122号到沙坡峪台123号为171米。毛石白灰砌筑，顶部马道用薄石板铺平。墙宽3.8、高4米。马道外侧的垛口墙为毛石砌筑，存高0.3～0.5米。

（一二三）沙坡峪台123号

方向北偏东30°。

位于兴隆县西马道沟大队正南1500米处，在上坎村北500米的山冈上。

楼体早年已毁，今存基址。基底为毛石砌筑，三合土填基心。毛石块一般为0.25×0.30米。平面近方形，东西10、南北9、高3.4米（图版［10］110）。

主体墙从沙坡峪台123号东北行到沙坡峪台124号为234米。墙体保存较好，毛石白灰砌筑，内填碎石、沙土。墙宽3、高4.3米。

（一二四）沙坡峪台 124 号

方向东偏北 30°。

位于西马道村正南 1500 米处，在上坎村北 500 米的山冈上。

楼体早年已毁。用毛石白灰砌成。楼体四墙砌好后，又经后世用毛石白灰加宽、加厚。东墙加厚 1 米，西墙加厚 3 米，南墙加厚 2.7 米，北墙加厚 1 米。整个楼体均经加宽改造。平面方形，边长 11、高 5 米（图版［10］111）。

主体墙从沙坡峪台 124 号到沙坡峪台 125 号为 316 米，中途经过房基 48、49 号。墙体为毛石羼白灰砌筑，宽 2.6、高 4 米。马道用薄石板平铺。

房基 48 号

位于沙坡峪台 28 号西侧 18 米处。存基址。东西 7.5、南北 4 米。

房基 49 号

方向北偏西 10°。

位于沙坡峪台 125 号西侧 23 米墙体内侧 5 米处。已毁。平面长方形，东西 6.5、南北 3.5 米。

（一二五）沙坡峪台 125 号

位于西马道村南 800 米远龙西寨北 500 米的山脊上。

楼体坍塌，存基址。基底以毛石羼白灰砌筑。平面长方形，东西 12、南北 9.5、高 2.5 米。

主体墙从沙坡峪台 125 号到沙坡峪台 126 号为 137 米。毛石白灰砌筑，保存较好。宽 2.6、高4 米。

（一二六）沙坡峪台 126 号

位于西马道东南东西向的山脊上。

楼体已坍塌，现存基址。东西 12、南北 9、存高 5 米。

主体墙从沙坡峪台 126 号到沙坡峪台 127 号为 323 米，中途经过房基 50、51 号和战台 30 号。墙体用毛石白灰砌筑。宽 3、高 4 米。顶上存部分垛口墙，墙存高 0.3～0.7 米。

房基 50 号

位于沙坡峪台 126 号东侧 15 米的墙体内侧。早年已毁。平面长方形，东西 7、南北 4 米。墙基高 0.7、厚 0.6 米。

房基 51 号

位于房基 50 号东 8 米处的墙体内侧。平面长方形，东西 7、南北 4 米。房墙存高 0.7 米。

战台 30 号

位于沙坡峪台 126 号东 105 米墙体内侧向南 3 米处。毛石白灰砌筑。残基平面方形，边长 8、残高 0.5 米。

（一二七）沙坡峪台 127 号

位于龙西寨东南的山脊上。

楼体已倒塌，存楼心夯土柱，夯层厚 0.2 米。毛石砌筑。平面长方形，东西 14、南北 12、存高 4 米（图版［10］112）。

主体墙从沙坡峪台 127 号到沙坡峪台 128 号为 341 米。墙体沿崎岖山脊东行，保存较好。毛石白灰砌筑，外高内低。墙宽 3、高 4 米。存部分垛墙，墙高 0.5～1 米。

（一二八）沙坡峪台 128 号

正南北向。

位于西马道村南、龙西寨村东北的山梁上。

楼体已毁，底部平铺条砖，以上用砖。现砖石无存。平面方形，边长 12、高 5 米（图版［10］113）。

主体墙从沙坡峪台 128 号到沙坡峪台 129 号为 226 米。墙体保存基本完整。毛石白灰砌筑，顶部用薄石平铺。墙宽 3、存高 3 米。存部分垛墙，存高 0.5～1、宽 0.7 米。

（一二九）沙坡峪台 129 号

方向北偏西 6°。

位于西马道村东南、龙西寨村东北的山脊上。

楼体早年倒塌，今存楼基。基底用三层条石平铺，以上砖砌，以碎石、沙土填心。平面方形，边长 12、高 4.5 米（图版［10］114）。

主体墙从沙坡峪台 129 号到沙坡峪台 130 号为 281 米。墙体沿山脊向东偏南行。毛石白灰砌筑，宽 3、高 4 米。顶部残存垛口墙，高 0.5～1、宽 0.5～0.6 米。

（一三〇）沙坡峪台 130 号

位于西马道东南、龙西寨村东北的山冈上。

楼体已毁，存楼基。基底条石和砖皆被人拆走。平面方形，边长 11、高 5 米（图版［10］115）。

主体墙从沙坡峪台 130 号东行 292 米到达沙坡峪台 131 号。毛石白灰砌筑。宽 3、高 4 米。

（一三一）沙坡峪台 131 号

位于冷嘴头村西山脊 1500 米处。此地海拔 344 米①。

楼体早年已毁。基底平铺三层条石，以上用砖。平面方形，边长 12、高 5.5 米（图版［10］116）。

主体墙从沙坡峪台 131 号东南行 228 米到沙坡峪台 132 号。毛石白灰砌筑，保存完好。宽 2.8、高 3.2 米。现存垛口墙高 0.3～1、宽 0.65 米。

（一三二）沙坡峪台 132 号

位于遵化县兴旺公社冷嘴头大队村西北 1500 米的十三沟山顶上，楼东北 1000 米为冷嘴头关门外村。

这是此测区唯一一座还保存楼体四墙的敌台。梯柱形，顶部塌陷。砖石结构（图版［10］117）。

基底用二层条石平铺，高 1.1 米。以上用条砖、白灰平铺纵砌到顶，上部有收分。平面长方形，

---

① 五万分之一图标，K－50－140－8，马兰峪。

东西9、南北12.5、通高9米。

楼体东墙有一门二箭窗。门为石砌，由方形石门柱和石拱券组成，门宽0.85、高1.75米，门内券宽1.34、高2.4米。下铺门柱石（图版［10］118）。两箭窗位于东门北侧。窗为拱形，窗宽0.58、高0.87米。窗内龛宽1、进深1.5米。

西墙与东墙相同，亦为一门二箭窗。

南墙有四箭窗，尺寸同东墙。

北墙有五箭窗，尺寸同东墙。

楼内有东西向两道筒拱，中间设一道隔墙，上辟三个拱券门。筒拱长11.3、宽2.78、高3.1米。隔墙宽1米，拱门宽10.7、高2.1米。

楼顶已坍塌，结构不详。

主体墙从沙坡峪台132号往东由高处下行228米到达沙坡峪台133号。毛石白灰砌筑，墙心填碎石、沙土。从沙坡峪台132号往东墙体加宽到1.9米。墙宽2.8、高3.5米。该楼向东9.2米处有用毛石筑的上墙道，长5、宽2米，顶部用砖砌成台阶。

（一三三）沙坡峪台133号

方向北偏东10°。

位于冷嘴头村西北500米舌形台地的山坡上，地势由西向东下降。

楼体早年已毁。砖石结构，基底石砌。平面方形，边长11、台心通高5.5米。另外，楼体南半部保存半个券室，宽1.8、高2.7米，其他结构皆被破坏（图版［10］119）。

主体墙从沙坡峪台133号由西向东偏南行到沙坡峪台134号为303米。毛石白灰砌筑。马道开始用砖铺，垛口墙亦为砖砌，多被拆毁。墙宽2.8、高3.5米。

（一三四）沙坡峪台134号

位于冷嘴头西山坡上，东北为关门外村。

楼体已毁，只存楼基。基底用二层条石平铺，以上用砖，夯土台心。平面近方形，东西13.4、南北12.7、高5米（图版［10］120）。

主体墙从沙坡峪台134号到沙坡峪台135号为217米。墙体下到接近谷底平漫处。西端仍用毛石白灰砌筑，宽3.5、高5米。从沙坡峪台134号向东200米墙体加宽改为砖包皮墙。其程序是内用毛石块白灰砌筑，三合土填心，石墙外用砖包外皮，墙体加宽到5.7米，高5.5米。

（一三五）沙坡峪台135号

位于冷嘴头关门西山坡400米处。

楼体已倒塌，仅存楼基。基底用条石平铺，以上用砖。平面方形，边长8.8、存高5.2米。

主体墙从沙坡峪台135号到沙坡峪台136号为120米。墙底以条石为基，宽1.1米。墙体为毛石白灰砌筑，宽3.5米，外加砖包，总宽5.4米，高5.2米。

（一三六）沙坡峪台136号

东距冷嘴头口400米，已处于地势开阔的河谷平漫之地。北距关门外村（属兴隆县）500米，东距冷嘴头村750米。

楼体早年已毁，仅存楼基（图版［10］121）。基底用条石平铺，以上用砖。沙土、碎石填心。平面长方形，东西12.5、南北13.8、高5.5米。

墙体因近冷嘴头口，修筑较规范，一律为毛石砌心外皮用砖包墙，现砖包墙已剥落。墙现宽4.7、高5.5米。

主体墙从沙坡峪台136号河谷平漫之地向东越过冷嘴头河滩地，又东过冷嘴头口，砖墙加宽至10米，再行448米到达沙坡峪台137号。中途经过房基52号、战台31号和口门。

房基52号

位于沙坡峪台136号东11米处的墙体内侧。已毁。平面长方形，东西7、南北20米。

战台31号

位于冷嘴头西118米处的墙体外侧。现已倒塌。基底用条石铺成，以上用砖和白灰砌成长方台。平面长方形，东西10.8、南北3.7、存高1.4米。

冷嘴头口

位于冷嘴头村北战台31号以东115米处。口门以西的河滩地宽约33米，据说这里原有两座水门洞，现已冲毁不存。这条河属季节河，平时少水。现存残墙宽10、高2米。再向东39米到冷嘴头口，口门两侧为延长的主体墙。

据介绍，口门底部为石条铺砌，门垛石以上用砖发券，现皆不存。口门宽8、门洞长10米。现为遵化通往兴隆的大道。口门东即为扼守口门的沙坡峪台137号。

（一三七）沙坡峪台137号

位于冷嘴头口东侧28米处。

此敌台较大。基底用四层条石平铺，以上用砖，内心填碎石、沙土。平面近方形。东西20.1、南北23、存高8.5米。顶部东西19米。已经塌陷。楼体上发现一些刻字印文砖，文为："马兰镇造"四字。

主体墙从沙坡峪台137号向东延伸，此墙同时又是冷嘴头关的关城北垣。东行218米为沙坡峪台138号。毛石白灰砌筑，内填三合土。基底用二层石条，以上条砖包外皮到顶，用白灰勾抹。砖墙加宽到13米，高8米。此墙因是冷嘴头城北垣，故而加高加厚。

从沙坡峪台137号向东27米处，相当于关城北墙中部关门的部位，墙体内侧筑有通向墙上马道的关门一座，门宽2、拱脚高3.5、拱高1米。门墙宽0.8米，向墙内进深2.4米。再向西拐为上墙道——礓磜，道宽3.2、东西长4.5米。关门向上2.3米处镶嵌有一块石刻匾额，字迹模糊不清，据了解为"冷嘴头关"四字，可见此即"冷嘴头关"关城，原上可能有门楼一类建筑，今不存。此关的形式与"黄崖关"关门不向北开，只修关门城楼，北垣外一侧开口门和水门洞的做法相似。

（一三八）沙坡峪台138号

位于冷嘴头大队村北角，在与冷嘴头口主体墙相接处。

楼体已倒塌，存基址。下用毛石，上用砖。平面方形，边长12、存高3米。

主体墙从沙坡峪台138号到沙坡峪台139号为140米。敌台向东50米内仍为砖墙，向东北延伸50米后，墙体又改为石墙。墙两侧为毛石白灰，仍以碎石沙土填心。墙宽3.1、高2.5米（图版

［10］122）。

（一三九）沙坡峪台 139 号

位于冷嘴头口东山上。

楼体已倒塌，仅存残基。基底用二层条石平铺，白灰勾抹。以上砖墙体剥落不存。平面长方形，东西 12、南北 9、存高 3.5 米。

主体墙从沙坡峪台 139 号东行至沙坡峪台 140 号为 220 米。墙体沿山势东行逐渐升高。毛石白灰砌筑。顶部的马道用条砖平铺，垛口墙砖砌，已倒塌。墙宽 3、高 4.1 米。

（一四〇）沙坡峪台 140 号

方向北偏东 20°。

位于冷嘴头口东山上。

楼体一部分已毁，存基址和墙体。基底用四层条石平铺，以上用条砖砌到顶。楼体东西 13.5、南北 9 米，基高 5、楼体高 4、通高 9 米。南、北两墙各有一门二箭窗。东、西两墙各筑四个箭窗（图版［10］123）。

楼内有南北向三道筒拱，中间有两道隔墙。隔墙中部辟一门，东西两端券顶贯通，形成“回”字形围廊。在敌台侧有半块残碑，未录文（图版［10］124）。

由于破坏严重，无法计算其详细尺寸。

主体墙向东偏北行，从沙坡峪台 140 号到沙坡峪台 141 号为 96 米。毛石白灰砌筑，保存较好，墙宽 3.3、高 3.5 米。

（一四一）沙坡峪台 141 号

方向北偏东 10°。

位于冷嘴头关城东北的山上。

楼体已毁，仅存楼基。基底铺三层条石，上用条砖，白灰勾缝。平面方形，边长 10.6、高 4.5 米。

楼体西残墙有二箭窗（图版［10］125）。

主体墙从沙坡峪台 141 号东北行 331 米到达沙坡峪台 142 号。墙体基本完整。毛石白灰砌筑。墙顶马道和垛墙砖砌。墙宽 2.7、高 3.9 米。

（一四二）沙坡峪台 142 号

方向北偏西 14°。

位于冷嘴头关城东北的山梁上。

楼体上部坍塌，基底用三层条石平铺，以上用条砖砌到顶。平面近方形，东西 11、南北 10 米。楼基高 6 米，楼体存高 10 米（图版［10］126）。

主体墙从沙坡峪台 142 号东北行 368 米到达沙坡峪台 143 号，中途经过烽墩 13 号。墙体为石块白灰砌筑。碎石、沙土填心。墙宽 3、高 3.8 米。

烽墩 13 号

位于沙坡峪台 142 号沿墙体向东 232 米处，在墙内侧 2.5 米处。毛石白灰砌筑。平面方形，边长 11.8、存高 4.5 米（图版［10］127）。

（一四三）沙坡峪台 143 号

方向北偏东 20°。

位于冷嘴头关城东北的山脊上。

楼顶全部坍塌，存东墙等。基底用四层条石铺砌，以上用砖和白灰砌到顶。平面长方形，东西 7、南北 13.6、楼基高 5 米（图版［10］128）。

楼体南墙存一券门一箭窗。门为四块石料拱起，宽 0.9、高 2.1 米。券门内宽 1.16、高 2.41 米。券门西有一箭窗，窗宽 0.6、高 1 米，窗边墙厚 0.44 米。窗内龛宽 1.2、高 2.15 米。

东墙有五个箭窗。窗宽 0.56、高 0.96 米。

西墙与东墙形制相同。

北墙与南墙形制相同。

楼内有南北向两道筒拱，中间有一道隔墙，隔墙两端各有一门，门宽 1.6、高 2.35 米，中间一门宽 1.3 米。

楼顶的垛口墙已毁，楼橹不存，楼顶南端有一梯井上口。

主体墙从沙坡峪台 143 号东北行 322 米到沙坡峪台 144 号，中途经过烽墩 14 号。毛石白灰砌筑，顶部地面和垛口墙为砖砌。墙宽 3.8、存高 1.6 米。

烽墩 14 号

位于沙坡峪台 143 号东北 180 米处的墙东侧 7 米处。台南 2000 米为花椒园村。

烽墩已倒塌。毛石白灰砌筑。平面近方形，东西 8.4、南北 9、存高 3.5 米。

（一四四）沙坡峪台 144 号

方向北偏东 10°。

位于兴旺公社花椒园大队东北 1800 米的山岭上。

该楼早年塌陷。仅存南、北两墙。南墙有一门一窗，东、西两墙四窗（图版［10］129）。

基底用四层条石平铺，以上用砖砌筑。平面方形，边长 10.5、基高 4.0 米，楼体通高 14 米。内部原为砖砌“回”形室（图版［10］130）。目前尚存有石拱券门、箭窗、残垛墙等（图版［10］131）。

主体墙从沙坡峪台 144 号东北行 295 米到达沙坡峪台 145 号。毛石白灰砌筑，墙宽 3、存高 4.5 米。顶面马道垛口墙用砖。垛口墙宽 0.4、高 0.16、垛口宽 0.5 米。

（一四五）沙坡峪台 145 号

位于沙坡峪村西八岔沟南的山脊上。

楼体已毁，存楼基和断垣。基底用三层条石铺砌，以上用砖。平面近方形，东西 10、南北 10.5、存高 3.9 米（图版［10］132）。

主体墙从沙坡峪台 145 号到沙坡峪台 146 号为 253 米。毛石白灰砌筑。宽 3、存高 4.5 米。

（一四六）沙坡峪台 146 号

位于沙坡峪村西北的山脊上。这一带海拔 340 米①。

楼体早年已毁，存基底和残墙。基底用四层条石铺砌，以上用砖，白灰勾缝。平面近方形，东西 9.5、南北 10、存高 5.4 米（图版［10］133）。

主体墙从沙坡峪台 146 号东行 194 米为沙坡峪台 147 号。毛石白灰砌筑。马道、垛口墙用砖。墙宽 4.2、高 4.5 米。垛口墙存高 0.5～1.5 米。

（一四七）沙坡峪台 147 号

方向北偏西 20°。

位于沙坡峪村西北的山梁上。东为口门子，东北为邓家庄。

楼体早年已毁，存基址。基底用三层条石平铺，以上砖砌。平面近方形，东西 11.5、南北 11、高 4.5 米（图版［10］134）。

主体墙从沙坡峪台 147 号经房基 53 号到沙坡峪台 148 号共 255 米。毛石白灰砌筑，宽 4、高 4.6 米。有一段梯式垛墙。在接近沙坡峪台 148 号西有一处上墙道，筑有石阶。

房基 53 号

位于沙坡峪台 147 号东南侧 61 米处，仅留有一处三间房子的墙基址。东西 15、南北 8、墙厚 0.6 米。

（一四八）沙坡峪台 148 号

方向北偏西 20°。

位于沙坡峪村口门子西山上。

楼体已坍塌，现存楼基和残墙（图版［10］135）。基底用三层条石平铺，以上用砖。平面近方形，南北 13、东西 11、高 4.5 米。东墙上尚保存券门、残箭窗等。

主体墙从沙坡峪台 148 号到沙坡峪台 149 号为 194 米。墙体沿山脊东行，毛石白灰砌筑。宽 4.2、高 4.2 米。顶部存有垛口残墙。

（一四九）沙坡峪台 149 号

正南北向。

位于沙坡峪口门子村西山上。

楼体早年倒塌，存楼基。基底用三层条石平铺，以上铺砖。平面方形，边长 12、高 4.5 米。

主体墙从沙坡峪台 149 号到沙坡峪台 150 号为 96 米。毛石白灰砌筑，碎石、沙土填心。宽 4、高 4.3 米。

（一五〇）沙坡峪台 150 号

位于口门子村西山上。

---

① 五万分之一图标，K－50－140－8，遵化。

楼体早年已毁，存楼基。基底用四层条石平铺，以上用砖，白灰勾缝。存楼体西南角。平面方形，边长 11、存高 5 米。

主体墙从沙坡峪台 150 号东行 141 米为沙坡峪台 151 号。墙体随山势下行，直趋口门。毛石白灰砌筑，墙宽 4.2、高 4 米。

（一五一）沙坡峪台 151 号

位于口门子村西山坡，已接近河沟的谷地。

楼体倒塌，存楼基。基底用二层条石平铺，以上铺条砖，白灰勾抹。平面近方形，东西 12.2、南北 12、存高 3.8 米（图版［10］136）。

主体墙从沙坡峪台 151 号到沙坡峪台 152 号为 73 米。墙体直趋口门。毛石白灰砌筑，墙宽 4.2、高 4 米。

（一五二）沙坡峪台 152 号

方向北偏西 20°。

位于沙坡峪西山上。

楼体已毁，现成为一堆废砖石。楼基平面方形，边长 8、残壁高 3.5 米（图版［10］137）。

主体墙从沙坡峪台 152 号东南行 50 米为沙坡峪台 153 号。毛石白灰砌筑，从 15 米以东开始墙体加宽到 4.2 米，高 4 米。

（一五三）沙坡峪台 153 号

方向北偏西 10°。

位于沙坡峪口门子村西山上。

楼体早年毁坏，现存废砖石。平面方形，边长 10、残高 2.5 米。

主体墙从沙坡峪台 153 号下行到沙坡峪台 154 号为 116 米。保存完好。毛石白灰砌筑，后改为砖包，墙体加厚，其程序为：毛石白灰砌墙，内以碎石、沙土填夯。石墙外砖包到顶，砖墙下以条石为基。墙宽 4、高 4 米。

（一五四）沙坡峪台 154 号

位于沙坡峪口门子村西山坡上。

楼体有后来加大、加宽的痕迹。

楼基四角用毛料石砌筑，以上用砖砌，加厚。平面近方形，东西 8、南北 8.8、残高 4.5 米。

主体墙从沙坡峪台 154 号东行 25 米为沙坡峪台 155 号。墙体从山坡下降到山谷底部的最低处，毛石白灰砌筑，外包砖皮，墙加宽到 4.6、存高 3.5 米。

（一五五）沙坡峪台 155 号

方向北偏东 20°。

位于沙坡峪口门子村西。

楼体坍塌，仅存楼基。平面方形，边长 9、存高 4.5 米。

主体墙从沙坡峪台155号到沙坡峪台156号为127米。墙体为毛石白灰砌心，外包砖皮。宽4.6、存高3.5米。从沙坡峪台155号向东35米，墙体在谷底加长到90米，宽至9米，并筑有战台32号。在战台32号以西不远处筑有战台33号。在对面山梁上150米处筑有东西长150米的拦马墙一道。由于墙体加宽，沙坡峪台155号被废弃。

战台32号

位于宽9、长90米一段的墙体中间，主要是为了防御这道谷底。

台体与墙体持平，底用条石铺基，以上用条砖白灰砌筑，内填沙土、碎石。现存高3.4米，向外突出墙体（宽）6米。东西21米。

在战台32号到33号之间的墙体内侧存有镶嵌一块石碑的砖框痕迹。现石碑不存。

战台33号

位于沙坡峪台156号西3米处的墙体内侧。毛石白灰砌筑。平面方形，边长8、存高3.5米。

（一五六）沙坡峪台156号

方向北偏东20°。

位于沙坡峪台口门子西。

楼体已毁。基底平面近方形，东西9.2、南北8.2、存高5米。

主体墙从沙坡峪台156号到沙坡峪台157号长81米。毛石白灰砌筑，砖包墙，保存较好。宽4.6、存高3.5米。

（一五七）沙坡峪台157号

位于遵化县沙坡峪村西北的山梁上。其北是兴隆县沙坡峪大队（实名“邓家庄”）。

楼体已倒塌，仅存部分墙体。基底用三层条石平铺，以上砖砌，白灰勾抹。平面近方形，东西10.8、南北10.5、基高5、通高10米。东、西墙不存。南、北墙各存四个箭窗。窗宽0.5米，高度不详。

楼内有三道筒拱，中间有两道隔墙。墙厚1米。筒拱宽2.1、高3.6米。

主体墙从沙坡峪台157号到沙坡峪台158号长122米。中途经过烽墩15号、战台34号。毛石白灰砌筑，宽4.6、高6米，从沙坡峪台158号向东98米以东没有砖包，完全用毛石白灰砌筑。

烽墩15号

位于沙坡峪台157号东北45米处的墙体北侧。墩体早已倒塌，存基址。毛石白灰砌筑，内填碎石、沙土。平面近方形，东西11、南北12、存高5.5米。

战台34号

位于沙坡峪台157号东41米处的墙体北侧。毛石白灰砌筑。基底铺三层条石，以上用砖包砌。平面长方形，东西6、南北7.4、存高6米。

（一五八）沙坡峪台158号

方向北偏西10°。

位于沙坡峪村西北口门子村西山坡上。

楼体倒塌，存北墙（图版［10］138）。基底用条砖铺砌，以上用砖。平面长方形，东西12、南北 10.2、高 3.5 米。楼体高 4 米，通高 7.5 米。现北墙存有四个箭窗。

楼内有东西向三道筒拱，中间有两道隔墙，筒拱宽 2.1、高 3.6 米。

主体墙从沙坡峪台 158 号到沙坡峪台 159 号为 152 米，中途经过房基 54 号。墙体较完整。毛石白灰砌筑，砖包，墙宽 4.5、高 5.3 米。墙体进入沙坡峪的河谷地带，地势低洼，再向东接近沙坡峪口。

房基 54 号

位于沙坡峪台 158 号南 67 米的山顶上。石砌，存基址。平面长方形，东西 1.5、南北 8 米。

（一五九）沙坡峪台 159 号

位于沙坡峪村口门子西河道西岸的高地上。

楼体倒塌，基址尚存。基底用十层条石铺砌，以上用砖。平面近方形，东西 12、南北 11、存高 4.5 米（图版［10］139）。

主体墙从沙坡峪台 159 号高地向东北下山，进入曹家堡公社沙坡峪大队村北约 750 米的河西岸，再从沙坡峪台 159 号东北行 265 米越过河道（沙坡峪口）、兴隆—遵化公路与沙坡峪—马蹄峪测区的沙坡峪台 64 号相接。墙宽 4.5、存高 0.7 米。

第二节　第十测区长城附边

（一）楦门子北第一分支附边（旧边）

从马兰峪—沙坡峪主体墙沙坡峪台 14 号向北分出一支附边。附近沿大西河东岸向北偏西行，全部石砌，一般宽 2.5、高 2 米。有的地方为窄墙，形成一道石檩。附边延山体平漫处东北行，后又偏西行。从主体墙沙坡峪台 14 号东北行 169.5 米，有一台基。

旧边分支台基 1 号

石砌。平面方形，边长 4、高不足 2 米。

墙体继续北行，时断时续，保存不佳，行 462 米为台基 2 号。

旧边分支台基 2 号

石砌。已成一堆乱石。平面方形，边长 4、高 2.5 米。

墙体继续北行 310 米为台基 3 号。

旧边分支台基 3 号

毛石干砌。平面方形，边长 4、高 2 米。

墙体向北偏西行 905 米到达台基 4 号。宽 2、高 1.5 米。形成窄体墙或单边墙。

旧边分支台基 4 号

台基石砌。平面方形，边长 4、高 2.5 米。

石墙体继续向北偏西南行，利用山势断续筑墙，过大西河，行 915 米和主体墙上的沙坡峪台 10 号相近，但不连接。

总之，这道东北分支墙，向北偏东而后西行，偏南又向南与主体墙上的沙坡峪台 10 号相会，成一环形，全长 4287 米。

（二）楦门子北第二分支附边

石门子北 3 号台基西为第二附边，墙体两端不连接。石砌。宽 1.7、高 0.5～1.5 米。向钻天缝方向消失。长度不详。

第三节　第十测区城址

（一）楦门子口关城

位于遵化县新立屯北大西河东岸。俗称楦门子即券门，村名即此。整个关城坐落于东岸的平坦之处，四周为窄谷峡道，峰峦嶂叠。河流拥抱西垣，东垣外山势丛翠，形势险要（图版［10］140）。

城址保存较好。平面为南北斜长的五角形，北垣外临山，是长城边墙的东西延伸；西垣临河；南垣为正门垣（图［10］057）。现城东南角和西北角颓废。

城墙很高大。全部石筑，石料经过加工，羼有白灰，以干插为主，墙内填碎石、沙土，夯制而成。东垣宽 4.5、存高 6 米，全长 148 米。南垣（当地称为南墙，实为正东垣）宽、高与东垣相同，长 94 米。中间有一正门（图版［10］141）。西垣随河水流向弯度较大，宽、高与东垣相同，全长 263 米。北垣高、宽同南垣。就边墙而筑，长 60 米。

南门位于南墙（实为东墙）中央，门道宽 4 米，进深 6 米，是通往兴隆县的大道，今券门已不存。如今是通串城南北的大道。其余三垣皆无门。今北垣西北角串城土路直通城内。

城东北角设角楼一座，突出墙外，边长 5 米，高与城墙齐。

城内东高西低，就山势而筑成，居民多居于城之西半部。

此城即楦门子村，住户不多，口门位于西垣外河道处，成为守关的关域。其原名难于确定。楦门口城只是调查时以村名命名的暂定名。《钦定日下旧闻考》引《三镇边务总要》："又五里至龙洞谷，路窄，正关瓦子谷俱通单骑冲。又五里至宽佃谷，正关水口内外平漫通大举"①。从龙洞谷正关到楦门子口关城折合刚好五华里，即楦门子关城有可能为宽佃谷寨关城。而城北西侧的水门洞可能即为宽佃峪寨正关的水口。以上推测还有待于更多材料的证实。

（二）清东陵新立大队上海村西堡子

位于主体长城沙坡峪 7 号以南 800 米的三山夹角处，又称"望火楼"南堡子。其东 1000 米为新立屯小海小队，堡东靠小河，属于长城内侧的一个寨堡（图［10］058；图版［10］142）。

堡子保存基本完整，依山势曲折筑成，平面为 C 形，分东、西两部分。东城称为下堡子，平面长方形，为内城。西城称为上堡子，平面斜长形，为外城。墙体用较大的毛石块砌筑，内填碎石、沙土，夯筑而成。墙上存有垛墙，今多塌毁。南墙有一门。

---

① （清）于敏中等：《钦定日下旧闻考》卷一百五十二《边障》，北京古籍出版社，1983 年。

东城

西垣保存完整，宽5、高4.5、全长64米。墙体内侧有一内口门，筑有上墙道石阶五层，拐弯达马道。墙顶部存有少部分垛口墙，墙高0.3、宽1米。西垣向南35米处筑有一座附墙台，跨出墙体2米，长7.5米。东垣宽2.5、存高2、长44米。垣北侧筑有一门，门口宽8、进深5米。北垣宽5、高2.8、长126米。南垣宽3、高3.2、长90米。

西城

上堡子东垣即东城的西垣，长55米；北垣长70米，墙宽2、存高2.5米；西垣长35米，中间砌出一座方形战台，东西8.5、南北9、高2.5米；南垣长65米。

此寨堡距主体墙和钻天缝高山较近，应是一座重要的堡寨。但口碑无闻，只以“望火楼”南堡子命名，这应是不准确的。据《钦定日下旧闻考》引《三镇边务总要》“宽佃峪正关水口”、“又五里至饿老婆顶砦，路窄，通单骑，东空平漫通骑”。从道里计之“榼门口”至此五里有奇，又接近钻天缝山顶。钻天缝地质特殊，高险难攀，有可能即为饿老婆岭顶。据此分析，此砦即为“饿老婆顶砦”是可能的。

（三）龙洞峪关城

位于龙洞峪村北约500米的东大河（龙洞峪河）西岸，在地势窄小的两山峡谷之间。城址紧靠西山的坡地，东垣靠近东大河，北垣为长城主体墙的向东延长，东北角为兴隆到遵化东陵的车道和桥梁。

城址平面近长方形，正东西向，全部石砌，现已倒塌。

城东垣长93米；北垣长93米，东段加宽；西垣长89米；南垣为曲尺形，西段长69米，向内折35米，又向东22米。城垣宽2、存高1.5米。原门址不存，分析是在南垣折角处（图［10］059）。

龙洞峪关城是马兰路宽佃峪下六个属关之一，建于明永乐年间，所以龙洞峪村旁的城址当即为龙洞峪关城。城址面积不大，又控扼两山峡谷，地理位置十分重要。由于地处山谷间，破坏较小，关城北面的主体墙保存较好。

（四）马兰关西城

马兰关城包括一关两城，即关口东、西各建一关城，两城皆附于主体墙内侧，即北墙利用主体墙，东、西、南三面另筑石垣。西城东和东城并列，两城中间的主体墙上筑马兰关口。两城中间为一南北向河流（马兰峪河）。马兰关一大队的居民即居于河两岸和城中（图［10］060、025）。

城址平面为长方形，南北向，全部用较大的毛石砌筑，墙体内用碎石、沙土夯成。四垣整体保存较好。南垣券门以西部分倒塌。

北垣是利用长城主体墙，宽12、高8米。石基以上砖包，长（外皮）110米。北侧靠西端有一战台。

西垣靠近山坡（现为马兰关一村生产队），全部石砌，长158米，墙内高5.5、外高2、宽4.5米。

南垣为石砌，全长98米（图版［10］143）。在从西端向东50米处筑有一座券门，门道东西宽3.5米，门上部已毁。门洞左右皆民房（图版［10］144），券门底部以条石为门垛，以上用条砖加白灰砌成券形。据老人说：门上有一块石匾额，名“建安门”；门额东侧为“万历戊午五月吉日”，西侧小字是“钦差马兰路参将李成会敬立”。万历戊午为万历四十六年（1618 年）。现石匾下落不明（图版［10］145）。

东垣为石砌，全长 140 米（图版［10］146）。墙南端向北 52 米处设有一座券门，即东门。门宽 3. 2、两门垛高 2. 5 米，原有券门和匾额情况，已不清楚。现门洞为一大豁口，左右为民居（图版［10］147）。

除北垣外，其余三面墙皆毛石砌筑，墙宽 3. 5、高 5. 3 米。

（五）马兰关东城

位于马兰关口东 120 米处。平面长方形，和西面的关城东西并列，城西为马兰关口和马兰峪河及大道。城北垣是边墙向东延长部分（图版［10］148）。

现城内为马兰关一队居民区（图［10］061、024）。

北垣系利用边墙，长 152 米（外皮），墙宽 12、高 8 米，十分壮观。砖包外皮，其余三面皆用大块毛石砌筑。保存尚好。

东垣紧靠东北坡根，大部倒塌。长 174. 5、宽 5. 6、高 4. 5 米。外高与地势相平。

西垣与东垣相对称，长 175 米。墙宽 6. 6、高 6. 7 米。在西垣的北端有一券门，门洞宽 2、进深 6. 6 米。券顶早年塌陷，据说是石砌门垛，上为条砖发券。现门左右为民居（图版［10］149）。

南垣全长 144 米。宽 6. 6、高 6. 7 米。由西向东 84 米处有一座券门，门宽 3 米，门垛用三层条石铺砌，以上用条砖加宽 1. 4 米发券，顶券已毁，只存高大的门垛墙。由于是用毛石和砖合筑，故坡度大小不一。墙内民居鳞次栉比，较为密集（图版［10］150）。

在南垣的东西两角各设一座方形角楼。形制大小相同，下大上小，西侧 1 号楼用毛石十二层砌筑，东西 6、南北 6、高 6. 6 米，东侧 2 号楼南北 11、东西 9、高 6. 5 米。角楼内填碎石、沙土，夯筑而成（图版［10］151）。

在东城北侧的一民居院内发现一块马兰关口石匾，上面阴刻“马兰正关”、“万历十二年吉日旦”。这块石匾额当为关城的门额，证明马兰关东城应即马兰正关，建于明万历十二年（1584 年）。从西城南城门即“建安门”石门额东侧“万历戊午”分析，西城应建于万历四十六年（1618 年）。可见东城比西城早建了三十四年。

《四镇三关志》：“马兰谷寨，洪武年建。通大川，平漫通单骑。”① 这是指东面的马兰正关。明万历十二年砖包。

（六）鲶鱼石（池）堡子

位于汤泉公社鲶鱼池村，村周围为城墙，其北 1000 米为上关口子，现在被水淹没，堡子筑在魏进河东岸的稍高地带。

城体平面为东西向的长方形，东北抹角，西垣南、北两端有角楼。四垣中东、西两垣倒塌和破坏严重，北、南两垣保存较好（图［10］062）。

墙体用大块毛石白灰砌成，内填碎石三合土，石墙外全部砖包，现砖皮多被拆走，只存砖皮墙底下平铺的条石墙基，存高 1. 5 米。

---

① （明）刘效祖：《四镇三关志·形胜》，三十三乙，中国科学院图书馆藏本。

西垣全长153米。外侧呈阶梯式，原外砖包今已不存。墙底宽6米，顶部（马道）宽2.4、高3.5米。西垣由北向南83米处筑有一座券门。券门上部已毁。砖石结构，门底部铺石，两侧门垛为毛石白灰砌筑，以上砖筑，不存。门宽5、进深6米（图版［10］152）。

南垣倒塌严重。全长235米（图版［10］153）。墙基宽6、存高3.5米。南垣由东向西108米处有一座券门，基本结构与西垣相同。门顶部不存，只存门底部和东、西门垛所砌毛石块。门宽4、进深6米。门左右已改为民房（图版［10］154）。

东垣全长160米（合抹角一段长度）。墙上砖石被拆，今存毛料石和白灰砌的墙心，内填碎石和三合土。墙宽6、存高3.5米。东垣由南向北42米处筑有一座券门，早年塌陷，原门下铺石，今存大型毛石门垛，上部砖拱门已毁。门宽4、进深6米（图版［10］155）。

北垣全长209米，保存基本完整。墙体用大块毛石料羼白灰砌筑，内用碎石、沙土填心。原石墙外砖包，今不存。墙底部宽6、顶宽2.4、现存高6米（原高度）。

堡子的东南角和西北角各有一座方形角楼（图版［10］156）。毛石白灰砌筑，内填碎石、黄沙土。平面长方形，东西3.6、南北2.4、现存高1.6米。

鲶鱼池堡未发现有可资研究的文字资料和碑石。但从上关和堡子的位置看，应该不会错。据《四镇三关志》："马兰路下鲶鱼石（池）关，永乐年建，通大川，平漫，通单骑，冲"。同书"鲶鱼石营城堡一，永乐年建"①。可见，鲶鱼池上关为永乐年所建，鲶鱼池堡应与此同时。

（七）大安口堡城

位于大安口门的东侧，北垣是长城主体墙的延长，大安口村大队住城内。城南2500米是下营公社所在地。北口门外是兴隆县水泉正北峪村（图版［10］157）。城址附近为大安口河岸的开阔地，可控制北面的山谷地带（图［10］063；041）。

城址平面长斜形，南北向。城址的北垣和西垣保存较好，东、南两垣坍塌较甚。墙体先用毛石白灰筑成石墙，内以碎石、黄土填心。石墙外砖包外皮，砖墙下以条石为基。墙宽4.5~5、存高5米。

东垣长150米，墙宽4.5、高5.5米（图版［10］158）。西垣长193米，墙宽4.5~5、高5.5米（图版［10］159）。南垣长138米，墙宽、高同上。在由东向西89米处（图版［10］160）有一门，现已毁坏。据了解，其结构为条石铺门道，毛石筑门垛，以上用砖起券。现只存门道，宽4、进深5米（图版［10］161）。

东北垣为主体墙的延长，东、西两端有沙坡峪台103号和沙坡峪台104号，西头有一便门，为上墙道。北垣长178米。北垣东、西两端的主体墙分别向东、向西延长。

在南垣的东、西两端各有一座角楼。砖砌。平面方形，边长1.2、存高约5米。

（八）西下营堡子

西下营和大安口堡一北一南，南为下，今为西下营公社西下营大队。在南北向公路的西南侧。堡北5000米是大安口堡（村）（图［10］064）。

这是一座小堡，现四垣多坍塌，仅北垣残址较清晰。平面近方形，四垣是用较大的毛石块加白灰砌筑，内填碎石、沙土。墙宽8、存高约1.5米。

---

① （明）刘效祖：《四镇三关志·形胜》，三十三乙，中国科学院图书馆藏本。

东垣长 146 米，有一门，门道宽 5、进深 8 米。门洞不存。

西垣长 120.5 米，中部有一门，门洞已毁，宽 5、进深 8 米。门上原有一块石匾额，文曰："望泉门"。因堡西 2500 米处有一汤泉村，故名。

南垣长 140 米，中部有一门，已毁，门道宽 4、进深 8 米。

北垣长 143 米。

以上各门皆为拱形，现门洞倒塌不存。

城四角各设一座角楼。平面方形，边长 8 米，高度已毁，不详。

西下营堡子从结构、毛石白灰垒砌、三面设门、四角设角楼看，均为明永乐时期的特征，推测堡子的时代和大安口堡同时。

（九）冷嘴头关城

位于兴旺寨公社冷嘴头村内，在沙坡峪台 137 号东侧 24 米处，现城内（即冷嘴头村）已布满民居（图［10］065、050）。

城址平面呈南北向的长方形，西临由关外来的冷嘴头河，北依长城，东靠崇山，南面可通冀东平原，城址坐落在东西两山犄角的峡谷地带，北部山峦叠嶂，南面视野开阔（图版［10］162）。

四面墙体以北垣和东垣保存最好，南垣和西垣大部已被拆毁。

墙体的东、西、南三面用毛石白灰砌筑。墙外底铺石条，以上砖包，宽厚且高大。现砖皮多剥落。北垣为长城，形成连壁城。宽 13、高 8 米。东垣靠近山坡，宽 4、高 3～5 米。南垣和西垣多倒塌，仅存残垣断壁。东、西垣长 306 米，南、北垣长 125 米。墙宽 4、存高 3～5 米。

据了解，南垣和西垣的中部各设一座券门，早年拆毁。北垣中部辟有向内（南）开的一个关门（内口门）（图版［10］163）。门为拱券形，砖砌，保存完整，门道宽 2、高 2 米，门内拱高 4.5、进深 2.4 米。向西拐有砖阶直达马道，道宽 3.2、东西长 4.5 米。原关门上有阁，今已不存，其形制和黄崖关关城相同。关门上镶嵌有一块石匾额，模糊不清，据闻上刻"冷嘴头关"四字。此关当即冷嘴头关城。其南垣和西垣估计也有扁额，今已不存。据《四镇三关志》："冷嘴头关，永乐年建。通大川，平漫通众骑极冲。"①

（一〇）花椒园堡子

位于遵化县兴旺公社花椒园村（大队）沿北沟向北 800 米的山坡上，堡子北 350 米为主体长城敌楼 143 号（图［10］066）。

堡子平面为南北向的长方形，毛石砌成，现已倒塌成一堆碎石檩。东、西两垣长 120 米，南、北两垣长 58.6 米，墙宽 2.4、存高 1.5 米。以西垣毁坏较严重。

北垣中间有一座附墙台，东西长 8.8、南北宽 4.2、存高 1 米。南垣中间有一门，门宽 2、进深 2.4 米。堡子周围皆是耕地。

此小堡未见记载，估计是冷嘴头关城的附属堡，地近长城，当为屯兵之所。

---

① （明）刘效祖：《四镇三关志·形胜》，三十三乙，中国科学院图书馆藏本。

第十五章　水厂　黄崖关　马兰峪（钻天缝）长城

（第九测区长城［属马兰路］）

调查第九测区时，正值大修黄崖关城及城墙，给调查工作带来许多不便，所以分段进行工作，计分为四段。这四段是以黄崖关东的扎脖山为中心向东西展开的（图［9］001）。

第一段　跑马厂（属兴隆县）—黄崖关东山段泃河东岸（自东而西）。

第二段　黄崖关口（跑马厂台 7 号—关城北垣—黄崖关西山）（自东向西）。

第三段　黄崖关西山—水厂（自东向西南）。

第四段　跑马厂扎脖山—马兰峪（钻天缝）（自西向东）。

下面分段叙述。

第一节　跑马厂—黄崖关东山段泃河东岸边墙建筑遗迹

黄崖关是天津市蓟县和河北省兴隆县两县的分界线（图［9］001~008）。此段不长，从兴隆县的跑马厂公社南青山岭，沿山脊西行到黄崖关城泃河东岸的墩台止（图版［9］001）。调查时由于黄崖关城及青山岭（又称“扎脖山”）正在修复施工，工作难于进行，只进行了简单的测绘，以作为后来增补的依据。越泃河黄崖关往西则为黄崖关西山到水厂段，与第八测区的东面终点水厂台 35 号相接。

跑马厂—黄崖关东山段泃河东岸共调查：

主体长城	5855 米（其中砖墙 1264 米、石墙 3391 米、山险墙 1200 米）
敌台	9 座
战台	8 座
墩台	7 座
附墙台	1 座
关 隘	1 处
小口门	1 处
城 址	2 座
	（车道峪寨、太平寨均未查）

此段长城调查是由东向西，从跑马厂珍（榛）子台村生产队道水沟南山约1300米的高山梁顶上开始的。此处为兴隆县与蓟县的交界山脊，海拔958米①。当地称为“扎脖山”。由此往东无墙体，仅山顶以南有少段墙体。中断后，在井儿峪东侧南行接蓟县船仓峪测区。

在扎脖山北坡下出现石墙。

扎脖山顶为战台1号，也是此段的起点。

战台1号

位于扎脖山顶。

已毁，仅存残基。圆形，直径8米，存高2米左右，为一大石堆（图版［9］002）。

墙体从战台向东只8米长，墙宽3～5、高1～3米。

从战台1号西行至墩台1号为1200米左右。战台1号西有用毛石块干砌的200米长的墙体，现已坍塌成一道长石檩。墙宽3～5、高1～3米，再向西1000米因山险未筑墙。西北为大南山。

墩台1号

位于蓟县井儿峪村西北，北为大南山。

台体呈圆形，毛石干砌，直径5、存高2米（图版［9］003）。

从墩台1号西南行563米到达战台2号，东段有100米无墙体。463米墙体全部用毛石干砌，存高1.5～2.5、宽2.5米。部分墙顶尚存有垛墙，存高0.2～0.9、宽0.7米。

战台2号

方向西偏北20°。

位于车道峪东山墙体上。今存基址。

平面方形，边长7.5、高2.5米。毛石干砌。

墙体从战台2号北行102米有附墙台1号。用毛石干砌（干插缝）。墙体存高2～3.5、宽3.3米。

附墙台1号

方向北偏东15°。

位于车道峪东北的山梁上。

台较小，跨出墙体。平面长方形，东西4.4、南北5.8、存高2米。在跨墙台的墙体内侧有南北向石阶十级。石阶宽2.5米，一直通到台顶。

墙体从附墙台西南行347米顺山而下到跑马厂台1号。毛石干砌。宽3.5、存高1.5～3.5米。墙上部分残留垛墙和宇墙。

（一）跑马厂台1号

方向北偏西35°。

此台位于车道峪东侧，原楼体高大，今已毁坏。基底用毛石砌四层，以上用三层条石铺砌，再上用砖平铺。砖长0.39、宽0.18、厚0.09米。今多不存。在敌台西侧石砌一方台，东西8.4、南北6.9米，台北面同台体宽度相同。台南侧向内突出，高3.4米（图版［9］004）。

主体墙从跑马厂台1号西行141米到达跑马厂台2号。墙体石砌。宽3.5、存高1～2.5米。墙顶用碎石片平铺一层，存部分垛墙和宇墙。

---

① 五万分之一图标，黄崖关11－50－139－乙。

（二）跑马厂台2号

方向西偏北15°。

为车道峪口东侧第一楼，地处两山沟谷地带的山脚下。敌台扼守西侧的车道峪口，西侧是主体长城。

楼体横跨在车道峪口的墙体上，已毁坏。砖石筑。平面方形，边长16、存高2.5米。基底用五层条石铺砌，以上用砖。楼体已倒塌，结构不清（图版［9］005）。

在跑马厂台2号西南1500米的山包上设有烽墩二座（未编号）。一座圆形，直径5米，石砌。另一座在前墩南250米处，圆形，直径5米，石砌。

两墩东面山沟里为井儿峪村。

主体墙从跑马厂台2号往西为车道峪口，再向西有45米无墙体，再往西539米为战台3号。

车道峪口

在井儿峪沟正北方向，山沟底部有一通往关外的口门，称为车道峪口。口南顺沟而下2500米为车道村（即明时的车道峪寨）。

口门在跑马厂台2号西侧，原来可能为一小门，今券门已毁，存水门通道，宽2、长8米。

口门两侧墙体加宽到8.4米，长23米，全部用大型毛石块砌成。这段墙体比前段石墙宽4.9米，有可能是因为关口所在而加宽或是在原墙3.5米的基础上加宽的，跑马厂台2号也可能是随着墙体加宽而增设的。

在墙东侧山窝里有一八户人家的小村，名井儿峪村（生产队），现属蓟县下营子公社。

口南2500米为车道峪寨，是黄崖关城下属的六寨之一，为近关的屯兵据点（未做调查）。

口门两侧是山涧，也是通道，为卡住口门，在口门北侧设有三道拦马墙，南北排开。每道墙长80米，东西横跨山涧，南北间距50米，墙宽1、存高0.5～1米。拦马墙在东西两侧山坡上消失。车道峪口以西皆是高山，墙宽3.3、高2～3米，石砌。

战台3号

设于墙体之上，内侧跨出。今存台基。平面长方形，东西4.4、南北5.8、存高2米。墙体内侧有十层台阶，阶宽2.5米。

主体墙从战台3号北行到墩台2号为418米。

墩台2号

方向南偏东30°。

位于墙体的西南侧，在井儿峪村西北、车道峪口西。

墩台保存较好，全部用毛石层层干插缝砌成，下大上小。梯柱形。底部平面近方形，东西7.7、南北8、高5米（图版［9］006）。

四墙用较大块岩石砌成，未用石灰，中间填碎石、沙土，夯筑。从底到顶逐渐收分。顶部用石片砌成出檐，上有短墙，中间有一吐水嘴。

墙体石砌，宽3.5、高1～2.5米。多已倒塌。部分墙顶存有垛口墙和马道（图版［9］007）。墩外有一道拦马墙。

主体墙从墩台2号西北行649米到达战台4号。

战台4号

正南北向。

位于车道峪口西井儿峪西北的山梁上。

台体已全部毁坏。毛石干砌。平面近方形，东西6、南北7、存高3米。全部用较大石块砌成。台内填碎石、沙土。在战台4号外侧有一段拦马墙（图版［9］008）。

主体墙从战台4号沿山脊西行331米到达墩台3号。

墩台3号

位于战台4号西的高山顶端。在墙体内侧。

今存基址。平面方形，边长6、存高2.5米（图版［9］009）。底部用石块砌筑。

从墩台2号西行到墩台3号皆有拦马墙。

主体墙从墩台3号西北行201米到达墩台4号。墙体石砌，存残基。存高1～2、宽1～2.5米。

墩台4号

位于车道峪口西北的墙体上。

墩体已毁。石砌。平面圆形，直径8米，存高3～5米（图版［9］010）。

主体墙从墩台4号西行150米到达跑马厂台3号。

这一段墙的中、西段有50米石筑墙。墙存高0.5～1、宽2米，属于小窄墙。

（三）跑马厂台3号

位于兴隆县快活林蛇沟子，在正南500米的山梁上。

楼体坐落在长城上。残存楼基。平面方形，边长9、存高5米。基底石砌，以上用砖，白灰勾缝。

主体墙从跑马厂台3号西行90米到达跑马厂台4号。这段墙体为内石外砖包的二次墙。先用毛石砌成石墙，宽2、高3米；然后用砖包外皮，砖下石条作基础，砖包外皮厚0.6米。砖包后墙厚3、存高3～5米。现砖被拆走，存石条基石。

在跑马厂台3号和跑马厂台4号之间的主体墙北面15～25米处，筑有一道拦马墙。拦马墙长150米。

（四）跑马厂台4号

方向西偏北35°。

位于快活林村蛇沟子正南500米的山梁上。

楼体已毁，存楼基。基底用石块坐灰垒砌。外面又用条石和砖包。分析此楼早期为石砌，晚期为砖包。但不是空心楼。平面近方形，东西9、存高4.5米。台顶部有石柱础，原有楼橹，已毁。该楼四角近弧形。

主体墙从跑马厂台4号西北行212米到跑马厂台5号（图版［9］011）。墙体分为东、西两岔。

小口门

在分岔处的西侧有一个小口门。门宽2.5、长6米。无顶。

墙体从小口门向东，在山东北侧有战台5号。小口门向南151米到跑马厂台5号。这里是北通达子沟，南到小平安的便道，比较隐蔽。

墙体断断续续，分为九段，曲折多，但无特殊之处。砖筑，宽1～1.25、高0.5～1.5米。

战台5号

位于跑马厂台4号西北部。在快活林大队南1000米处的高山之巅，其西侧即高山断崖。直连主体墙。过小口门151米到跑马厂台5号。

台体早年已毁。石砌。圆形，直径6米（图版［9］012）。

（五）跑马厂台5号

位于快活林村南1000米的山梁上。

楼体已毁。基底用二层条石平铺，以上用砖。平面长方形，东西7.6、南北13.0、存高3米（图版［9］013）。

主体墙从跑马厂台5号沿小皮鞍山顶西行187米到达墩台5号。墙体为两期修筑，内为石筑，外面又用砖包到顶，有些地方的砖皮已剥落。

墩台5号

位于小皮鞍山顶。

石砌。圆形，直径8米，存高4米（图版［9］014）。

主体墙从墩台5号往北行122米到跑马厂台6号。该段为砖墙，窄体，宽3、高3米。

（六）跑马厂台6号

位于快活林村张卜堂（墇宝塘）生产队西南达子沟脑的山梁上，距墇宝塘约800米。

此台是这一带唯一一座砖筑楼，并保存有四墙框（图版［9］015）。

基底用两层毛石铺垫，以上用九层石条平铺，再以上用砖，白灰勾缝。平面方形，边长9、存高4.5米。

北墙存三箭窗。窗拱形，宽0.68、存高0.94米。窗边墙厚0.46米，窗内龛高2.5、宽1.35、进深0.7米。

南墙已毁。

西墙有一门两箭窗。门拱形，居于中间，全部石砌。已塌。门宽0.8、高1.05米。

东墙有三箭窗，形制、尺寸与北墙相同。

楼内只存四个高1、宽1.4、通高3.07米的隔墙。余均毁。

主体墙从跑马厂台6号西行111米到战台6号。少部分墙体为石砌，大部分墙体为砖砌。石墙宽3、高2.5～3米。顶上存部分宇墙，墙宽0.5、存高0.5～0.9米。

便门1号

在墙体拐弯处有一内口门，墙南有一梯形台阶通到楼体，门上部已毁。

战台6号

位于墙体北头的一个山包上，北面是墇宝堂村达子沟脑的西侧，北距快活林约500米。

台体已毁。平面方形，边长6、存高3米。台周用大块毛石砌筑，中间填碎石、沙土（图版［9］016）。

主体墙从战台6号西行64米到达跑马厂台7号。

（七）跑马厂台 7 号

位于达子沟西、黄崖关北的山梁上。

楼体原规模较大，现已毁坏。存基址残墙。

基底用三层毛石、再上用九层石条铺成，以上用砖，白灰勾缝。平面方形，边长 9、存高 5 米（图版［9］017）。墙体存部分石制券脸、一字石、门柱石等。

主体墙从跑马厂台 7 号分岔（图版［9］018）。一支向西北沿山体支岔（附边）直奔沟河边突兀山峰上的凤凰楼；另一支作为主体墙向西南沿起伏的山峦行至黄崖关关门。过关门后，北城垣径直通向西山的黄崖关西山—水厂段。

从跑马厂台 7 号南行 176 米到跑马厂台 8 号。此段墙体仍是二次墙，内为早期修筑的石墙心，两侧有厚 0.6 米的砖包外皮，形成夹心墙。墙宽 3.35、存高 3.5 米，现有砖外皮已剥落。西面山下 750 米为太平寨。

（八）跑马厂台 8 号

位于跑马厂台 7 号长城分岔西南方兴隆县与蓟县交界处南侧较缓的一个山包顶上，西南距黄崖关 800 米。

楼体已毁，存楼基。石砌。平面方形，边长 11、存高 3.5 米。残楼体上尚存石柱础，直径 0.3 米（图版［9］019）。

主体墙从跑马厂台 8 号南行 101 米到达跑马厂台 9 号。宽 3～5、高 3.5～5 米。结构也是二次夹心墙（内石外砖）。

（九）跑马厂台 9 号

位于跑马厂台 8 号西南墙体上。

只存一长方形石砌平台附于墙体内侧。东西宽 2.5、南北长 8、高 3.5 米。

平台上的建筑形式可能是敌楼，长方形，已倒塌。

主体墙向西南到黄崖关城东山而终止，楼南 1000 米为小平安村。

以下的战台、墩台皆不在墙体上，而是在距墙体较远处，这里也编了号，记录如下①：

战台 7 号

位于跑马厂台 6 号西南的一个山梁上。

台底用毛石砌筑，以上铺三层条石，再上砖砌地面。平面近方形，东西 8.7、南北 9、存高 3 米。

战台 8 号

位于黄崖关村东北 2000 米的山顶上。

今存基址。平面方形，边长 10、存高 4.5 米。基底用四层条石平垫，以上用砖。

墩台 6 号（原编 8 号）

位于跑马厂台 4 号西南 500 米的山顶上。

今存基址。毛石砌筑，白灰勾缝，现已成为一堆废石。

---

① 烽墩原编号最乱，墩台、烟墩、烽墩、烽火台等名称也不一致，现统一整理，可能还有错误之处。

墩台7号（原编9号）

位于墙体北侧，在黄崖关北的一个山梁上。石砌。圆形，直径8、存高6米（图版［9］020）。

以上为跑马厂—黄崖关段。

太平寨

太平寨是黄崖关城下属的六寨之一，北临边墙约750米，西北近黄崖关，现名小平安村。是黄崖关城重要的外围据点。原寨垣早已破坏（未做详细调查）。

第二节　黄崖关口段（二段A）边墙建筑遗迹

位于跑马厂—水厂之间的黄崖关口门及关城一段（图［9］009~012）。此段测区调查时正值天津市蓟县大修黄崖关，工程浩繁，当时只对关门东、西主体墙墙体和主体墙（关门）北的附边进行了测量，关城平面图则采自《天津黄崖关长城志》插图二、三[①]。

黄崖关关城东西为一段，共调查：

主体城墙	2189米（其中砖墙944米、石墙760米、山险墙485米）
附边	995米（其中石墙670米、山险墙325米）
敌台	7座
战台	3座
关隘	1处
碑碣	

上述遗迹只进行了平面测量，未详细记录，所以这里记述较简略，相关内容参照了《天津黄崖关长城志》的部分内容。

黄崖关关口长城分主墙和副墙南、北两段，从东山主体墙上的跑马厂7号分岔向西北到凤凰楼为关城北段，此段为附边。此分岔处海拔505米。主体墙沿山脊西南行经跑马厂台8号由东山直下到黄崖关口再到西山为关城南段。现分别叙述南、北两段：

一　关城南段

从黄崖关东山跑马厂台8号开始，主体墙西北行125米。墙体宽5.5、高5米，为二次墙。又向西行，南侧有一上墙梯道，梯道西低东高。墙体又变为石筑窄墙，有270米，墙宽3.5、高1.25米，北侧有石阶梯上墙道。又西行110米，经过高山顶向西，出现窄墙体175米，到黄崖关口台1号（原编6号），墙北出现两处上墙石阶道。

（一）黄崖关台1号（原编6号）

平面方形，边长8、高2米。梯道北侧有护墙。墙西80米到崖端不筑墙，由山体西南直下山脚

① 方放主编、韩嘉谷执笔：《天津黄崖关长城志》，天津古籍出版社，1988年。

为黄崖关台 2 号。

从黄崖关台 1 号到黄崖关台 2 号为 280 米。

（二） 黄崖关台 2 号（原编 5 号）

位于泃河东岸。

是一座较大的砖筑空心敌台，台基长 13、宽 9.8、高 1.5 米。基底以上不存，此楼位于城北，被山洪冲成豁口。

从黄崖关台 2 号西越泃河，河宽 85 米，西岸与黄崖关台 3 号（原编 4 号）形成东、西两楼相对的情景。河中为南北通衢要冲，传说原有水栅，难以通过。

从黄崖关台 2 号到黄崖关台 3 号为 105 米。

（三） 黄崖关台 3 号（原编 4 号）

位于黄崖关北垣东端，也是关城的东北角，两楼东西照应，控扼泃河要冲。

此楼原为一座大型砖筑空心敌台，基底长 15.3、宽 14.3、存高 2 米。

在河西岸与黄崖关台 3 号（原编 4 号）之间有兴隆县通往蓟县的柏油路，楼东侧为东稍城，东城墙已被公路破坏。黄崖关北垣即是主体长城的东西伸延。以北垣代主体墙，关门开在主体墙上。

兴隆—蓟县公路西 20 米为北城垣东端。墙体加宽、加厚、加高。黄崖关台 3 号（原编 4 号）也是城垣的东北角楼，楼东 20 米一段设一门洞，门宽 2.7、洞长 6 米，传为瓮城门洞，而瓮城早年毁坏，格局不清。

墙体从黄崖关台 3 号往西延伸 24 米，中间又有一门洞，宽不足 2 米，长 6 米，传为水门洞，为北来山洪泄水之用。水门洞西为一前后凸出墙体的大型平台，前宽（北面）15.6、进深 10、后（南）宽 30.4、进深 5 米。台中部并未辟门。只于台内侧相当于拱洞门的上部嵌有“黄崖正关”石匾额一方。台内侧西端砌一拱门，内有台阶十级，可上达平台顶部。

如今台顶已恢复成面三进一、两侧带廊的九脊歇山顶关城楼。平台和墙顶有马道和垛、宇墙。

墙体从关城楼向西 90 米到城的西北角，再南拐，沿西山根南行。而关城北垣则向西与主体长城相接，西行直奔王峁顶山。再行 60 米到战台 1 号。

战台 1 号（原编 3 号）

平面长方形，砖筑，长 12、宽 10 米。上部已毁（后修复）。

墙体从战台 1 号向西北升高，爬行 125 米到达黄崖关台 4 号（原编 3 号）。

从黄崖关台 3 号到黄崖关台 4 号为 344 米。

（四） 黄崖关台 4 号（原编 3 号）

砖筑。平面长方形，东西长 11.6、南北宽 10 米。东墙体马道上有台阶八层，向上攀缘，台阶内侧的上墙道台阶，随山体升高而向西攀升。

主体墙从黄崖关台 4 号行 110 米到达战台 2、3 号。

战台 2 号（原编 1 号）

平面为马蹄形，北圆南方，长 7.7、宽 6.7 米。

战台3号（原编2号）

位于战台2号墙体北侧15米的山包上。石砌。长11、宽10.8米。

主体墙从战台2号向西沿山势起伏而行130米到达黄崖关台5号（原编2号）。其间有三段分别在马道上砌出石阶，每段五至六阶不等。

（五）黄崖关台5号（原编2号）

砖砌，空心敌台，已毁。平面近方形，基底长13、宽12、存高3.5米。

主体墙西行140米到达黄崖关台6号。

（六）黄崖关台6号（原编1号）

砖砌，空心敌台，已毁。平面方形，边长11.5、高3.5米。

此间的主体墙由原来的宽5.5、高5米的砖墙逐渐变为宽3.5、高1.25米的石窄墙。在西山顶继续西行200米再向西南，因山险不筑墙，又西南行200米与黄崖关—水厂的西山1号砖台相接（以下见黄崖关—水厂的调查材料）。

二　关城北段（附边）

关城北段从跑马厂台7号分岔西北行325米未筑墙，经过海拔509米的高峰，再沿山脊西行，筑石砌附边670米，到泃河拐弯处。在俗称“馒头山”上筑有一大型砖石合筑的圆形敌台——凤凰楼。

凤凰楼所在的孤峰伸入河中，泃河河面海拔201米，而孤峰海拔354米，凤凰楼筑于孤峰顶上，显得巍峨高大，成为远近闻名的胜景。临河谷道的西、北二面皆绝壁，形成很窄的峡谷，据楼控制峡谷，敌人便很难到达关前，成为当时非常重要的前哨据点。

（七）黄崖关台7号——凤凰楼（原编7号）

居高临下。平面圆形，外直径25米（天津调查为16.5米），周壁厚2.2、石基存高5米，顶部的砖结构已于“文化大革命”期间被拆毁。据群众反映，楼上有四门，每面有一门。推测南面有一门二箭窗，门有软梯以供上下；其余三面皆有三窗（此段可详：《天津黄崖关长城志》，42页，天津古籍出版社，1988年）。

凤凰楼所在为主体长城以北的附边西端，主体墙外，往往筑有拦马墙，加上附边形成三道边墙的防御形式。

三　城址

（八）黄崖关城

黄崖关城位于兴隆县和蓟县之间的燕山孔道。泃河源于兴隆县。其横切燕山，穿峡谷自北而南流。两岸层峦叠嶂，如刀砍斧削，古代即为南北要冲。关城东为半砬缸山，西为王帋顶山。两侧高山巨峰上长城逶迤，形如列屏，十分险要，于此建关筑城，实为明廷抵御北边来犯之敌的良策（图［9］048）。

黄崖关又名黄崖谷（峪）关，是一座附于主体长城南侧的连壁关城，位于泃河西岸的平漫之地，随山势而建。其北据边墙，西靠王帅山，东近泃河和半砬缸山。

城址早年即遭到破坏。据调查，城址平面为刀柄形，西长而东狭，南北最长处为270米，东西最宽处为200米。城墙周长890米，面积38000平方米。城内有一道纵贯南北的子墙，把城分为东、西两部分。西城靠山，较东城高出一二米不等，官署即设于此。南垣和东垣已不存。北垣虽保存较好，但表皮剥落，尚可看出城垣为二次建成，即先筑内墙，用河卵石灌白灰浆砌出墙立面，后在卵石墙内心用黄土夯筑，夯层厚0.2米左右，夯层间铺石子，在卵石墙皮外再包以石条。1982年郑绍宗曾到黄崖关大修工地做短期调查，调查时北垣尚存高3.5米左右，宽3.5～4米，卵石墙心保存尚好。韩嘉谷认为北垣可能是万历十五年关城包砖时，整个北墙都拆除重砌的，所以特别坚固①。

黄崖关传为“九门九洞”，1982年重修时调查发现，实际为三个关城门、二个子城门、二个登城门洞、四个小洞、一个瓮城门。现已恢复原貌。

关城门分别位于东、南、西三面。皆有突出墙面的门垛。以南门为例，门垛宽13.2、进深11.1米，门洞宽3.36米，门上嵌一方汉白玉匾额，楷书“黄崖口关”四字，两旁刻有当时蓟镇主要官员的官职、姓名等。门南30多米处有一木牌坊，匾文阳面刻“蓟北雄关”，阴面刻“金汤巩固”。东门在东城东墙的中部，西门在西城西墙的北端。

子城门在东、西两城中间的子墙上，传为“阵眼门”，门洞宽2.7米。

两个登城门洞分别在东墙和北墙。东城称为“小暗门”。

北垣中部设一凸出大平台的基座，上建门楼名北极阁，但下不辟涵洞和通道，而是于台内墙西侧设一登城道，有券门。门楼基座东有一水门洞，洞东隔空心敌台有一瓮城门洞。瓮城早年已拆除。

北垣的门楼是黄崖关正关门楼。楼为九脊歇山式瓦顶，内侧约相当于拱门上部位置嵌有一方“黄崖正关”石匾，上有“万历十五年六月吉日建”款。

城内街道布局，西为衙署，外传为“八卦迷魂阵”。一般街宽2米左右。

黄崖关的年代，据《四镇三关志》，“黄崖口关，永乐年建，通大川。正关水口东西稍城断头崖、安口墩、中山儿龙扒谷砖墩，东西二空俱通骑冲，余缓”。可见黄崖口关建关较早，可到明永乐年间。而据北城楼上“黄崖正关”石匾额为明“万历十五年六月”，在城西边墙上还发现有落款“万历十九年石刻”、“接十五年河南营新修城头”等内容，可见黄崖口关城在明永乐（1403～1424年）建关城以后到万历十五年（1587年）又进行了大修，主要是砖包，是否为把永乐时期所建关城全部拆除新建，尚不能定论。北垣中大段的卵石墙和墙外包砖有可能是两次建成的，即卵石白灰灌浆墙建于永乐时期，而砖包则是在万历十五年（这一点与韩嘉谷意见不同）。

黄崖关城及其东、西两山（王帅顶山和半砬缸山）边墙皆恢复旧观，关城并辟为博物馆，供游人观赏。1984年10月，天津市开展“爱我中华，修我长城”活动以来，到1988年关城及边墙的修复工作已基本完成，计修复边墙3025米、敌台20座、黄崖关城一座，此外还建成长城碑林和长城博物馆。

据《四镇三关志》，“黄崖口关关城外属寨有：太平安寨、车道峪寨、青山岭寨、蚕椽峪寨（船仓峪）、古强峪寨和耻瞎峪寨（赤霞峪）”，均在关城东面，未及调查。

---

① 方放主编、韩嘉谷执笔：《天津黄崖关长城志》，40页，天津古籍出版社，1988年。

第三节　黄崖关西山—水厂（前干涧）边墙建筑遗迹

第三段是从黄崖关开始的，属于跑马厂—水厂测区（图［9］013~021）。第一段主体墙记录到黄崖关东山跑马厂台9号终止，第二段为黄崖关口台7号分岔主体墙的西段。从黄崖关城以西的西山即王峁顶山上的一座砖楼开始为第三段，即前干涧（当地人称黄花厂）—水厂段。

黄崖关西山陡峭直立，崖顶的主体墙沿山脊向西偏南行，距黄崖关关城西约1000米的山顶上有一座砖砌敌台，我们对第三段的调查就是从此敌台向西开始的。这里海拔757.3米，是附近的制高点①，也是天津市蓟县和河北省兴隆县的分水岭，主体墙以北属兴隆县前干涧。这一测区以前干涧为字头编号。

共调查：

主体墙	6220米（其中石墙5558米、山险墙662米）
敌台	10座
墩台	2座
战台	1座
小口门	1处

（一）前干涧台1号

方向南偏东35°。

位于黄崖关村附近的西山顶上。

楼体为砖石合砌，梯柱形。平面方形，边长6.8、存高5米。今存南、东两墙。基底用毛石坐白灰砌十一层，下大上小。石基高3.5米，以上用砖。南墙有一拱形门，门柱、券脸皆为石制，东、西两墙各有一窗，北墙的两窗均为券形。因已毁尺寸不清（图版［9］021）。

楼顶已坍塌。

从前干涧台1号西北行470米到前干涧台2号。这一段因山势险要，未筑墙。

（二）前干涧台2号

方向南偏西15°。

位于前干涧台1号西北470米的山梁上，西近北井峪小村。

楼体已毁，仅存基址。平面方形，边长6.8、存高5米。今存南、东两墙。基底用毛石砌筑，平面方形，边长7、存高2.5米（图版［9］022）。

从前干涧台2号山顶向西有92米无墙体，然后再向西在一东西向缓山梁上出现墙体，墙高0.5~0.8、宽1.5米。山凹中有断续的拦马墙。在前干涧台2号以西92米处墙体向西又向南，成一直角，墙体沿南北山向南缓缓下行，总共分为五段，总长962米，绝大部分为石砌，仅最后少部分为砖体

① 五万分之一图标，黄崖关11－50－138－乙。

墙。墙宽 3.5、高 3 米，存垛口宽 0.6 米，顶部马道宽 1.4 米。

在前干涧台 2 号西南 1054 米处的西山尖上有一孤楼，编为前干涧台 3 号。

（三）前干涧台 3 号

位于前干涧台 2 号西南，西近南窑坡村。

楼体已毁，仅存楼基。

基底用毛石加工后砌筑，外用白灰勾缝。上用砖铺。平面方形，边长 7、存高 3 米。砖已被拆光（图版［9］023）。

主体墙从前干涧台 2 号以南以拦马墙的形式出现，外部利用山势削偏坡取直，再用毛石砌成直立面的外皮墙，墙高 3～4、厚 0.6～1.5 米，顶部与山坡平。这段削坡从前干涧台 3 号南行 342 米到墩台 1 号。其中有 100 米过一险山，未削坡筑墙。

墩台 1 号

墩台已毁。石砌。圆形，直径 5、残高 2 米（图版［9］024）。

从墩台 1 号北曲南行，拦马墙改为窄小的石墙体，再行 935 米到前干涧台 4 号。墙高 3、上宽 1.5 米。

从前干涧台 3 号到前干涧台 4 号为 1277 米。

（四）前干涧台 4 号

前为小口子村。敌台在主体墙内侧。

楼体已毁，仅存楼基石，以上皆毁。基底用十五层加工后的毛石砌筑，以上用砖。平面方形，边长 7、存高 4～5 米。顶部已毁（图版［9］025）。

主体墙从前干涧台 4 号向南偏西行 317 米到达前干涧台 5 号。总趋势是从高山向低谷行，其山坡呈 40°，中途经过两座起伏的山包。为石筑的小窄墙，上宽 1.5、存高 3 米。近小口处改为砖墙。

（五）前干涧台 5 号

位于主体墙内侧，东南为小口子村，西为后大安村。地势东北高西南低。

楼体早已破坏，仅存基址（图版［9］026）。基底用十一层条石平铺，其上用砖。平面方形，边长 9.8、存高 1.5 米。上部已废。

主体墙从前干涧台 5 号到前干涧台 6 号为 698 米，中途经过小口门（今称）。

小口门

位于南、北两山上崖的峡谷中，中间有前干涧河（旱河），两山壁立如削，树木苍翠，形势险要。南、北两山分别为前干涧台 5 号和前干涧台 6 号控扼，口门处已修成柏油路，破坏了口门（图版［9］027）。

口门原为水门，原可能筑有阁楼，今不存。

小口门两侧墙体以石砌为主，宽 1.5～2、存高 0.5～2 米。门可能用砖，早年已毁。

小口门之名未见记载，当地称小口门为“黄花厂口”。

从小口门向南登上绝壁，在正南山顶上，于墙体南侧 150 米处有墩台 2 号。

墩台2号

顶部已毁，仅存基址。毛石砌筑，以碎石、沙土填心。圆形，直径5、存高2米。

（六）前干涧台6号

方向南偏西20°。

位于小口西侧的山顶上。居高临下，北侧悬崖可控制小口，与小口相距298米。

楼体早年已毁，仅存楼基（图版［9］028）。基底用八层条石铺砌，以上用条砖白灰勾缝垒起。平面方形，边长9.8、高1.5米。顶部不清。

主体墙从前干涧台6号向北然后又向西拐，沿着陡峭的山脊西行。墙为石干砌，石块较大而稍加整修，墙高1～2.5、宽1.5～2米。顶部仍存有部分垛口墙和宇墙。垛墙宽0.58、存高0.2～1.2米（图版［9］029）。

主体墙从前干涧台6号到前干涧台7号长612米（图版［9］030）。

在主体墙外侧间隔10米向西北修筑了一道拦马墙，系沿山体斜面削直山体后于其外筑石墙。石墙高3、长675米，人、马皆不能攀登，偏坡墙顶与山齐平，再内为砖体墙（图版［9］031）。

（七）前干涧台7号

位于前干涧台6号西北，南为青龙碑村，北为黄花厂后大安村前的山脊。

楼体早年已毁，仅存楼基（图版［9］032）。基底用五层条石坐灰砌筑。平面近方形，东西9.8、南北10.5、存高3米。

主体墙从前干涧台7号顺山脊弯曲西行。毛石砌筑。宽1.5～2、存高1.5～2米。顶部马道窄小，宽1.5米。两侧存部分垛墙和宇墙，垛墙宽0.58、存高0.2～1.2米。宇墙尺寸同前（图版［9］033）。

主体墙在郭家沟西山坡南设有台阶，石阶高0.35～0.5米，宽度与马道相同。

在主体墙外（北侧）间隔10～15米有一道从东往西且与之平行的拦马墙。此段墙长858米。

主体墙从前干涧台7号西北行513米到前干涧台8号。

（八）前干涧台8号

位于前干涧大队第一生产队西南山脊的墙体上。

楼体早年已毁，仅存楼基。基底用两层毛石块干砌，以上用砖。平面方形，边长7、存高2米（图版［9］034）。

主体墙从前干涧台8号向西南行于山梁上。墙体保存较好，宽2.5～3、高1～3米。墙上存垛墙和宇墙，垛墙高0.2～0.5、宽0.85米。皆干砌。

从前干涧台8号到战台1号为518米。在距前干涧台8号西180米处有一小型附墙台（未编号）。石砌。平面长方形，长3、宽2、高2米。上端与墙体平，跨出墙体北侧（图版［9］035）。

主体墙北的拦马墙情况与前相同（图版［9］036）。

战台1号

位于蓟县下营子公社黄土梁生产队西北500米的山脊上。

今存台基，南北跨出墙体。全部用较大的毛石块砌筑，高达十层，内填碎石、沙土。平面方形，边长8.5、存高3米（图版［9］037）。

主体墙从战台1号向西偏南行149米到达前干涧台9号（大松树楼）。墙体建在东低西高的山坡上。石墙宽2、高2米。

墙体北仍为拦马墙，结构与前述相同，长322米。拦马墙到前干涧台9号终止。

（九）前干涧台9号

位于战台1号西侧的高山顶上，俗称“大松树楼”。

楼基以上全毁（图版［9］038）。基底用石条砌筑。平面近方形，东西10.4、南北10.7、存高2.5米。石条长0.56、宽0.47、厚0.25米。石基以上部分不存。

主体墙从前干涧台9号西南行，墙体皆大块毛石砌成，宽1.5、存高0.5～1米。墙上存垛墙和宇墙。垛墙存高0.5、宽0.5米。中间未加白灰。

主体墙从前干涧台9号到前干涧台10号为185米。

（一〇）前干涧台10号

位于厂房村东南约1500米的高山顶上，俗称“小松树楼”。

楼体上部已毁，仅存楼基。石砌，基底用十一层石条砌筑。平面近方形，东西10.7、南北10.1、残高2.5米（图版［9］039）。

主体墙从前干涧台10号西行，墙高1～2米，存部分垛墙、宇墙和马道。垛墙存高1.5、宽0.56米。全部用加工过的石块砌成，墙心内填碎石和沙土（图版［9］040）。

在前干涧台10号以西293米处，设有通墙体石阶一处。石阶宽1.5、长2米，可达马道上（图版［9］041）。

前干涧台10号外设有长40米的一道拦马墙。

主体墙从前干涧台10号西行427米到一高山，山顶海拔641.2米①，与将军关—水厂（第八）测区的35号敌台相接。

至此，黄崖关西山—水厂（前干涧）段结束。

第四节　跑马厂（扎脖山）—马兰峪（钻天缝）段边墙建筑遗迹

此段长城是1986年6月调查的，测点接在蓟县船仓峪村。从兴隆县跑马厂公社珍（榛）台生产队南兴隆县和蓟县交界点道水沟南的高山顶开始，当地称此山顶为扎脖梁，海拔958米②。扎脖梁顶为长城北行地点。从扎脖梁顶向南700米为长城跑马厂—马兰峪段起点的第1号敌台。并由此东行到遵化县的马兰峪（图［9］022~040）。

此段共调查：

主体长城　　13422米（其中石边墙7428米、山险墙5994米）

① 五万分之一图标，黄崖关11－50－139－乙。
② 五万分之一图标，黄崖关11－50－139－乙。

青山口北附墙体	2642 米（其中石墙 572 米、山险墙 2070 米）
敌台	19 座
战台	4 座
墩台	4 座
炮台	6 座
房基	6 座
关隘	4 座
水门洞	1 座
城址	1 座

下面按敌台顺序由北向东依次记述。因是跑马厂—马兰峪测区，所以敌台编号以马兰峪为字头。

（一）马兰峪台 1 号

位于兴隆县和蓟县交界处的扎脖山，北为兴隆县跑马厂公社榛台村，西南为蓟县下营公社车道峪村，两者相距约 3000 米。

从扎脖山顶向南 700 米因山势险要未筑墙，山顶上的敌台即为马兰峪台 1 号。楼西为兴沟峪。

楼体正南北向。早年已毁，存楼基和残墙。基底平面近方形，东西 9.2、南北 10.7、存高 3 米。基底用一层自然石块平铺，以上用砖筑（图版［9］042）。

此楼地势较高，据此可西北望黄崖关口，南望青山岭口和郭家沟水库。

房基 1 号

位于马兰峪台 1 号南 60 米处，房子筑在平缓的山梁上，为一小铺房。

房基已毁，仅存墙基。石砌。平面近方形，东西 2.5、南北 3 米。围墙存高 0.5、厚 0.45 米。

从马兰峪台 1 号往南到马兰峪台 2 号为 454 米，其中 410 米系利用山险不筑墙，仅马兰峪台 2 号以北筑石墙 44 米。毛石干砌，外侧存高 2～4.15、内侧存高 1.5～2、宽 3.5 米。墙心填碎石、沙土。

在马兰峪台 1 号西侧的尖沟峪有一道拦马墙，残墙存高 0.5～2、宽 1.5～2、存长 70 米。

（二）马兰峪台 2 号

位于马兰峪台 1 号南面的山坡上。

早年已毁，仅存楼基。石砌。平面近方形，东西 10、南北 9、存高 3.5 米，已成砖石一堆（图版［9］043）。

主体墙从马兰峪台 2 号东南行，依山势起伏高下，沿山脊偏东行 1412 米到达马兰峪台 3 号。中途经过炮台 1 号、2 号，房基 3 号、4 号（远离墙体）和战台 1 号，其中有 270 米无墙体。

墙体沿着北高南低的山梁向下偏东方向伸延。全部石筑，墙宽 3.6～4 米不等，墙外侧高于内侧，外侧高 3.78～5.5 米，内侧存高 2.53～4.85 米。墙两侧均用大块毛石干砌，不用白灰。有一段 10 米长的墙体还存有垛口墙，墙存高 0.5～1.2、宽 0.65～0.7 米。

在马兰峪台 2 号以南的主体墙以东筑有一道拦马墙，长 412 米。和主墙间隔 15～35 米。基本是削坡取直，其外筑石墙，厚 3.4～4.5 米，高、宽均 1～2.5 米，其顶与山面平齐，以防止人马上攀。

炮台 1 号

位于马兰峪台 2 号和 3 号之间的墙体上，石筑。平面长方形，东西长 2.5、南北宽 1.5、存高 0.65 米。

炮台 2 号

在炮台 1 号东面，间距 8.9 米。石筑。东西 2.5、南北 1.5、高 0.65 米。

房基 2 号

位于马兰峪台 2 号和 3 号之间的墙体内侧山梁上，与主体墙相距 20 米。石砌。平面近方形，东西 4.4、南北 4.5、存高 0.2 米。

房基 3 号

位于房基 2 号东 50 米的山梁上。石筑。平面方形，边长 4.5、存高 0.15～0.2 米（图上未标）。

房基 4 号

位于炮台 2 号东南 50 米处的主体墙内侧。基址面积较大，附于墙体内。平面长方形，东西 33、南北 12 米，墙存宽 0.45、存高 0.6 米。东、西、南三面有墙，北面利用边墙。南侧有一隔间。可以看出这是一处住人较多的守边铺房。

战台 1 号

位于青山岭村北 700 米的山梁北坡，在墙体上。

早年被破坏，仅存南墙和东墙。毛石干砌。平面近方形，东西 9.6、南北 9、高 3.75 米（图版［9］044）。

（三）马兰峪台 3 号

位于主体墙的南端，在金猫洞西侧山脚下。

楼体呈梯柱形，早年已毁。存楼基（图版［9］045）。石砌。平面近方形，东西 10、南北 9.13、高 2.75 米。基底平铺六层石条，以上用砖。

主体墙从马兰峪台 3 号延山体向东 370 米到达马兰峪台 4 号。其中只有 65 米长的墙体为毛石羼白灰筑成。石墙宽 3.5～4、高 0.5～2.45 米。从金猫洞沟至马兰峪台 4 号因山险不宜攀登有 305 米未筑墙。

在马兰峪台 3 号东 65 米有一水门洞，即金猫洞沟口。此沟当地称为杨木台沟西岔金猫洞沟。

水门洞口（金猫洞沟小口子）

位于马兰峪台 3 号东侧山洼处，因年久冲刷只存沟左右残墙和沟谷的豁口。存宽 5 米。其他结构不清。

（四）马兰峪台 4 号

位于下营公社青山岭村正北 1500 米的山顶部，居高临下，人称“西大楼”。楼东侧为青山岭口，西侧为金猫洞口子，东北 2000 米为下营公社常州村。

楼体方梯柱形。保存基本完好。下石上砖砌。平面近方形，东西 9.7、南北 9.2、楼基高 3.75 米，通高 9 米。基底用二至三层毛石块砌底，以上平铺四至五层加工石条，再上为砖砌。石条长 0.8～1.3、厚 0.32～0.27、宽 0.3 米（图［9］041）。

楼体四墙　南墙有一门两窗，门在中间（图版［9］046）。门拱券形，外小内大（图［9］042）。门通高 1.65、宽 0.8、进深 0.33 米，门左右为条石立柱，上为一字石，再上为两券两伏。一字石（插石）长0.65、宽0.27、厚0.1米，门内券高1.69、宽1.15米，甬道长1.45米。下为门枕石，长1.3、宽0.32、厚0.14米。石两端有门轴孔，两孔相距0.77、轴孔直径0.29米。门内甬道两侧有门栓孔，高0.2、宽0.14、进深1.4米，距地面高0.84米。门前有台阶。箭窗形制相同，高0.88、宽0.51、进深0.37米，窗内龛高1.91、宽1.25、进深1.33米。北墙有三箭窗（图［9］043），东墙有三箭窗，西墙有三箭窗，形制、尺寸相近，不赘（图版［9］047）。

楼内有南北向三道筒拱，中间有两道隔墙（图［9］044）。筒拱长6.4、宽1.72、高3.76米。隔墙上分别有三门，形制相同。拱券形，门高1.95、宽1.28、进深0.9米（图［9］045）。

在楼内南墙上有一个梯道口，拱券形，高2.77、宽0.65、斜拱长2.37米。阶梯为青石、砖和白灰砌筑。共有砖石阶十三层。阶高0.32、宽0.16米，阶上青石条长0.6、宽0.16、厚0.12米。楼梯上口东西长1.3、南北宽0.65米（图［9］046）。

敌楼顶部仅西南角存部分垛口墙（图［9］047）。垛口存高0.6、宽0.5米。墙底仍存有两个瞭望孔，孔高、宽均0.22、进深0.5米。楼橹不存。

楼顶四周有一箍菱角檐。垛口西墙残留一个吐水嘴，长0.6、宽0.24、厚0.1米。东墙也有一吐水嘴，已毁。

从马兰峪台4号南行150米到战台2号。这一段因山险未筑墙。此地俗称“大西楼南山”。台东为峭壁，下是青山岭口（大口子）。

战台2号

早年坍塌。石砌。平面近方形，东西8、南北9米，存高3.3米。现在已成为一堆乱石块。

从战台2号向东150米为青山岭口。

青山岭口

位于两山之间的沟谷底部。又名大口子。其北侧1500米为下营公社的常州乡，西南1000余米为青山岭村，青山岭口即因此得名。此地距蓟县40公里。口子存宽20米，现在是下营去常州的村间公路，宽6米，路西为一小河（图版［9］048）。

青山岭口（大口子）原来可能具有水门性质，现已不清。其控扼泃河东支流的南北要道，位置重要。口南的青山岭村，即青山峪寨。《四镇三关志》：“青山峪寨，成化二年建。正关通单骑，冲。”可能青山岭村原为青山岭寨堡（未调查）。

石墙从青山岭口向东山上行37米为马兰峪台5号。毛石砌筑。宽4.5、高1.5～2米。在青山岭口北另筑有一道简单的附边。

从马兰峪台4号到马兰峪台5号为337米。

（五）马兰峪台5号

位于青山岭口东山坡上。

楼体早年已毁。今存楼基。砖石合筑。平面方形，东西8.9、南北9.5、存高2.27米。基底用毛石铺砌，以上用砖。

从马兰峪台5号开始，主体墙为石筑，沿山势起伏向东北行1152米到达马兰峪台6号。其中有墙体432米，其余720米因险不筑墙。从马兰峪台5号东行35米，石墙宽1.5～4、高0.5～2.5米；从此往东变成宽仅1米的单边窄墙，有82米；再向东因山险有150米不筑墙，再向东有长285、宽4、高2.5米的石墙；又东行，有100米未筑墙，又东行300米再转而南行200米到马兰峪台6号。墙体为毛石白灰砌筑，墙内填碎石、沙土。

墩台1号

位于刘庄子村西北2500米的山梁上，其北1000米为常州村。

平面近方形，东西8、南北7.9、高2.15米。台基用大型毛石块羼白灰砌筑，台顶原铺一层片石，后被人拆除。唯石基尚存（图版［9］049）。

（六）马兰峪台6号

位于下营乡刘庄子村东山小队正北约2500米的高山顶上。

楼体早年已毁，存基址（图版［9］050）。基底四周平铺六至八层石条，以上用砖和白灰勾缝，内填碎石、沙土。平面近方形，东西9、南北10.5、存高3.7米。

楼体已毁，存残墙，墙高1.43米。

主墙体从马兰峪台6号到马兰峪台7号为555米。其中有120米筑石墙，墙宽2.5～3、高1.5～3米。垛墙不存。从马兰峪台6号以东430米因山势陡峭以山险代墙。

（七）马兰峪台7号

位于刘庄子北山的山梁上。

毁坏严重，仅存一堆残石。平面近方形，东西9、南北10、存高2.75米（图版［9］051）。

从马兰峪台7号东南行415米到达马兰峪台8号。其中65米有石墙，墙宽1.5～2、存高2.5米。其余350米因山险不筑墙。

（八）马兰峪台8号

位于下营公社东山小队正北2500米的山顶上。

楼体已毁，基底平铺六至八层石条，以上用砖，白灰勾缝。平面近方形。东西9、南北10、存高3.45米（图版［9］052）。

从马兰峪台8号到马兰峪台9号为320米。墙体东南行，宽2.5～3、高1～4.17米。全部毛石干砌，顶部铺一层片石，垛墙已毁。

（九）马兰峪台9号

俗称“四道楼”。位于常州村南1000米处，东北是黄崖子村，此地海拔961.0米①。楼西南是一道小山沟，俗称“龙扒峪沟”。

楼体已毁。砖石结构。平面方形，边长10、存高2.5～3米（图版［9］053）。

主体墙在“龙扒峪”东侧山梁上，沿北高南低的山脊向南偏东伸延。从马兰峪台9号到马兰峪台10号616米。墙体用毛石干砌，墙内填碎石、沙土。墙宽2～3.5米不等，存高1.5～2米。墙顶残存断续的垛口墙，存高0.7～0.9米，墙顶马道宽2.5米，垛口墙用较小石块砌成。这种无宇墙，有马道的墙呈梯形。

---

① 五万分之一图标，马兰峪K－50－140－A。

（一〇）马兰峪台 10 号

方向北偏东 5°。

俗称三道楼。位于三道楼山的山梁上，楼东 1500 米是小港乡黄崖子村。

楼体早年已毁。存楼基（图版［9］054）。砖石结构。基底平铺四层条石，以上铺砖。平面方形，边长 10、高 3.96 米。

主体墙从马兰峪台 10 号东南行 285 米到墩台 2 号。墙宽 2.7～3、高 1.5～2.15 米。部分墙面用白灰勾缝。

墩台 2 号

方向东偏北 25°。

位于当地称为“苦莉沟”北侧的山梁上，在墙体内侧。

早年已毁。石筑，白灰勾缝，毛石面已毁。平面方形，边长 8、存高 2.15～3.15 米。

从墩台 2 号所在的苦莉沟山梁南行 205 米为马兰峪台 11 号。墙宽 2.5～3、高 1.5～2.15 米。毛石干砌，白灰勾缝。

从马兰峪台 10 号到马兰峪台 11 号为 490 米。

（一一）马兰峪台 11 号

位于小港乡船仓峪村正北，当地俗称“二道楼”梁的山上。

早年坍塌，仅存一堆乱石和残砖。基底平面近方形，东西 9.5、南北 11、存高 3.58 米（图版［9］055）。

主体墙沿北高南低的山梁向南偏东行，从马兰峪台 11 号到马兰峪台 12 号共行 456 米。墙修筑简单，大部已倒塌，为毛石干砌，不用白灰。墙宽 1～2.5、高 2.5～3.5 米。墙顶间断存有垛口墙，墙存高 0.2～0.9、宽 0.65～0.75 米。

（一二）马兰峪台 12 号

位于黄崖（乜）子口西 500 米的山梁上。俗称“头道楼”。

楼体早年已毁，今存废墟。砖石合砌。基底平面近方形，东西 9、南北 9.5、存高 2.5～3 米（图版［9］056）。

从马兰峪台 12 号东南行 531 米到达黄崖（乜）子口，其间经过房基 5 号、6 号。墙体因山险陡峭而断断续续，在 531 米中实有墙体 235 米，其余因山险不筑墙。

房基 5 号

位于黄崖子口西侧 250 米的平缓山坡上。平面近方形，东西 4.5、南北 5、存高 0.2～0.5 米（图版［9］057）。

房基 6 号

与房基 5 号相邻，两座房基相距 100 米，是守口的戍卒住地。石砌。平面长方形，东西 3.5、南北 5 米。

黄崖子口子——蚕椽峪口

即黄乜子口，是由船仓峪北的黄崖（乜）沟而得名，这里有一条季节河从北面的梨木台沟南流到船仓峪西而后再向南流，口子即位于沟谷底部。其口南距船（寨）约1200米，口东为黄崖子河沟，两侧山势陡峭（图版［9］058）。口子原来可能是一水门洞，现门洞不存，仅存一长20米的豁口。口子西侧还存有5米长一段墙体，毛石叠砌，墙宽2～3.5、存高2～4.5米。东侧是悬崖峭壁。其他结构不清。船仓峪很可能就是蚕椽峪。《四镇三关志》："蚕椽峪寨，成化二年建，通步缓"。

从黄崖子口东南行1034米到马兰峪台13号。其中有620米系利用山险无墙体，414米有墙体。墙体为毛石加白灰砌成，宽2～5、存高0.5～3.5米，内以碎石、沙土夹心。其间经过一段长50米的障墙和墩台3号。

墩台3号

位于黄崖子口东侧山梁上，墩台在墙体拐弯的内侧，西侧是悬崖。

台体早年坍塌，石砌。平面方形，边长8、存高2.5米。

墩台4号（此为散墩，图中未标）

位于黄崖子太平沟小队沟口西侧山顶上，为一散墩。平面方形，边长8、存高2.76米。已毁坏。

从马兰峪台12号到马兰峪台13号为1565米。

（一三）马兰峪台13号

位于正沟口子西侧，在墙体V形夹角的南侧。楼南侧为小港乡谷香（古强）峪村，两者相距大约500米。

楼体早年已毁。砖石合筑，楼基条石已被拆除。平面方形，边长12、存高3.45米。

从马兰峪台13号向南偏东行，越过高山峡谷和陡峭山险，行1705米到达马兰峪台14号。其间经过战台3号。这一段路中的479米有窄小墙体，余1226米因山险而不筑墙。在马兰峪台13号东有一段（墙体外）25米长的障墙。墙体为毛石干插，宽1～2、存高0.5～3.15米。

战台3号

位于正沟口子（谷香峪口）西侧山坡上的墙体南侧。东侧是陡峭的悬崖。台体已毁，存基址。毛石干砌。平面方形，边长5、存高1.5米。

从战台3号向东偏南行150米为古强峪（谷香峪）正沟口子。

古强峪（谷香峪）正沟口子

位于小港乡古香峪村北侧1000米两山之间的洼谷底部，口西侧当地称为北岭坡，口东侧山梁当地称为"迎风顶"。即 古强峪（谷香峪）东山。

今两山谷底部的口门已毁，估计为一水门洞，以泻正沟北面的太平沟水（季节河），现尚存水门东侧的一段墙体。大块毛石砌成，墙宽6～8、存高0.5～1.5米。据传水门为拱券形，今已不存。

从古强峪口东行山势崎岖陡峭，山险叠嶂，不宜攀登。

古强峪原有寨，《四镇三关志》："永乐二年建，通步缓"①。今保存情况未作调查。

（一四）马兰峪台14号

位于古强峪村东北1000米的迎风顶上，楼旁矗立一航标。此地海拔621.0米②。楼北是太平沟。

---

① （明）刘效祖：《四镇三关志·形胜》，三十二乙，中国科学院图书馆藏本。

② 五万分之一图标，马兰峪K－50－140－A。

楼体早年已毁。现成废墟。砖石砌成。平面近方形，东西9、南北8、存高1.5～2.5米（图版［9］059）。

从马兰峪台14号沿山梁向东北行396米到达马兰峪台15号。其中256米筑有墙体，其余140米因山险不筑墙。墙体全部用大块毛石干砌。宽2.5～2.7、外侧存高1.53～4.17、内侧存高0.5～3.75米。其间经过战台4号。

战台4号

位于迎风顶山北侧山脚下的边墙上。因毁坏，仅存东墙。

石砌。平面方形，边长9、存高1.5～2.75米。此台西侧有40米长的墙体为削坡筑墙。

（一五）马兰峪台15号

位于赤霞峪村水库北侧100米的山梁上，在东北行的墙体南侧。

楼体早年已毁。砖石结构。平面近方形，东西9、南北9.8、存高2米（图版［9］060）。

墙体从黑水河西岸东行过古强峪口后，沿着黑水河东岸的山梁向东偏北行，地势南低北高。从马兰峪台15号到马兰峪台16号共行630米。其中有86米墙体断续不接。墙顶宽2.5～2.7、外侧高3～3.5、内侧高0.5～1.05米。全部毛石干砌，内以沙土、碎石填心。墙顶上还存有部分垛口墙。墙存高0.6～1、宽0.5～0.6米。顶部马道宽1.5～2米，为单边马道墙，即外设垛墙内有马道而无宇墙。部分墙体因山势陡峭而修筑大台阶作为登墙道。台阶每段高1.25～1.6米，每段台阶间距2.5～3.5米（图版［9］061）。

马兰峪台15号所在的东山洼可能就是赤霞峪口，因修水库现已不存。口南为赤霞峪村。

赤霞峪村有堡，即耻瞎峪寨。《四镇三关志》:“成化二年建，通步缓。”今村寨仍存遗迹，未及调查。

（一六）马兰峪台16号

位于赤霞峪村北2000米的山梁上。

楼体早年坍塌。系用巨石砌起，现存一堆乱石砖块。基底平面近方形，东西10、南北9、存高1.5米。以上不详（图版［9］062）。

主体墙从马兰峪台16号北侧沿着南低北高的山梁向东北方向延伸，行485米到达马兰峪台17号。墙体已大部倒塌。毛石块干砌，墙内填碎石、沙土。墙宽3～3.5、顶宽2.5～2.7米。墙体外侧高1.5～3.6、内侧存高1.33米。墙顶道宽1.5米。部分墙体上仍存有垛口墙，墙存高0.5～1.5、宽0.65～0.8米。

（一七）马兰峪台17号

位于黑水河东侧的山峰顶部，四周峰峦嶂叠，树木苍翠，楼南250米是小港乡赤霞峪村。

楼体早年毁坏，仅存一堆乱砖石。基底平面方形，边长9.7、存高1.5米。基底条石和砖均被拆除（图版［9］063）。

石墙体从马兰峪台17号东行，穿密林爬上南低北高的陡峭山梁，再东行432米到达马兰峪台18号。均系大块毛石干砌。墙宽3～3.5米，墙顶部宽2.5～2.7、外侧高1～2.5、内侧宽0.5～2.5米。

墙体外侧高的原因是垛口墙在外侧，内侧未修宇墙，所以形成外高内低的情况。墙体倒塌后也呈现外面堆积高、里面堆积低的情况。

（一八）马兰峪台 18 号

位于黑水河东山梁上，楼西 700 米是蓟县林厂。

楼体早年已毁，存楼基。砖、石合筑。基底由六至七层大石块砌筑，以上用砖，现砖已被拆除。平面方形，边长 9.7、存高 1.5～3 米（图版［9］064）。

主体墙从马兰峪台 18 号沿着黑水河的东山梁向正北方向穿行到兴隆、蓟县、遵化三县交界处，又东北行 534 米到达马兰峪台 19 号。中途经过炮台 3 号、4 号、5 号、6 号。

炮台 3 号、4 号、5 号、6 号

位于马兰峪台 18 号东 20 米处，四座炮台皆砌筑于墙顶内侧，大小、形制相同。平面方形，边长 2、存高约 0.5 米。炮台之间距为 10 米。

墙体大部倒塌，宽 2.5～3、墙外存高 1.5～4、内侧存高 1～3.15 米，毛石干砌。墙体上残留垛口墙，墙高 0.3～1.5、宽 0.65 米。这一段墙体因山势险要而断断续续，墙最窄处仅 1.5 米，存高 0.9～1.5 米。

（一九）马兰峪台 19 号

方向西偏南 30°。

位于黑水河东山梁上，东北距钻天缝 350 米。当地仍称黑水河东梁。

楼体早年已毁，现存楼基（图版［9］065）。基底用六层大块毛石条砌筑，以上砖铺，白灰勾缝。平面长方形，东西 9、南北 12、存高 2.5～3.15 米。

从马兰峪台 19 号东行，沿山梁上行 398 米到达兴隆、蓟县、遵化三县交界处，也是这一带的高峰钻天缝。楼东 250 米利用山险不筑墙。墙体为毛石干砌。墙宽 1.5 米，最窄处仅宽 0.9 米，为单墙。这是因山势陡峭而出现的情况。

钻天缝是附近的第一高峰，海拔 895.0 米①。山顶有一三角形标志塔，峰顶可观清东陵以及兴隆、蓟县、遵化三县的山峦风貌。

第五节　青山岭口北附边

在青山岭口北（青山岭村北）2500 米的山梁上有一道附边，推测是从马兰峪台 2 号北面的拦马墙向东伸延的，总长约 2642 米。在东南有一道石砌的简单附边，弯弯曲曲沿山起伏，长 572 米，与主边保持等距 30 米以上。墙体已成一道石檩。又南行 540 米，墙体依然断断续续，直至与马兰峪台 4 号东北角相接。墙宽 1.5～3、高 1 米左右。在附边上有墩台一座，编为 1 号。

墩台 1 号

石砌。平面方形，边长 10 米。

---

① 五万分之一图标，马兰峪 K－50－140－A。

第六节 城址

蚕椽峪（船仓峪）城址

位于今船仓峪村，在蓟县东北小港乡船仓峪村北部，西距下营10公里，北距黄崖子口2公里。城址坐落于两山狭谷之间的小川上，地势略平，现城内为船仓峪村第一小队（图［9］049）。

四垣保存不佳，仅存城垣、门和一个角楼基址。

城址平面为刀把形，东面长方形，西面凹曲形。南、北两垣平直。东垣长149米，北垣长42米，南垣长78米，西垣长155米。西垣和南垣各有一门址，东北角尚有一座角楼。

城垣全部用自然石块砌筑。已坍塌，残存基址。东、西、北三垣保存较好，南垣已毁。北垣宽2.5～3、存高1.5～4.15米；东垣宽0.3～3.5、高1.5米；南垣宽2.5～3、存高0.5～1米；西垣宽2.5～3、高1.5～3米。

南门设于墙体中间，存门址，宽5、门洞深4.15米；西门设于西墙的中间，门距北垣70米，门宽5、门洞深4.15米。门垛全部用大型石块叠砌，平铺并夹白灰。门拱券已毁，可能用砖。

角楼

存一座。石砌。台基（又称角台）用大块毛石垒砌，中羼白灰，台内填沙土和碎石。平面近方形，东西7.5、南北8.5、存高3.17米。角楼上仍存有少部分垛口墙，存高0.1～0.2米、宽0.6米，用小块毛石砌成。

这座属于黄崖关口的寨堡得以保存基址很不容易。反映了这一带扼守口门的寨堡以石砌为主，系就地取材。门拱可能用砖，但未保存下来。西门、南门通衢，北可通骑。

蚕椽峪寨是黄崖口关的六寨之一。《四镇三关志》：“成化二年建，通步缓”。推测其他几寨的规格、形制可能都与其差不多。

第十六章　将军关　水厂长城

（第八测区长城［属马兰路］）

第一节　将军关—水厂（前干涧车厂沟）段边墙建筑遗迹

此测区调查于1982年10月。是从将军关西1750米处的河北兴隆县与北京平谷县交界岭开始的，这里海拔高680米[①]。北侧是沥水沟村西南1000米的国（过）墙沟，南侧是北京平谷县将军关西北的黄砬沟，西面山岭陡峭堪为绝壁，主体墙就是从陡壁东侧开始向东修筑的（图［8］001~017）。

从将军关到水厂共调查：

主体长城	13604.8米（其中砖墙744.5米、石墙12391.1米、山险墙469.2米）
敌台	35座
烽墩	7座
炮台	16座
房基	2座
城堡	1座
便门	17座
碑碣	1块

对此测区的调查是从西向东，即从将军关向水厂方向进行的。编为水厂台1号、2号……

（一）水厂台1号

主体墙从海拔680米的绝壁向东修筑，经过山东的凹地行141.5米到达水厂台1号。墙体基底用毛石砌筑，以上砖包，白灰勾缝，现砖皮已被拆光。墙体有二次重修的痕迹。现墙宽4.4、高4.3米。

楼体早年已毁。平面长方形，东西9.5、南北13、存高2.5米。

主体墙从水厂台1号向东偏北行481.8米到达水厂台2号，中途经过炮台1号、2号。墙体石砌，保存完好。墙体窄小，宽2.2、存高1.9米。在水厂台2号以西100米处墙体加宽至3.8米。在水厂

① 五万分之一图标，黄崖关11-50-139-乙。

台南 1000 米的山顶有烽墩 1 号。

炮台 1 号

位于水厂台 1 号东 17 米的墙体南侧。早年已毁。石砌。平面近方形，东西 5.8、南北 5、高 2.8 米。炮台北侧与墙齐。

炮台 2 号

位于水厂台 1 号东 244.8 米的一个山头上。在主体墙内侧。石砌。平面方形，边长 8 米。

烽墩 1 号

位于水厂台 1 号南 1000 米处，在将军关西北黄碚沟的南梁上。圆形，石砌。现成一堆废石。

（二）水厂台 2 号

位于沥水沟南将军关西。

楼体早年已毁，仅存楼基。平面长方形，东西 10.5、南北 9.5、存高 1.5 米。今仅存基底五层石条。

主体墙从水厂台 2 号顺山体南行，后又转向东行 278 米，从山顶到山洼又向东，墙体中断。在山包上有烽墩 2 号。此段墙体保存完整。石砌。宽 2.8、存高 2.9 米。

烽墩 2 号

墩东西未筑墙。东距将军关村 800 米。

墩体已毁。石砌。平面方形，边长 6.8 米。

从烽墩 2 号向东南行 314.7 米到达水厂台 3 号，即将军关口。此段大部利用山险，墙体窄小而断断续续。在烽墩东 81 米处筑有 19.5 米石墙，墙宽 2.8、高 2.5 米，往南 18 米又有 17 米石墙。向东南顺沟而下到山脚一段未筑墙，再向东又有墙体。墙体东越平谷—陡子峪公路、“将河”到达水厂台 3 号（将军关口）。

（三）水厂台 3 号

即将军关城北门，也是现将军关村的北门。墙体和关城均为砖包。关上筑有城楼。城楼横跨于城体之上。下面台基为长方形，东西 19、南北 17 米，北面突出墙体 7.5、今存高 7.7 米。台基下的券门和台基上的城楼早已不存。

从现状推断，关城面积不大。北垣墙体经过加宽、加高，东西长在 120 米左右，和南垣相同。长城主体墙（即北垣）东行向北拐一直角，又东行上山到达水厂台 4 号，中途经过炮台 3 号。

从水厂台 3 号到水厂台 4 号为 368 米。墙体从沟谷向东山修筑，山为东西向。墙体保存完好，拐弯南北向一段 110 米为砖包，墙宽 9.5、高 4.8 米。其余石砌，墙宽 4、高 9.8 米。

炮台 3 号

位于水厂台 4 号西 37 米处。

石砌，基底平铺一层石条，以上毛石砌筑。平面长方形，东西 10.4、南北 7、高 4.1 米。

（四）水厂台 4 号

位于将军关村北东侧的山梁上。

楼体早年已毁，今成废墟。平面方形，边长 9.9、存高 2.5 米。

从水厂台 4 号向东 181 米到水厂台 5 号。敌台向东有一段坡度较陡，再向东较平坦。墙体石砌，马道用薄石片平铺。墙宽 3、高 4 米。

（五）水厂台 5 号

位于将军关村东 300 米的山梁上，南、北两侧分别为南东沟和北东沟。敌台位于墙体南侧。

墙体早年已毁。平面方形，边长 9.9、存高 2 米。

石墙体从水厂台 5 号向东偏南行 361 米到达水厂台 6 号，墙体保存完好。石筑。墙宽 3.1、高 3.6 米。

（六）水厂台 6 号

位于将军关村的东山梁上。

楼体已毁，仅存楼基，基底用六层毛石块筑起，以上不存。平面近方形，东西 9.4、南北 10.2、存高 3.6 米。

主体墙从水厂台 6 号沿山梁东南行 334 米到水厂台 7 号。

（七）水厂台 7 号

位于水厂台 6 号东南的山梁上。

原为石筑，今成一堆废弃的乱石。平面近方形，东西 9、南北 10、存高 3 米。

主体墙从水厂台 7 号在山梁上东北行 137 米到水厂台 8 号。墙体多毁坏。石筑。宽 3、存高 0.8 米。

（八）水厂台 8 号

位于将军关东长岭沟北的山梁上。

楼体已毁，存基址。平面长方形，东西 9、南北 10.5、存高 3 米。

主体墙从水厂台 8 号东北行 621 米到水厂台 9 号。墙体在陡（斗）子峪南岭延伸，东北有公路穿过。山顶一段东到水厂台 9 号而止，长城折而南行。墙宽 1.8、高 2.8～3 米。长城三岔点西侧筑有炮台 4 号。

炮台 4 号

位于三岔点山顶西侧一块平地上。石砌。东西 3.5、南北 4、高 3.4 米。炮台南侧与墙齐平。

在炮台南侧筑有六级台阶，阶高 0.5、宽 0.2、长 0.85 米。

（九）水厂台 9 号

位于将军关村最高峰上，俗称“鹰嘴楼”。此地海拔 682 米①，北至南宝地 750 米，地势高可俯控四野。

楼体毁坏严重，仅存楼基。基底由四层条石平铺，以上用砖。平面近方形，东西 11、南北 10、存高 2 米。

---

① 五万分之一图标，黄崖关 11－50－139－乙。

主体墙从水厂台9号向南通过三岔点由高峰直下到水厂台10号为175米。中途经过炮台5号。水厂台9号南130米有一段石单边墙，宽3、高2.6米。此墙东侧有一道与之平行的拦马墙，长156米，西侧与山平，东侧把山坡削平，用石块筑起。墙体宽2.5～3、高4.4～6.4米，大部分已坍塌。

炮台5号

位于水厂台10号北侧27米处。炮台西与墙体东侧相平齐。石砌，东西2、南北3、高0.8米。

（一〇）水厂台10号

位于长城由东向西再向南行的拐角处。

楼体已毁，存基址。基底下用五层毛石块砌起，以上铺砖。平面长方形，东西8、南北12、存高3.5米。

主体墙由水厂台10号沿山脊（兴隆县和平谷县的分界岭）南行449米到水厂台11号。中途经过炮台6号、7号、便门3号。墙体石砌，大部毁坏，宽3、高3.2米。

拦马墙

位于墙体东侧相距15～20米处，随山势陡峭削坡取直，长454米。拦马墙从水厂台9号、三岔点一直向东伸延始终保持和主体墙20米左右的距离。削坡上用石块筑成直墙，宽1、高2～5.4米不等。陡峭的山立面与石壁上下平直，难于攀登。

炮台6号

位于水厂台10号南22米墙体的东侧（外）。

石砌。东西2.5、南北2.8米，西侧与墙平齐。

炮台7号

位于水厂台10号东151米墙体东侧。石筑。平面长方形，东西2.3、南北3.2、高4.1米，西面与墙平齐。

便门2号

炮台西侧有一便门，筑有台阶十一级。阶宽0.8、宽0.15、高0.15米。中途经过便门1号。

便门1号

位于水厂台10号南110米处，墙西筑有一便门，由西向东拐向北上到马道。门宽0.9、高1.1米，向北踏道宽0.7、长3.2米。有十级台阶可供上下，台阶宽0.2、高0.2米。

便门3号

位于水厂台11号北30米处，在墙体西侧，便门（内口门）从西向东进门拐至北墙根可达马道。门宽0.67、向北踏道长1.6米。有台阶八级，阶宽0.1、高0.2米。

（一一）水厂台11号

位于兴隆县水厂公社水厂村石匣峪西1000米的山岭上。俗称“三座楼”。

楼体早年毁坏，仅存楼基。基底用五层石条平铺，以上用砖。平面长方形，东西9.2、南北11.5、高5米。

主体墙从水厂台11号沿山脊（兴隆县和平谷县的分界岭）向南行517.5米到水厂台12号。墙体石砌，宽2.5、高2.4～3.5米。其中一部分为单墙，宽仅0.7米。

主体墙东15～20米有一道拦马墙，长534米。拦马墙的具体做法是：把山坡斜面削直，贴直立面再用石块筑墙，顶部整出平台，石砌。一般拦马墙高 2～3、最高可达 4 米，顶部宽 1 米，西侧与山平齐。

（一二）水厂台 12 号

位于水厂村西，在柴木沟东的山脊上。俗称四座楼。

楼体早年毁坏，只存基址。基底用五层条石铺砌，以上用砖。平面近方形，东西 13、南北 11.2、存高 4.5 米。

主体墙由水厂台 12 号顺山脊南行 452 米到水厂台 13 号。中途经过炮台 8 号、烽墩 3 号和便门 4 号和 5 号、房基 1 号。墙体石筑，宽 3、高 3.5 米。水厂台 12 号和 13 号墙东侧有一道拦马墙，长 266 米，与主体墙平行。

炮台 8 号

台体完整，位于水厂台 12 号南 100 米处。石砌。平面近方形，东西 4、南北 3、高 3 米。西面与主体墙顶平齐。

烽墩 3 号

位于水厂台 12 号南 305 米处，在墙西 11 米的山顶上。石砌。圆形，直径 6.5、高 0.5 米。

房基 1 号

位于烽墩 3 号东侧 50 米的山梁平坦处。今存房基。石筑，东西 6、南北 11、高 0.85 米。

便门 4 号

位于水厂台 12 号南 238 米处，在墙体西侧。门宽 0.75、高 1.9 米，进门北拐 0.8 米。有踏道十级到墙顶部，阶宽 0.25、高 0.2 米。

便门 5 号

位于水厂台 12 号南 243 米处。门宽 0.7、高 2.6 米，向北拐 1.5 米。筑台阶十层到顶。阶宽 0.2、高 0.2 米。均石块筑成。

（一三）水厂台 13 号

位于水厂西梁脊上。西为栅栏峪。

楼体早年毁坏，存基址。平面近方形，东西 8.7、南北 9、高 4.6 米。北、东、南三面墙皆不存。

主体墙从水厂台 13 号南行，经过起伏的山凹，行 245 米到水厂台 14 号。墙体石砌，高东（外）3.6、西（内）2.3 米，垛墙宽 0.6、高 0.8 米，宇墙宽 0.4、高 2.3 米。其间经过便门 6 号、7 号。

主体墙东面间距 20 米有与之平行的拦马墙 320 米。石砌，削坡，顶砌平形成陡面，西面靠山并与山平。墙体上有便门 2 座（6 号、7 号）。

便门 6 号

位于水厂台 13 号南 24.5 米处，西侧门宽 1、高 2.4 米，进门向南、北拐 2.2 米，筑有台阶十五层到顶。

便门 7 号

位于水厂台 13 号南 146 米处，形制、大小与便门 6 号相同。

（一四）水厂台 14 号

位于将军关村南的中心村东 2000 米处，在兴隆水厂公社水厂村西北 1000 米的平谷、兴隆两县交界的山脊上。俗称“五座楼”。

楼体已毁，仅存东北墙。石筑。平面方形，边长8、高6.6米。

从水厂台14号沿山脊南行254米到水厂台15号。南段墙体在山梁东侧。毛石羼白灰砌筑，宽2、高3.2米。

拦马墙

墙体东侧有大体与之平行的拦马墙，长310米。为将山体削坡取平后用石块砌成，宽0.7、高2米，外侧成陡直立面，顶部西与山平，东侧底部修成平台状。

（一五）水厂台15号

位于水厂台14号南254米墙体西侧6米的山包上。

楼体已毁，存基址。下为条石筑，上为砖砌。平面近方形，东西8.3、南北4米。

从水厂台15号沿山脊南行407米到水厂台16号。中间有50米山险墙和一部分单边墙。中途经过炮台9号、10号。在水厂台16号向北80.5米处，有一段墙体东面加宽了1～2米。墙体全部石砌，宽3、高3.9米。

炮台10号

位于水厂台15号南269.5米的墙体东侧。凸出，石砌。平面方形，边长4.5、高2.4米。

便门8号

在墙体西侧有一便门（内口门），直筑到墙顶。门宽0.8、高2米。炮台和便门皆被破坏。

（一六）水厂台16号

位于南中心村东、水厂村西的山脊上。

楼体早年已毁，仅存基址。石砌。底部用七层石条砌筑。平面方形，边长9.7、高5米。

从水厂台16号沿山脊南行874米到达水厂台17号。从水厂台16号南行151.5米有墙，再向南60米因山险无墙，再南行或为单边墙或无墙直到烽墩4号，又向南出现417米的主体墙，再向南有137米无墙直至水厂台17号。此段墙体就整体而言保存较好，用毛石羼白灰砌筑，宽2.3、高2.6米。烽墩4号以南一段尚存垛墙和宇墙，垛墙宽0.6、高1～1.8米。主体墙宽2.3、通高3.5米。在墙体的南段东侧还出现与之平行的拦马墙400米。北段出现拦马墙278米。

烽墩4号

位于水厂台16号南330米的山包上，在墙体西侧。石筑。圆形，直径8、高0.5米。

烽墩5号

位于水厂台17号北127米处，东面墙体已毁。

台体石筑。平面长方形，东西7.2、南北8.6、高2.2米。

（一七）水厂台17号

位于水厂七队西南1000米的山脊上，东侧是羊肠沟，西侧是西札汗大南沟。

楼体破坏严重，石砌。平面近方形，东西10.2、南北10.4、高4.5米。基底用九层条石平铺，以上用砖（已不存）。

主体墙从水厂台17号沿山脊南行689米到达水厂台18号。墙体保存较好，宽3、高4米。中途经过炮台 11 号。炮台南侧的垛口墙宽 0.65、高 1.7 米，垛口宽 0.6、高 1 米。

拦马墙

位于主体墙北，长 195 米。

炮台 11 号

位于水厂台 17 号南 465 米处，在墙体东侧。石砌。平面长方形，东西 2.1、南北 3.1、高 2.4 米，西侧与墙平齐。

（一八）水厂台 18 号

位于兴隆、平谷两县的交界岭上，东北距兴隆水厂村 1000 米，西南距平谷中心村南口 800 米，西北距该村北口 700 米。

楼体早年毁坏，存基础。基底用十层条石作基，向外错出 1 米，以上用石块和砖垒砌。平面方形，边长 10、存高 5.1 米。

主体墙从水厂台 18 号沿山脊东南行 781.4 米到水厂台 19 号。墙宽 3.2、高 3.7 米。存有一段垛口墙，墙宽 0.65、高 1.6 米，垛口已毁。

（一九）水厂台 19 号

位于中心村东南 1000 米处，在水厂村西。

楼体已毁，存楼基，基底用六层石条平铺，以上用砖。平面方形，边长 10、存高 5.1 米。

主体墙从水厂台 19 号沿山脊南行 745.5 米到达水厂台 20 号。墙体基本完整，宽 2.7～3.2、高 4～4.3 米。中途经过便门一座。

在墙体东侧有一道与墙体相距 10～20 米的拦马墙，长 660 米。外（东）面削坡取直，石砌到顶，墙宽 1、高 4 米，墙顶与山齐平。

便门 9 号

位于水厂台 19 号南 150 米处的墙体内侧。已毁。门宽 0.8、高 2 米。

（二〇）水厂台 20 号

位于中心村东南、水厂村西南的山脊上，山势由此缓下。

楼体早年已毁，仅存西面楼基。基底用毛石砌筑。平面方形，边长 7、存高 3.7 米。

主体墙从水厂台 20 号所在山脊沿山体偏东南而下，行 501 米到达水厂台 21 号。墙体保存完好，系用石块羼白灰砌筑。宽 2.7、高 3.4 米。

主墙体东侧有与之平行的一道拦马墙，长 520 米。墙宽 1、高 3.5～4 米，墙顶与山取平，其工程艰巨可想而知。

（二一）水厂台 21 号

位于彰作口村正北的山坡上。

楼体已毁，今存楼基。石砌，大部以四层石条平铺，以上砌砖。平面方形，边长 11、高 4 米。

主体墙从水厂台 21 号沿山梁南下至山脚 403.5 米到达水厂台 22 号，中途经过炮台 12 号。其东侧是兴隆县水厂村到平谷县靠山集的乡间土路。墙宽 4.2、高 5 米。墙东侧有与之平行的一道拦马墙。拦马墙到水厂台 21 号南 308 米处终止。

炮台 12 号

位于水厂台 21 号南 163.5 米的墙体东侧。石筑。平面长方形，东西 2.5、南北 3.5、高 4 米。其西侧与墙齐平。

（二二）水厂台 22 号

位于山脚下的平漫之地。

楼体已毁，仅存楼体内的夯土、碎石块。平面方形，边长 11、存高 4 米。

主体墙从水厂台 22 号顺山谷东南行 84 米到水厂台 23 号。再向东为著名的彰作口即彰作里关。这段墙体早年已被拆毁。

（二三）水厂台 23 号

位于兴隆县水厂与平谷县靠山集通路的西侧山脚下，北距水厂、龙门（即大龙门）三岔口 50 米。

楼体早已被毁。基址边长 18、存高 4.5 米。是一座守卫彰作口的大型敌台。

主体墙从水厂台 23 号东行过彰作口到对面的水厂台 24 号，其间为 54 米。口子所在位置居于东、西两口的中间。

彰作口（彰作里关）

又名彰作里关，横跨南北向的沟谷中间，东距水厂台 24 号 27 米，正位于兴隆县水厂村与平谷县靠山集的通道上。从北面石匣峪南经水厂的小河穿过彰作口西南行，在彰作村南与北面从将军关南来的将河相汇，西南经靠山集到上宅①。

彰作口原有关门、水门等建筑，在峡谷 50 米左右有砖墙横跨。现建筑皆无，仅存基址。

《钦定日下旧闻考》引《三镇边务总要》："由黄崖口关四十里至彰作里关，正关水口并红石谷墩空俱平漫通人马极冲。"②

现在彰作口西的水厂台 23 号原形体高大，可能即为红石谷墩。

（二四）水厂台 24 号

位于水厂公社大龙门西南彰作口的东山坡上，西和水厂台 23 号相对。

楼体早已毁坏，存基址。砖石砌筑。平面方形，边长 9.7、南北高 0.7 米。是扼守彰作关的东面据点。

主体墙从水厂台 24 号顺山脚向北折，然后又成直角转向东，行 127.6 米到达水厂台 25 号。墙体多毁坏。

（二五）水厂台 25 号

位于大龙门西南沟口南侧山坡上。距西侧沟口 70 米。俗称"南楼子"。

---

① 上宅有著名的属兴隆洼文化的平谷上宅遗址，它位于将河从峡谷流向平原的河口处，距今 7000～6500 年间。

② （清）于敏中等：《钦定日下旧闻考》卷一百五十二《边障》，2444 页，北京古籍出版社，1983 年。

楼体早年已毁。石筑。平面方形，边长 9、存高 1.5 米。

主体墙从水厂台 25 号向东沿山坡向上爬行，行 295 米到达水厂台 26 号。此段石墙宽 2.1 米，在接近水厂台 26 号西侧 7 米处又加宽 1.6 米（合计 3.7 米）。

（二六）水厂台 26 号

位于大龙门西南山梁上。

楼体已毁，存楼基。石筑，基底用十层毛石筑起，现已坍塌。平面长方形，东西 9.5、南北 8.3、高 2.5 米（图版［8］001）。

主体墙从水厂台 26 号沿山梁行 358.7 米到达水厂台 27 号。墙体石砌，宽 2.5、高 3.5 米。存有垛口墙，宽 0.7、高 2 米。无宇墙（图版［8］002）。墙南侧有烽墩 6 号和便门 1 座。

烽墩 6 号

位于水厂台 26 号东北 164.7 米的墙体南侧 2 米处。石砌。圆形，直径 7.4 米。现存一堆乱石。

便门 10 号

位于水厂台 26 号向东 241.7 米处的墙体南侧。门、墙已毁坏。

（二七）水厂台 27 号

位于大龙门南山上。

楼体已毁，存楼基。基底用十一层石条铺砌，以上铺砖。平面长方形，东西 12、南北 8、存高 5.1 米（图版［8］003）。

从水厂台 27 号向东偏北行 57.6 米为水厂台 28 号。石墙宽 2.9、高 3 米。墙体两侧有后来加宽 0.5 米的贴墙痕迹。墙体保存基本完整，加工精细。

从水厂台 27 号向东，于墙北侧又加筑一道 294 米长的拦马墙。墙顶与山顶齐平。

（二八）水厂台 28 号

位于大龙门村南东西行的山梁上。

楼体已毁，存楼基。石砌，基底用十层条石铺砌。平面长方形，东西 8.5、南北 7.1、高 3 米（图版［8］004）。

主体墙从水厂台 28 号顺山脊向东偏北行 159.5 米到达水厂台 29 号。墙体石筑，保存完整。宽 2.5、高 3.6 米。外筑垛墙，内无宇墙。这种墙虽有马道，但因过窄，根本不能行马，只可走人。

从西向东行的拦马墙到水厂台 29 号终止。

（二九）水厂台 29 号

位于大龙门村南的山梁上。

楼体已毁，仅存楼基（图版［8］005）。石筑，基底用十一层条石加白灰砌筑。平面长方形，东西 11.9、南北 8.4、高 5.1 米。以上不存。

主体墙从水厂台 29 号沿山脊向东行 866.5 米到达水厂台 30 号。墙体保存完整，用毛石白灰砌筑，宽 2.5～3、高 4.3 米。

便门11号

从水厂台29号向东200.5米有一便门，在墙体南侧。宽0.9、长1米。筑有台阶可达墙顶，台阶宽0.3、高2.25米。

主体墙经便门11号又东行，途中经过炮台13号、房基2号和烽墩7号。

炮台13号

位于水厂台29号东334.5米处的墙体上。

保存完整。石砌。平面近方形，东西4.1、南北4.4、高4.3米。

房基2号

位于水厂台29号东363.5米处，在墙体南侧。仅存残墙，为毛石块羼加白灰砌成。东西2、南北3、高0.3米。

烽墩7号

位于水厂台29号东742.5米处，在墙体南7米处的山包上。石筑，实心，内填碎石、沙土。底大上小，底部东西宽7.5、顶宽6.4、高6.4米。只能用软梯或木梯上下。

（三〇）水厂台30号

位于大龙门村东南500米的山梁上。俗称“台子楼”。

楼体已毁，存基底。是用规整加工过的石块砌筑。平面近方形，东西8.6、南北8.9、存高1～3.5米（图版［8］006）。

主体墙从水厂台30号东南行216米到达水厂台31号。墙宽2、高2.3米。保存完整。墙外是峭壁深谷。

（三一）水厂台31号

俗称“观音南沟楼”。位于大龙门东南梁上。

楼体已毁。现存楼基。毛石砌筑，基底用七层条石铺砌，以上用砖。平面方形，边长10、存高2.4米（图版［8］007）。

主体墙由水厂台31号东南行609米到达水厂台32号。中途经过炮台14号。墙体保存完整，且除石墙外又出现了砖体墙。砖墙外（北）侧用八层条石、内侧用三层条石为基，以上用条砖包砌。条石间用白灰，以碎石、沙土填心。石墙宽2.5、高2.8～3.8米。在水厂台32号西北有82米长一段墙用砖包加宽至4米。

炮台14号

位于水厂台31号东246米处，东距兴隆县水厂公社厂房村500米。此地海拔621米。

炮台已坍塌，现成方石堆。平面近方形，东西5、南北5.5米。全部用加工后的毛石块砌筑，下大上小。

在炮台14号北侧有大体与主体墙平行的拦马墙一道，两者间距10～25米。从水厂台30号至32号拦马墙全长925米，但大部毁坏。

（三二）水厂台32号

位于厂房村南的山脊上。俗称“新城楼”。

楼体早年塌毁，现存楼基。基底用十五层毛石块砌筑。平面近方形，东西10、南北9、存高5米（图版［8］008）。

在水厂台32号“新城楼”楼基西外侧墙体上嵌有一块石碑。石碑长方形，长52、宽31、厚0.07米。碑上刻有文字十一行。

遵化游兵李中哨
哨总指挥褚章丁
陈公差实作工军
士二百三十八名
自嘉靖四十五年
三月十九日起四
月十九日止一月
接本营□哨修完
本空石崖一百二
十七丈六尺高二
丈二尺。

主体墙从水厂台32号沿厂房村东南行623米到达水厂台33号。其间经过炮台15号、16号和三处便门（内口门）。此段墙体保存较好，用毛石块砌筑，精细规整。墙宽3、存高3.2米。存部分垛口墙，无宇墙（图版［8］009）。

便门12号

从水厂台32号向东南行73米处有一便门。门宽0.8、高0.7米。便门向北0.5米拐向东，可达马道。

炮台15号

从水厂台32号向东南145米有炮台15号。石砌。平面长方形，东西4、南北3米。南面与墙齐。

便门13号

位于炮台15号南。已毁。结构不详。

炮台16号

位于水厂台32号东南391米的墙体内侧拐弯处。石砌。平面近方形，东西8、南北7.5、高2.2米。

便门14号

在水厂台32号向东南532米处的墙体内侧。门宽0.8、高2.5米。进门向北1.5米再拐向东1.5米筑有石阶十级可达马道。踏道宽1.1米。石阶宽0.2、高0.1米。

（三三）水厂台33号

位于厂房村东南的山脊上。俗称“白楼子”。

楼体已毁，仅存楼基。基础用十一层规整的条石砌起。平面长方形，东西11.5、南北8.6、高3.4米（此类敌台的石基很高，上面的砖往往被全部拆光。很难想象它上面的楼体有多高多大，群众多呼这种敌台为“××楼”、“白楼子”）。

主体墙从水厂台33号沿山脊东南行291米到达水厂台34号。墙筑于山脊下行凹处，宽3.2、高

3.4 米。中途经过便门两座。

便门 15 号

从水厂台 33 号东行 49 米有一便门（内口门）位于墙体内侧。门宽 1 米，向东 1.4 米又向东拐 1.1 米至墙顶，筑有石阶。

便门 16 号

位于水厂台 33 号东南 125 米处的墙体内侧。形制与便门 15 号相同。

（三四）水厂台 34 号

位于厂房村东南的山梁上，在前干涧峪西。

楼体已毁。仅存楼基。用大型石条砌筑。平面近方形，东西 8.6、南北 8.5、高 4.2 米。

主体墙从水厂台 34 号东南行 101 米到达水厂台 35 号。中途经过便门一座。墙体石砌，保存完好，属于外面仅砌垛口墙的单边石墙。墙宽 2.6、高 3 米。用石块羼加白灰砌筑。马道内侧无宇墙。

便门 17 号

位于水厂台 34 号东 57 米处的墙体内侧。门宽 0.8、高 2.6 米。门内向北 0.8 米又向西 2.2 米有踏跎道到马道。

从炮台 14 号向东南行有一道拦马墙在主体墙北面，两者大致平行，相距 10～20 米，长 413 米。此段拦马墙削坡较明显，而且保存相当好。系将墙体外侧山面削成直立面，或用毛石砌起高3～4 米的石墙，上与山面持平，南面再与主体墙相接。

（三五）水厂台 35 号

位于厂房村东南的山脊上，东为前干涧峪，是将军关测区的最后一座敌台。敌台位置较高，有标志点，海拔 641.2 米①。

楼体已毁，存部分楼基（图版［8］010）。基底用五层条石砌成，白灰勾缝。平面长方形，东西 10、南北 8.5、存高 1.5 米（图版［8］011）。

第八测区到水厂台 35 号为止，东接第九测区跑马厂—水厂段（前干涧）。接该区第 10 号楼。

第二节　将军关—水厂（前干涧东厂房沟）城址

（一）将军关城址

位于兴隆县陡子峪公社沥水沟村南 1500 米的平谷县将军关村，是兴隆、平谷两县交界处。将军关村居就建在城内。城西 400 米由北向南流有“将河”，北面则是峡谷的咽哽，城垣就建在东山脚下。由于城左右山势陡峭而狭窄，东、西两侧是高山峻岭，所以城平面成南北向的长方形。

城北垣系利用长城的主体墙，在水门台 3 至 4 号之间，北垣长 160 米，因北垣关城门“正北楼”

---

① 五万分之一图标，黄崖关 11－50－139－乙。

（有券门）刚好位于北垣中间80米处；东垣残迹为180米；西垣原长约180米，因将河和公路破坏仅存100米；南垣长160米，因民居破坏现存120米。

在东墙南侧凸起的山崖上原嵌一块石碑，今不存。

传说正北楼墙内蔡家后院有一天然石柱，上刻“将军石”三字，并有年款，今不存。

将军关或称“将军石关”，原为砖石结构，以石为主。西面是通往南北的大道，地势冲要。《四镇三关志》：“将军石营城堡一座，永乐年建。”①

（二）将军关外（北）拦马墙

在平谷县将军关城北、沥水沟村南，东西接两侧小坡，横跨“将河”修筑有三道拦马墙。

第一道　位于水厂台3号以北125米处，西接西北壁，东行到东西向山谷北侧山脚，全长224米。

此墙只存公路以西的69米一段，宽8.6、高1.5米，用石块筑起，外侧挖壕沟取土筑墙，墙外石包，内填土夯实。墙外侧形成宽6米的壕沟。其余段则倒塌，公路东皆被破坏。

第二道　在第一道拦马墙以北200米处，和前道平行，长200、宽4.5、高2米。现公路西侧存残墙，墙内填夯土、碎石。

第三道　位于陡子峪公社沥水沟西南国强村沟口南侧。拦马墙系由西向东修筑，现多不存。

---

① （明）刘效祖：《四镇三关志》，三十八乙，中国科学院图书馆藏本。

附表一 蓟十一测区马蹄峪—沙坡峪段空心敌台统计表 单位：米

编号	形制	结构	尺寸（长×宽×高）	外部（门、箭窗）				内部		楼顶	时代	边墙				备考
				东	西	南	北	结构	梯道			台距	砖	石	山险	
马蹄峪口门												30		30		
L1	毁坏	下条石上砖	6.0×6.0×1.5								明	60		60		
L2	毁坏	下条石上砖	6.0×6.0×1.5								明	297		297		
L3	毁坏	下条石上砖	9.0×9.0×3.0								明	204		204		
L4	毁坏	下条石上砖	12.0×11.8×3.0								明	127		127		
L5	毁坏	下条石上砖	8.9×9.0×5.2								明	无墙				
L6	毁坏	下条石上砖	7.5×7.5×5.2								明	122		122		
L7	方柱形存部分	下条石上砖	10.0×10.0×7.0	3窗	3窗			3筒拱2隔墙			明	80		80		
L8	方柱形存部分	下条石上砖	9.0×9.0×9.3		1门2窗			3筒拱2隔墙			明	266.5		266.5		
L9	毁坏	下条石上砖	10.0×10.0×3.0								明	220		220		
蔡家峪口																
分支												380		380		
L10	毁坏	下条石上砖	10.5×12.5×5.0								明	204		204		
L11	毁坏	下毛石上砖	9.5×12.5×3.0								明	216		216		
L12	毁坏	下条石上砖	8.0×8.0×3.0								明	150		150		
L13	毁坏	下条石上砖	11.0×8.0×3.2								明	366		366		
朱家峪口																
L14	毁坏	下条石上砖	10.0×10.0×3.0								明	174		174		
L15	毁坏	下条石上砖	10.0×8.0×2.0								明	222.5		222.5		
L16	毁坏	下条石上砖	10.0×8.0×1.5								明	208		208		
											小计	3327		3327		

续附表一

编号	形制	结构	尺　寸 （长×宽×高）	外部（门、箭窗）				内部		楼顶	时代	边　墙				备考
				东	西	南	北	结构	梯道			台距	砖	石	山险	
L17	存部分	下条石 上砖	10.0×10.0×7.7								明	410		410		
L18	毁坏	下条石 上砖	8.0×8.0×2.0								明	390		390		
秋科峪口																
L19	毁坏	下条石 上砖	7.0×7.0×2.0								明	161		161		
L20	毁坏	下条石 上砖	10.0×10.0×2.5								明	209		209		
L21	毁坏	下条石 上砖	10.3×10.1×2.5								明	305		305		
L22	毁坏	下条石 上砖	10.0×10.0×2.5								明	157		157		
L23	毁坏	下条石 上砖	9.5×11.0×2.5								明	157		157		
L24	梯柱 形完好	下条石 上砖	12.8×12.8×8.2	1门 2窗	3窗	1门 3窗	4窗	3筒拱 2隔墙	单梯道	楼橹 1	明	87.5		87.5		
L25	梯柱 形完好	下条石 上砖	12.7×12.7×9.0	3窗	1门 2窗	4窗	4窗	3筒拱 2隔墙	单梯道	楼橹 1	明	125		125		
L26	毁坏	下条石 上砖	10.0×11.0×4.0								明	256		256		
L27	存部分	下条石 上砖	9.5×9.0×4.0				3窗				明	143		143		
L28	毁坏	下条石 上砖	12.0×12.0×3.0								明	155		155		
L29	毁坏	下条石 上砖	11.0×11.0×2.4								明	152		152		
于家峪口																
L30	毁坏	下条石 上砖	9.0×10.8×3.5								明	122		122		
L31	毁坏	下条石 上砖	10.5×11.0×4.0								明	205	30	175		
L32	存部分	下条石 上砖	11.9×11.9×10.2	1门 2窗		4窗	4窗				明	56	56			
L33	毁坏	下条石 上砖	11.0×11.0×1.5								明	103	103			
罗文峪口																
L34	毁坏	下条石 上砖	11.0×11.0×1.5								明	151	151			
											小计	3344.5	340	3004.5		

续附表一

编号	形制	结构	尺寸（长×宽×高）	外部（门、箭窗）				内部		楼顶	时代	边墙				备考
				东	西	南	北	结构	梯道			台距	砖	石	山险	
L35	毁坏	下条石上砖	11.0×11.0×2.0								明	157	157			
L36	毁坏	下条石上砖	10.0×10.0×1.0								明	139		139		
L37	毁坏	下条石上砖	11.0×11.0×3.5								明	180		180		
L38	存部分	下条石上砖	10.0×9.5×4.2		3 窗		4 窗	3 筒拱 2 隔墙			明	108.5		108.5		
L39	毁坏	下条石上砖	11.0×11.0×3.5								明	161		161		
L40	毁坏	下条石上砖	11.0×11.0×2.4								明	71.1		71.1		
猫儿峪口																
L41	毁坏	下条石上砖	10.0×10.0×4.0								明	103.5		103.5		
L42	毁坏	下条石上砖	9.0×9.0×2.5								明	75		75		
L43	毁坏	下条石上砖	10.0×10.0×1.5								明	97		97		
L44	毁坏	下条石上砖	10.0×10.0×1.5								明	70		70		
L45	毁坏	下条石上砖	10.0×10.0×1.0								明	275		275		
L46	存部分	下条石上砖	10.0×10.0×9.2	1 窗	1 窗		4 窗	3 筒拱 2 隔墙			明	223		223		
L47	毁坏	下条石上砖	13.0×13.0×4.0								明	278		278		
L48	毁坏	下条石上砖	10.0×10.0×4.0								明	971		971		
L49	毁坏	下条石上砖	11.0×11.0×3.9			2 窗					明	727.4		727.4		
L50	毁坏	下条石上砖	12.0×12.0×4.8								明	118		118		
L51	毁坏	下条石上砖	11.2×11.2×1.5		4 窗						明	142		142		
山寨峪口（口门子）																
L52	毁坏	下条石上砖	8.5×9.0×3.5								明	82		82		
											小计	3978.5	157	3821.5		

续附表一

编号	形制	结构	尺 寸 （长×宽×高）	外部（门、箭窗）				内部		楼顶	时代	边 墙				备考
				东	西	南	北	结构	梯道			台距	砖	石	山险	
L53	毁坏	下条石 上砖	10.0×10.5×2.4									150		150		
L54	毁坏	下条石 上砖	11.0×11.4×4.2								明	870.5		870.5		
L55	梯柱 形完好	下条石 上砖	11.0×8.4×9.2	4 窗	4 窗	1 门 1 窗	1 门 1 窗	2 筒拱 1 隔墙	单梯道	楼橹 1	明	318.5		318.5		
L56	方柱 形完好	下条石 上砖	8.5×11.9×8.4	4 窗	4 窗	1 门 1 窗	1 门 1 窗	2 筒拱 1 隔墙	单梯道	楼橹 1	明	1168.5		1168.5		
L57	梯柱 形完好	下条石 上砖	8.5×11.8×9.3	4 窗	4 窗	1 门 1 窗	1 门 1 窗	2 筒拱 1 隔墙	单梯道	楼橹 1	明	1117		1117		
L58	存部分	下条石 上砖	13.5×9.5×8.5			4 窗		3 筒拱 2 隔墙			明	634		634		
L59	存部分	下条石 上砖	10.0×10.0×7.6			2 窗					明	482	482			
L60	方柱 形完好	下条石 上砖	9.5×9.5×7.65	1 门 2 窗	1 门 2 窗	3 窗	3 窗	3 筒拱 2 隔墙	梯井	楼橹 1	明	168	168			
L61	存部分	下条石 上砖	9.4×9.4×8.1	1 门 2 窗				3 筒拱 2 隔墙			明	130.3	130.3			
L62	毁坏	下条石 上砖	11.0×11.0×5.0				1 窗				明	184	184			
L63	毁坏	下条石 上砖	11.3×10.5×3.0								明	96	96			
L64	毁坏	下条石 上砖	11.0×11.0×1.0									229	229			接 10 测区 L59 号
沙坡峪口																
											小计	5547.8	1289.3	4258.5		
											总计	16197.8	1786.3	14411.5		
L22—L31 拦马墙、附边												全长 1691			其中窄石墙 409，拦马 墙 1282 米	

附表二 蓟十测区马兰峪（钻天缝）—沙坡峪段空心敌台统计表 单位：米

编号	形制	结构	尺寸（长×宽×高）	外部（门、箭窗）				内部		楼顶	时代	边墙				备考
				东	西	南	北	结构	梯道			台距	砖	石	山险	
沙坡峪 L1	毁坏	下条石上砖	10.7×8.8×2.1								明	1166		516	650	
L2	毁坏	下条石上砖	8.1×8.4×2.5								明	496		496		
L3	毁坏	下条石上砖	4.5×3.5×3.0								明	314		314		
L4	毁坏	下条石上砖	11.2×11.0×2.0								明	89		89		
L5	毁坏	下条石上砖	9.8×6.9×1.5								明	213		213		
L6	毁坏	下条石上砖	11.3×10.2×1.4								明	672		672		
L7	毁坏	下条石上砖	12.4×10.3×2.3								明	355		355		
L 8	毁坏	下条石上砖	9.0×9.0×3.0								明	417		417		
L 9	毁坏	下条石上砖	13.0×8.0×1.4								明	896		896		
L 10	毁坏	下条石上砖	7.1×7.5×2.0								明	798		798		
楦门子口																
L 11	毁坏	下条石上砖	7.5×9.5×3.5								明	106		106		
L 12	毁坏	下条石上砖	11.2×10.2×3.5								明	341		341		
L 13	毁坏	下条石上砖	10.0×11.1×4.0								明	450		450		
L 14	毁坏	下条石上砖	7.4×8.6×3.0								明	461		461		
L 15	毁坏	下条石上砖	8.7×8.3×3.0								明	158		158		
L 16	毁坏	下条石上砖	8.5×10.0×5.3								明	1114.5		881	233.5	
龙洞峪口																
L 17	毁坏	下条石上砖	10.5×5.5×1.0								明	1246		1246		
L18	毁坏	下条石上砖	8.0×7.0×0.5								明	1921		1921		
												11213.5		10330	883.5	

续附表二

编号	形制	结构	尺　寸（长×宽×高）	外部（门、箭窗）				内部		楼顶	时代	边　墙				备考
				东	西	南	北	结构	梯道			台距	砖	石	山险	
沙坡峪 L19	毁坏	下条石上砖	8.0×7.0×0.5								明	430		430		
L20	毁坏	下毛石上砖	8.0×8.0×0.5								明	270		270		
L21	毁坏	下毛石上砖	8.0×8.0×1.0								明	154		154		
L22	毁坏	下条石上砖	12.0×11.0×1.0								明	281		281		
L23	毁坏	下条石上砖	10.6×9.0×2.5								明	90		90		
L24	毁坏	下条石上砖	11.4×10.0×3.0								明	89		89		
L25	毁坏	下条石上砖	10.8×9.5×2.8								明	112		112		
L26	毁坏	下条石上砖	10.4×11.0×2.0								明	183		183		
L 27	毁坏	下条石上砖	12.0×12.0×3.8								明	105		105		
L 28	毁坏	下条石上砖	11.7×11.7×3.7								明	758	758			
马兰关口																
L 29	毁坏	下条石上砖	9.0×8.0×4.6								明	178	178			
L 30	毁坏	下条石上砖	11.0×11.3×4.8								明	59	59			
L 31	毁坏	下条石上砖	11.0×11.2×4.2								明	66	66			
L 32	毁坏	下条石上砖	11.0×12.2×4.0								明	100	100			
L 33	毁坏	下条石上砖	10.0×12.6×4.8								明	173	173			
L 34	毁坏	下条石上砖	10.0×9.8×2.5								明	176	176			
L 35	毁坏	下条石上砖	12.0×11.0×1.3								明	136	136			嘉靖三十二年分界石
L36	毁坏	下条石上砖	11.0×10.7×3.5								明	212	212			
											小计	3572	1858	1714		

续附表二

编号	形制	结构	尺寸（长×宽×高）	外部（门、箭窗）				内部		楼顶	时代	边墙				备考
				东	西	南	北	结构	梯道			台距	砖	石	山险	
L37	毁坏	下条石上砖	11.0×12.0×3.8								明	213		213		
小口门																
L38	毁坏	下条石上砖	11.4×12.0×3.5								明	97		97		
L39	毁坏	下条石上砖	11.0×10.4×3.0								明	178.5		178.5		
L40	毁坏	下条石上砖	11.2×10.6×3.5								明	93		93		
L41	毁坏	下条石上砖	10.4×10.4×4.0								明	252		252		
L42	毁坏	下条石上砖	13.2×13.3×3.5								明	164		164		
L43	毁坏	下条石上砖	10.0×11.2×4.0								明	230		230		
L44	毁坏	下条石上砖	9.0×13.0×6.5								明	212		212		
L 45	毁坏	下条石上砖	10.4×11.7×4.7								明	120		120		
L 46	毁坏	下条石上砖	10.0×10.5×4.5								明	114		114		
L 47	毁坏	下条石上砖	9.0×9.9×4.2								明	207		207		
L 48	毁坏	下条石上砖	9.4×10.5×9.0								明	419	419			
L 49	毁坏	下条石上砖	9.0×7.0×2.5								明	81	81			
L 50	毁坏	下条石上砖	11.0×11.8×4.5								明	125	125			
L 51	毁坏	下条石上砖	10.0×9.0×4.0								明	256	256			
L 52	毁坏	下条石上砖	9.1×10.0×4.0								明	147		147		
L 53	毁坏	下条石上砖	10.2×10.1×2.5								明	78		78		
L54	毁坏	下条石上砖	13.0×9.5×6.4								明	117		117		
											小计	3103.5	881	2222.5		

续附表二

编号	形制	结构	尺寸（长×宽×高）	外部（门、箭窗）				内部		楼顶	时代	边墙				备考
				东	西	南	北	结构	梯道			台距	砖	石	山险	
L55	毁坏	下条石上砖	10.0×10.5×3.5								明	148		148		
L56	毁坏	下条石上砖	8.1×9.5×3.0								明	134		134		
L57	毁坏	下条石上砖	10.3×7.0×3.7								明	205		205		
L58	毁坏	下条石上砖	8.2×8.2×3.0								明	127	27	100		
L59	毁坏	下条石上砖	10.8×10.8×4.3								明	204	204			
L60	毁坏	下条石上砖	9.6×9.6×4.0								明	187	187			
L61	毁坏	下条石上砖	12.0×12.0×3.8								明	75	75			
L62	毁坏	下条石上砖	10.0×10.0×3.0								明	146.3	146.3			
L 62	毁坏	下条石上砖	10.0×10.2×4.0								明	172.8	172.8			
L 64	毁坏	下条石上砖	10.0×10.0×3.8								明	219	219			
L 65	毁坏	下条石上砖	12.0×10.0×4.2								明	100	100			
L66	毁坏	下条石上砖	13.0×12.0×4.5								明	118	118			
L 67	毁坏	下条石上砖	13.5×10.0×6.5								明	172	172			
L 68	毁坏	下毛石上砖	10.0×10.0×3.5								明	116	116			
L 69	毁坏	下条石上砖	8.3×9.0×3.5								明	40	40			
L 70	毁坏	下条石上砖	9.0×11.0×3.0								明	223.4	223.4			
上关口（鲶鱼池关）																
L 71	毁坏	下条石上砖	9.0×10.0×3.2								明	131	131			
L72	毁坏	下条石上砖	14.0×14.0×3.0								明	133	133			
											小计	2651.5	2064.5	587		

续附表二

编号	形制	结构	尺寸（长×宽×高）	外部（门、箭窗）				内部		楼顶	时代	边墙				备考
				东	西	南	北	结构	梯道			台距	砖	石	山险	
L73	毁坏	下条石上砖	10.5×12.6×3.8								明	153	153			
L74	毁坏	下条石上砖	9.0×11.0×2.0								明	246	246			
L75	毁坏	下条石上砖	9.4×9.4×3.5								明	227	75	152		
L76	毁坏	下毛石上砖	9.7×9.7×8.0								明	171.2		171.2		
L77	毁坏	下条石上砖	12.7×9.4×4.3								明	260		252	8	
L78	毁坏	下条石上砖	14.6×10.5×3.5								明	131		131		
L79	毁坏	下条毛上砖	6.0×4.0×4.0								明	134		134		
L80	毁坏	下条石上砖	14.5×8.5×3.0								明	273		273		
L 81	毁坏	下条石上砖	13.6×3.3×3.5								明	427	427			
L 82	毁坏	下条石上砖	15.0×18.0×4.0								明	329	329			
L 83	毁坏	下条石上砖	10.5×14.5×3.8								明	201	201			
L84	毁坏	下条石上砖	10.0×10.0×4.8								明	202.5	202.5			
L 85	毁坏	下条石上砖	12.8×12.8×5.0								明	143	143			
L 86	毁坏	下条石上砖	11.8×11.8×5.5								明	67	67			
L 87	毁坏	下条石上砖	11.0×10.0×5.5								明	98.5	98.5			
L88	毁坏	下条石上砖	11.0×12.0×6.0								明	144	144			
L 89	毁坏	下条石上砖	11.0×12.0×7.0								明	116	116			
L90	毁坏	下条石上砖	11.5×12.0×3.5								明	103.8	103.8			
											小计	3427	2305.8	1113.2	8	

续附表二

编号	形制	结构	尺　寸（长×宽×高）	外部（门、箭窗）				内部		楼顶	时代	边　墙				备考
				东	西	南	北	结构	梯道			台距	砖	石	山险	
L91	毁坏	下条石上砖	13.0×11.5×5.0								明	120.5	120.5			
L92	毁坏	下条石上砖	12.0×11.5×5.0								明	87	87			
L93	毁坏	下毛石上砖	12.0×11.0×4.0								明	89	89			
L94	毁坏	下毛石上砖	12.0×11.5×4.5								明	159.5	159.5			
L95	毁坏	下条石上砖木结构	12.1×11.0×4.5								明	112		112		
L96	毁坏	下条石上砖	10.5×13.0×5.0								明	100		100		
L97	毁坏	下毛石上砖	14.0×11.0×7.0								明	112		112		
L98	毁坏	下毛石上砖	10.5×10.0×4.0								明	219.5	70	149.5		
L 99	毁坏	下条石上砖	14.0×14.0×5.0								明	229	229			
L 100	毁坏	下条石上砖	12.0×10.0×4.0								明	111	111			
L 101	毁坏	下条石上砖	12.0×12.0×4.0								明	66	66			
L102	毁坏	下条石上砖	9.5×11.0×5.0								明	211	211			
小口门（西便门）																
大安口门（正关门）																
L 103	毁坏	下条石上砖	8.0×12.0×4.0								明	178	178			
L 104	毁坏	下条石上砖	12.0×15.0×3.5								明	133	133			
L 105	毁坏	下条石上砖	12.0×12.0×4.0								明	35	35			
L106	毁坏	下条石上砖	11.0×12.0×4.0								明	166	166			
L 107	毁坏	下条石上砖	10.0×10.0×4.0								明	212		212		
L108	毁坏	下毛石上砖	10.0×10.0×4.5								明	107		107		
											小计	2447.5	1655	792.5		

续附表二

编号	形制	结构	尺寸（长×宽×高）	外部（门、箭窗）				内部		楼顶	时代	边墙				备考
				东	西	南	北	结构	梯道			台距	砖	石	山险	
L109	毁坏	下条石上砖	14. 2×13. 4×5. 5								明	84		84		
L110	毁坏	下条石上砖	10. 2×9. 6×5. 5								明	258		258		
L111	毁坏	下条石上砖	11. 0×12. 0×6. 0								明	172		172		
L112	毁坏	下条石上砖	12. 3×12. 3×5. 5								明	205		205		
L113	毁坏	下毛石上砖	13. 0×13. 0×4. 5								明	191		191		
L114	毁坏	下条石上砖	11. 7×11. 7×5. 0								明	211		211		
L115	毁坏	下条石上砖	11. 5×11. 0×7. 0								明	266		266		
L116	毁坏	下条石上砖	11. 0×12. 0×7. 0								明	318		318		
L117	毁坏	下条石上砖	14. 0×14. 0×3. 0								明	335		335		
L 118	毁坏	下条石上砖	11. 0×12. 0×4. 0								明	288		288		
L 119	毁坏	下条石上砖	12. 0×11. 0×5. 0								明	165		165		
L120	毁坏	下条石上砖	14. 0×14. 0×4. 0								明	279		279		
L 121	毁坏	下条石上砖	12. 0×120. ×4. 0								明	187		187		
L 122	毁坏	下条石上砖	11. 5×12. 0×4. 0								明	171		171		
L 123	毁坏	下毛石上砖	10. 0×9. 0×3. 4								明	234		234		
L124	毁坏	下毛石上砖	11. 0×11. 0×5. 0								明	316		316		
L 125	毁坏	下毛石上砖	12. 0×9. 5×2. 5								明	137		137		
L126	毁坏	下条石上砖	12. 0×9. 0×5. 0								明	323		323		
											小计	4140		4140		

续附表二

编号	形制	结构	尺 寸（长×宽×高）	外部（门、箭窗）				内部		楼顶	时代	边 墙				备考
				东	西	南	北	结构	梯道			台距	砖	石	山险	
L127	毁坏	下条石 上砖	14.0×12.0×4.0								明	341		341		
L128	毁坏	下条石 上砖	12.0×12.0×5.0								明	226		226		
L129	毁坏	下条石 上砖	12.0×12.0×4.5								明	281		281		
L130	毁坏	下条石 上砖	11.0×11.0×5.0								明	292		292		
L131	毁坏	下条石 上砖	12.0×12.0×5.5								明	228		228		
L132	梯柱形 基本保存	下条石 上砖	9.0×12.5×9.0	1门 2窗	1门 2窗	4窗	5窗	2筒拱 1隔墙			明	228		228		
L133	毁坏	下毛石 上砖	11.0×11.0×5.5								明	303		303		
L134	毁坏	下条石 上砖	13.4×12.7×5.0								明	217	47	170		
L 135	毁坏	下条石 上砖	8.8×8.8×5.2								明	120	120			
L 136	毁坏	下条石 上砖	12.5×13.8×5.5								明	448	448			
冷嘴头口																
L 137	毁坏	下条石 上砖	20.1×23.0×8.5								明	218	218			
L138	毁坏	下条石 上砖	12.0×12.0×3.0								明	140	45	95		
L 139	毁坏	下条石 上砖	12.0×9.0×3.5								明	220	220			
L 140	毁坏	下条石 上砖	13.5×9.0×9.0	4窗	4窗	1门 2窗	1门 2窗	3筒拱 2隔墙			明	96	96			
L 141	毁坏	下条石 上砖	10.6×10.6×4.5		2窗						明	331	331			
L142	毁坏	下条石 上砖	11.0×10.0×10.0					2筒拱 5隔墙			明	368	368			
L 143	基本 保存	下条石 上砖	7.0×13.6×5.0	5窗	5窗	1门 1窗	1门 1窗		梯井	楼橹1	明	322	322			
L144	存部分	下条石 上砖	10.5×10.5×14.0	4窗	4窗	1门 1窗	1门 1窗				明	295	295			
											小计	4674	2510	2164		

续附表二

编号	形制	结构	尺寸（长×宽×高）	外部（门、箭窗）				内部		楼顶	时代	边墙				备考
				东	西	南	北	结构	梯道			台距	砖	石	山险	
L145	毁坏	下条石上砖	10.0×10.5×3.9								明	253	253			
L146	毁坏	下条石上砖	9.5×10.0×5.4								明	194		194		
L147	毁坏	下条石上砖	11.5×11.0×4.5								明	255		255		
L148	毁坏	下条石上砖	11.0×13.0×4.5								明	194		194		
L149	毁坏	下条石上砖	12.0×12.0×4.5								明	96		96		
L150	梯柱形基本保存	下条石上砖	11.0×11.0×5.0								明	141		141		
L151	毁坏	下条石上砖	12.0×12.0×3.8								明	73		73		
L152	毁坏	下条石上砖	8.0×8.0×3.5								明	50		50		
L 153	毁坏	下条石上砖	10.0×10.0×2.5								明	116		116		
L 154	毁坏	下毛石上砖	8.0×8.8×4.5								明	25	25			
L 155	毁坏	下条石上砖	9.0×9.0×4.5								明	127	127			
L156	毁坏	下条石上砖	9.2×8.2×5.0								明	81	81			
L 157	存部分	下条石上砖	10.8×10.5×10.0			4窗	4窗	3筒拱 2隔墙			明	122	122			
L158	存部分	下条石上砖	12.0×10.2×3.5				4窗	3筒拱 2隔墙			明	152	100	52		
L159	毁坏	下条石上砖	12.0×11.0×4.5													终止
											小计	1879	708	1171		
											总计	37108	11982.3	24234.2	891.5	

附表三　　蓟十测区楦门子东北第一第二分支墙（附边）段空心敌台统计表　　单位：米

编号	形制	结构	尺　寸 （长×宽×高）	外部（门、箭窗）				内部		楼顶	时代	边　墙				备考
				东	西	南	北	结构	梯道			台距	砖	石	山险	
楦门子东北第一分支附边																
主体墙 L14											明	169.5		169.5		
G1		毛石干砌	4.0×4.0×2.0								明	462		462		
G2		毛石干砌	4.0×4.0×2.5								明	310		310		
G3		毛石干砌	4.0×4.0×2.0								明	905		905		
G4		毛石干砌	4.0×4.0×2.5								明	915		515	400	
接主体墙 L10																接主体墙 L10 终止
											总计	4287	3887	400		
楦门子北第二分支附边																
																长度不详

附表四　　蓟九测区第一段跑马厂—黄崖关泃河东岸段空心敌台、战台、墩台、附墙台统计表　　单位：米

编号	形制	结构	尺　寸 （长×宽×高）	外部（门、箭窗）				内部		楼顶	时代	边　墙				备考
				东	西	南	北	结构	梯道			台距	砖	石	山险	
Z1	圆形毁坏		直径 8.0								明	1200		200	1000	
D1	圆形毁坏	毛石干砌	直径 5.0								明	563		463	100	
Z2	方形毁坏	毛石干砌	7.5×7.5×2.5								明	102		102		
T1	方形毁坏	毛石干砌	4.4×5.8×2.0								明	347		347		
L1	毁坏	下条石上砖	8.4×6.9×3.4								明	141		141		
L2	毁坏	下条石上砖	16.0×16.0×2.5								明	539		539		
车道峪口																
Z3	方形毁坏	毛石干砌	4.4×5.8×2.0									418		418		
D2	梯柱形毁坏	毛石干砌	7.7×8.0×5.0									649		649		

续附表四

编号	形制	结构	尺寸（长×宽×高）	外部（门、箭窗）				内部		楼顶	时代	边墙				备考
				东	西	南	北	结构	梯道			台距	砖	石	山险	
Z4	方形毁坏	毛石干砌	6.0×7.0×3.0									331		331		
D3	方形毁坏	毛石干砌	6.0×6.0×2.5									201		201		
D4	圆形毁坏	毛石干砌	直径8.0									150	50		100	
L3	毁坏	下毛石上砖	9.0×9.0×5.0									90	90			
L4	存部分	下毛石上砖	9.0×9.0×4.5							楼橹1		212	212			
Z5	圆形毁坏	毛石干砌	直径6.6									151	151			
L5	毁坏	下毛石上砖	7.6×13.0×3.0									187	187			
D5	圆形毁坏	毛石干砌	直径8.0×高4.0									122	122			
L6	存部分	下条石上砖	9.0×9.0×4.5	3窗	1门2窗		3窗					111	111			
Z6	方形毁坏	下毛石上砖	6.0×6.0×3.0									64	64			
L7	毁坏	下条石上砖	9.0×9.0×5.0								明	176	176			
L8	毁坏	下毛石上砖	11.0×11.0×3.5								明	101	101			
L9	毁坏	下毛石上砖	2.5×8.0×3.8								明					西北接凤凰楼附边
											总计	5855	1264	3391	1200	

附表五 蓟九测区第二段黄崖关、跑马厂—L7段空心敌台统计表 单位：米

编号	形制	结构	尺 寸（长×宽×高）	外部（门、箭窗）				内部		楼顶	时代	边 墙				备考
				东	西	南	北	结构	梯道			台距	砖	石	山险	
跑马厂L8												680		680		
新L1	毁坏	下条石上砖	8.0×8.0×2.0								明	280		80	200	调查正值黄崖关城及墙体大修复，尺寸不全。
新L2	毁坏	下条石上砖	13.0×9.8×1.5								明	105	20		85	以下敌台皆经后来重修
新L3	毁坏	下条石上砖	15.3×14.3×2.0								明	344	344			
新L4	毁坏	下条石上砖	11.6×10.0								明	240	240			
新L5	毁坏	下条石上砖	13.0×12.0×3.5								明	140	140			
新L6	毁坏	下条石上砖	11.5×11.5×3.5								明	400	200		200	与黄崖关西山L1接
黄崖关西山											总计	2189	944	760	485	
跑马厂凤凰楼附边L7号	毁坏	下条石上砖	直径25×高5.0													到此终止
											总计	995		670	325	

附表六 蓟九测区第三段黄崖关西山—水厂（前干涧）段空心敌台、战台统计表 单位：米

编号	形制	结构	尺 寸（长×宽×高）	外部（门、箭窗）				内部		楼顶	时代	边 墙				备考
				东	西	南	北	结构	梯道			台距	砖	石	山险	
L1	梯柱形存部分	下条石上砖	6.8×6.8×5.0	1窗	1窗	1门	2窗				明	470			470	
L2	毁坏	下条石上砖	7.0×7.0×2.5								明	1054		962	92	
L3	毁坏	下条石上砖	7.0×7.0×3.0								明	1277		1277		
L4	毁坏	下条石上砖	7.0×7.0×5.0								明	317		217	100	
L5	毁坏	下条石上砖	9.8×9.8×1.5								明	698		698		

续附表六

编号	形制	结构	尺寸（长×宽×高）	外部（门、箭窗）				内部		楼顶	时代	边墙				备考
				东	西	南	北	结构	梯道			台距	砖	石	山险	
小口门																
L6	毁坏	下条石上砖	9.8×9.8×1.5								明	612		612		
L7	毁坏	下条石上砖	9.8×10.5×3.0								明	513		513		
L8	毁坏	下条石上砖	7.0×7.0×2.0								明	667		667		
L9	毁坏	下条石上砖	10.4×10.7×2.5								明	185		185		
L10	毁坏	下条石上砖	10.7×10.1×2.5								明	427		427		与第八测区35敌楼相接
											总计	6220		5558	662	

附表七 蓟九测区第四段跑马厂（扎脖山）—马兰峪（钻天缝）段空心敌台统计表 单位：米

编号	形制	结构	尺寸（长×宽×高）	外部（门、箭窗）				内部		楼顶	时代	边墙				备考
				东	西	南	北	结构	梯道			台距	砖	石	山险	
跑马厂札脖山											明	700			700	
L1	毁坏	下条石上砖	9.2×10.7×3.0								明	454		44	410	
L2	毁坏	下条石上砖	10.0×9.0×3.5								明	1412		1142	270	
L3	毁坏	下条石上砖	10.0×9.3×2.75								明	370		70	300	
水门洞口（金猫洞沟小口子）																
L4	方柱形完好	下条石上砖	9.7×9.2×3.75	3窗	3窗	1门2窗	3窗	3筒拱2隔墙	单梯道	楼橹1	明	337		30	307	
青山岭口子（大口子）																
L5	毁坏	下条石上砖	8.9×9.5×2.27								明	1152		432	720	
L6	毁坏	下条石上砖	9.0×10.5×3.7								明	555		120	435	
L7	毁坏	下条石上砖	9.0×10.0×2.75								明	415		65	350	
L 8	毁坏	下条石上砖	9.0×10.0×3.45								明	320		320		
L 9	毁坏	下条石上砖	10.0×10.0×3.0								明	616		616		
L10	毁坏	下条石上砖	10.0×10.0×3.96								明	490		490		

续附表七

编号	形制	结构	尺 寸（长×宽×高）	外部（门、箭窗）				内部		楼顶	时代	边 墙				备考
				东	西	南	北	结构	梯道			台距	砖	石	山险	
L11	毁坏	下条石上砖	9.5×11.0×3.58								明	456		456		
L 12	毁坏	下条石上砖	9.0×9.5×3.0								明	1565		649	916	
黄崖子口子（蚕椽峪口）																
L13	毁坏	下条石上砖	12.0×12.0×3.45								明	1705		479	1226	
古强峪（谷香峪）正沟口子																
L14	毁坏	下条石上砖	9.0×8.0×2.5								明	396		286	110	
L15	毁坏	下条石上砖	9.0×9.8×2.0								明	630		630		
赤霞峪口																
L16	毁坏	下条石上砖	10.0×9.0×1.5								明	485		485		
L17	毁坏	下条石上砖	9.7×9.7×1.5								明	432		432		
L18	毁坏	下毛石上砖	9.7×9.7×3.0								明	534		534		
L19	毁坏	下毛石上砖	9.0×12.0×3.15								明	398		148	250	到钻天缝止
											总计	13422		7428	5994	
青山口附边											总计	2642		572	2070	

附表八　　蓟八测区将军关—水厂段空心敌台统计表　　单位：米

编号	形制	结构	尺寸（长×宽×高）	外部（门、箭窗）				内部		楼顶	时代	边墙				备考
				东	西	南	北	结构	梯道			台距	砖	石	山险	
海拔680高地												141.5	141.5（砖包）			接7测区
L1	毁坏	下毛石上砖	9.5×13.0×2.5								明	481.8		481.8		
L2	毁坏	下毛石上砖	10.5×9.5×1.5								明	592.7		354.5	238.2	
L3	毁坏	下毛石上砖	19.0×17.0×7.7								明	368	368			
L4	毁坏	下毛石上砖	9.9×9.9×2.5								明	181	181			
L5	毁坏	下毛石上砖	9.9×9.9×2.0								明	361		361		
L6	毁坏	下毛石上砖	9.4×10.2×3.6								明	334		334		
L7	毁坏	下毛石上砖	9.0×10.0×3.0								明	137		137		
L8	毁坏	下毛石上砖	9.0×10.5×3.0								明	621		573	48	
L9	毁坏	下条石上砖	11.0×10.0×2.0								明	175		175		
L10	毁坏	下毛石上砖	8.0×12.0×3.5								明	499		499		
L11	毁坏	下条石上砖	9.2×11.5×5.0								明	517.5		517.5		
L12	毁坏	下条石上砖	13.0×11.2×4.5								明	452		452		
L13	毁坏	下毛石上砖	8.7×9.0×4.6								明	245		245		
L14	毁坏	下毛石上砖	8.0×8.0×6.6								明	254		254		
L15	毁坏	下条石上砖	8.3×8.3×4.0								明	407		407		
L16	毁坏	下条石上砖	9.7×9.7×5.0								明	874		691	183	
L17	毁坏	下条石上砖	10.2×10.2×4.5								明	689		689		
											小计	7330.5	690.5	6170.8	469.2	

续附表八

编号	形制	结构	尺 寸（长×宽×高）	外部（门、箭窗）				内部		楼顶	时代	边 墙				备考
				东	西	南	北	结构	梯道			台距	砖	石	山险	
L18	毁坏	下条石上砖	10.0×10.0×5.1								明	781.4		781.4		
L19	毁坏	下条石上砖	10.0×10.0×5.1								明	745.5		745.5		
L20	毁坏	下毛石上砖	7.0×7.0×3.7								明	501		501		
L21	毁坏	下条石上砖	11.0×11.0×4.0								明	403.5		403.5		
L22	毁坏	下条石上砖	11.0×11.0×4.0								明	84		84		
L23	毁坏	下条石上砖	18.0×18.0×4.5								明	54	54			
彰作口（彰作里关）																
L24	毁坏	下条石上砖	9.7×9.7×0.7								明	127.6		127.6		
L25	毁坏	下条石上砖	9.0×9.0×1.5								明	295		295		
L26	毁坏	下条石上砖	9.5×8.3×2.5								明	358.7		358.7		
L27	毁坏	下条石上砖	12.0×8.0×5.1								明	57.6		57.6		
L28	毁坏	下条石上砖	8.5×7.1×3.0								明	159.5		159.5		
L29	毁坏	下条石上砖	11.9×8.4×5.1								明	866.5		866.5		
L30	毁坏	下毛石上砖	8.6×8.9×3.5								明	216		216		
L31	毁坏	下毛石上砖	10.0×10.0×2.4								明	609		609		
L32	毁坏	下毛石上砖	10.0×9.0×5.0								明	623		623		
L33	毁坏	下条石上砖	11.5×8.6×3.4								明	291		291		
L34	毁坏	下条石上砖	8.6×8.5×4.2								明	101		101		
L35	毁坏	下条石上砖	10.0×8.5×1.5													接第九测区
											小计	6274.3	54	6220.3		
											总计	13604.8	744.5	12391.1	469.2	

实测图

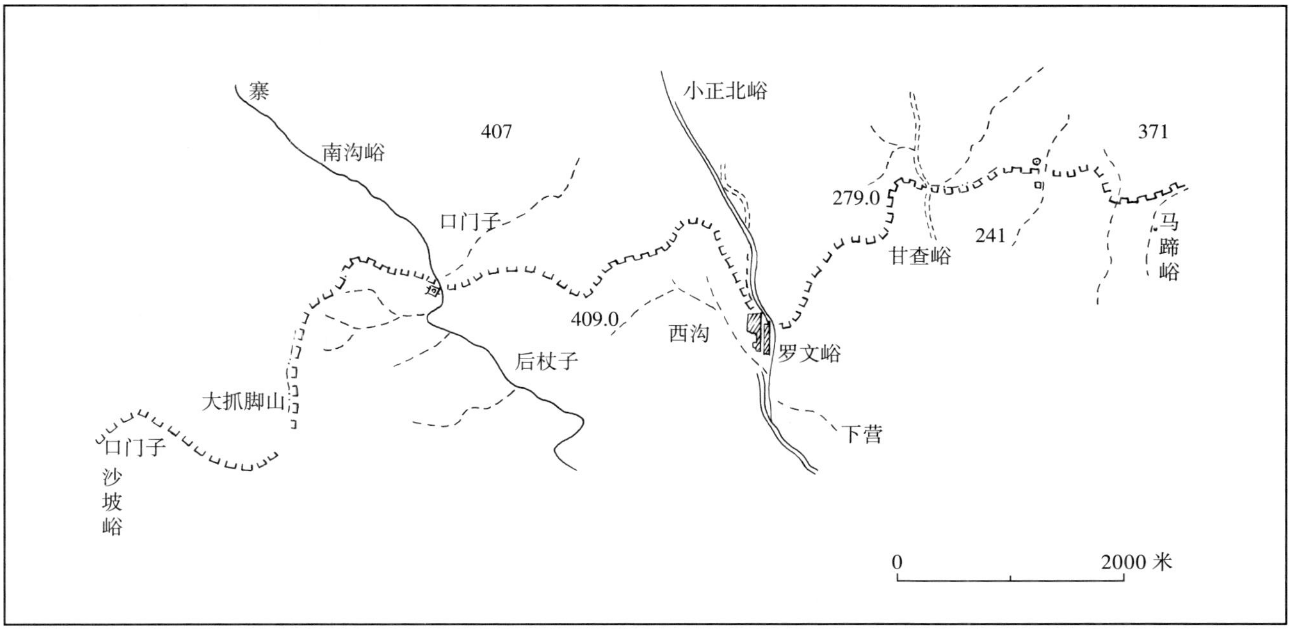

图［11］001　第十一测区长城地段图（用五万分之一图）

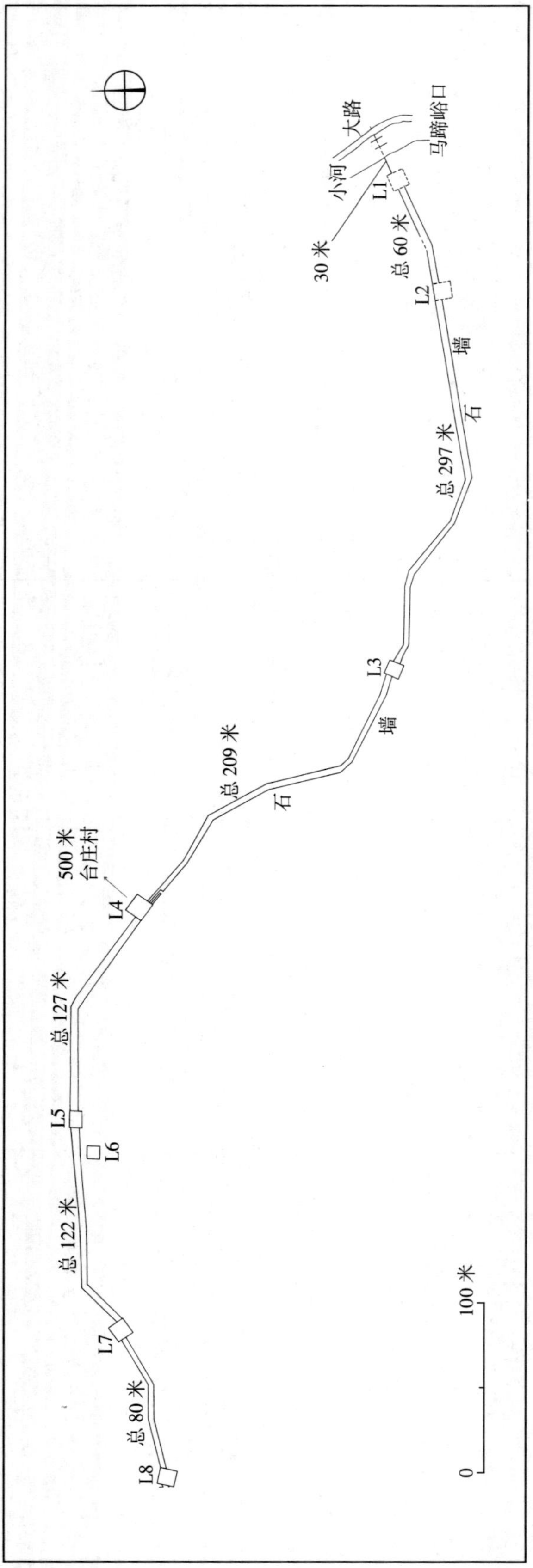

图［11］002 C1 罗文峪测区边墙建筑遗迹分布图

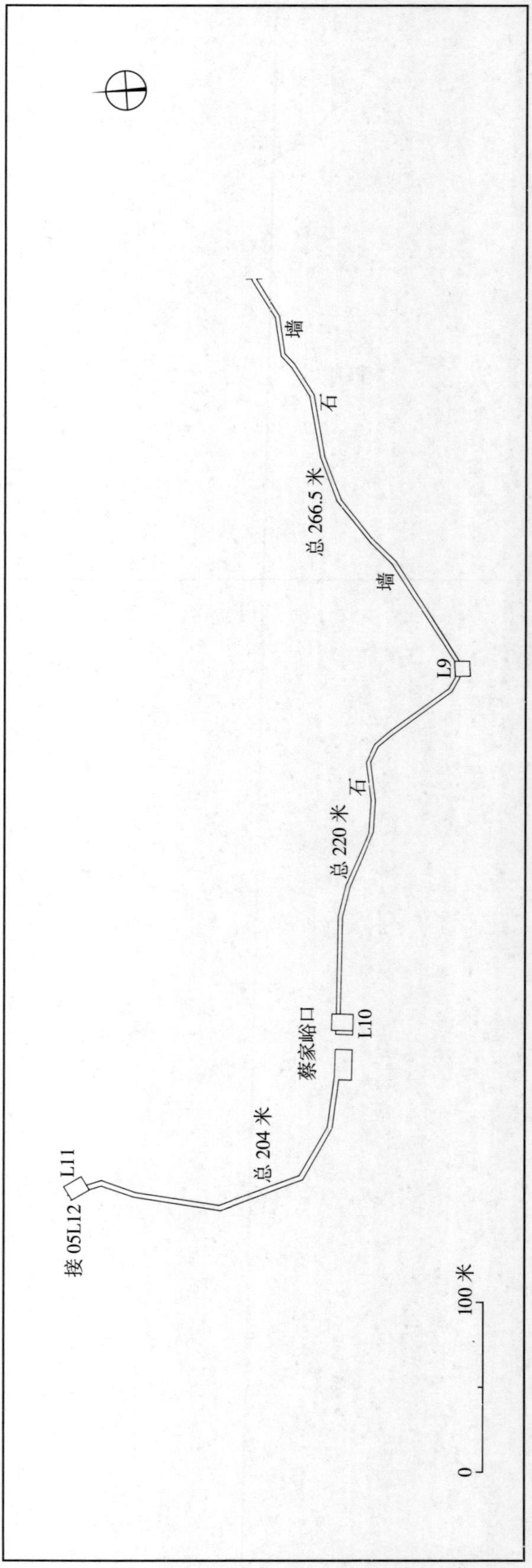

图［11］003 C2 罗文峪测区边墙建筑遗迹分布图

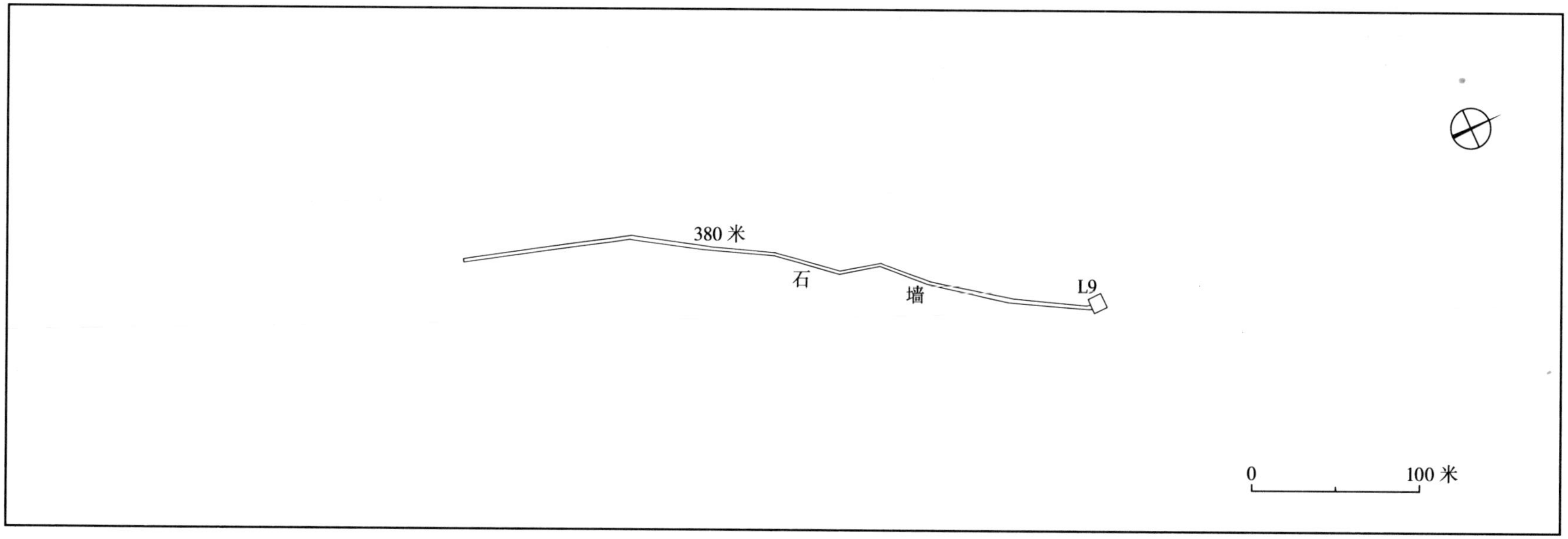

图［11］004　C3 罗文峪测区 L9 分支墙体

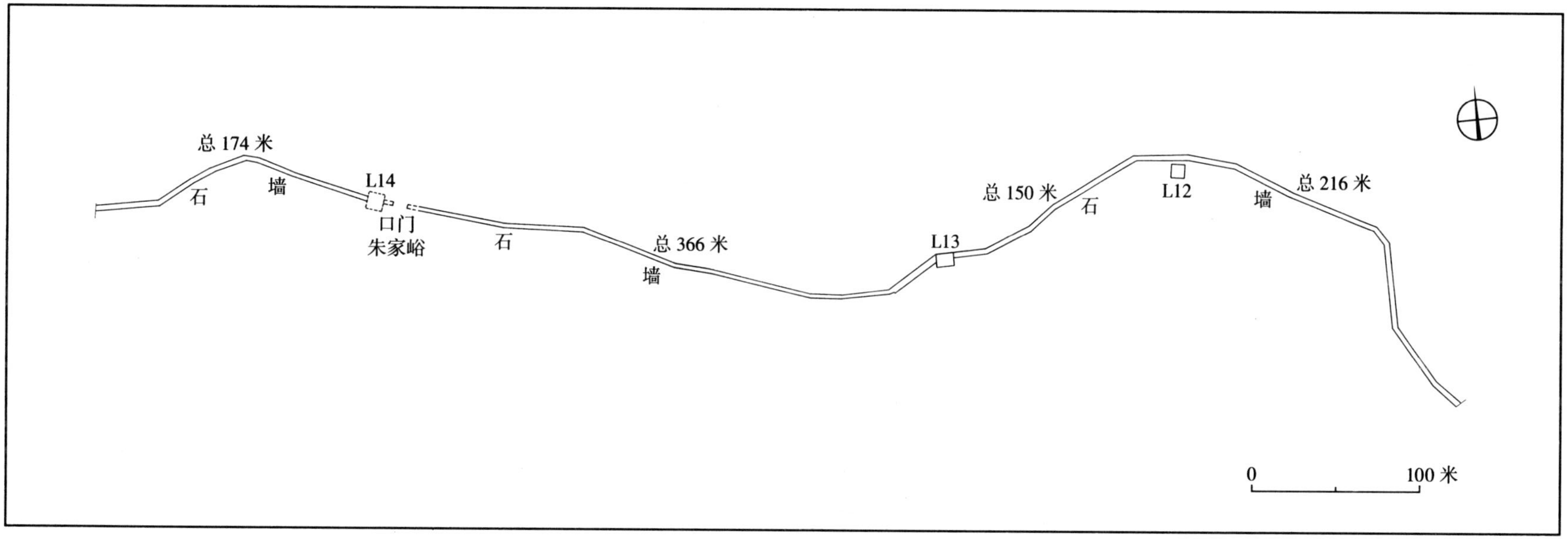

图［11］005　C4 罗文峪测区边墙建筑遗迹分布图

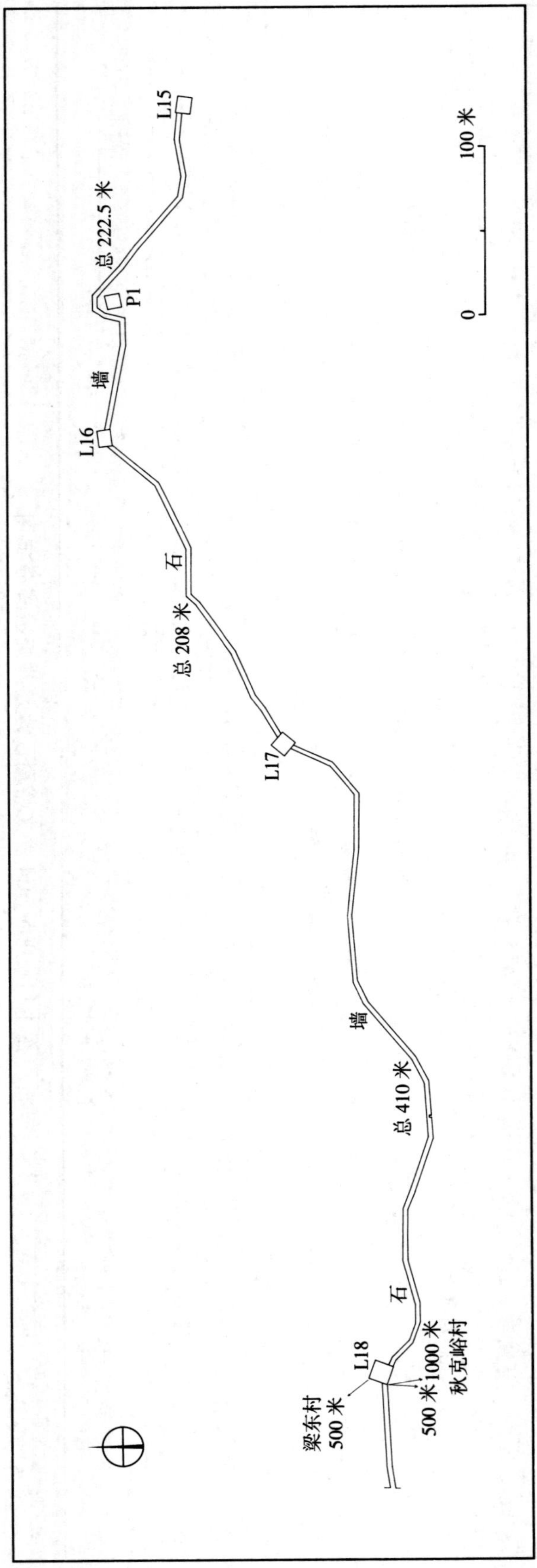

图［11］006　C5 罗文峪测区边墙建筑遗迹分布图

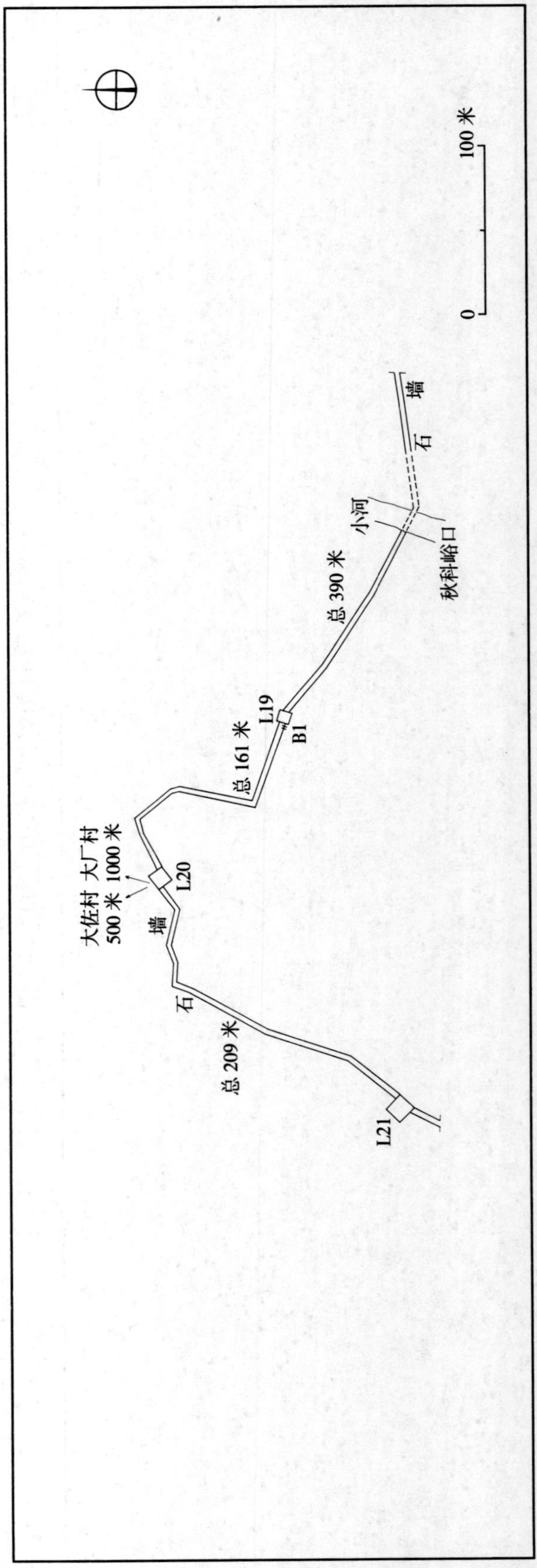

图［11］007　C6 罗文峪测区边墙建筑遗迹分布图

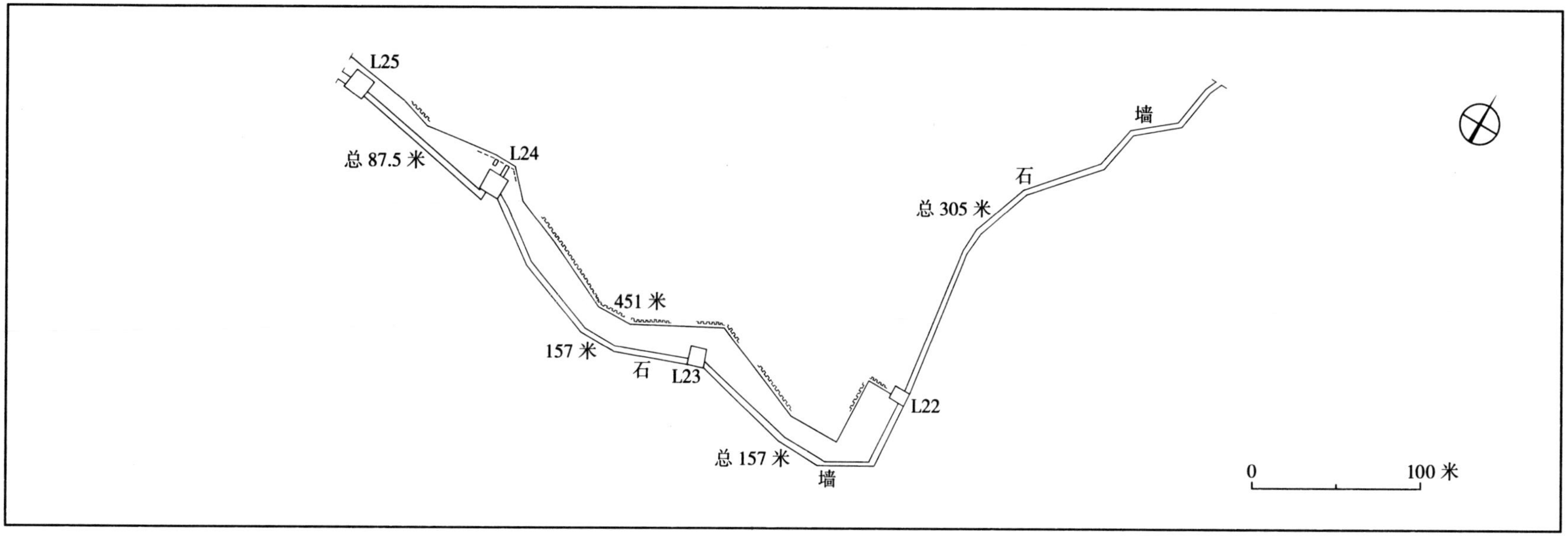

图［11］008 C7 罗文峪测区边墙建筑遗迹分布图

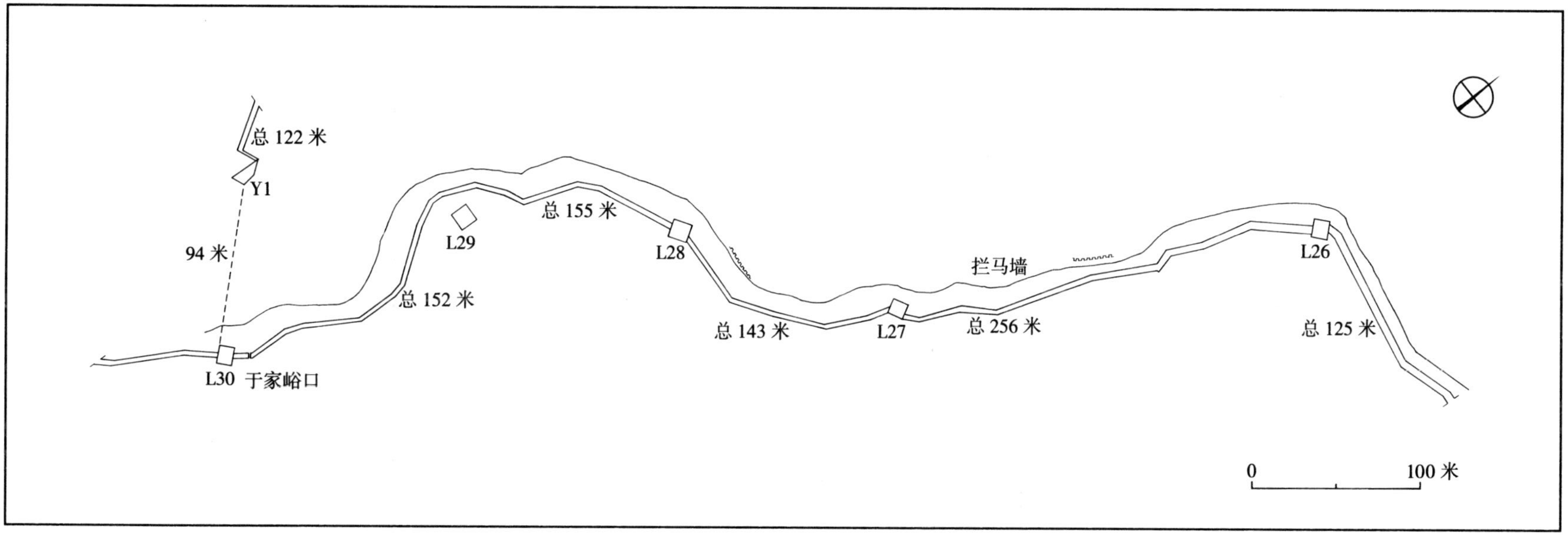

图［11］009 C8 罗文峪测区边墙建筑遗迹分布图

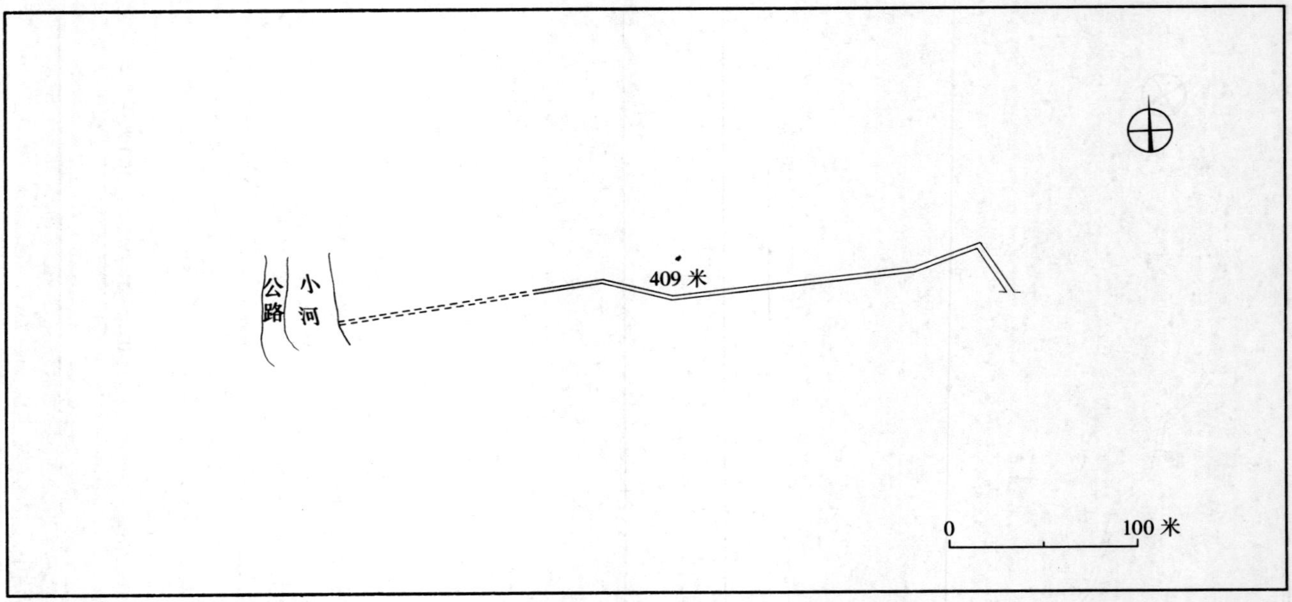

图［11］010　C9 罗文峪测区边墙建筑遗迹分布图

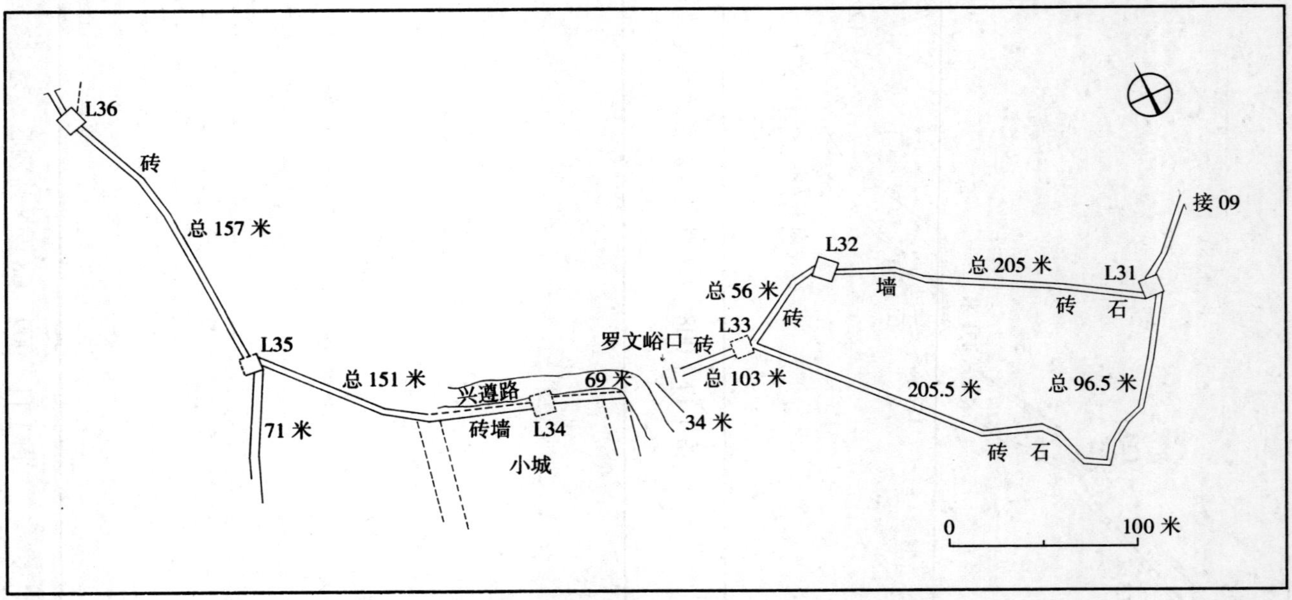

图［11］011　C10 罗文峪测区边墙建筑遗迹分布图

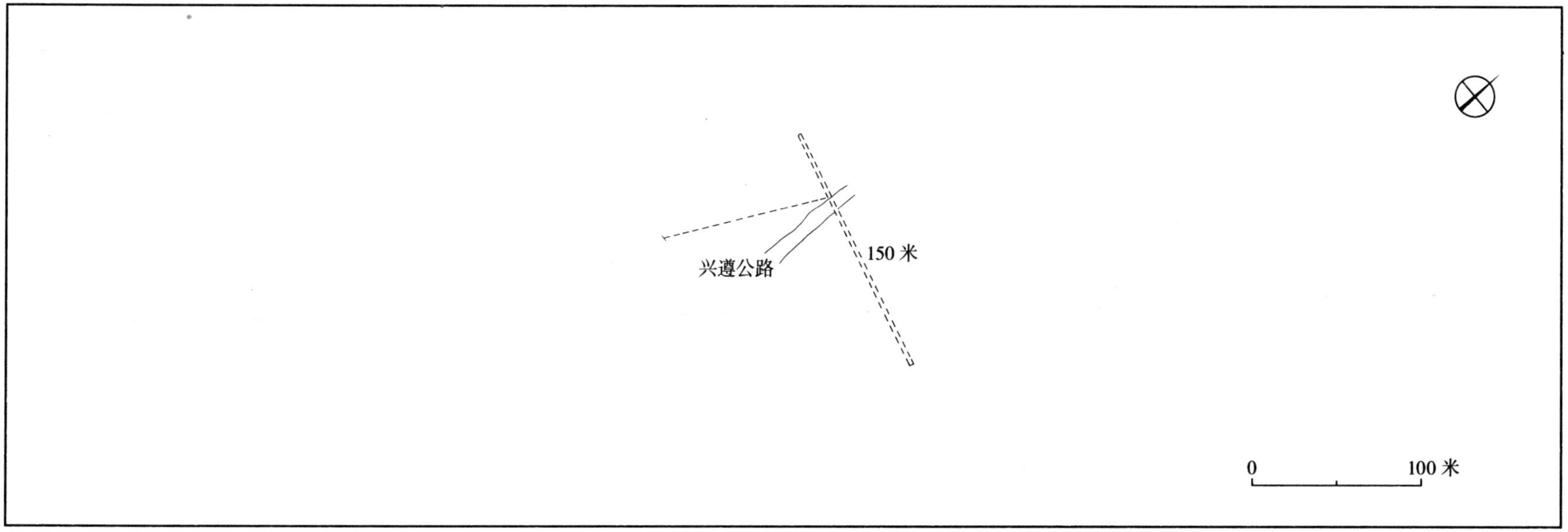

图［11］012　C11 罗文峪测区边墙建筑遗迹分布图

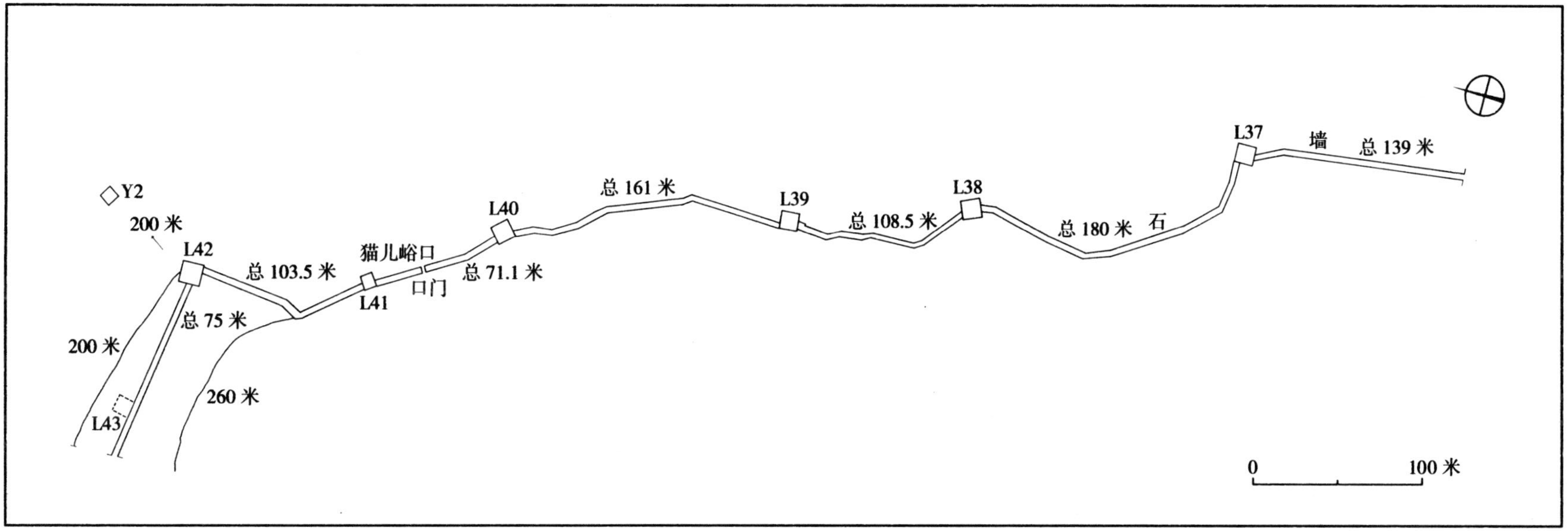

图［11］013　C12 罗文峪测区边墙建筑遗迹分布图

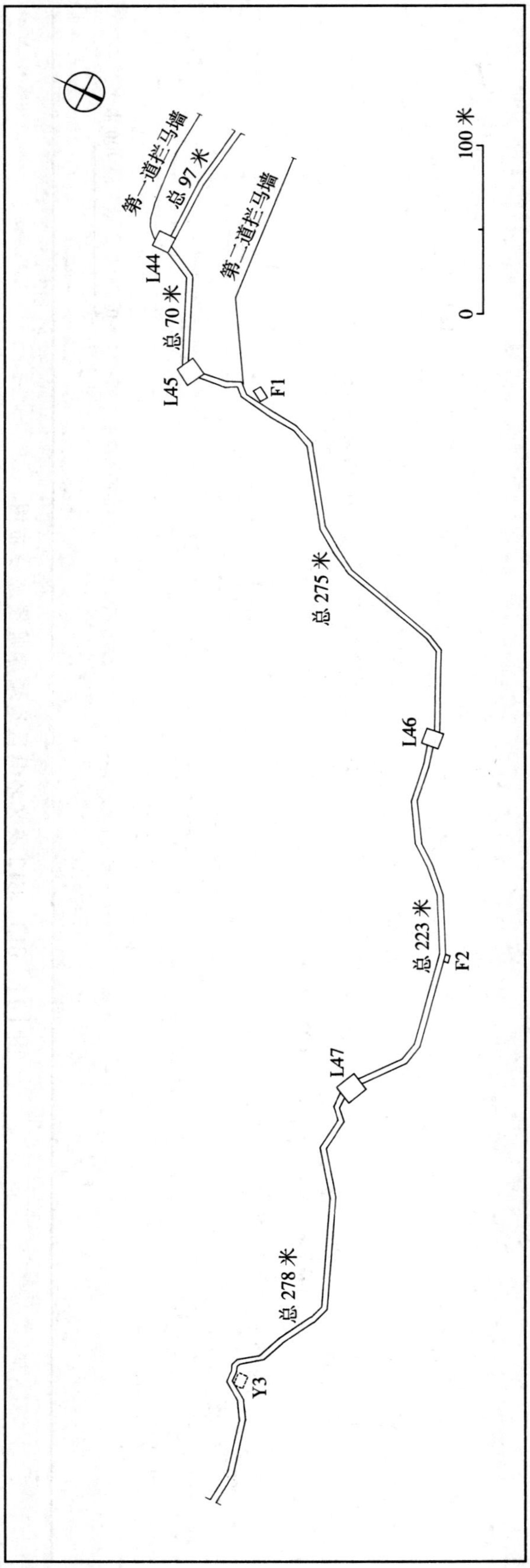

图［11］014　C13 罗文峪测区边墙建筑遗迹分布图

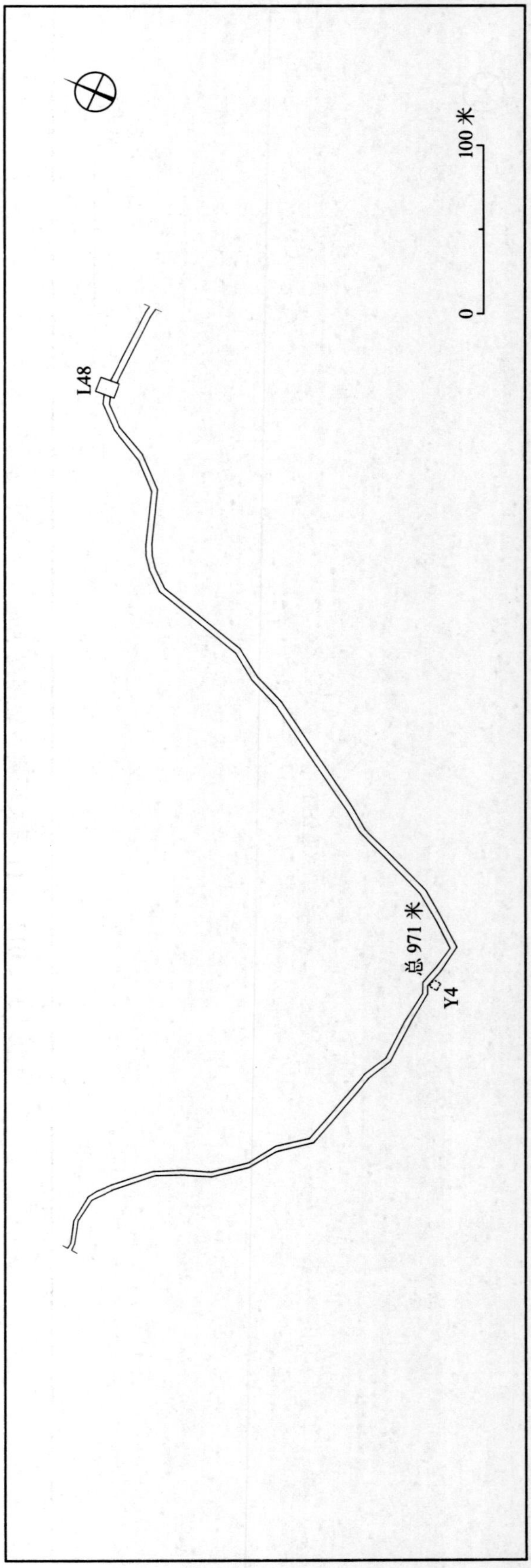

图［11］015　C14 罗文峪测区边墙建筑遗迹分布图

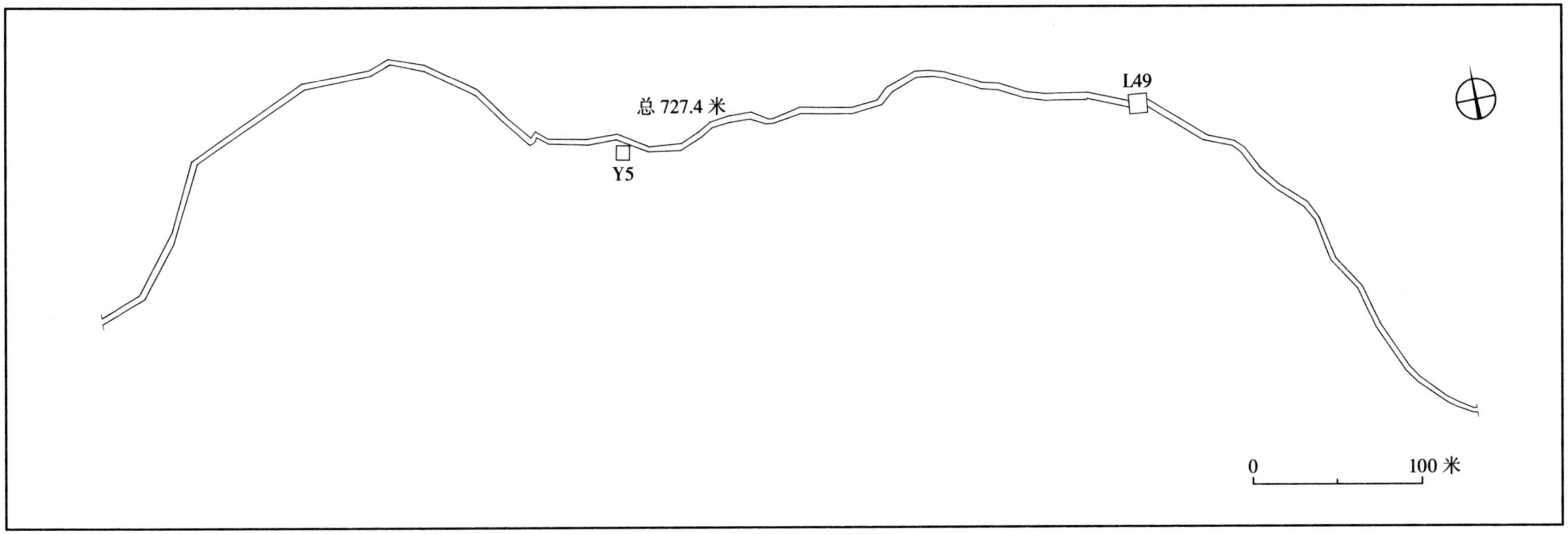

图［11］016　C15 罗文峪测区边墙建筑遗迹分布图

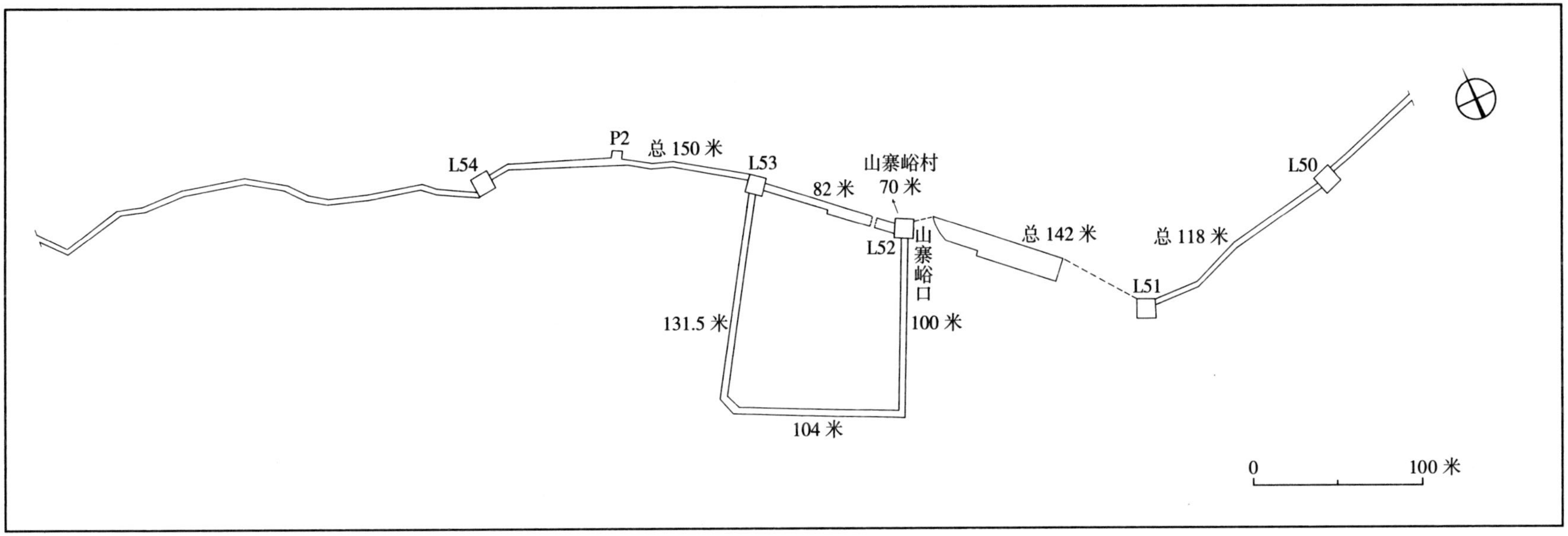

图［11］017　C16 罗文峪测区边墙建筑遗迹分布图

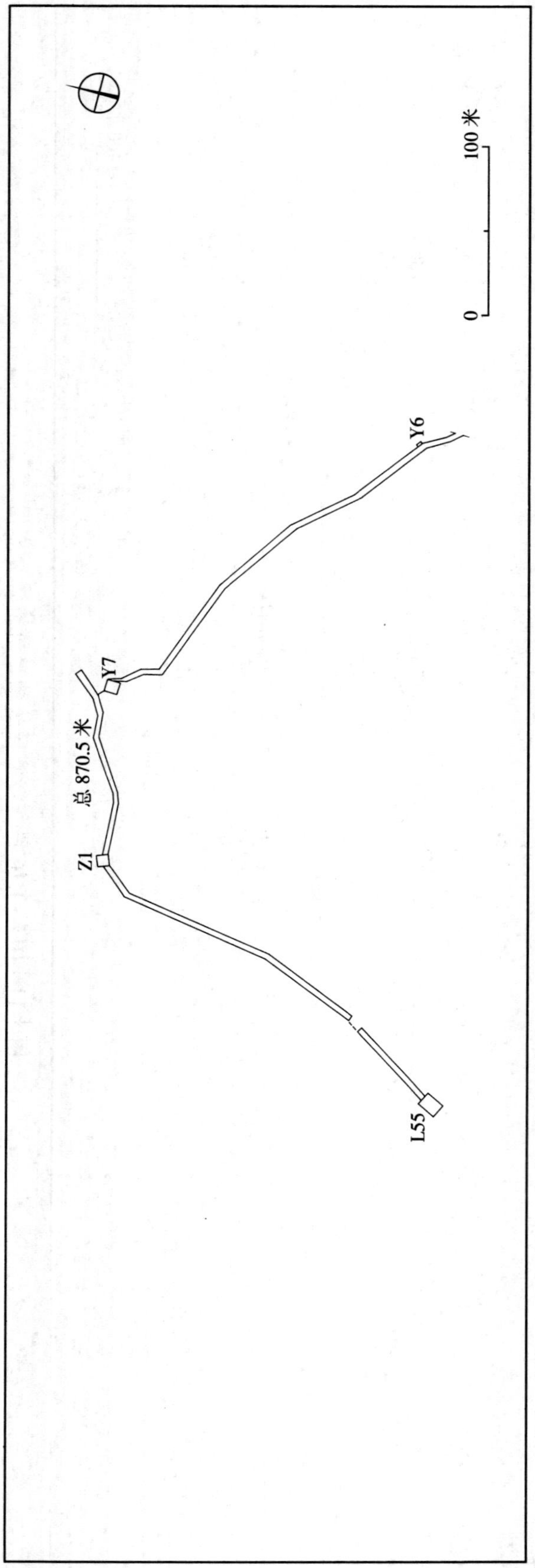

图［11］018　C17 罗文峪测区边墙建筑遗迹分布图

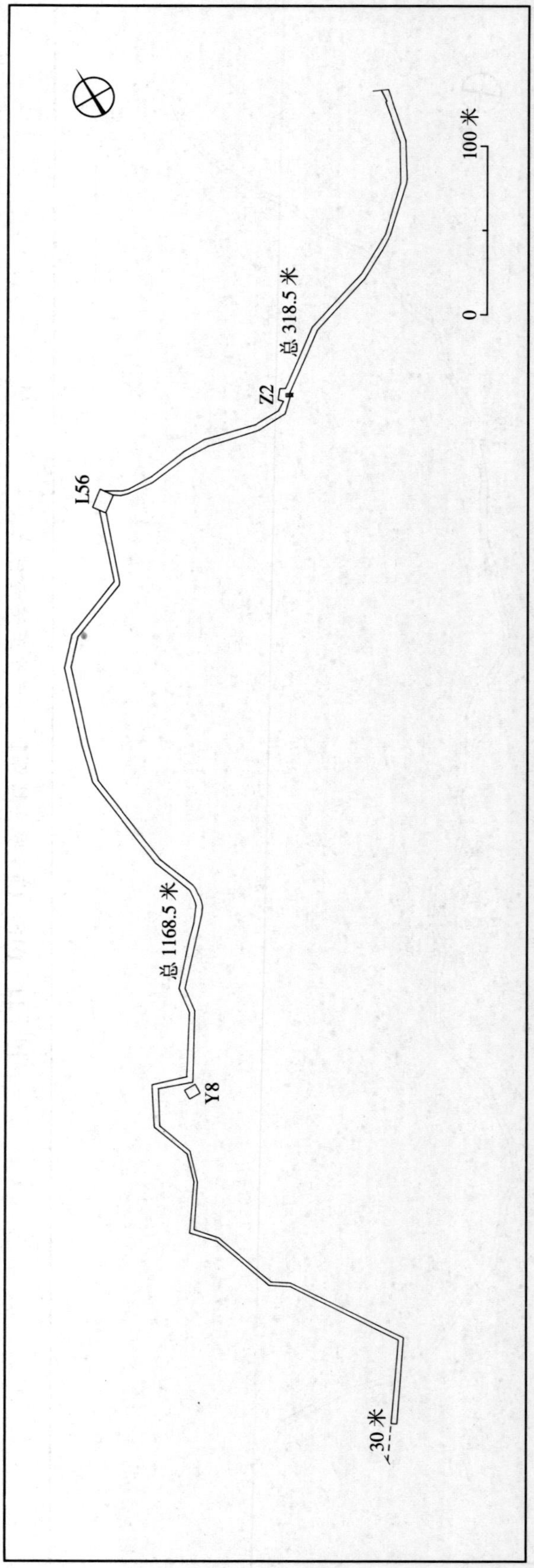

图［11］019　C18 罗文峪测区边墙建筑遗迹分布图

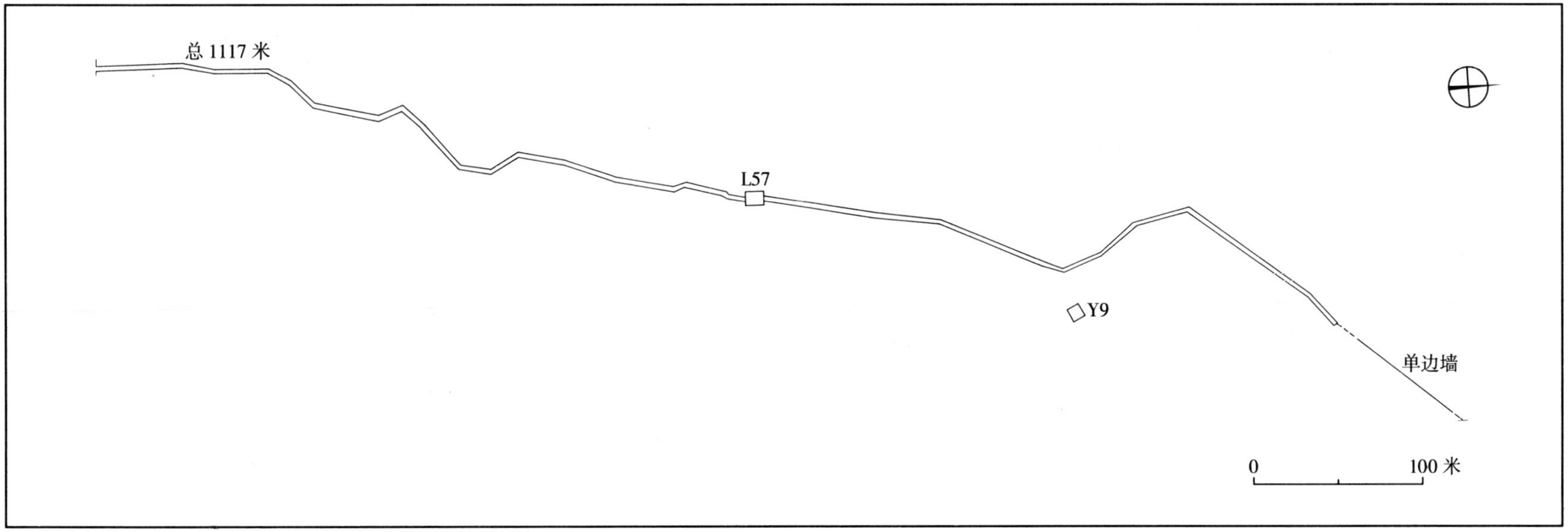

图［11］020　C19 罗文峪测区边墙建筑遗迹分布图

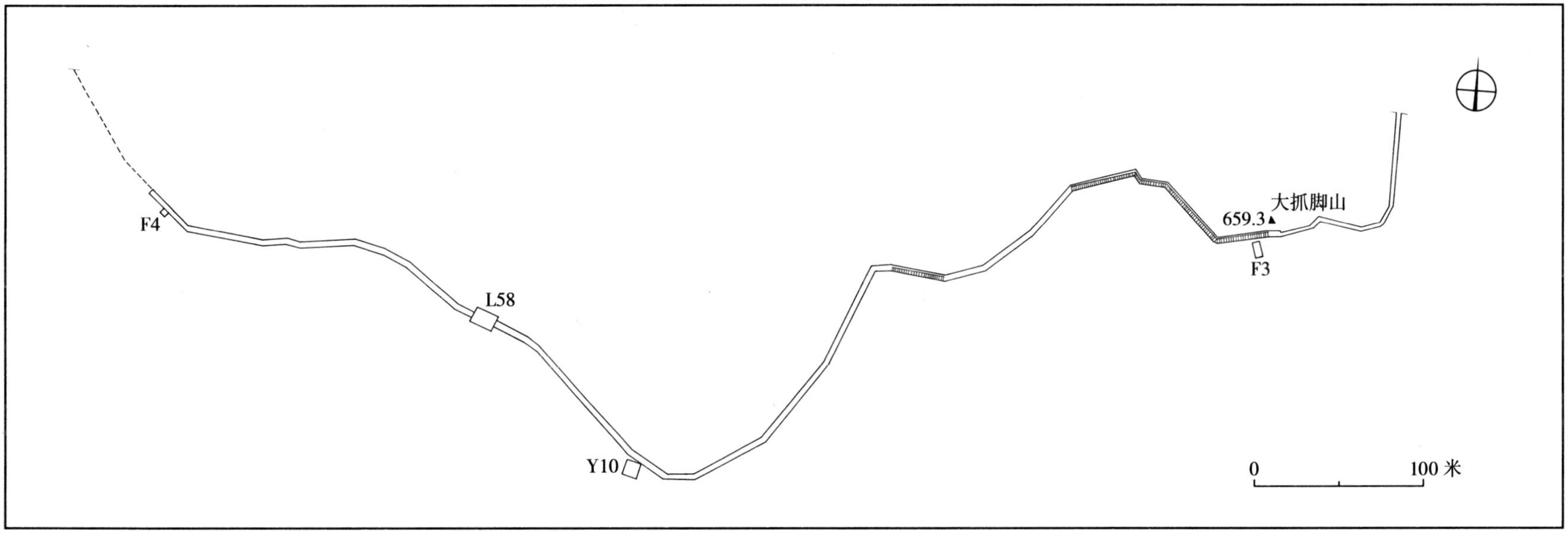

图［11］021　C20 罗文峪测区边墙建筑遗迹分布图

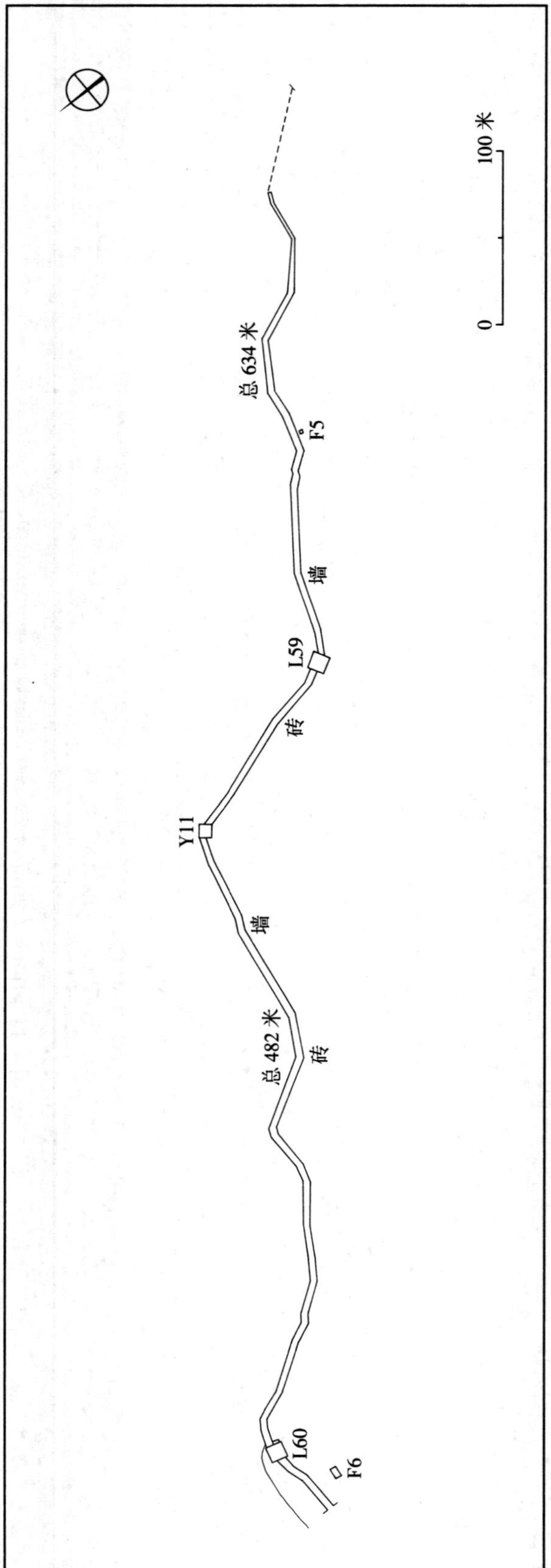

图［11］022　C21 罗文峪测区边墙建筑遗迹分布图

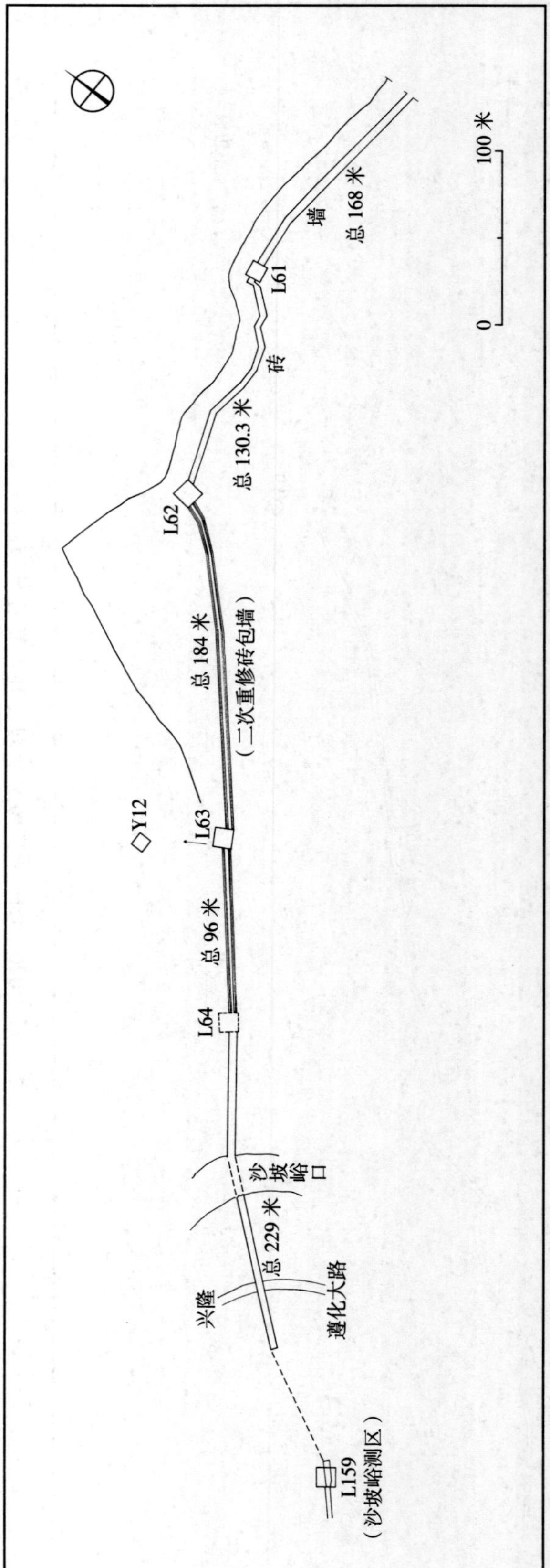

图［11］023　C22 罗文峪测区边墙建筑遗迹分布图

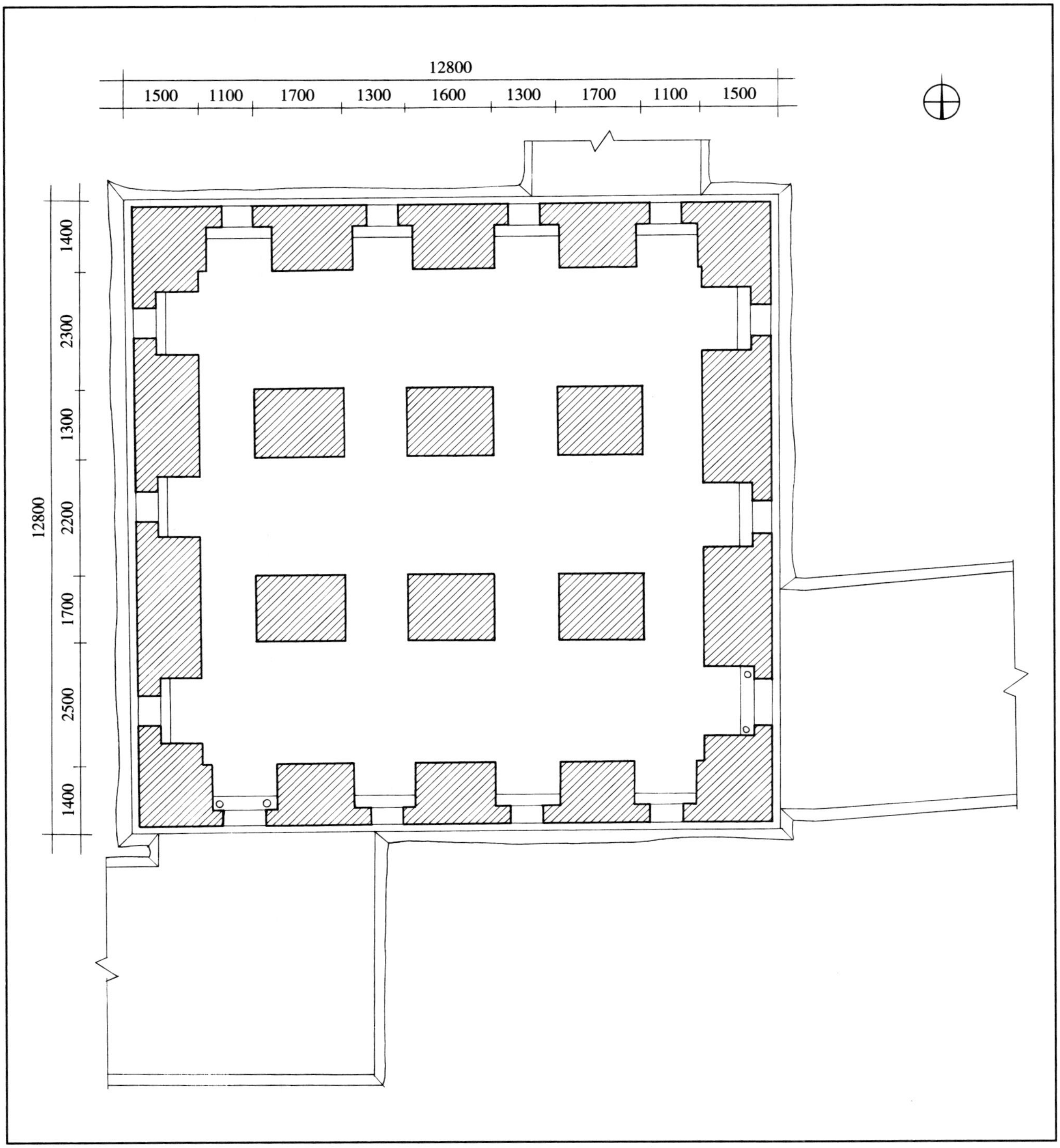

图［11］024　L24 中层平面图

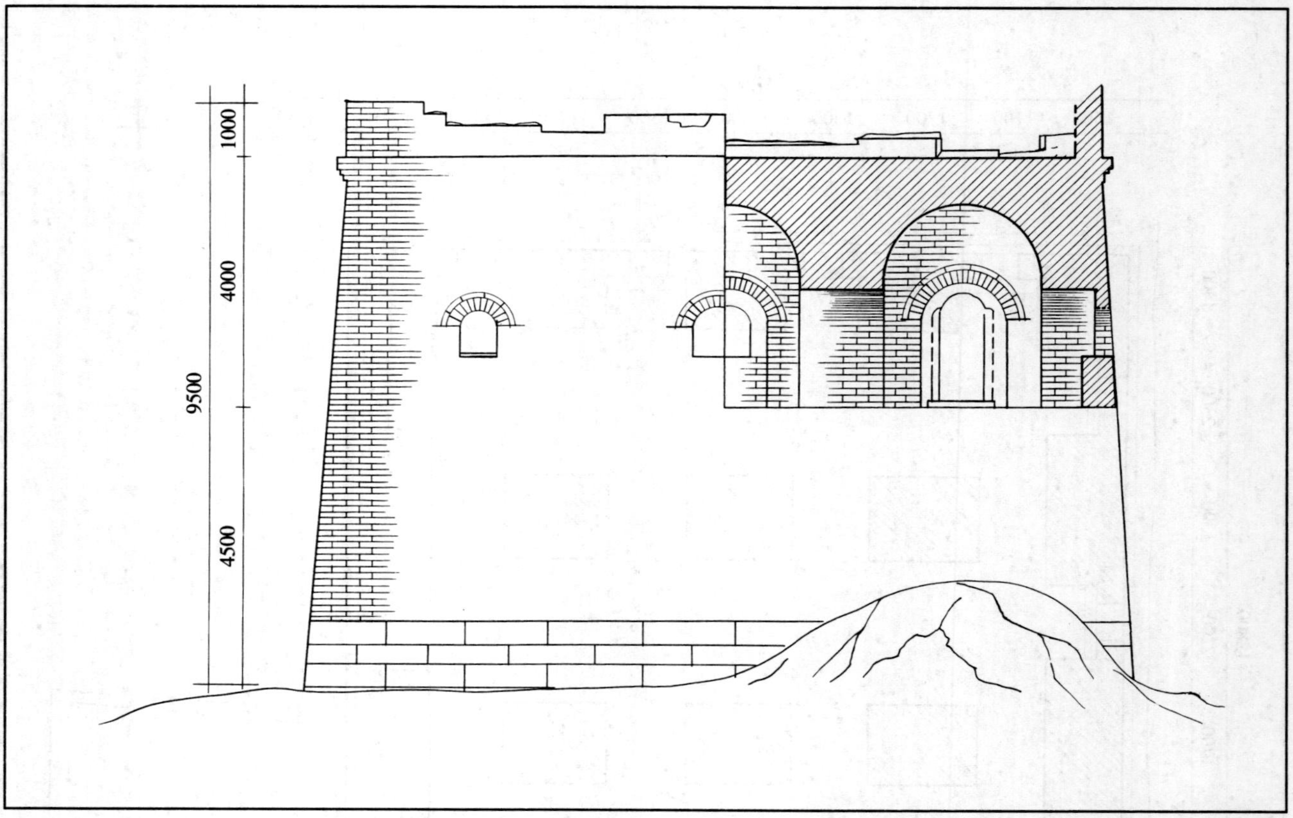

图［11］025　L24 正立面、横剖面图

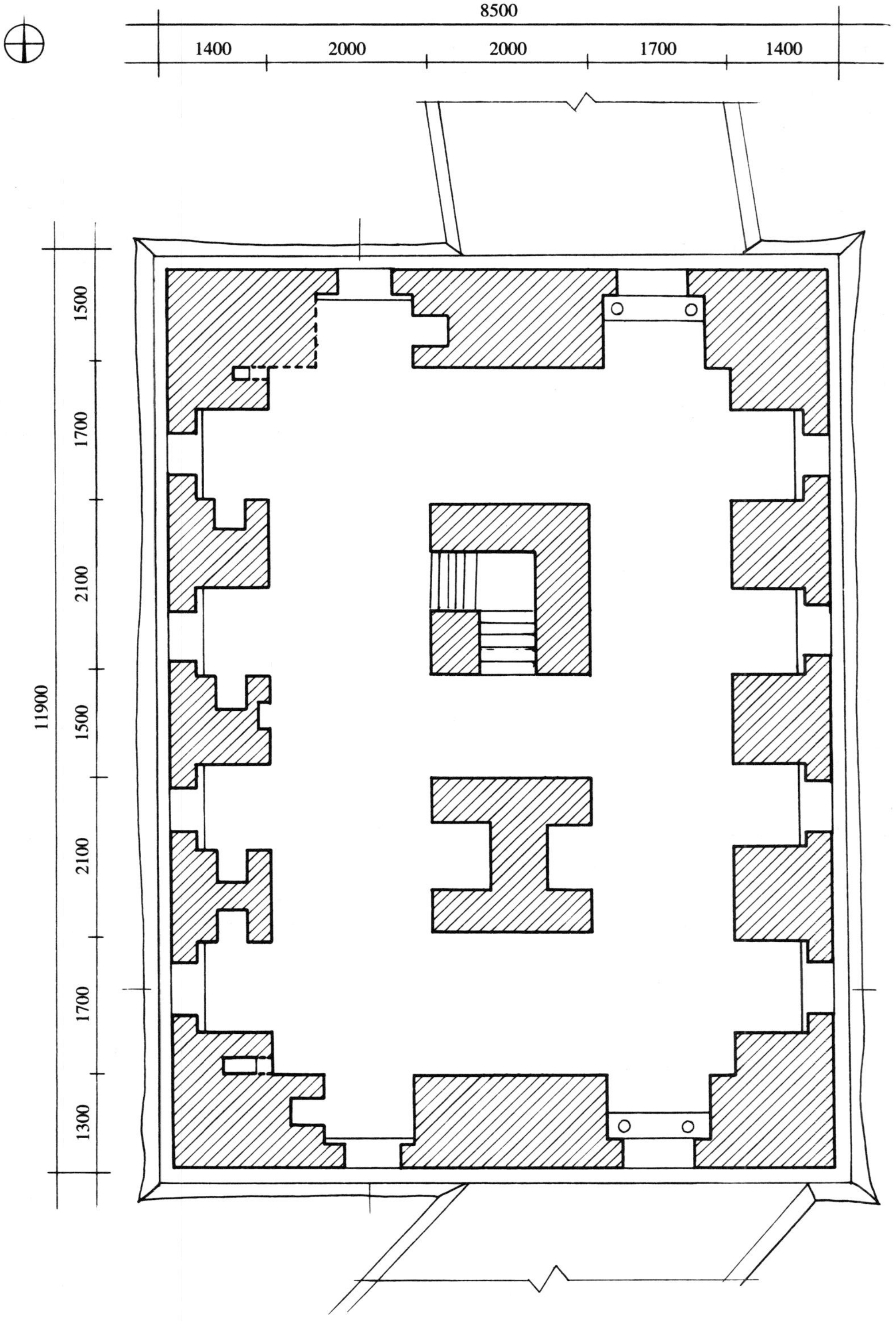

图［11］026 L56 中层平面图

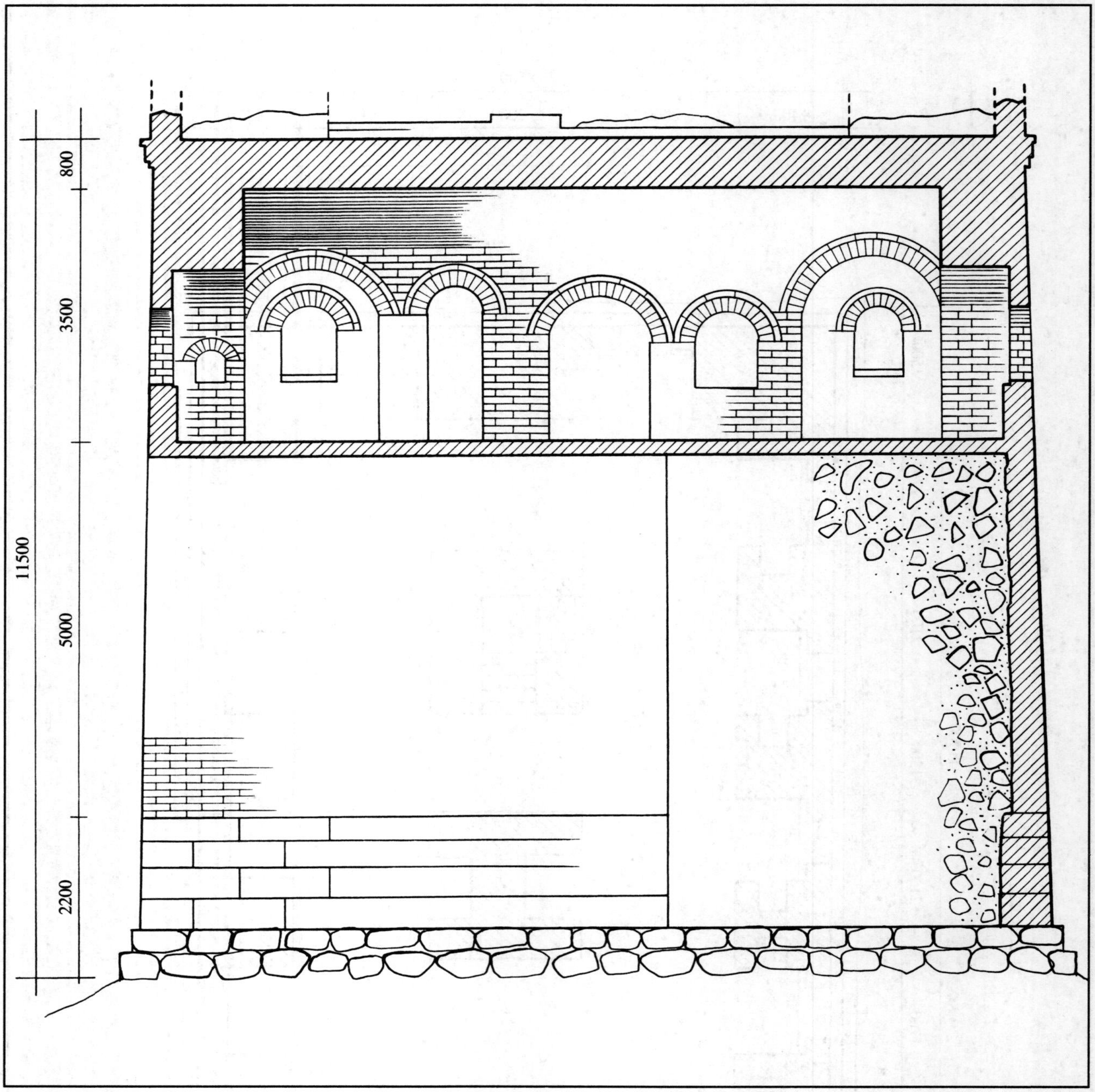

图［11］027　L56纵剖面图

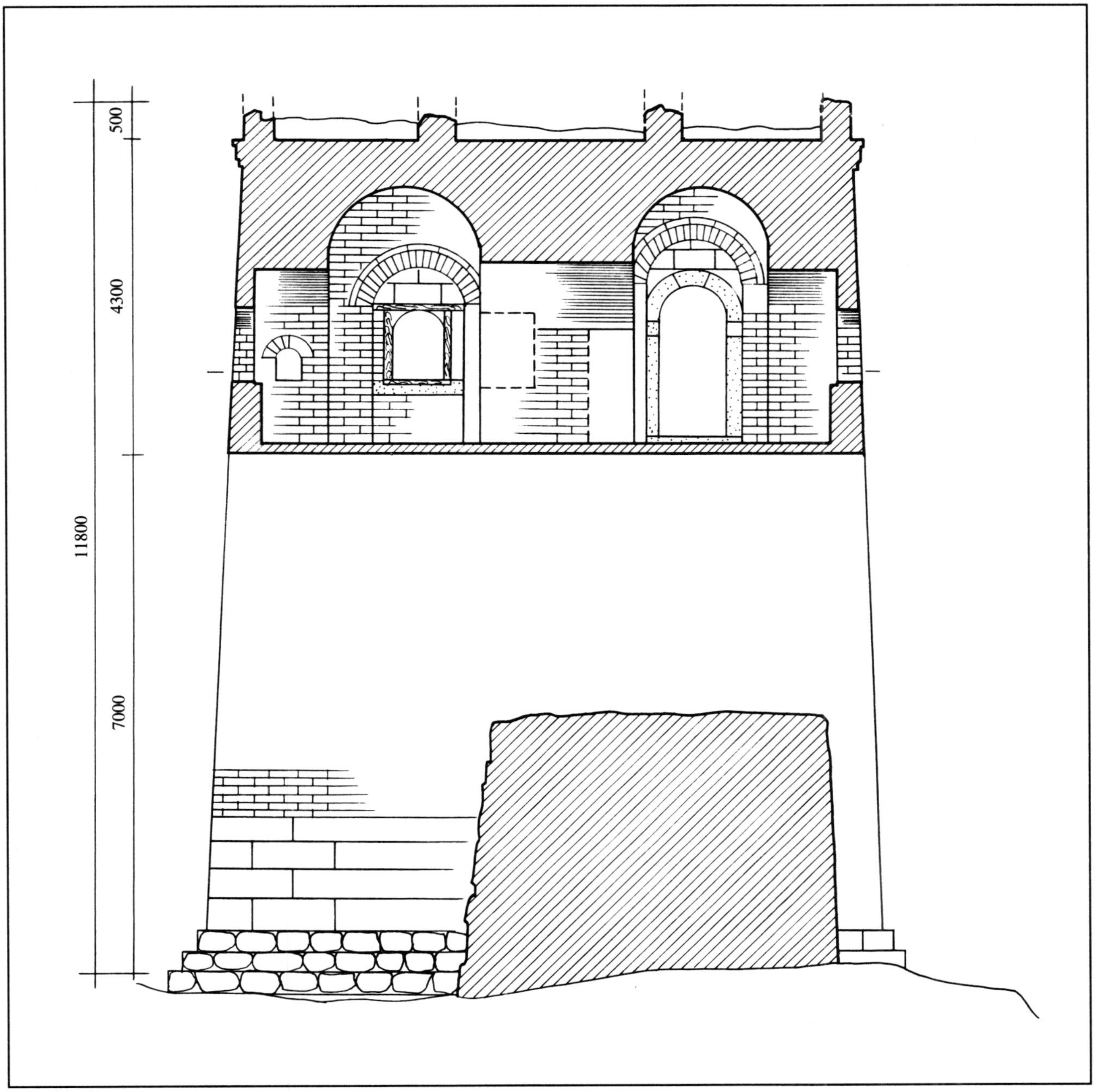

图［11］028　L56 横剖面图

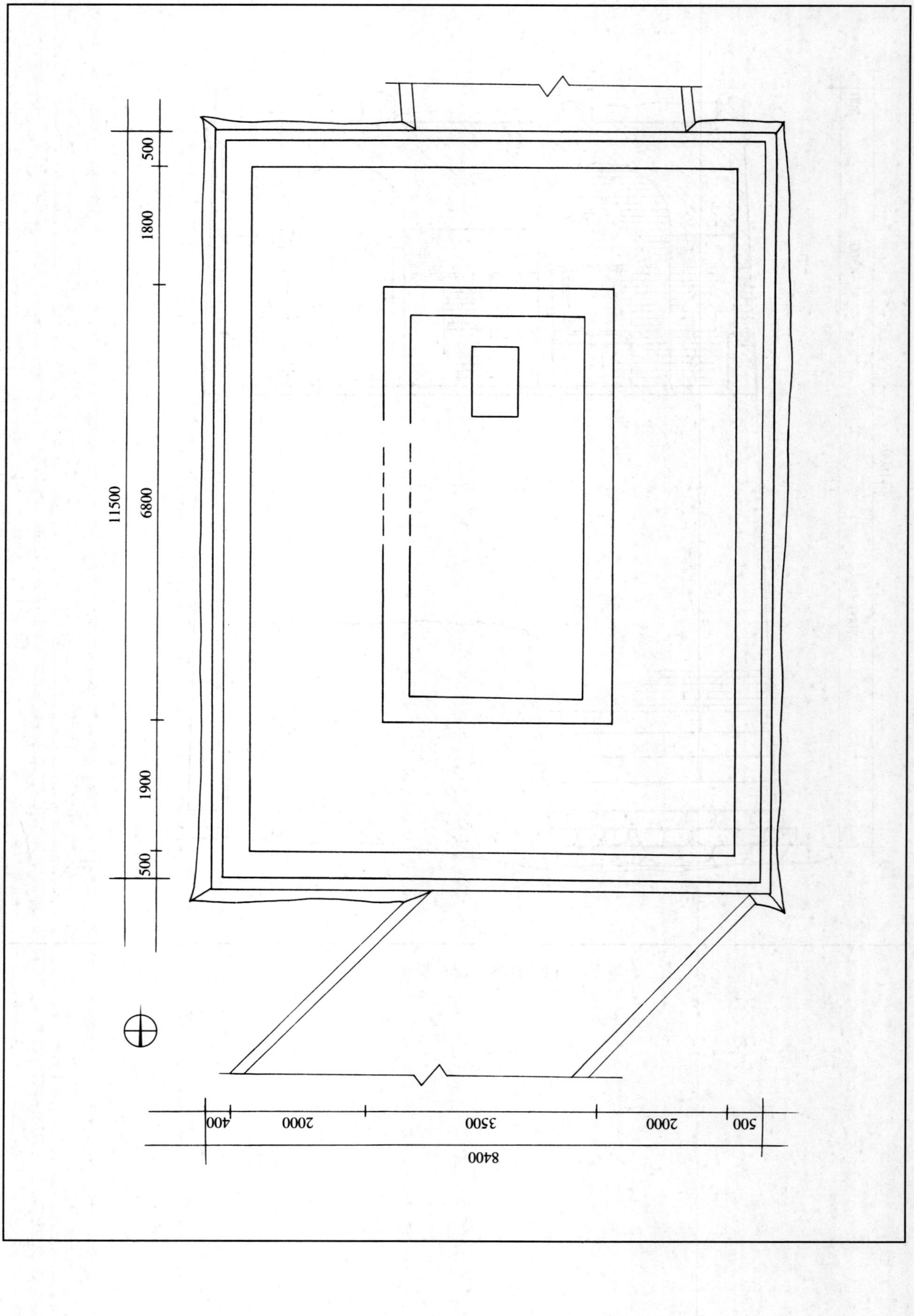

图［11］029 L56上层平面图

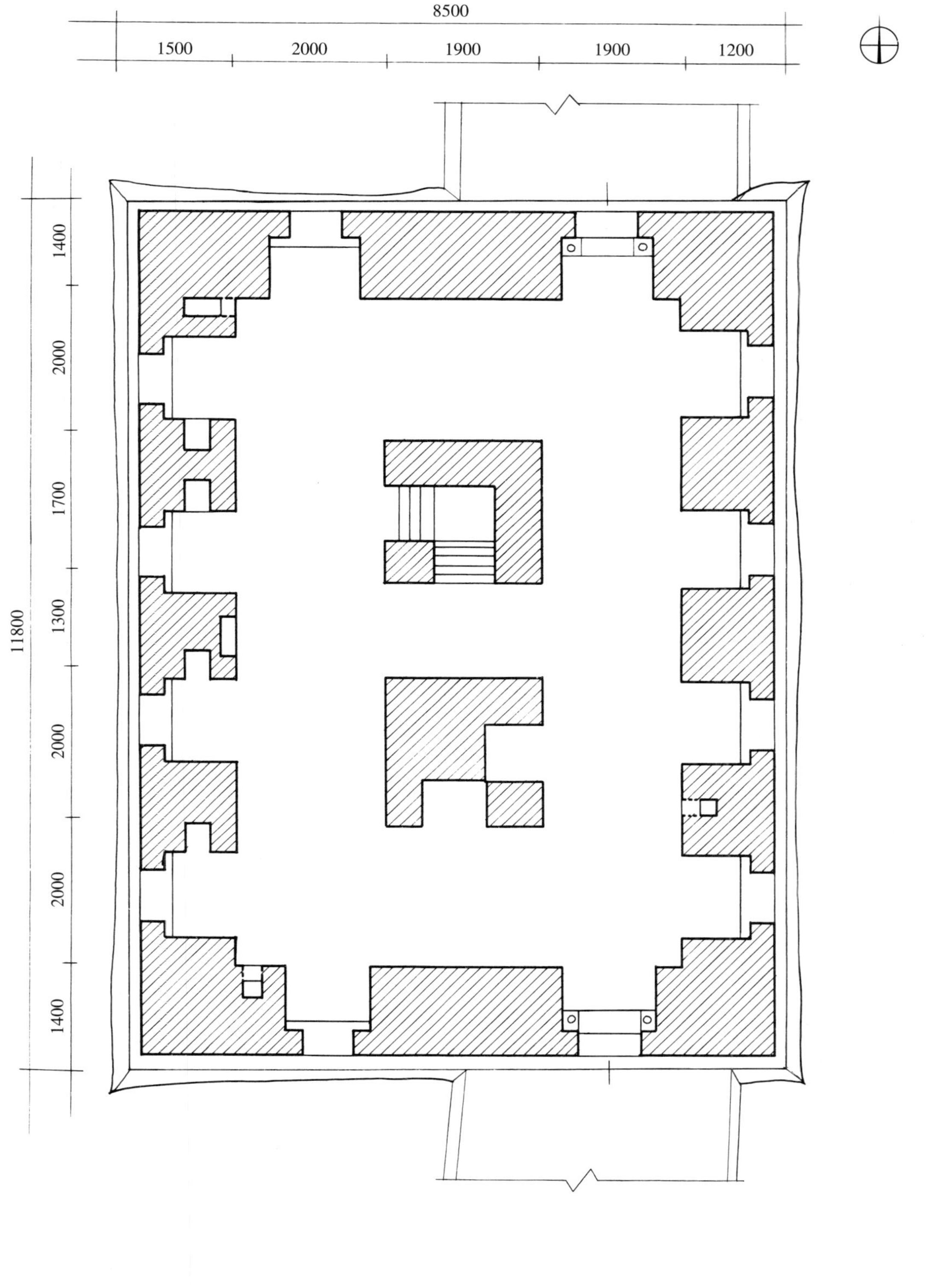

图［11］030　L57 中层平面图

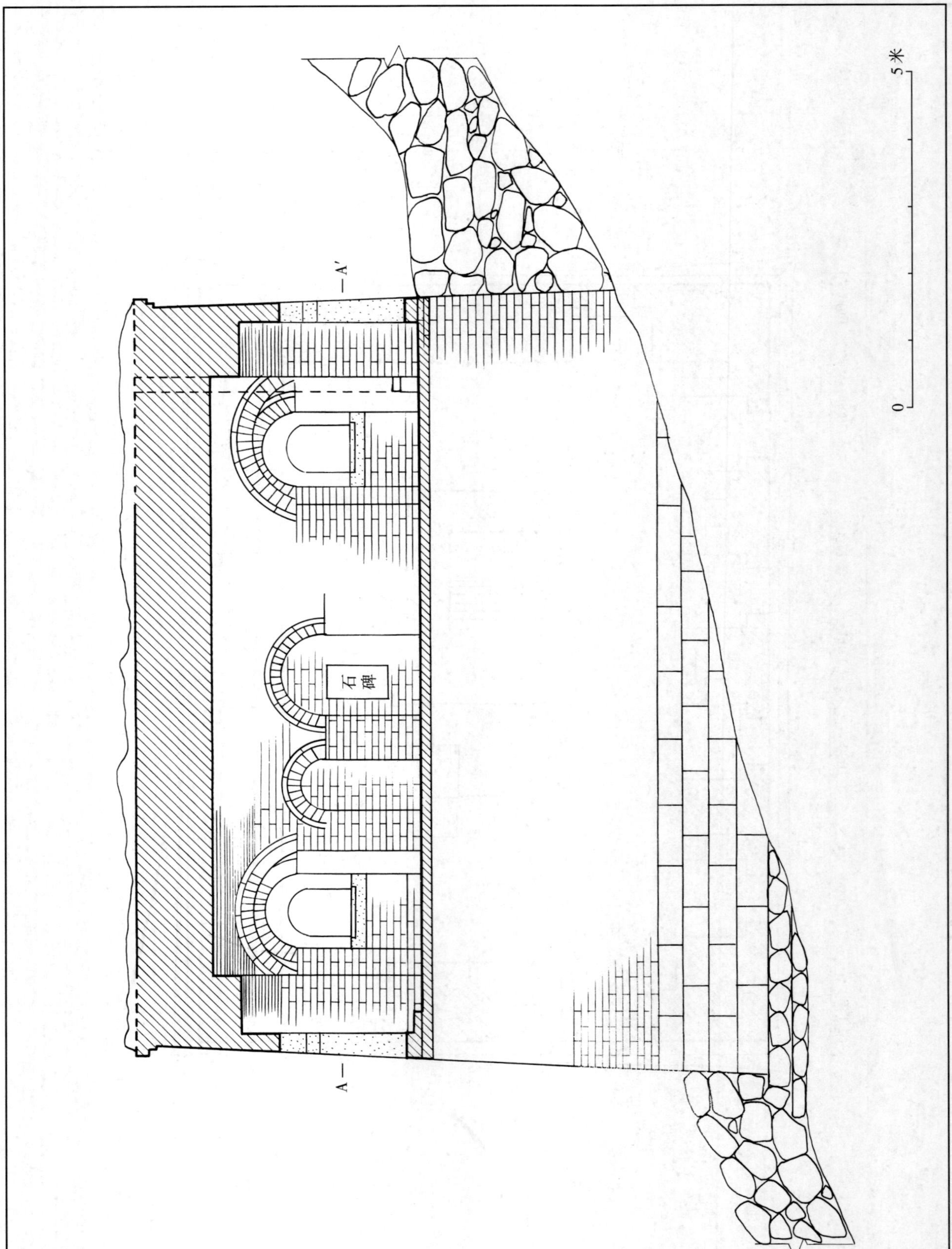

图［11］031 L57纵剖面图

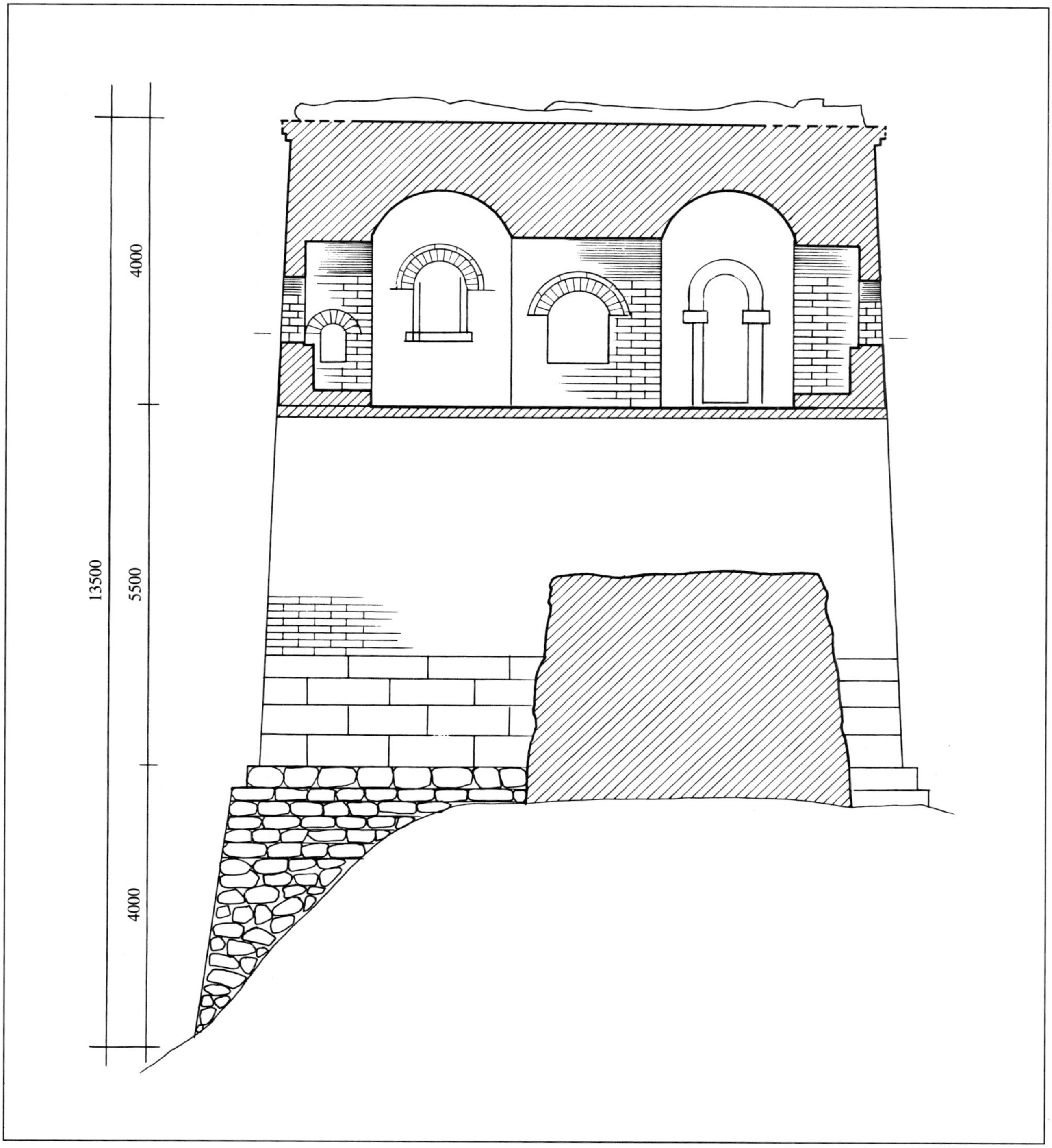

图［11］032　L57 横剖面图

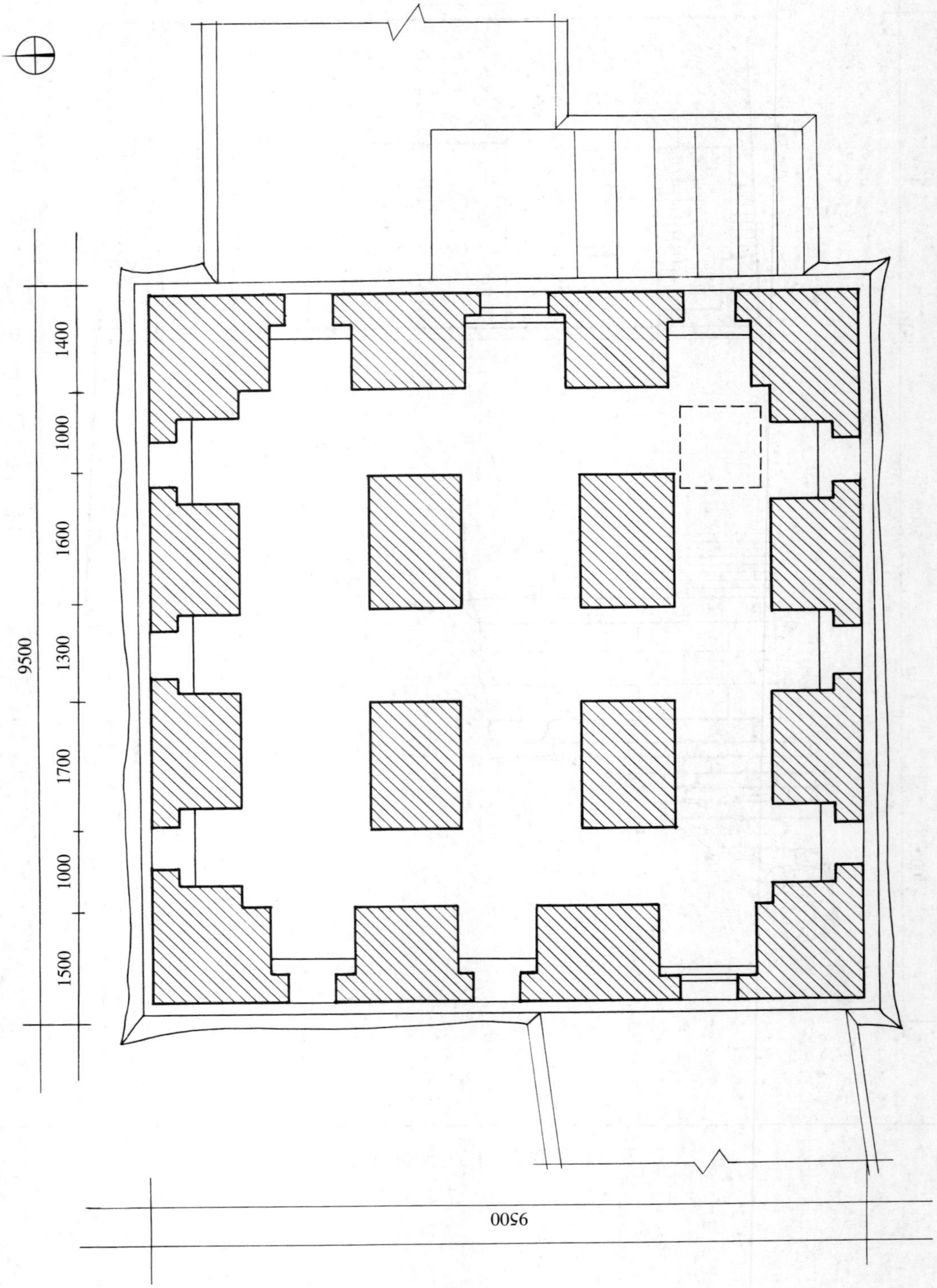

图［11］033 L60中层平面图

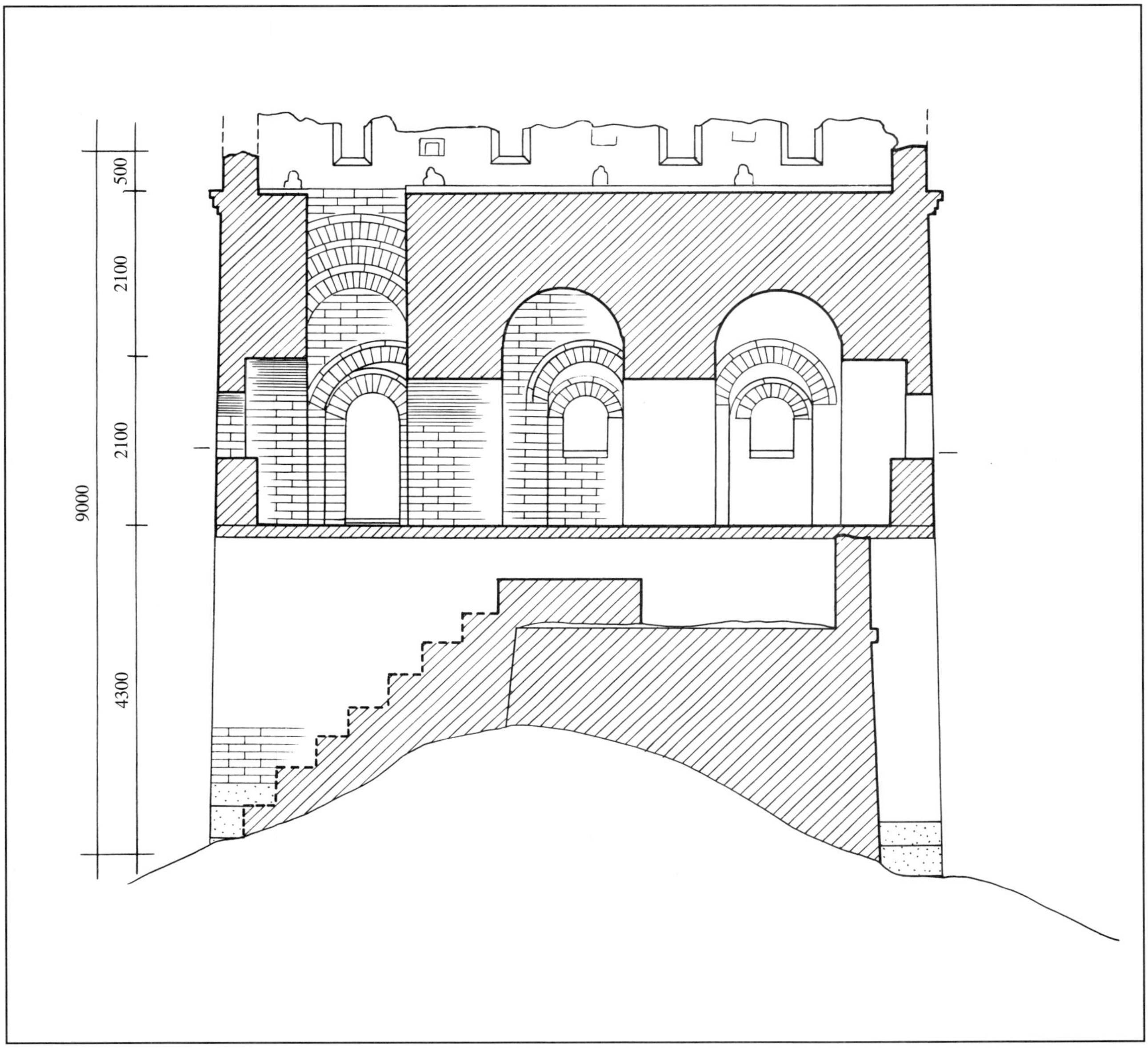

图［11］034　L60横剖面图

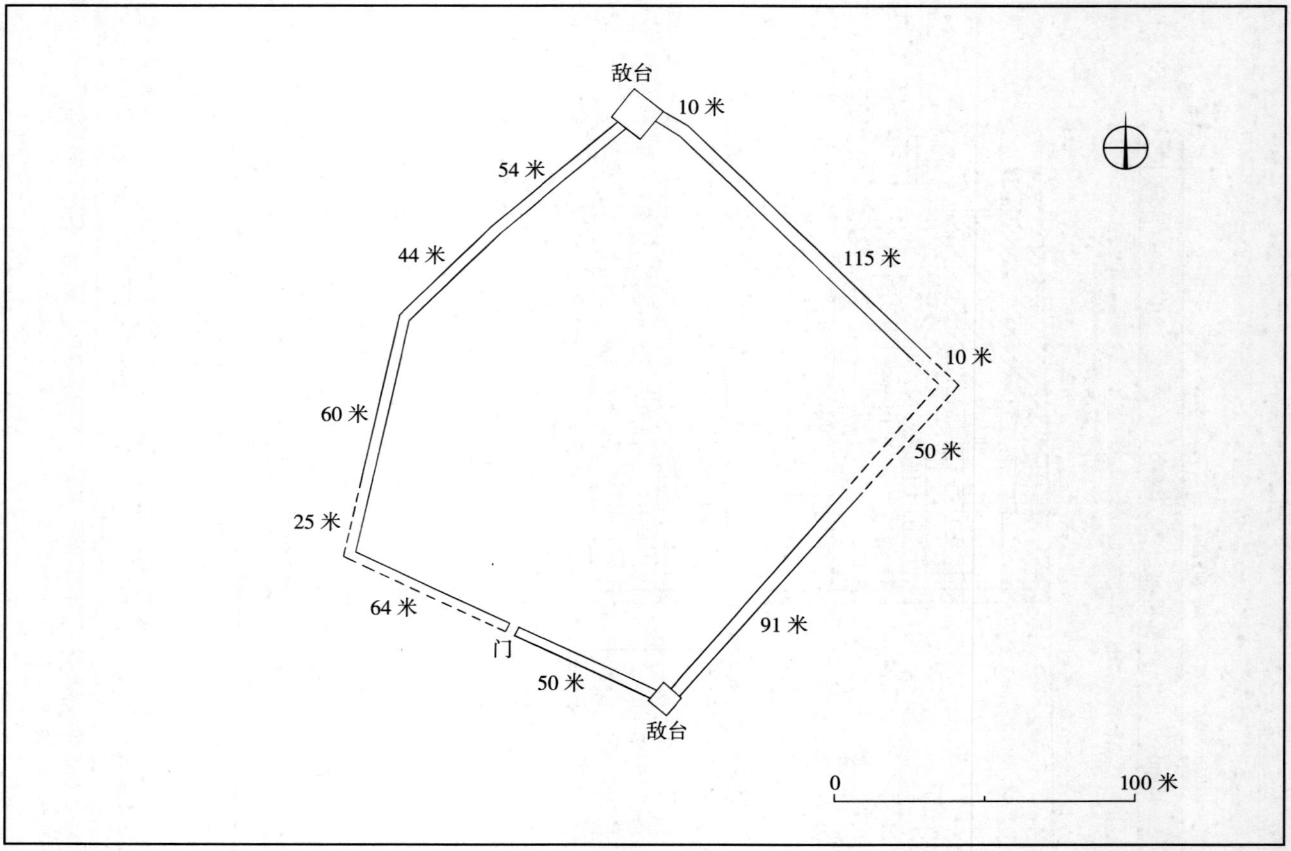

图［11］035　马蹄峪城平面图

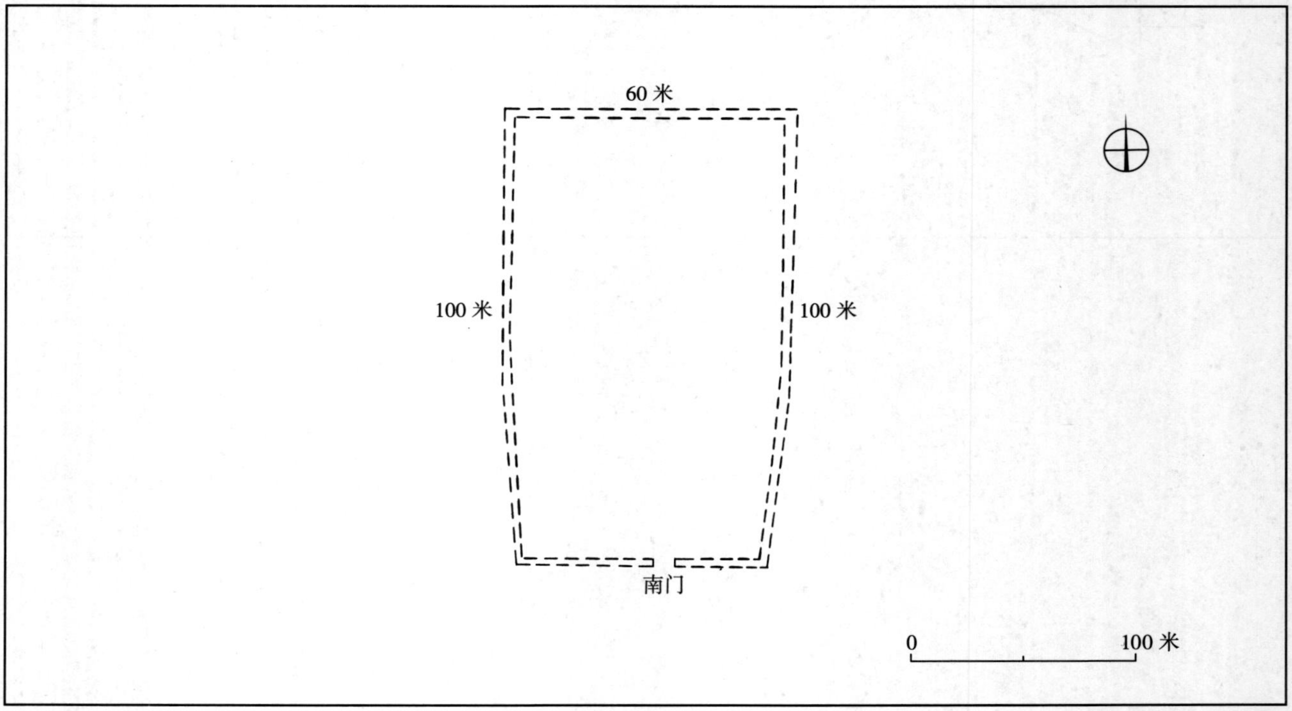

图［11］036　蔡家峪口北营房城平面图

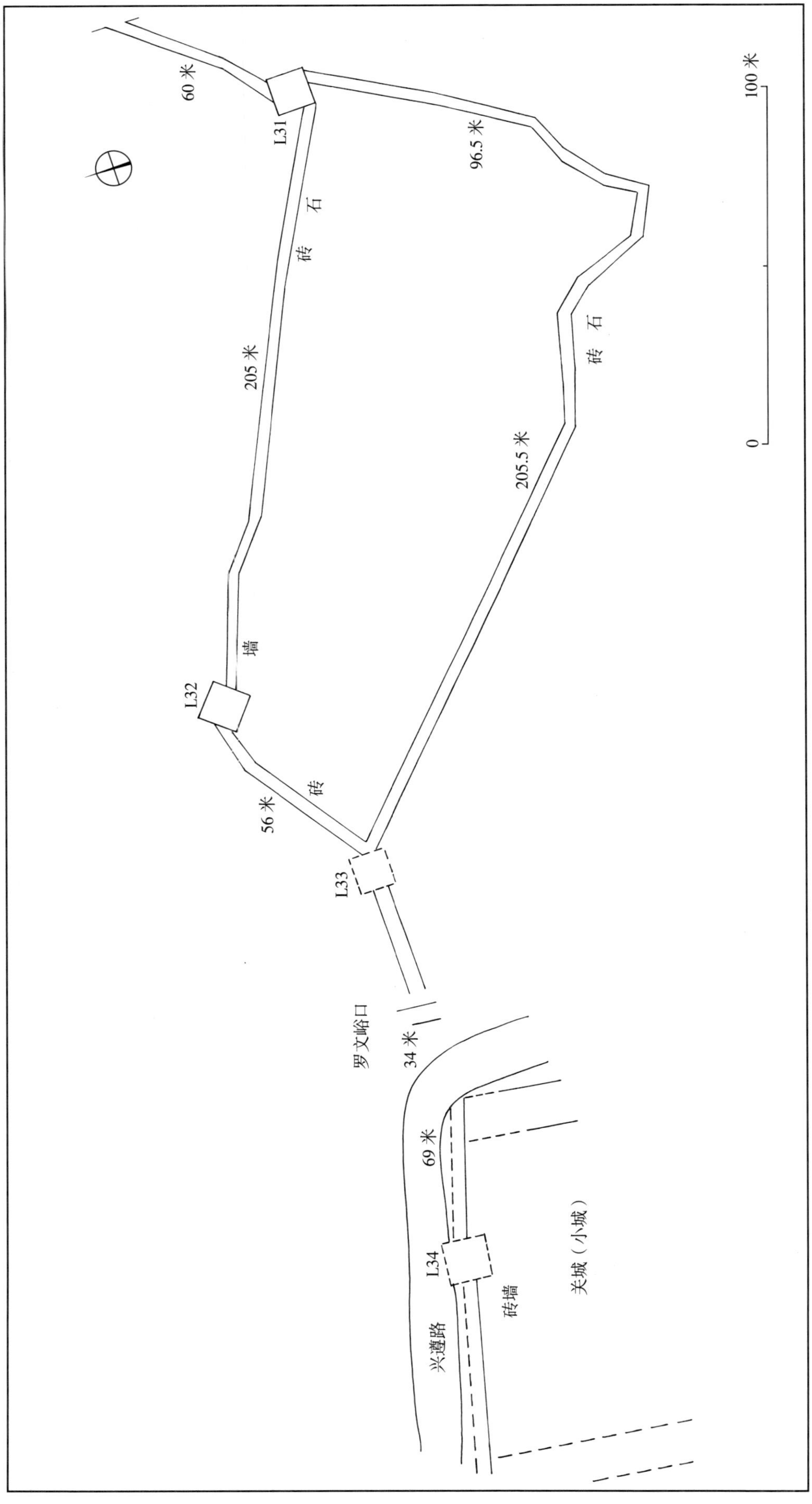

图［11］037 罗文峪东小城平面图（连壁城）

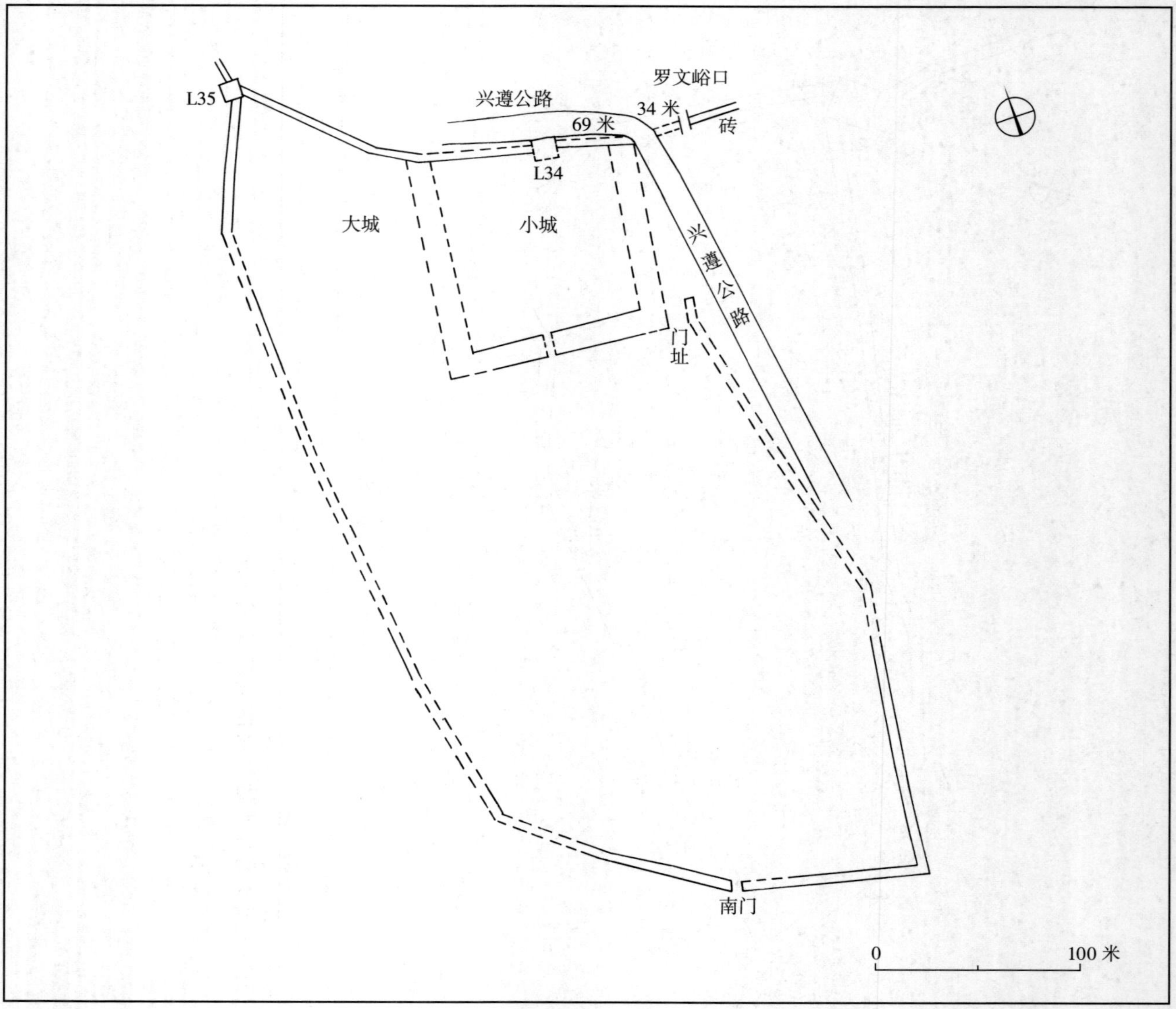

图［11］038　罗文峪关城平面图（连壁城）

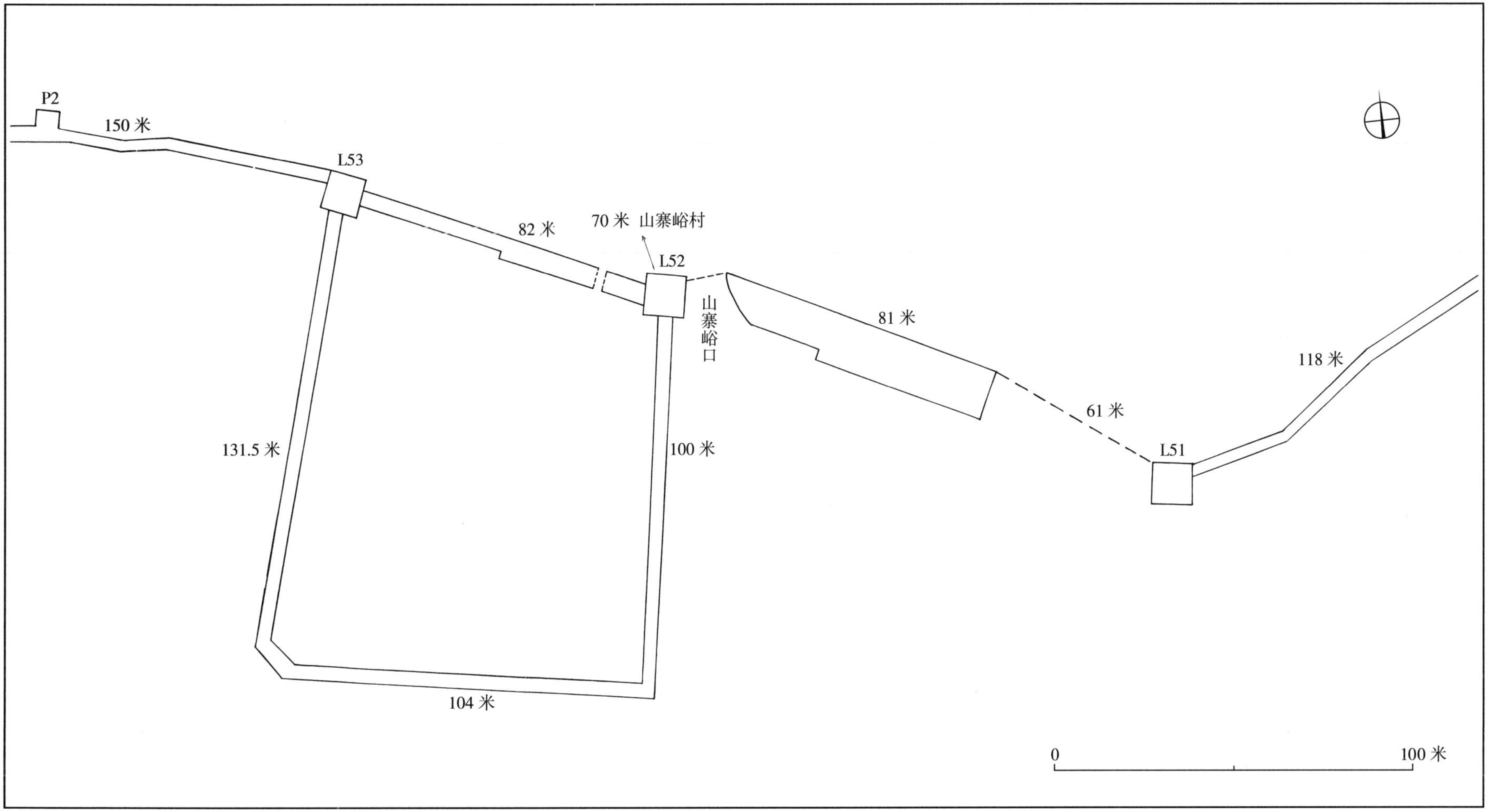

图［11］039 山寨峪关城平面图（连壁城）

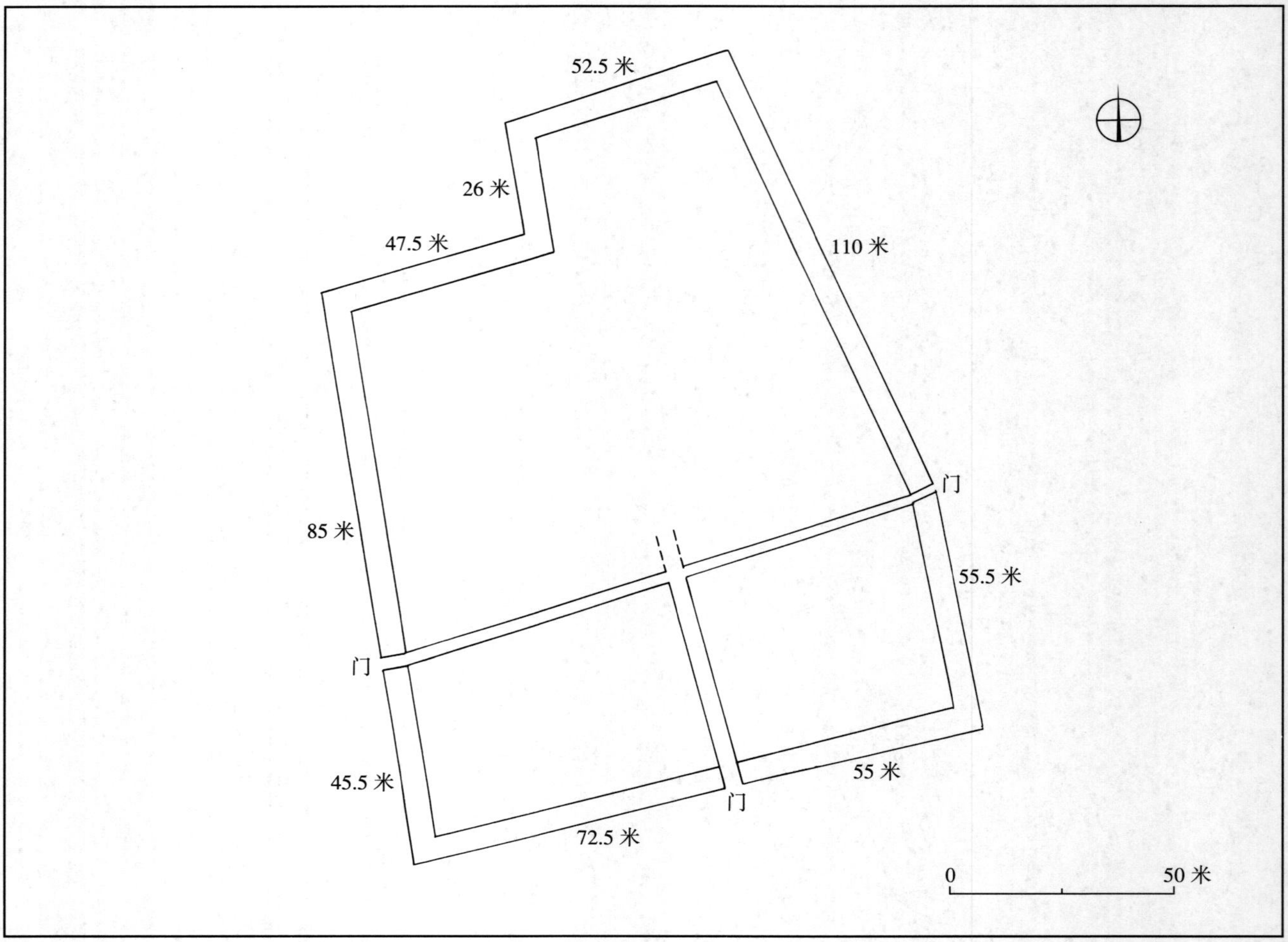

图［11］040　沙城峪营城平面图

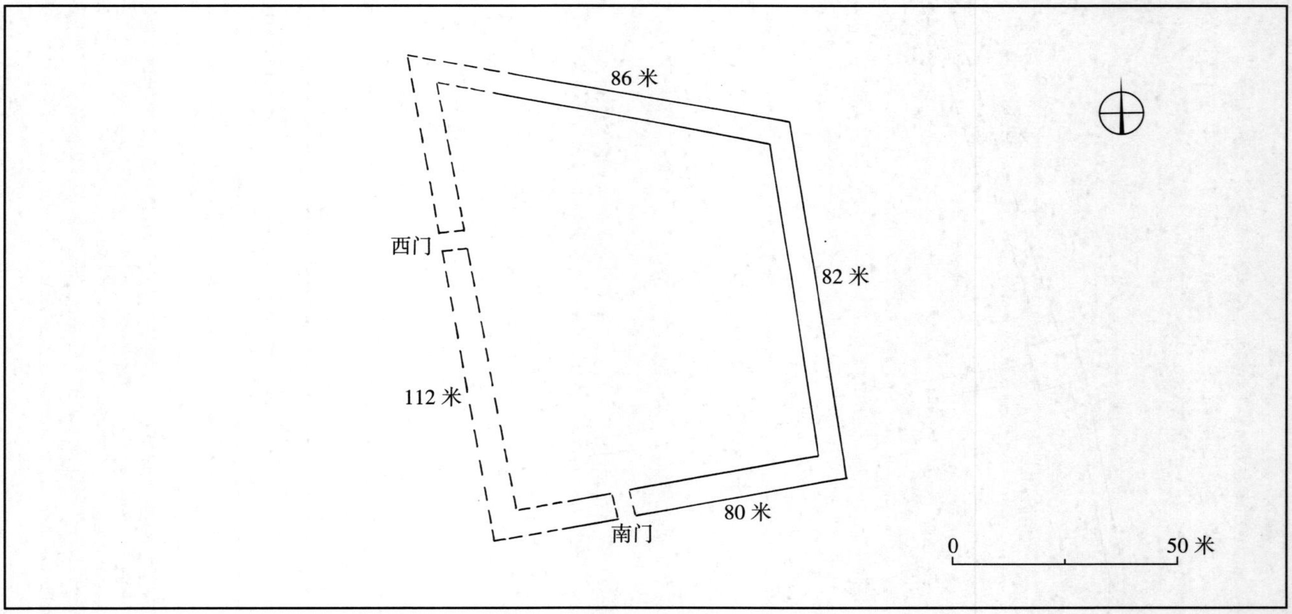

图［11］041　于家峪城平面图

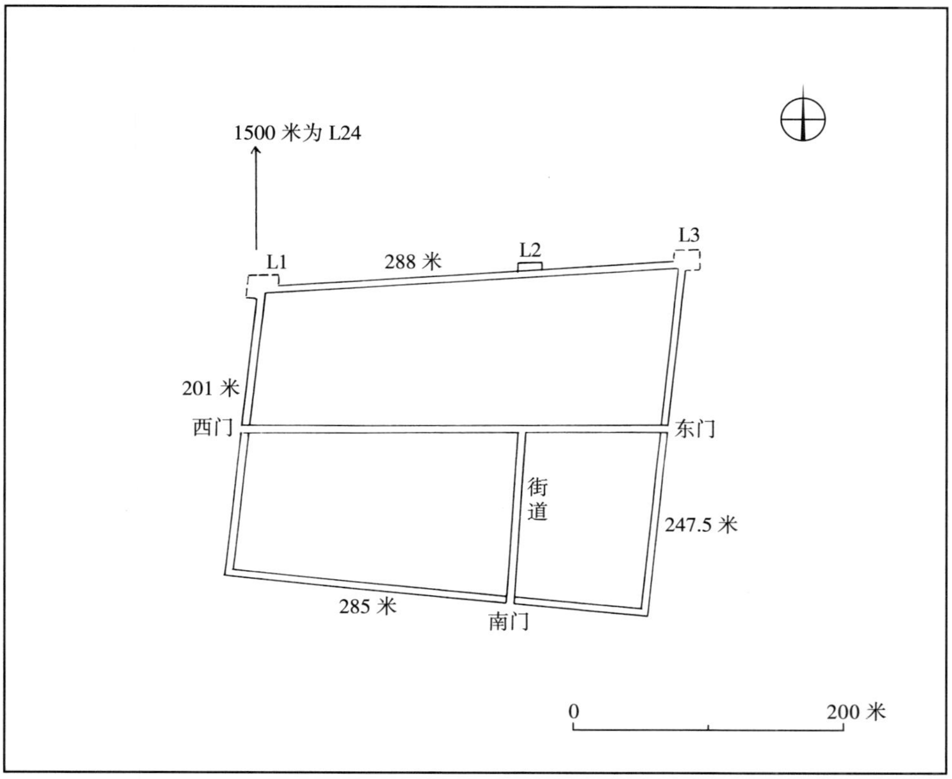

图［11］042　罗文峪下营城平面图

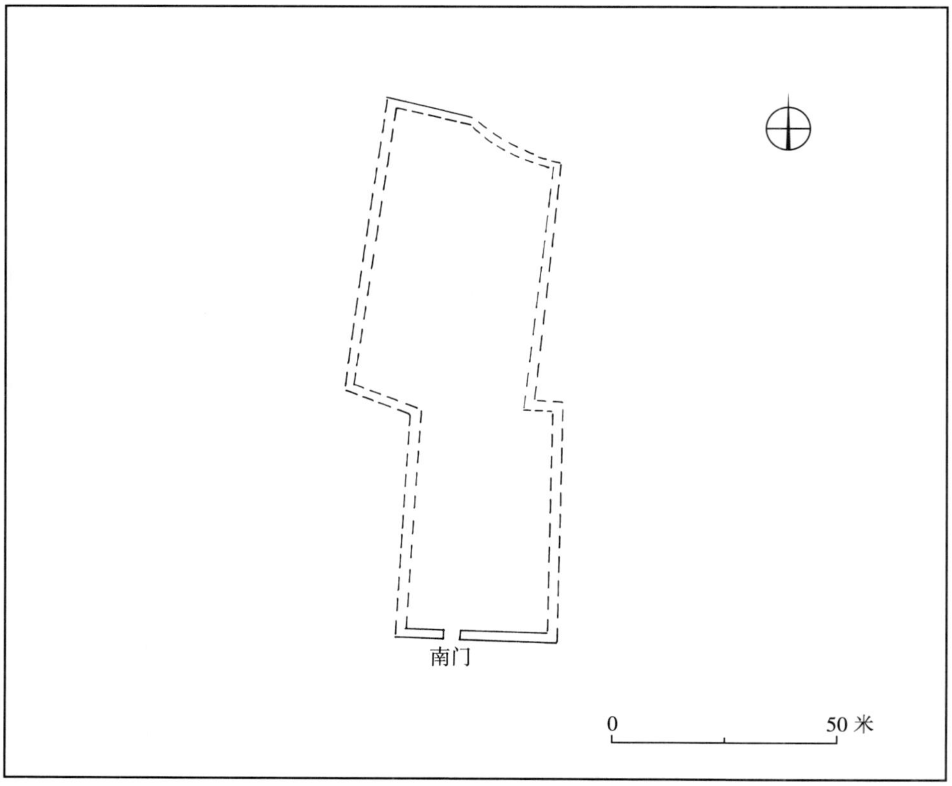

图［11］043　罗文峪西营房城平面图

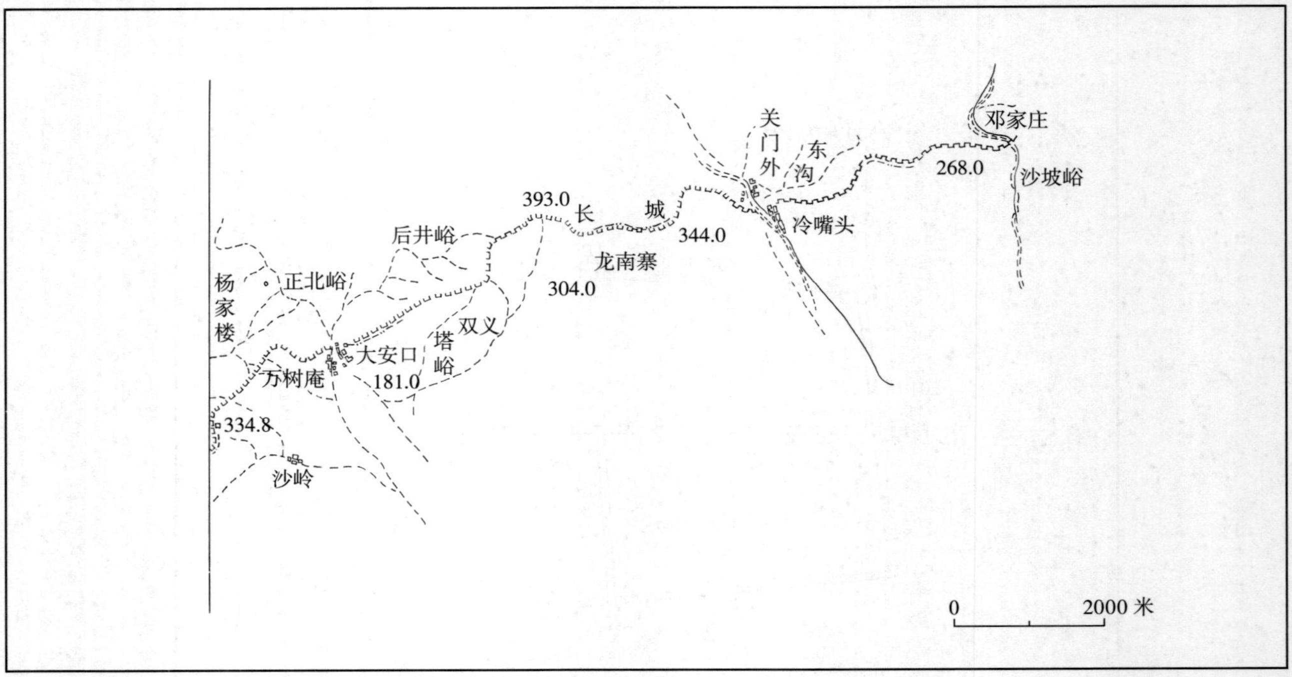

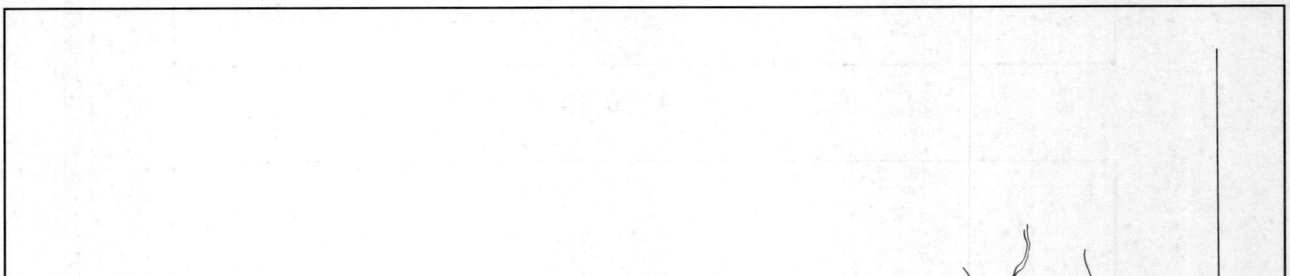

图［10］001　第十测区长城地段图（用五万分之一图）

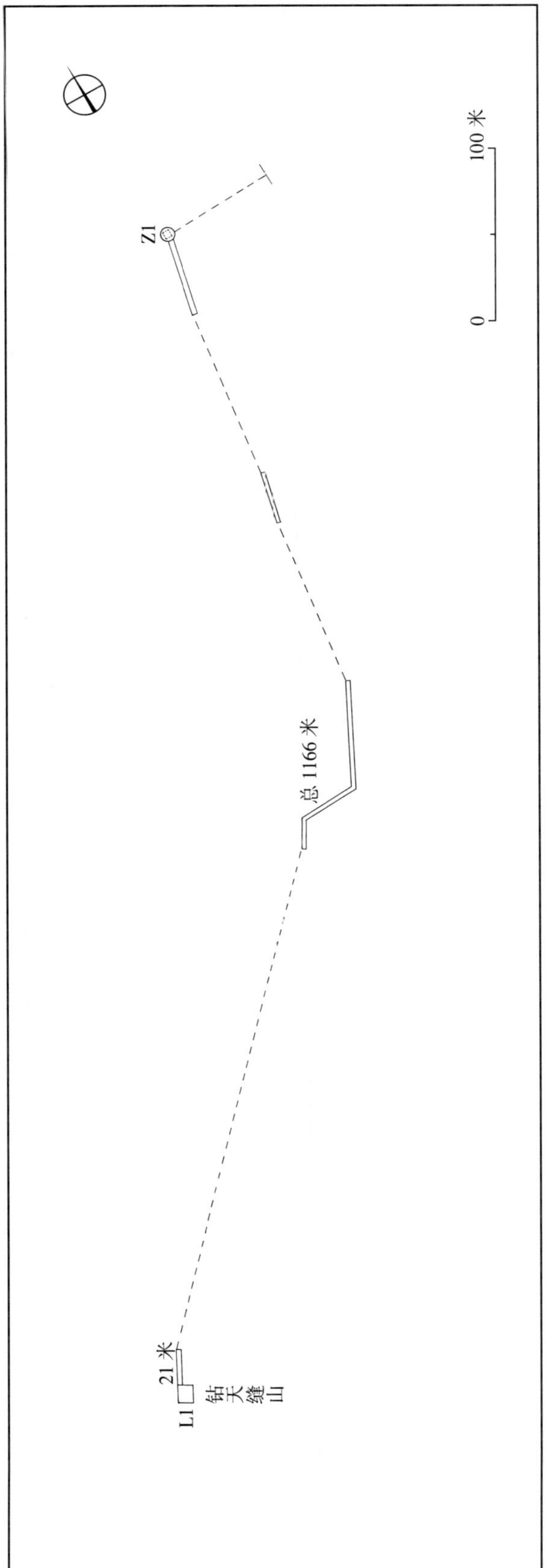

图［10］002　C1 东陵测区边墙建筑遗迹分布图

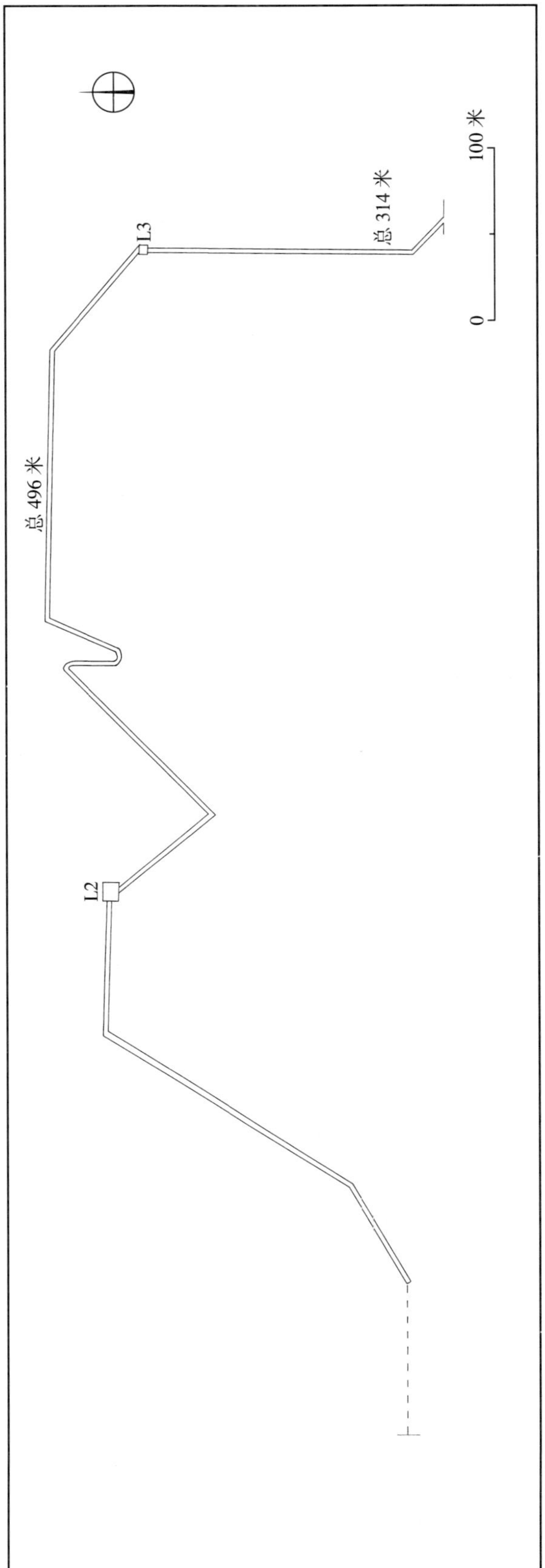

图［10］003　C2 东陵测区边墙建筑遗迹分布图

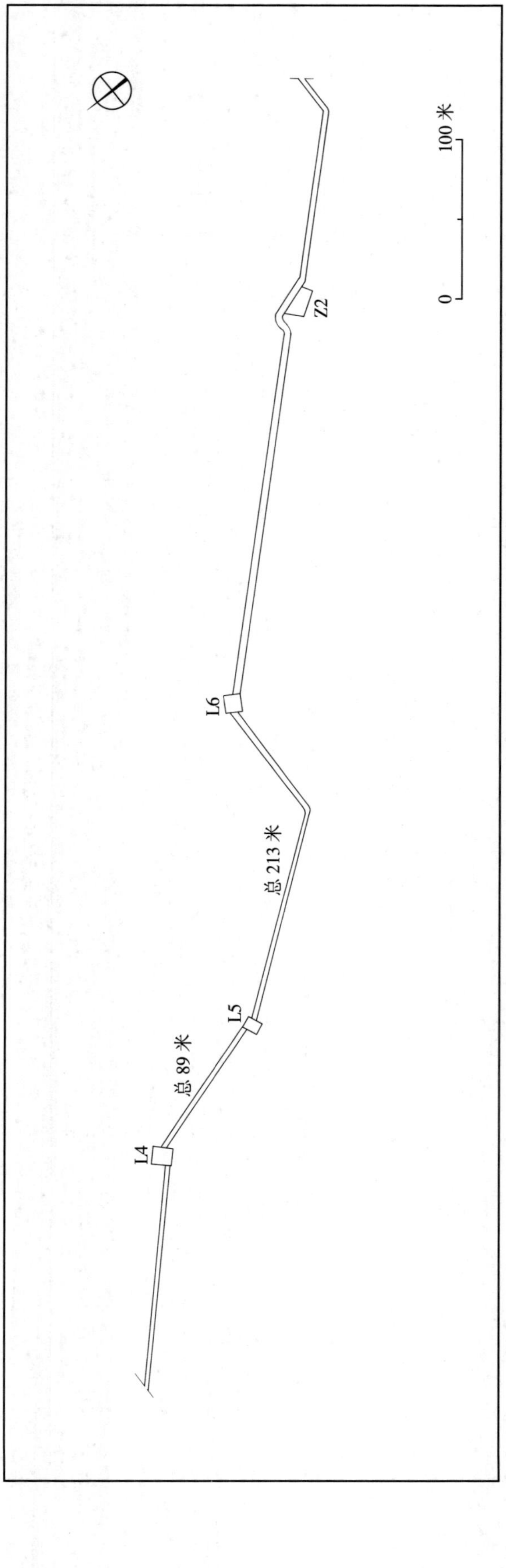

图［10］004　C3 东陵测区边墙建筑遗迹分布图

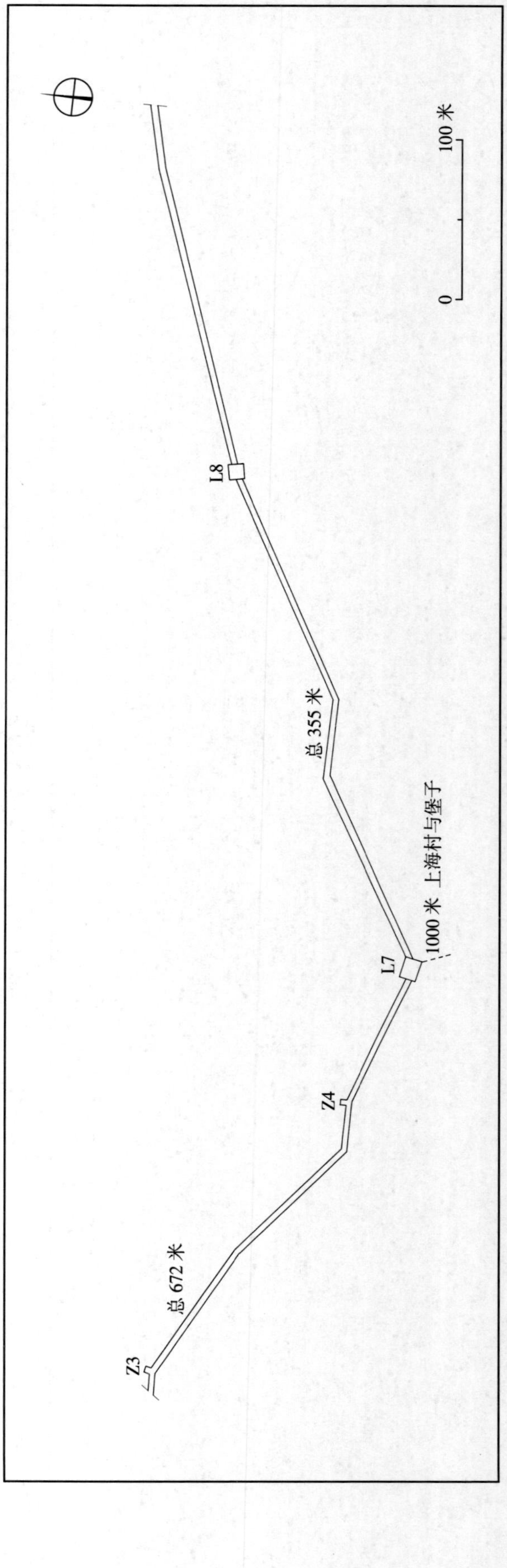

图［10］005　C4 东陵测区边墙建筑遗迹分布图

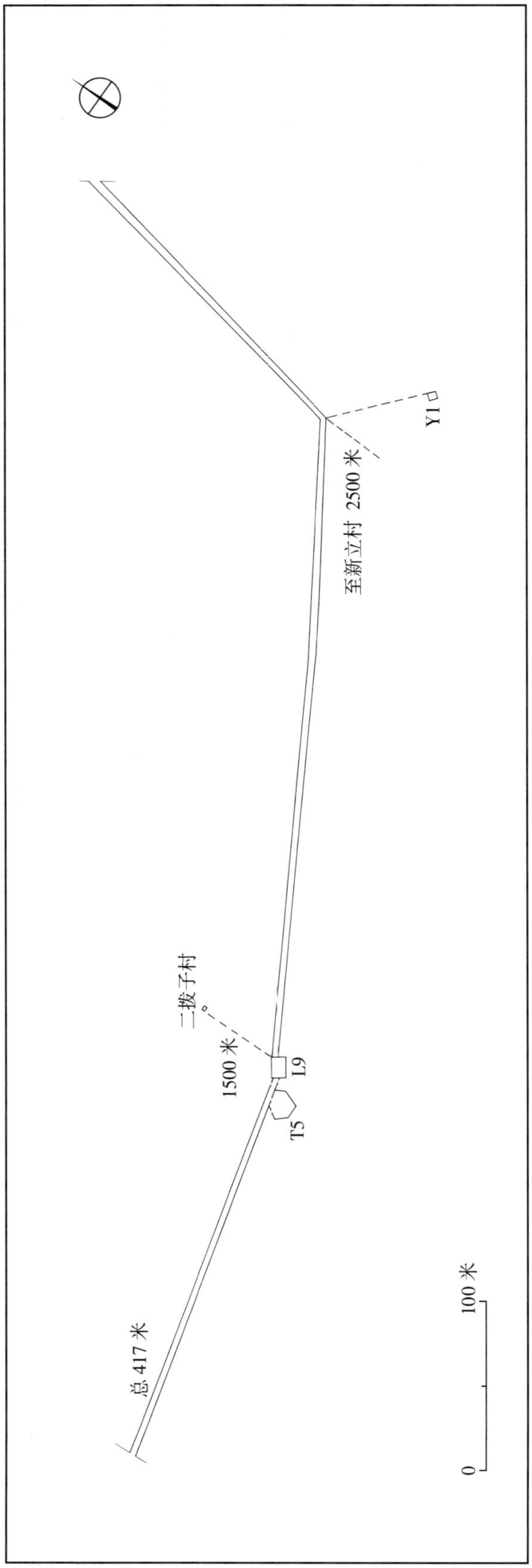

图［10］006 C5东陵测区边墙建筑遗迹分布图

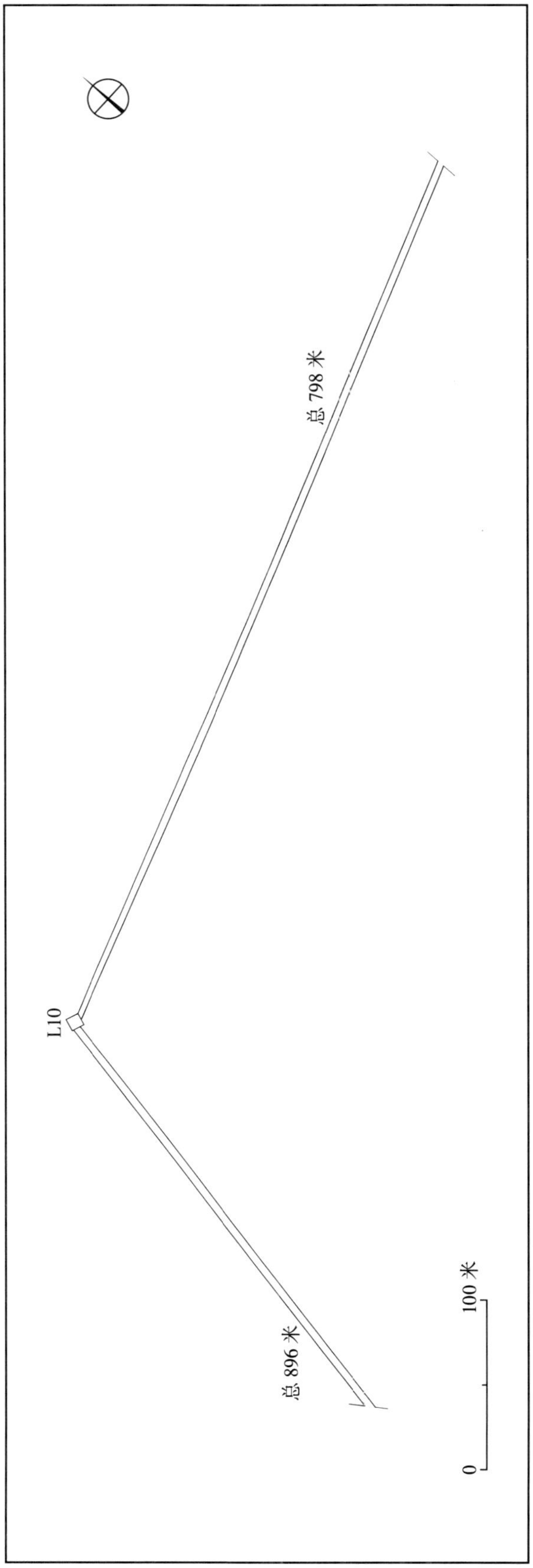

图［10］007 C6东陵测区边墙建筑遗迹分布图

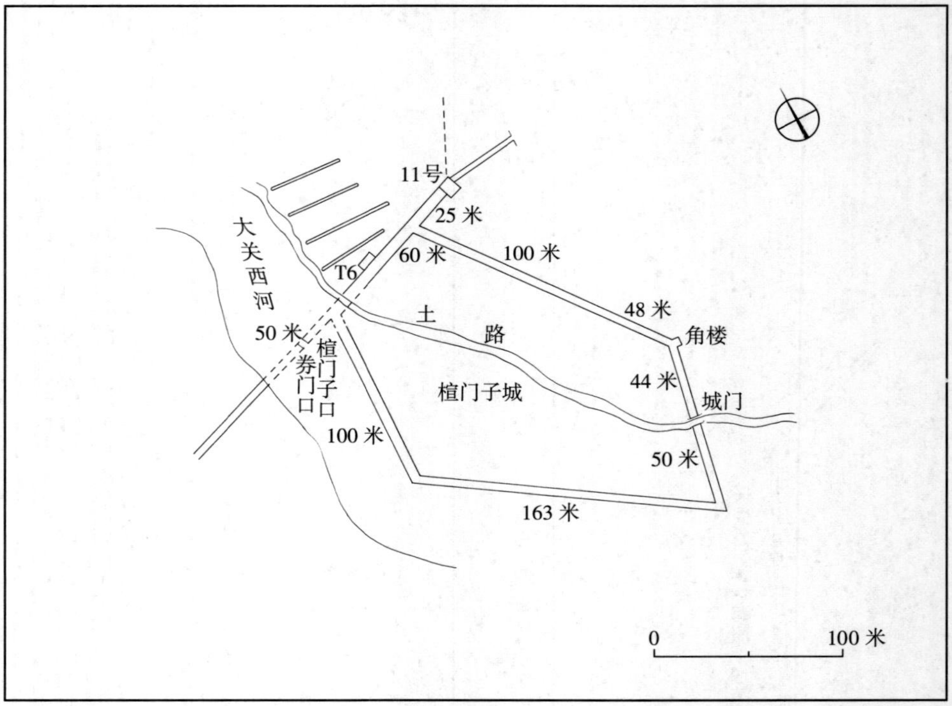

图［10］008　C7 东陵测区边墙建筑遗迹分布图

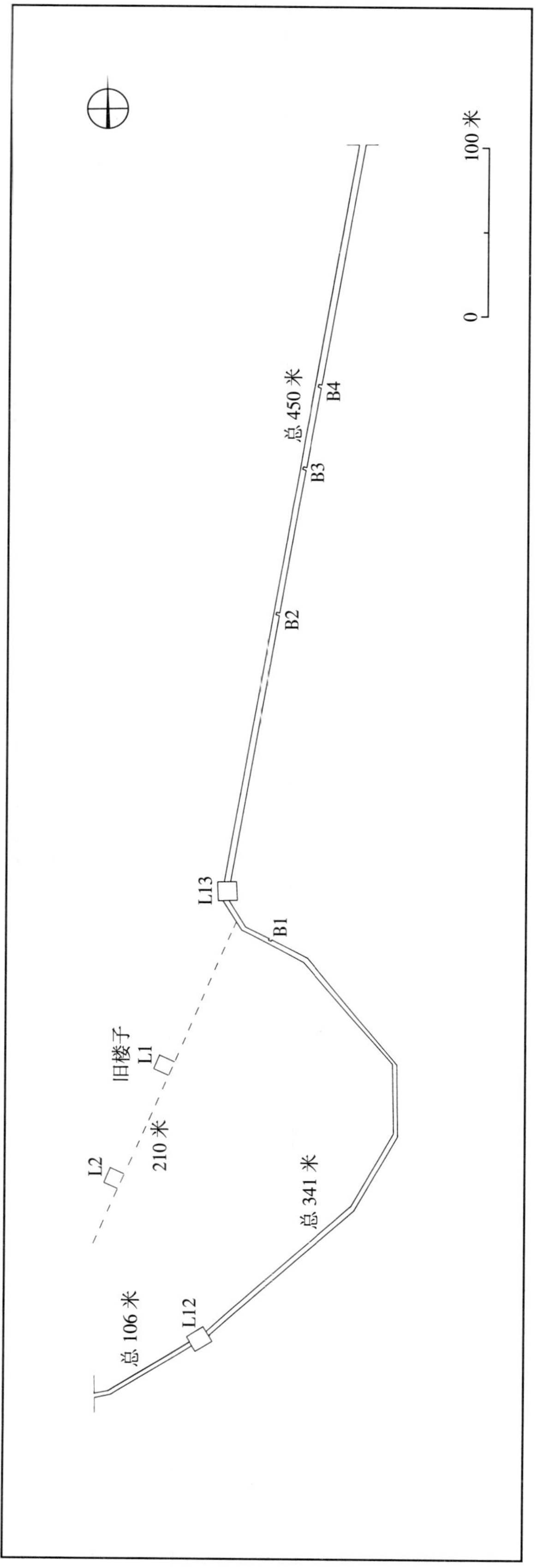

图［10］009　C8 东陵测区边墙建筑遗迹分布图

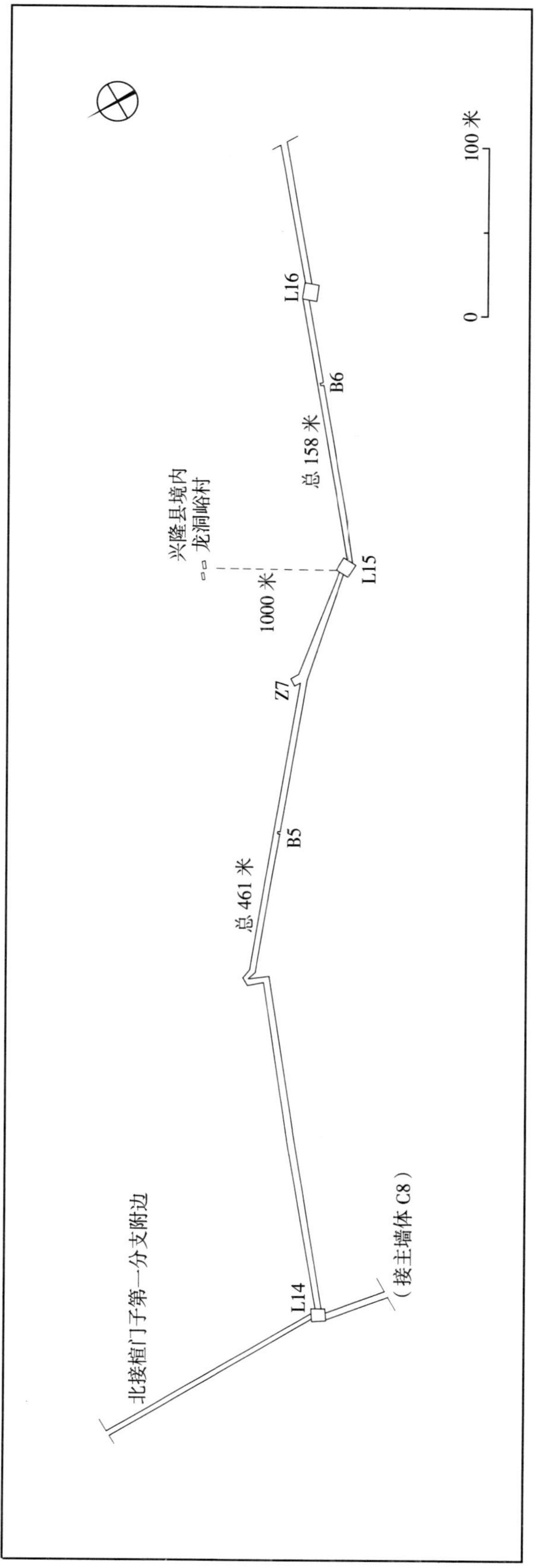

图［10］010　C9 东陵测区边墙建筑遗迹分布图

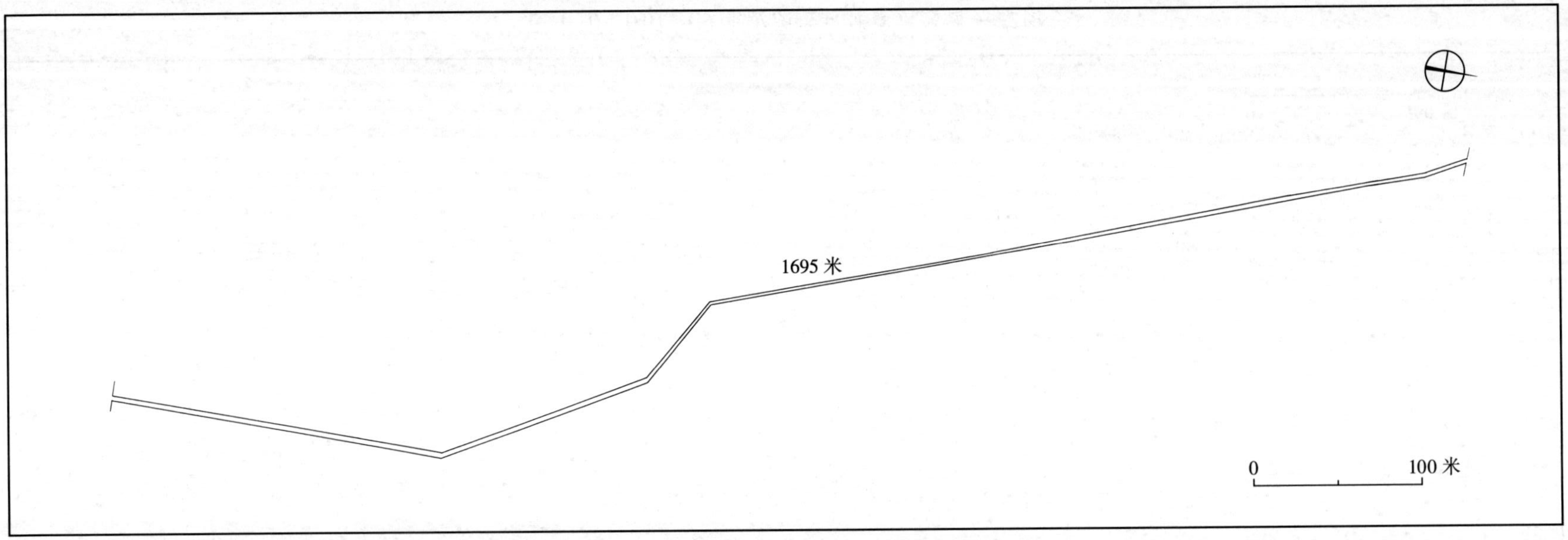

图［10］011　C10 东陵测区楦门子北第一分支附边

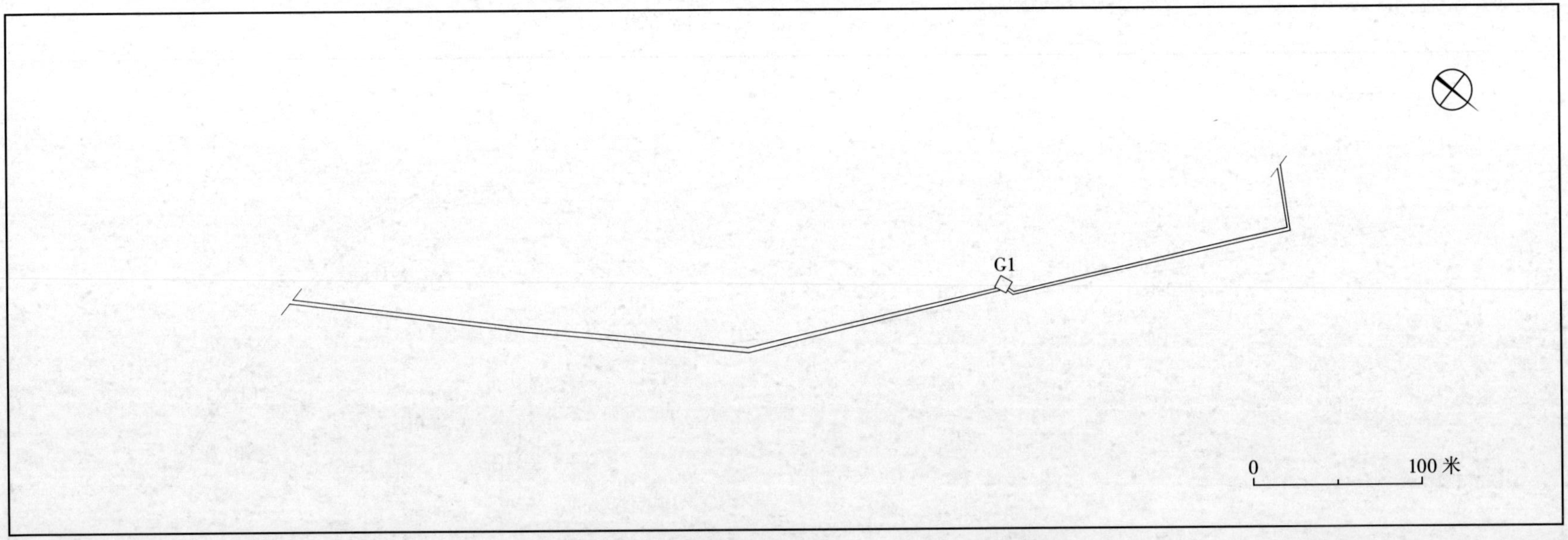

图［10］012　C11 东陵测区楦门子北第一分支附边

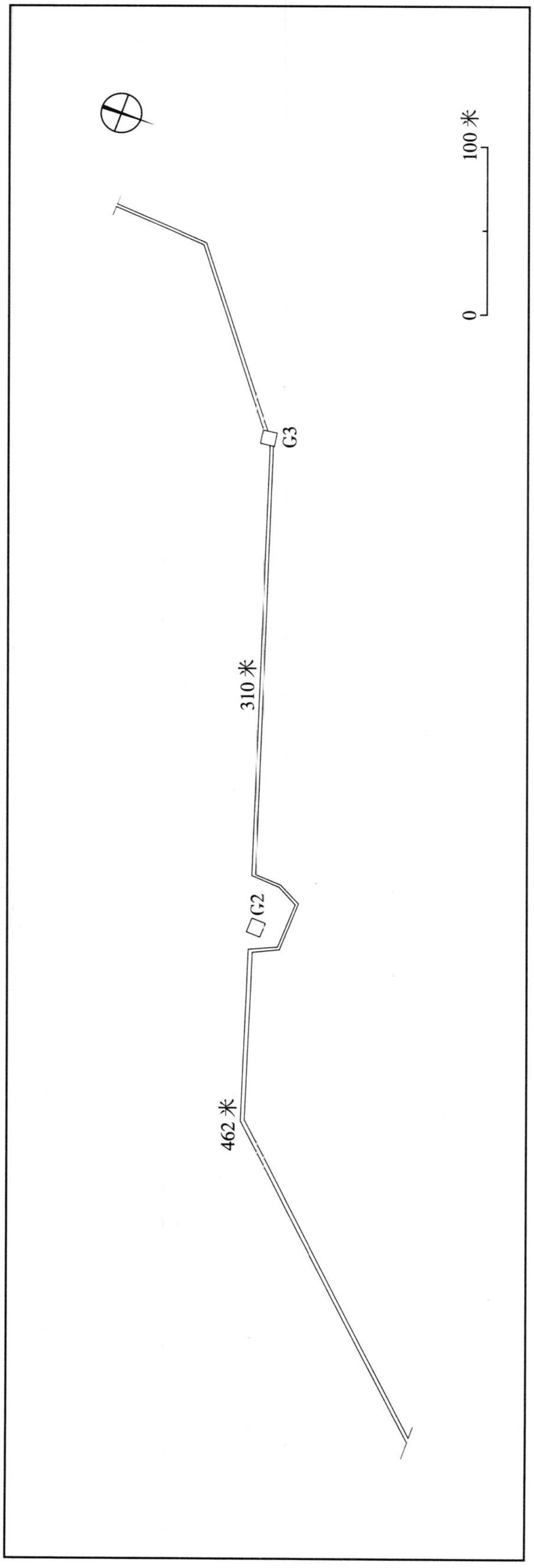

图［10］013　C12 东陵测区桓门子北第一分支附边

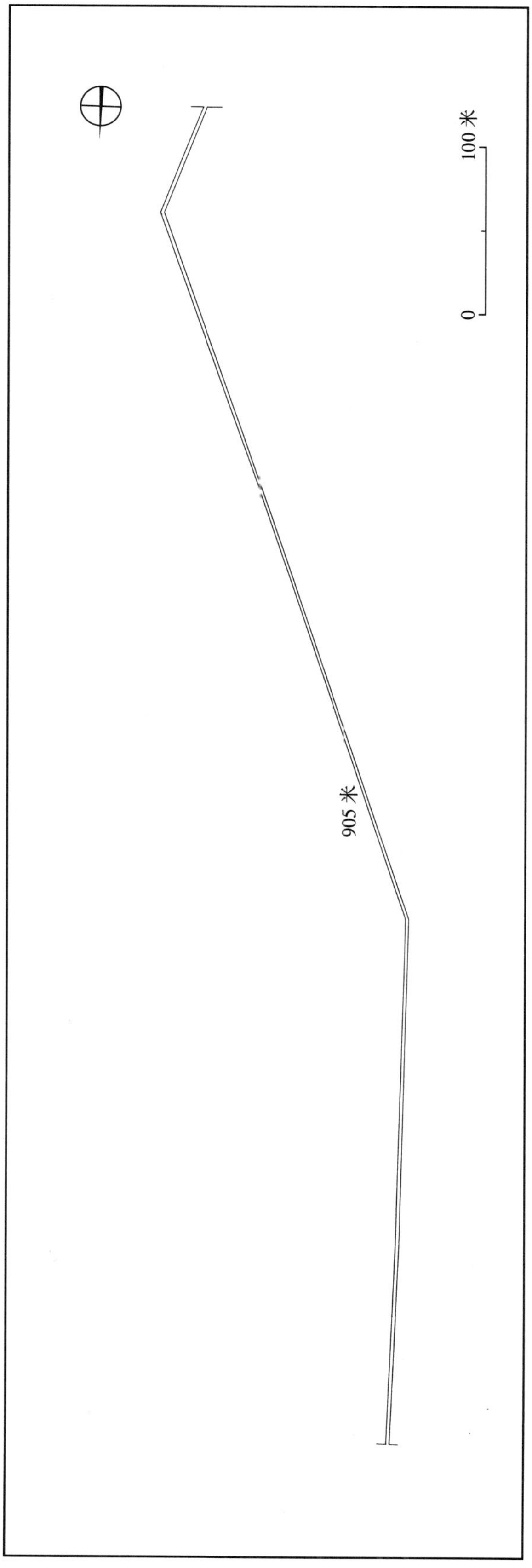

图［10］014　C13 东陵测区桓门子北第一分支附边

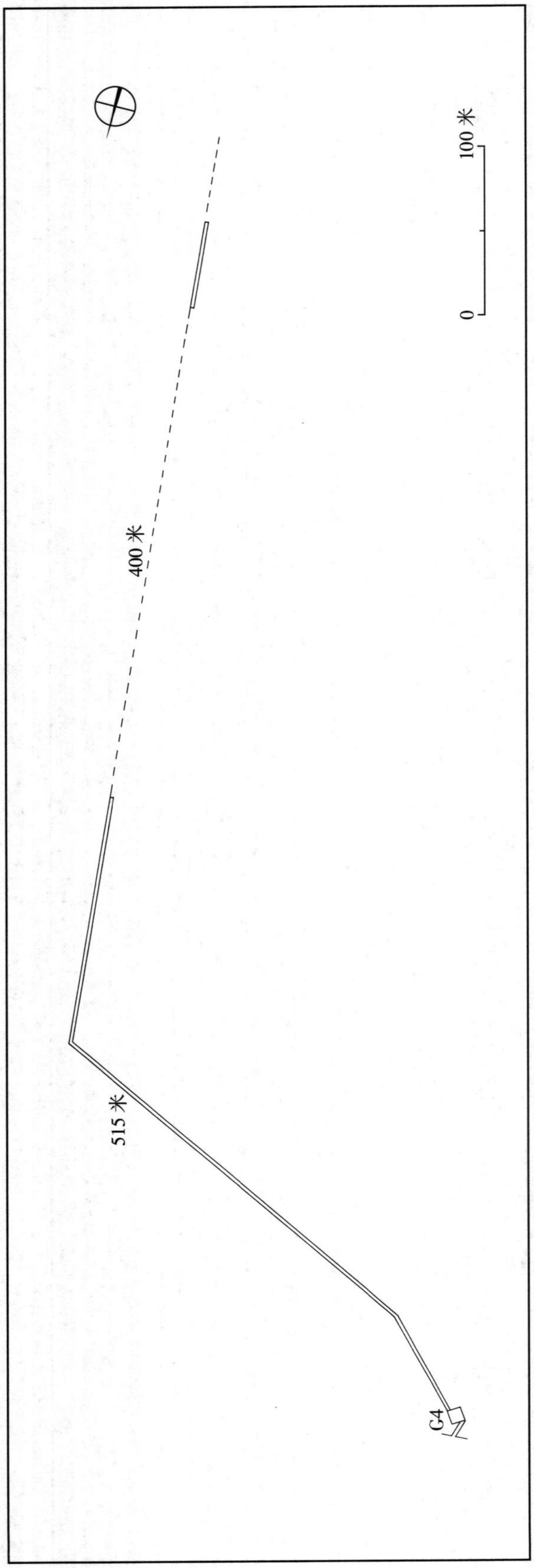

图［10］015　C14东陵测区椬门子北第一附边

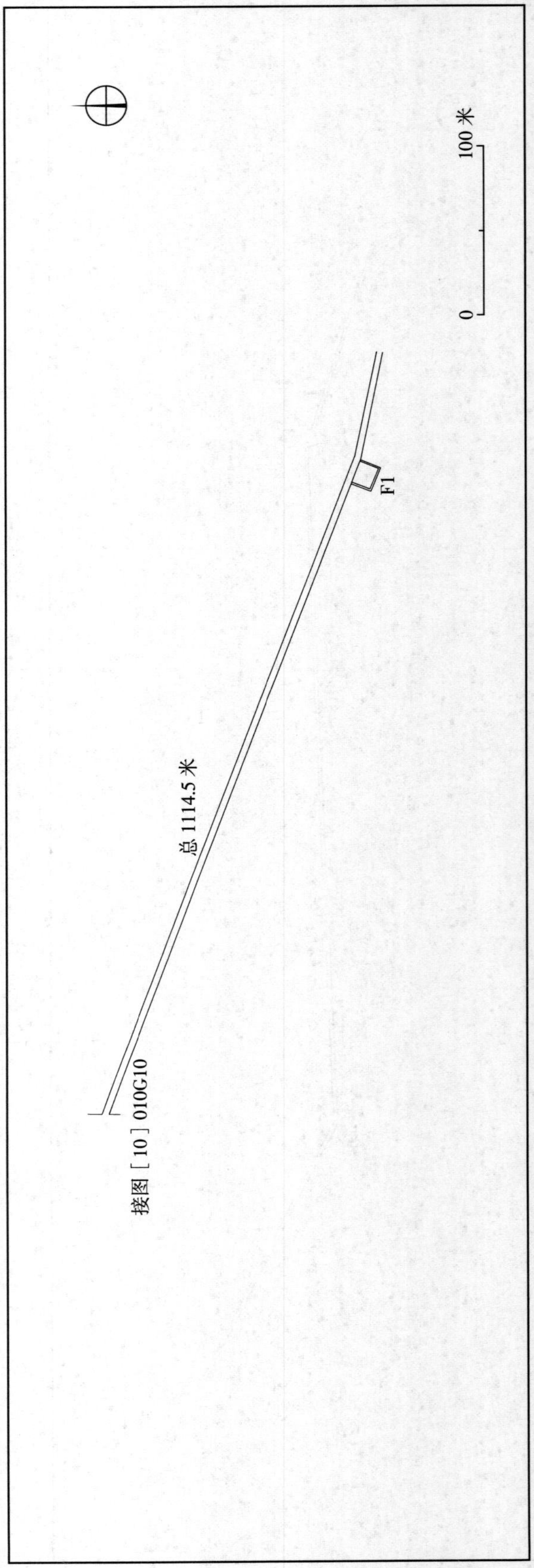

图［10］016　C15东陵测区边墙建筑遗迹分布图

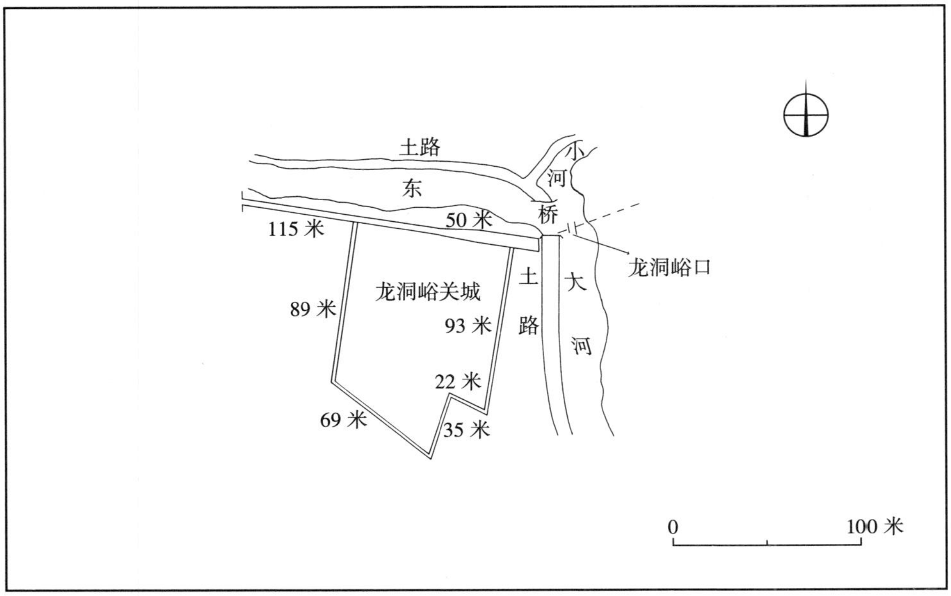

图［10］017　C16 东陵测区边墙建筑遗迹分布图

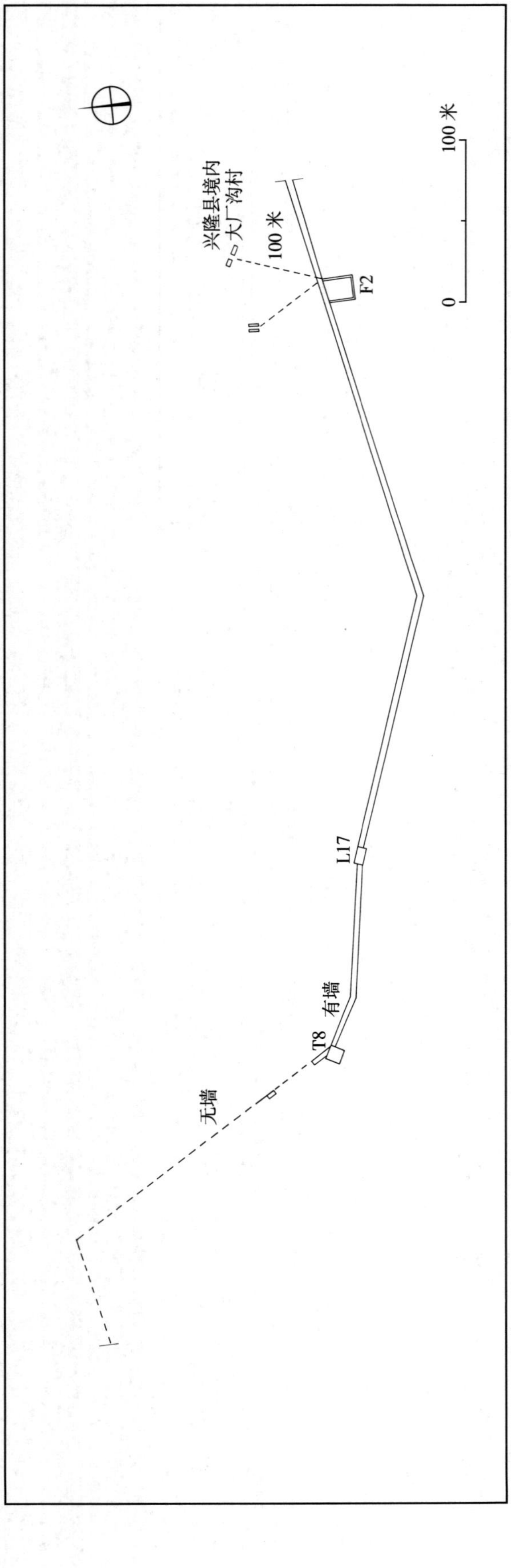

图［10］018　C17 东陵测区边墙建筑遗迹分布图

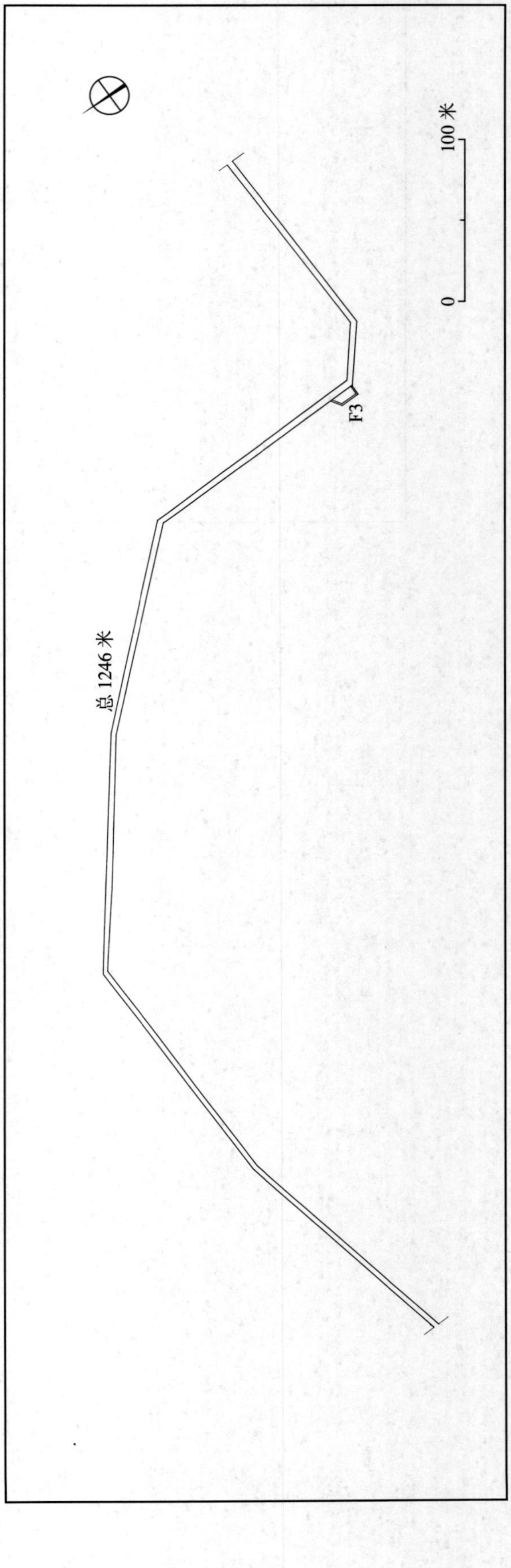

图［10］019　C18 东陵测区边墙建筑遗迹分布图

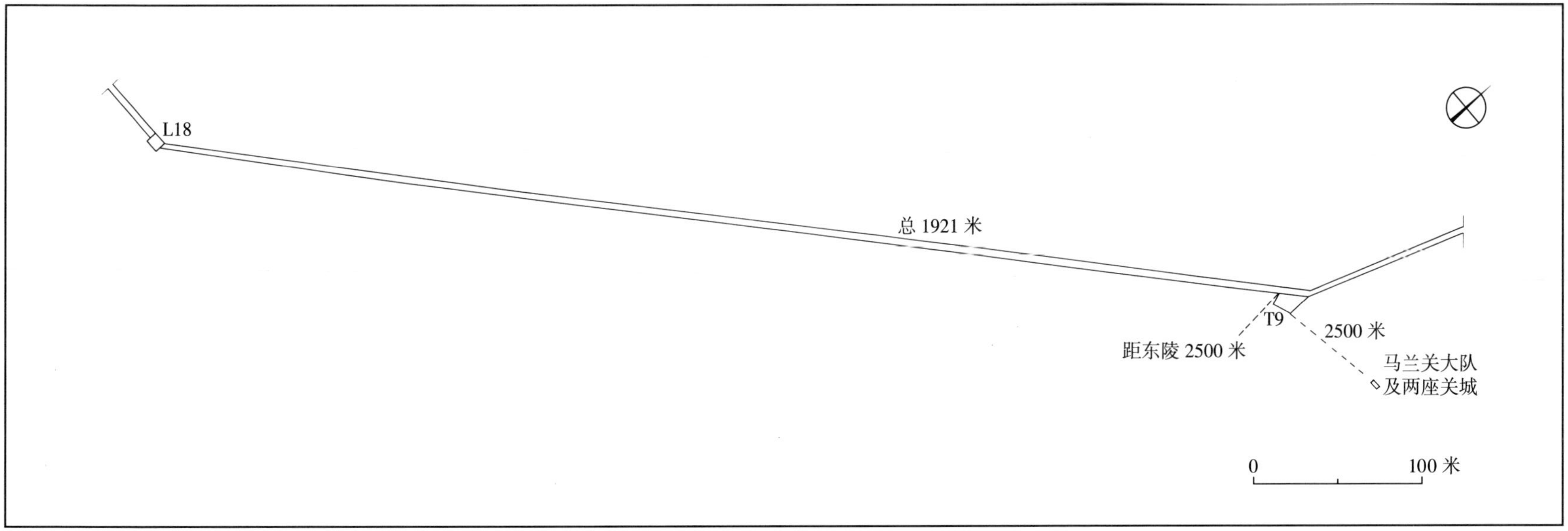

图［10］020　C19 东陵测区边墙建筑遗迹分布图

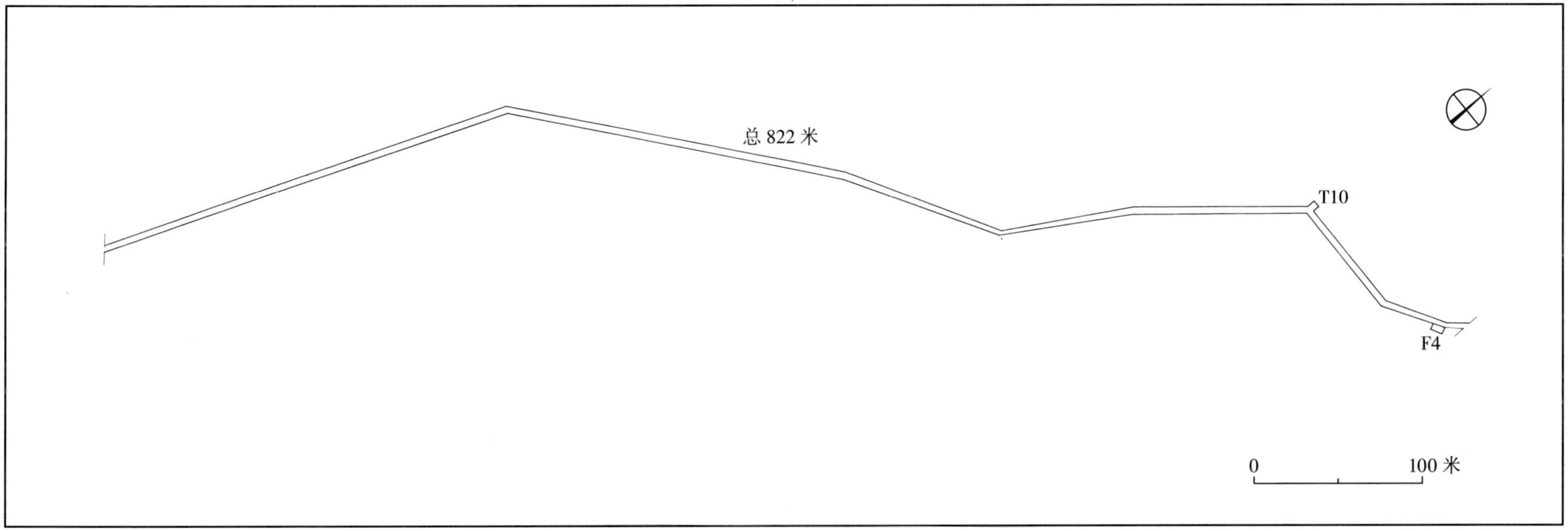

图［10］021　C20 马兰峪测区边墙建筑遗迹分布图

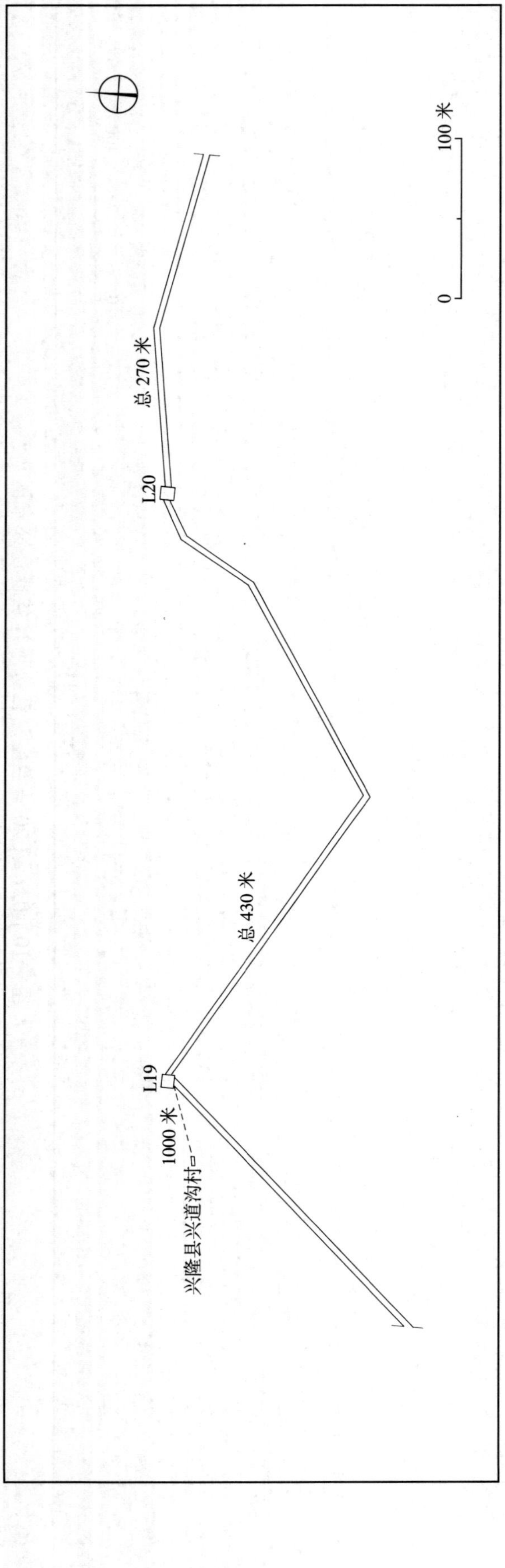

图［10］022　C21 马兰峪测区边墙建筑遗迹分布图

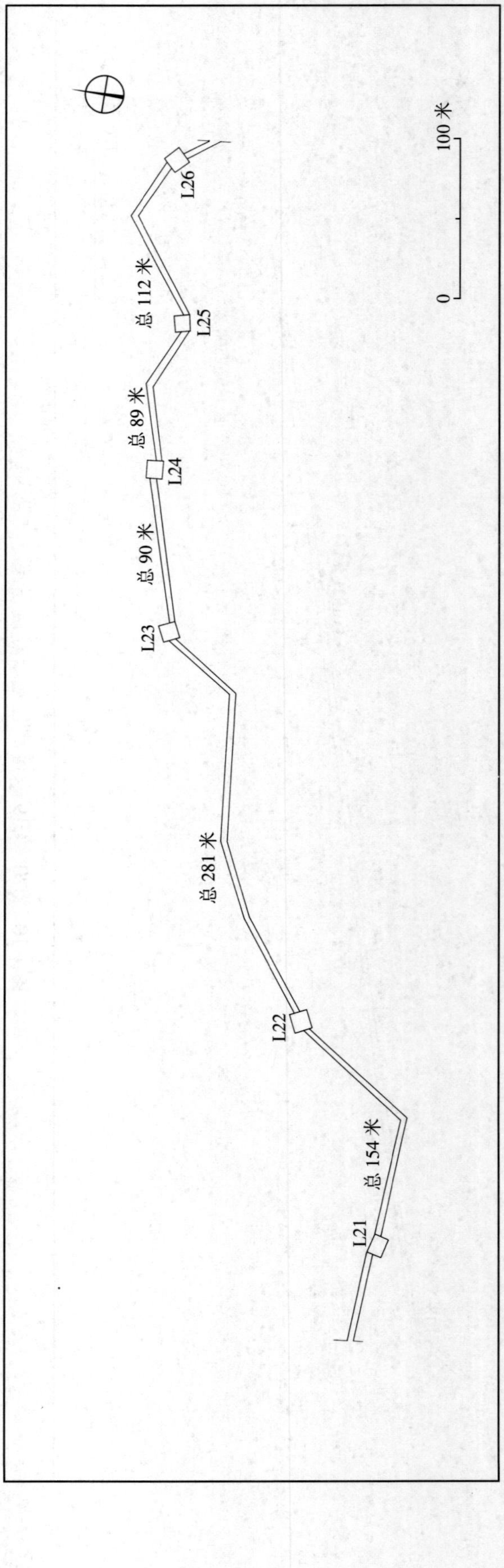

图［10］023　C22 马兰峪测区边墙建筑遗迹分布图

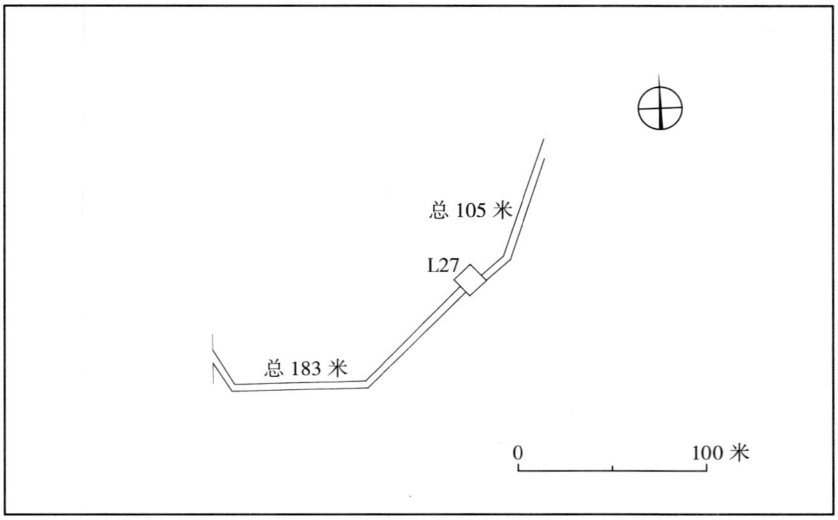

图［10］024　C23 马兰峪测区边墙建筑遗迹分布图

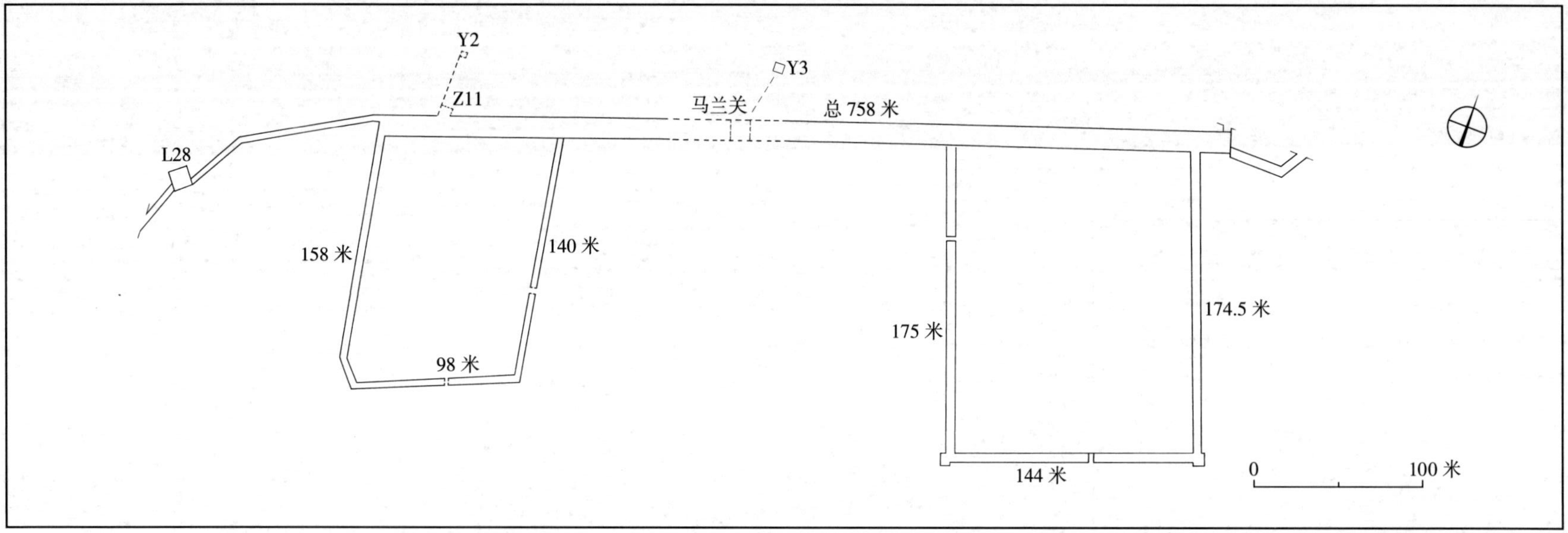

图［10］025　C24 马兰峪测区边墙建筑遗迹分布图

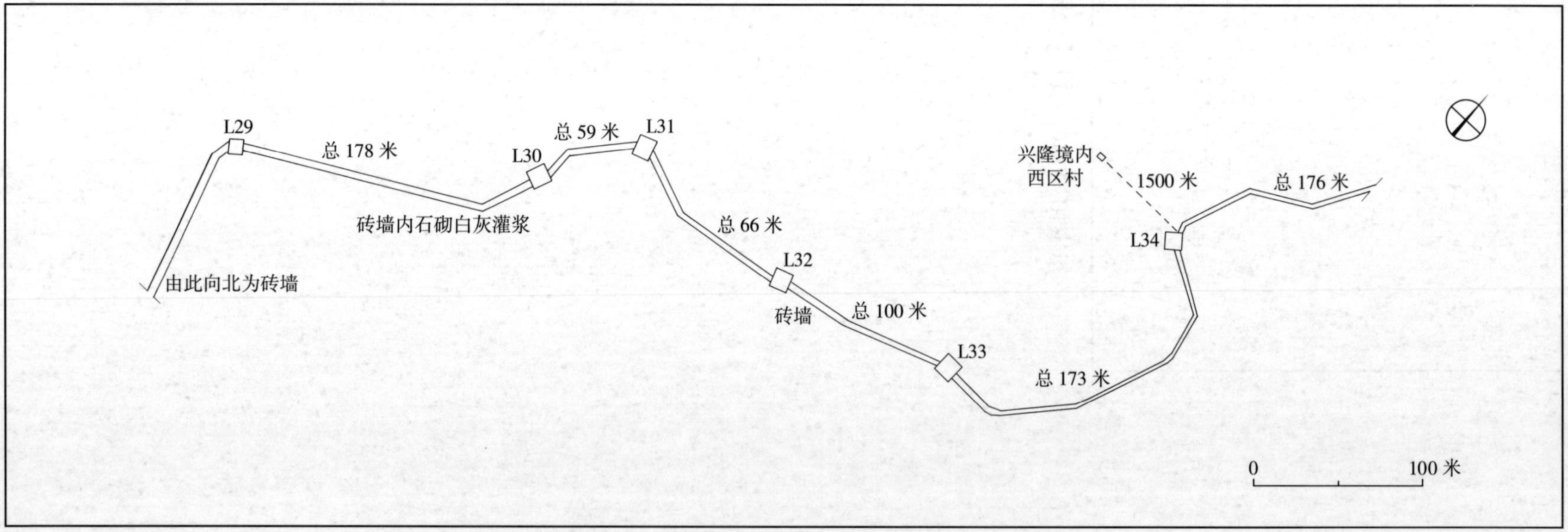

图［10］026　C25 马兰峪测区边墙建筑遗迹分布图

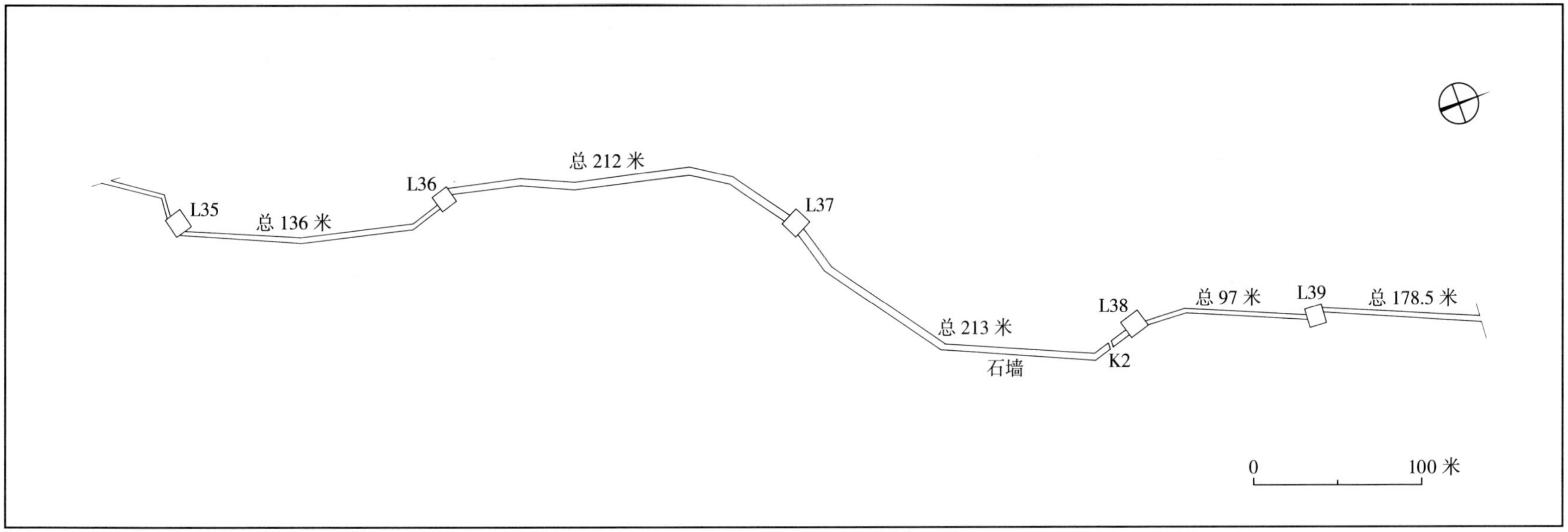

图［10］027　C26 马兰峪测区边墙建筑遗迹分布图

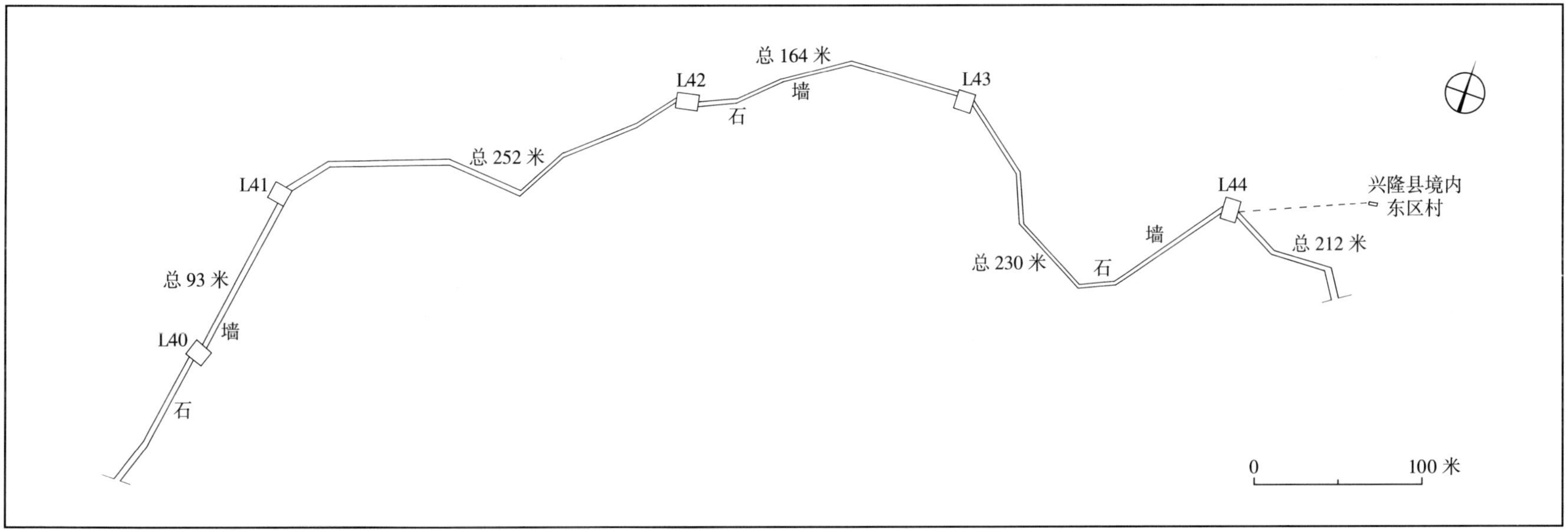

图［10］028　C27 马兰峪测区边墙建筑遗迹分布图

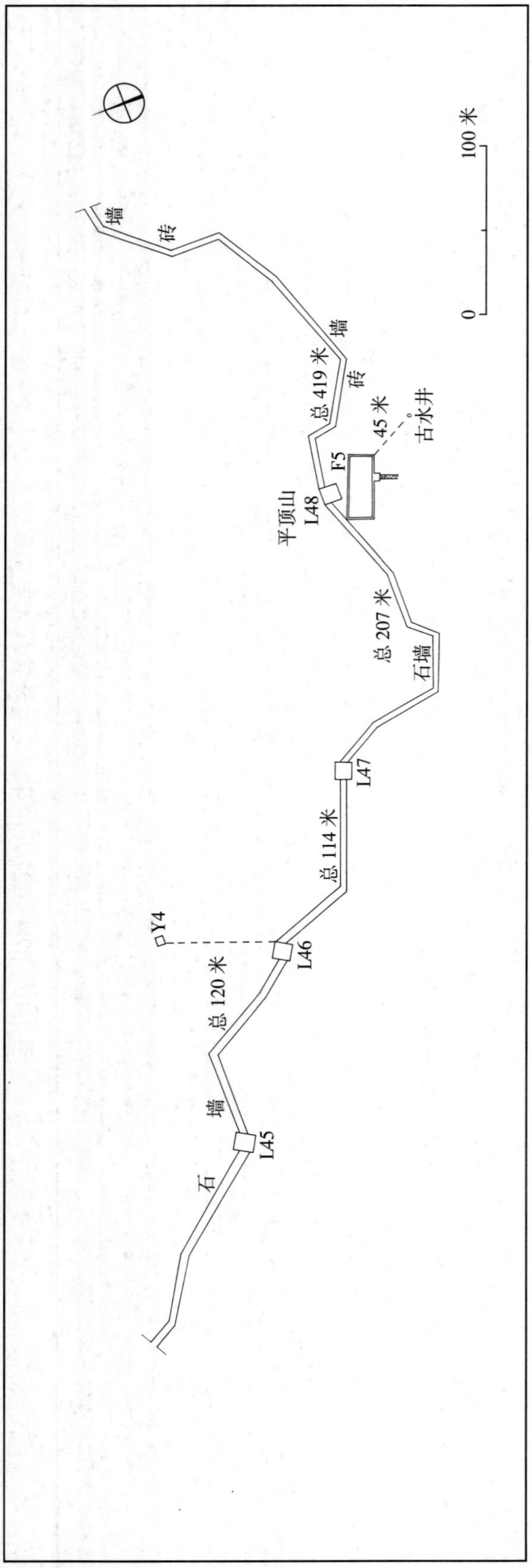

图［10］029　C28 马兰峪测区边墙建筑遗迹分布图

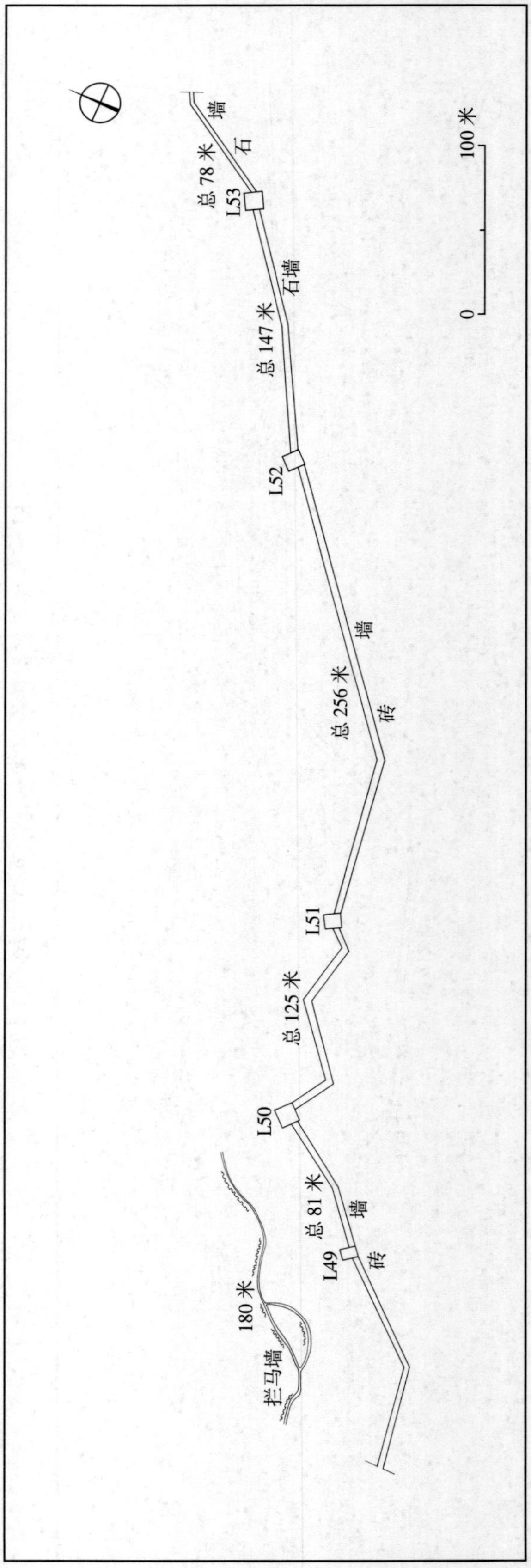

图［10］030　C29 马兰峪测区边墙建筑遗迹分布图

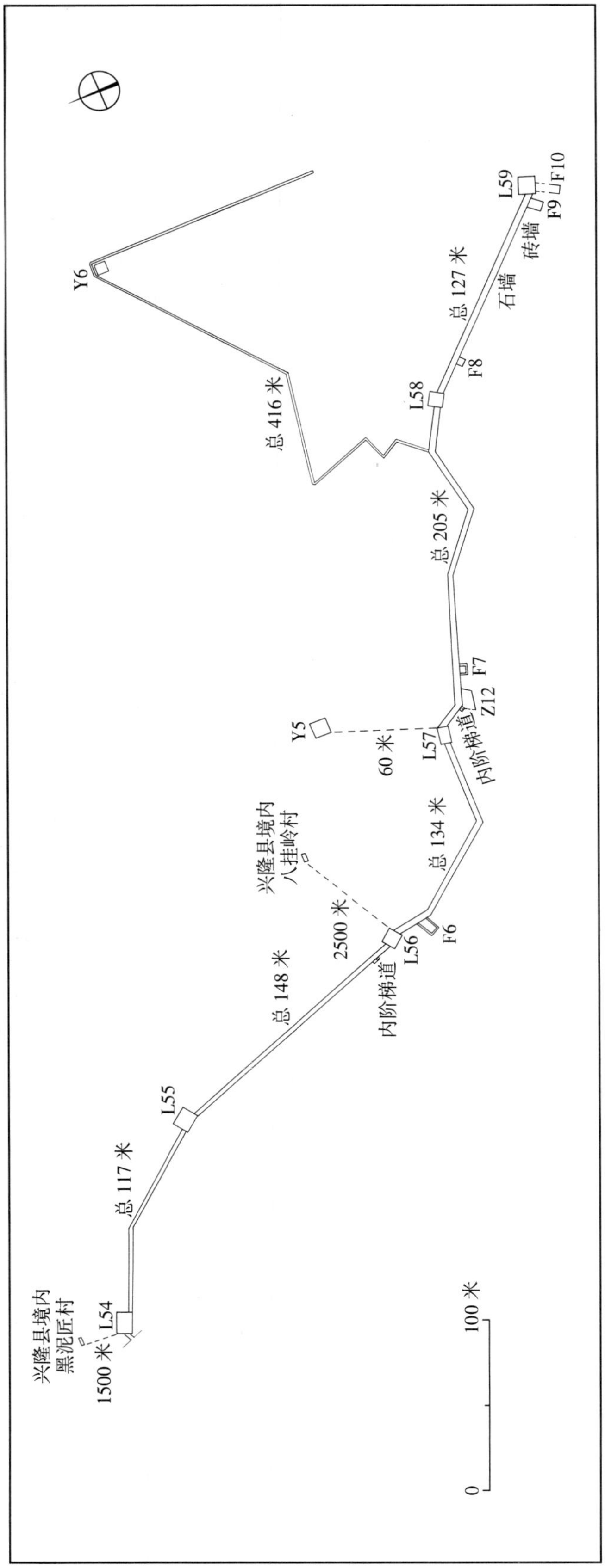

图［10］031　C30 鲶鱼池测区边墙建筑遗迹分布图

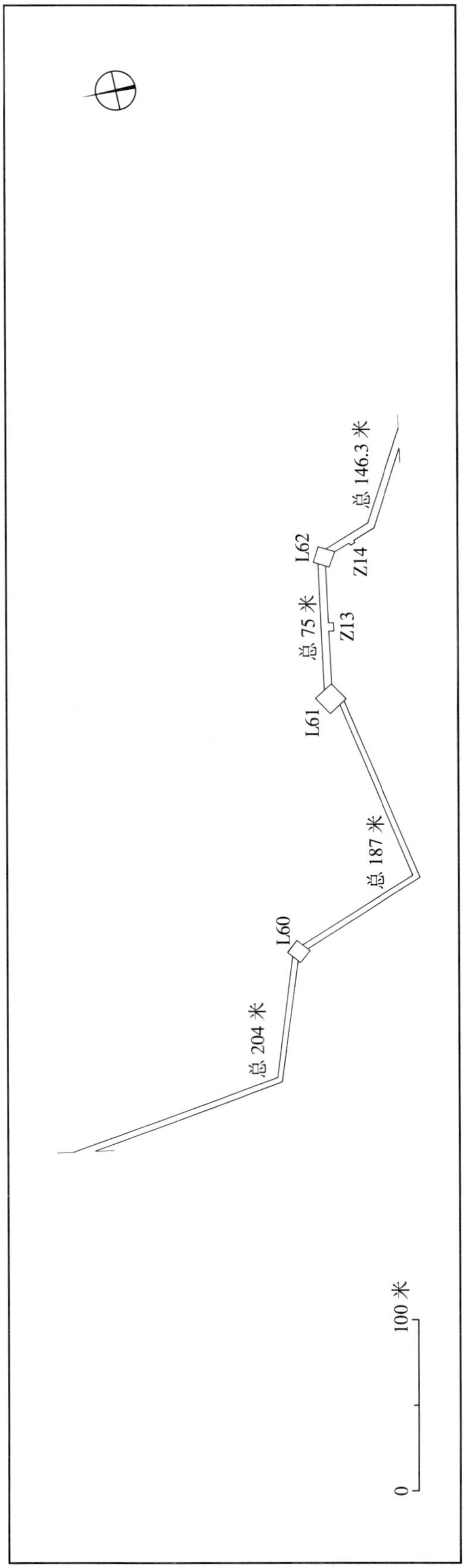

图［10］032　C31 鲶鱼池测区边墙建筑遗迹分布图

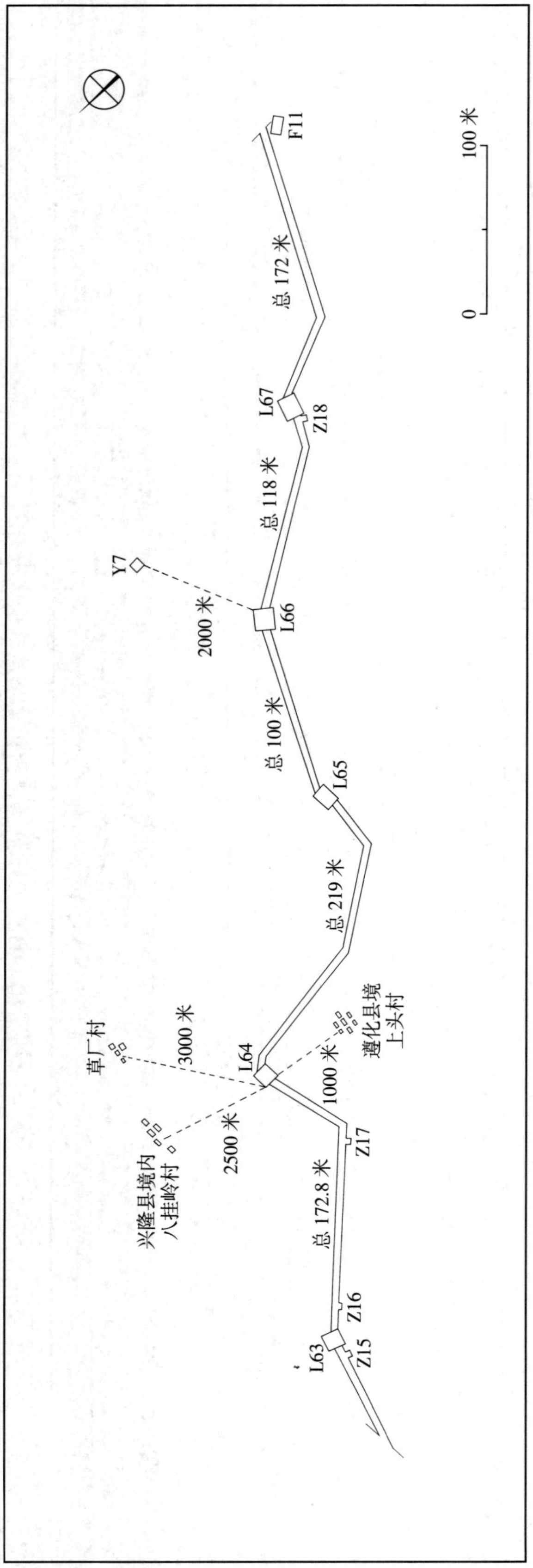

图［10］033　C32 鲶鱼池测区边墙建筑遗迹分布图

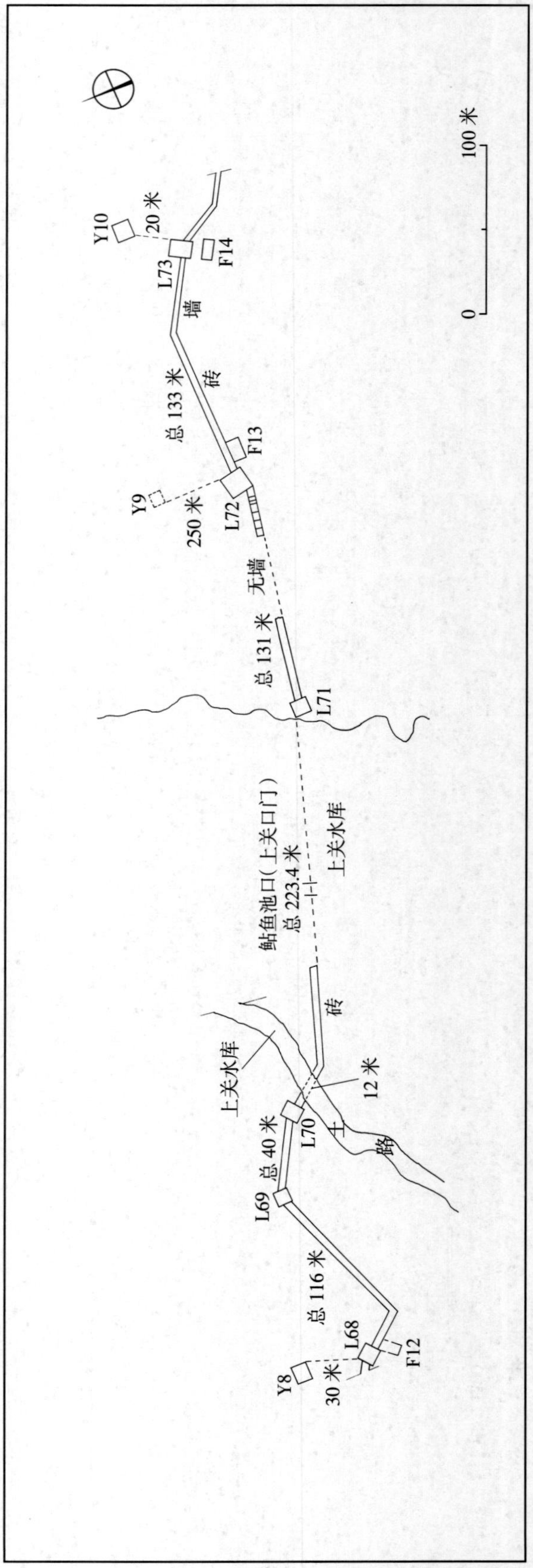

图［10］034　C33 鲶鱼池测区边墙建筑遗迹分布图

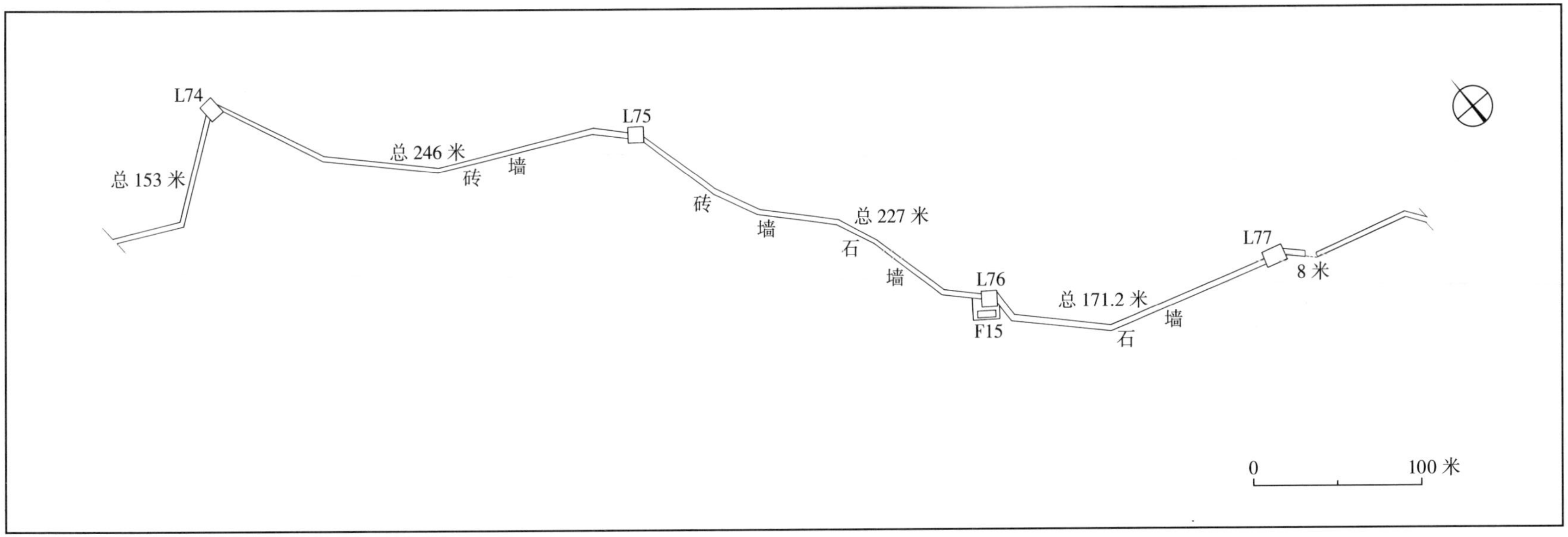

图［10］035 C34 鲶鱼池测区边墙建筑遗迹分布图

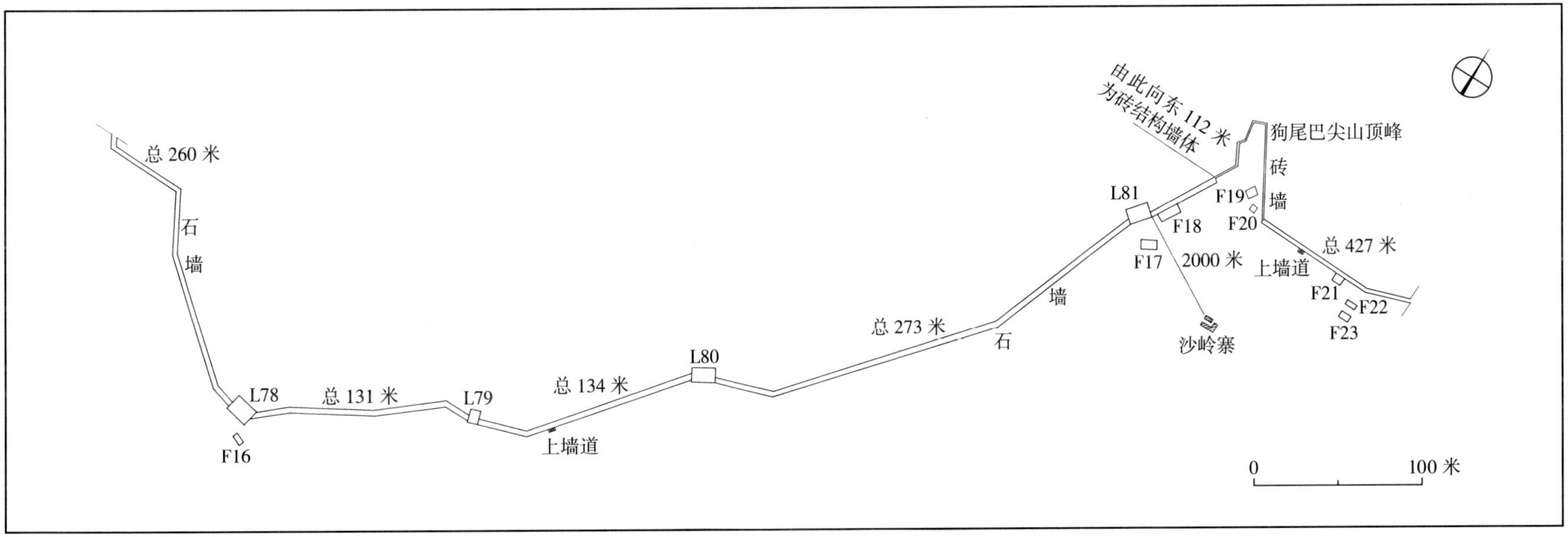

图［10］036 C35 鲶鱼池测区边墙建筑遗迹分布图

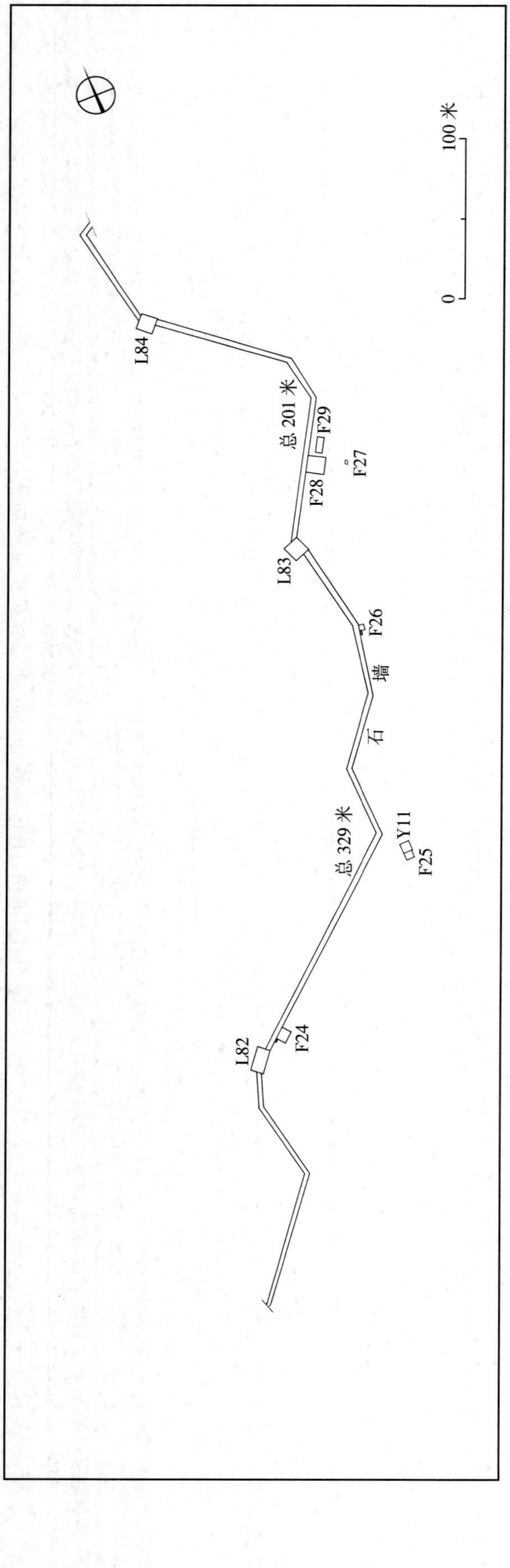

图［10］037　C36 鲶鱼池测区边墙建筑遗迹分布图

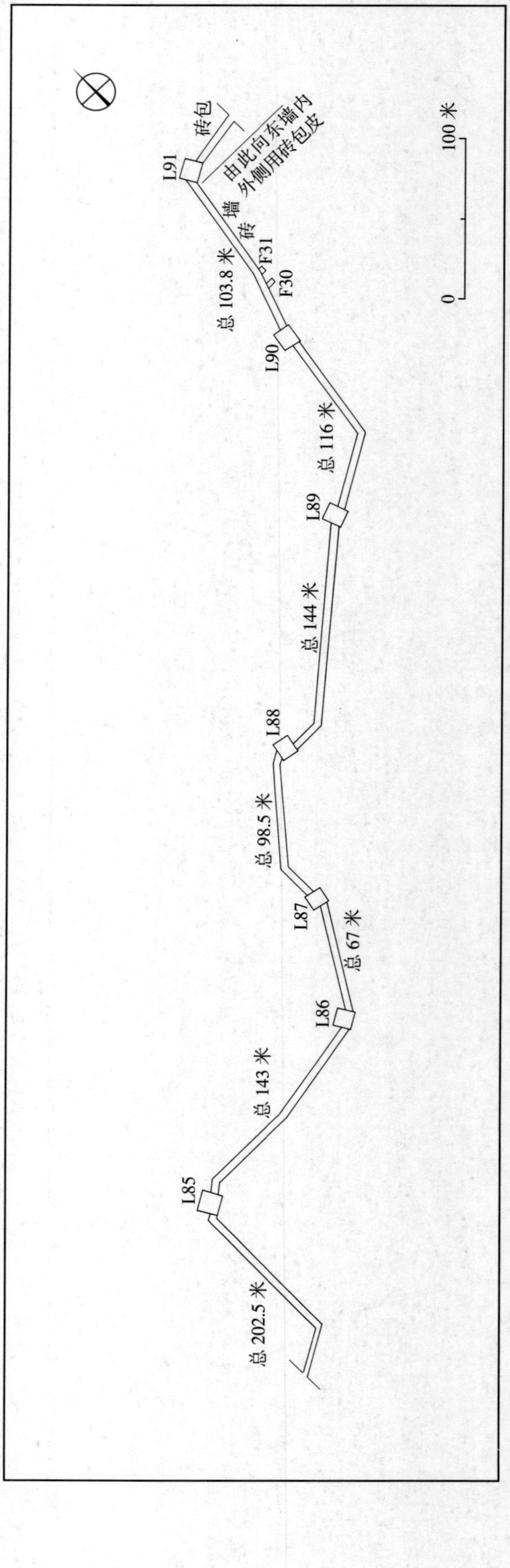

图［10］038　C37 大安口测区边墙建筑遗迹分布图

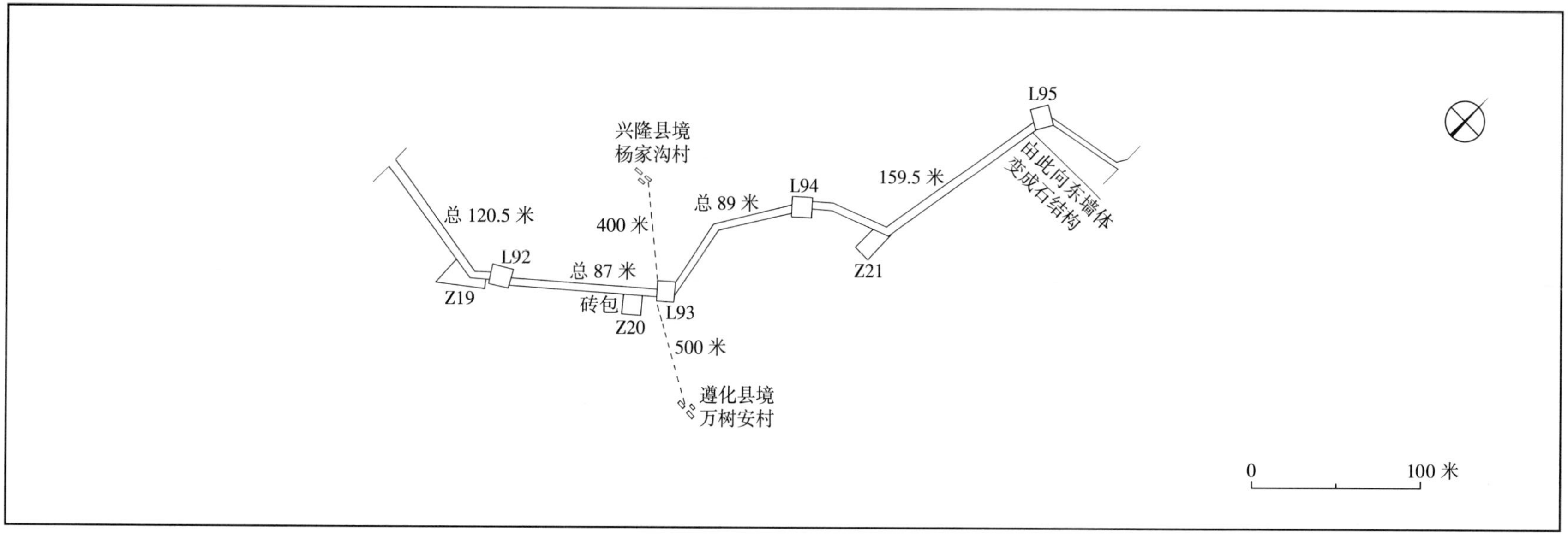

图［10］039　C38 大安口测区边墙建筑遗迹分布图

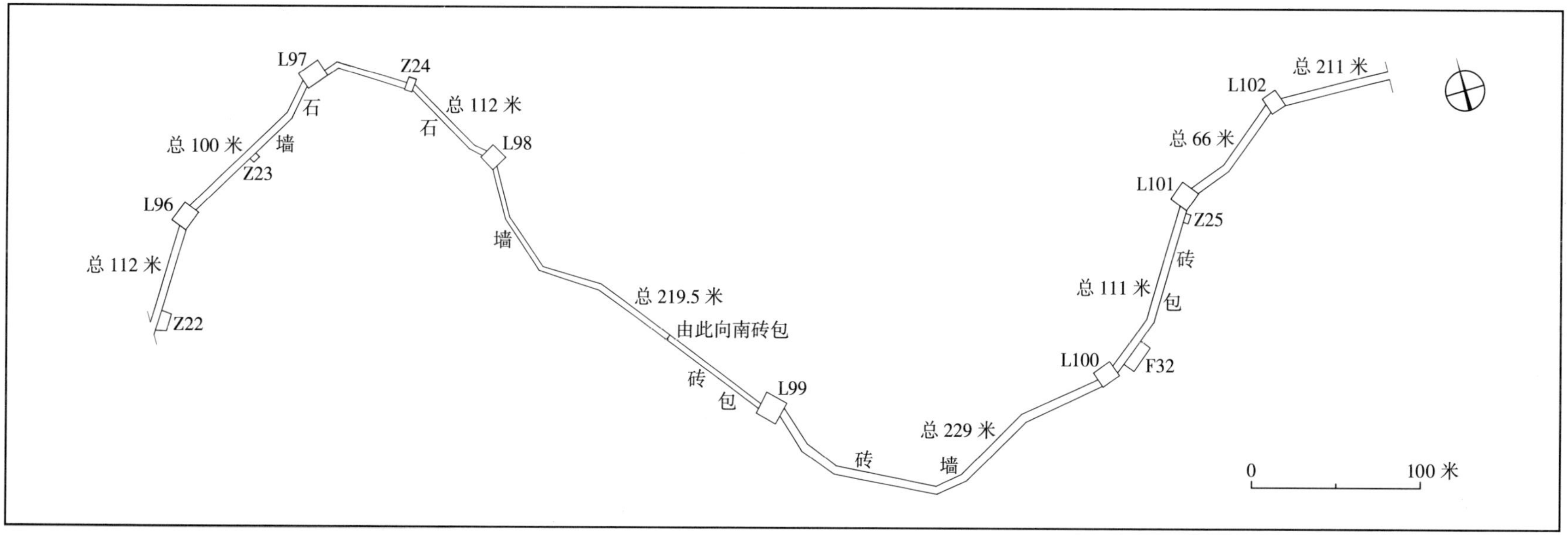

图［10］040　C39 大安口测区边墙建筑遗迹分布图

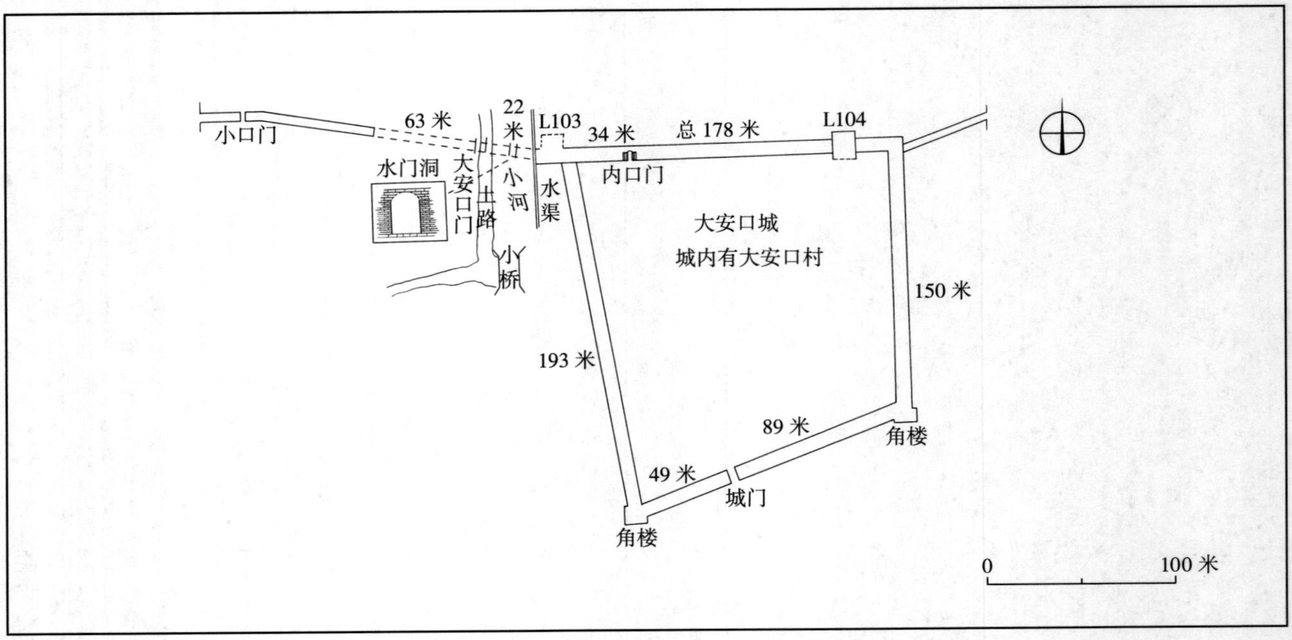

图［10］041　C40 大安口测区边墙建筑遗迹分布图

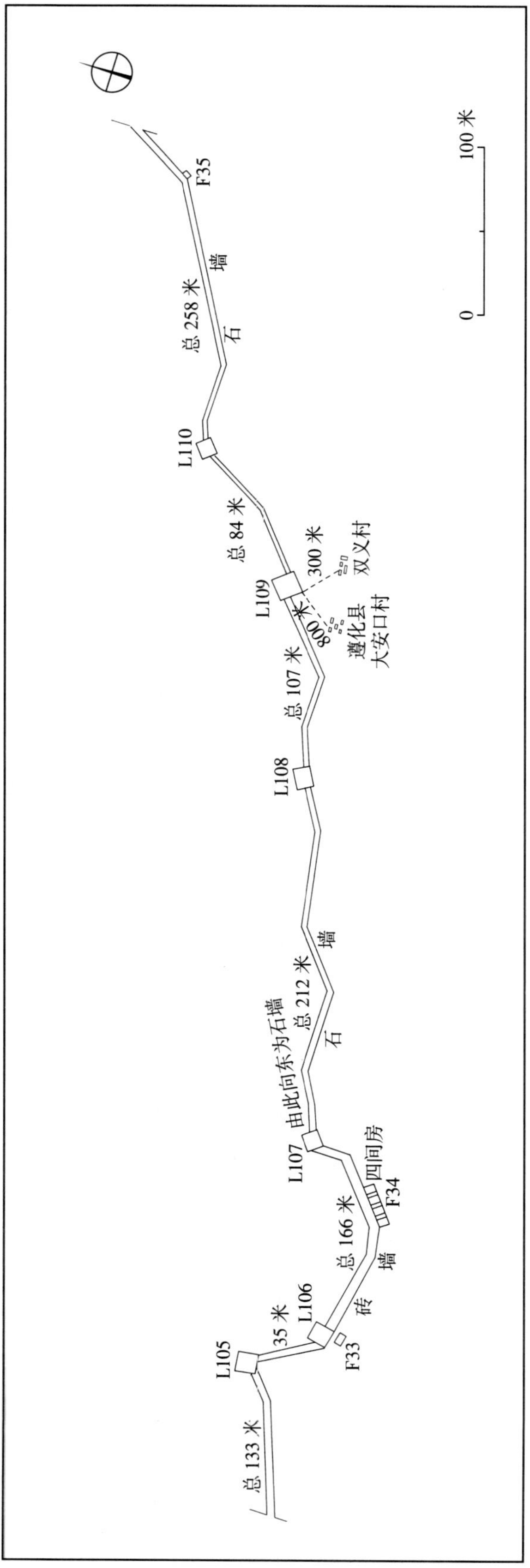

图［10］042　C41 大安口测区边墙建筑遗迹分布图

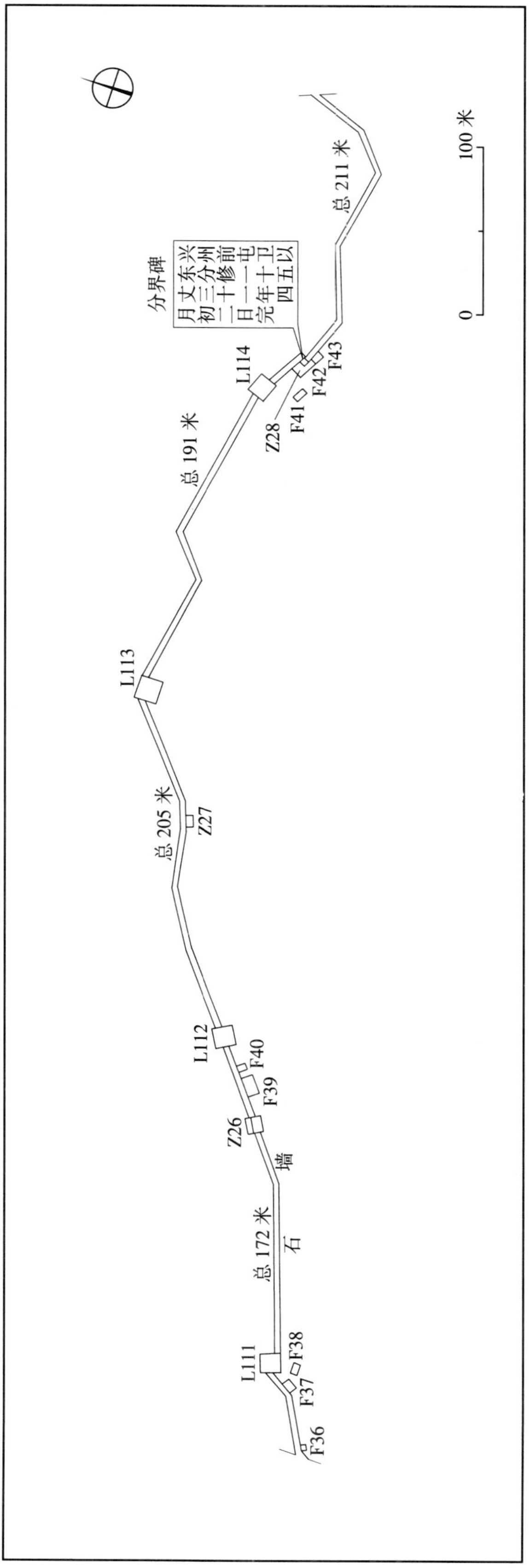

图［10］043　C42 大安口测区边墙建筑遗迹分布图

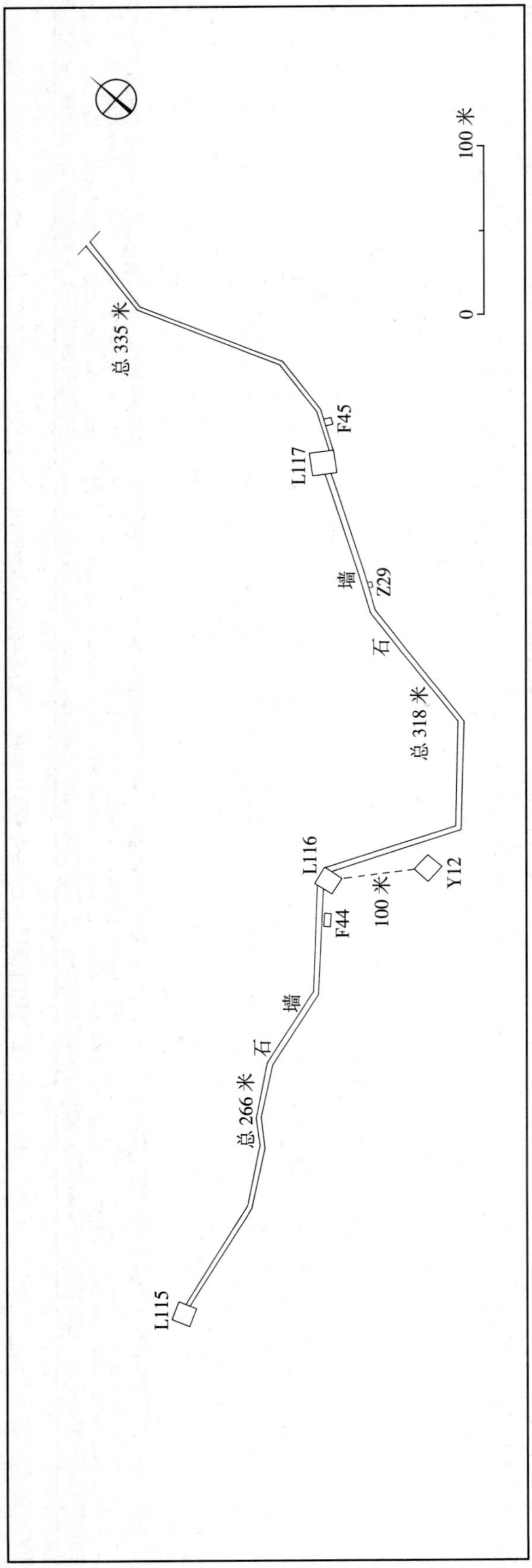

图［10］044　C43 大安口测区边墙建筑遗迹分布图

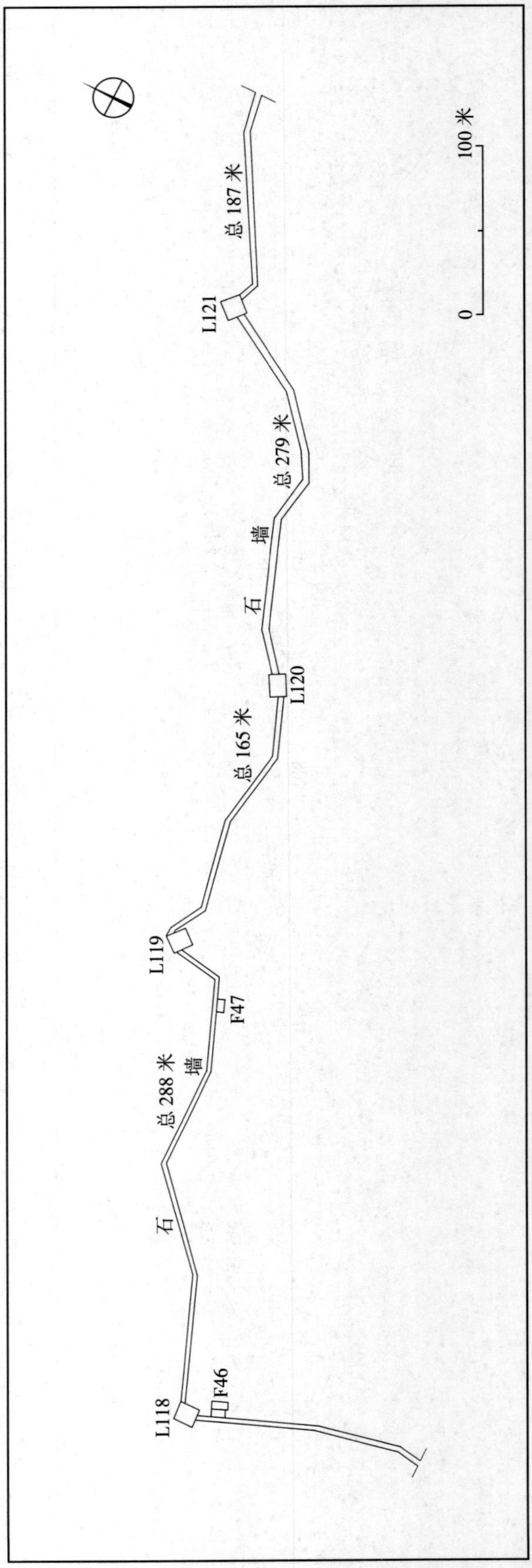

图［10］045　C44 大安口测区边墙建筑遗迹分布图

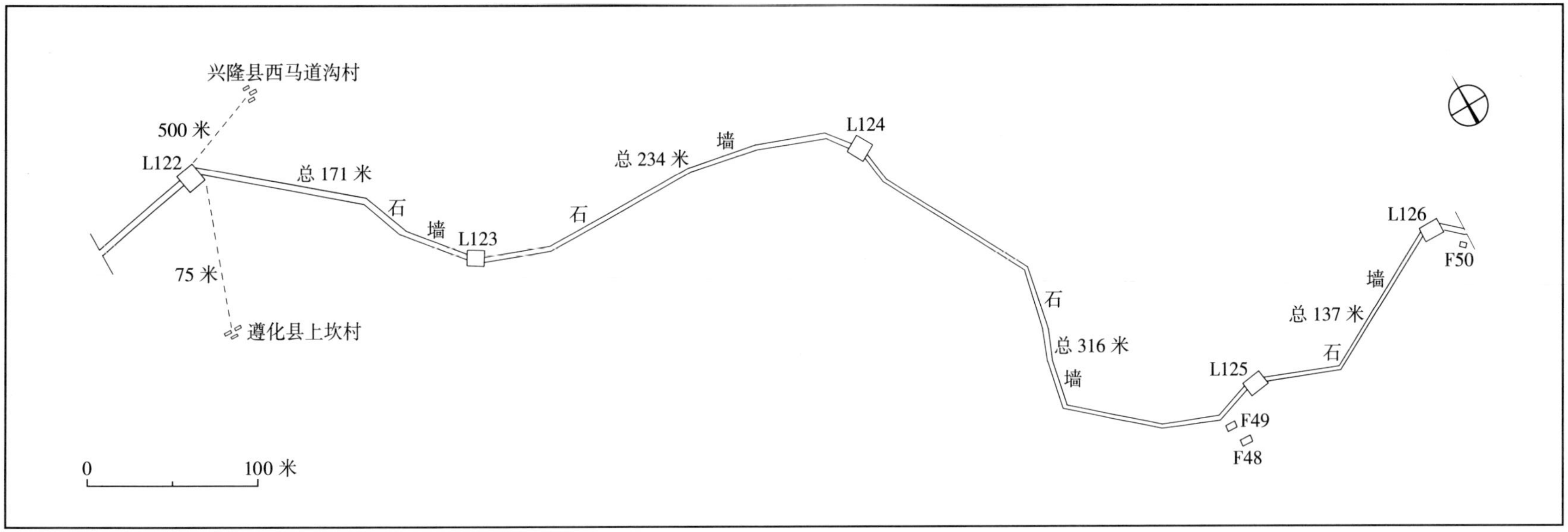

图［10］046　C45 大安口测区边墙建筑遗迹分布图

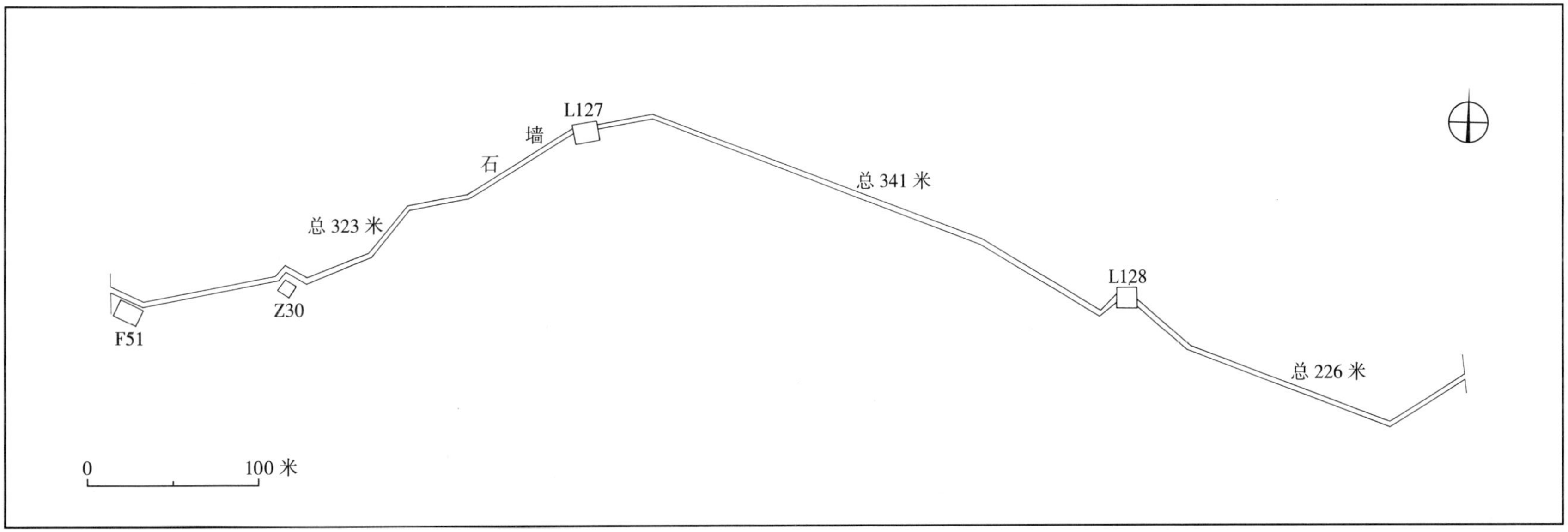

图［10］047　C46 大安口测区边墙建筑遗迹分布图

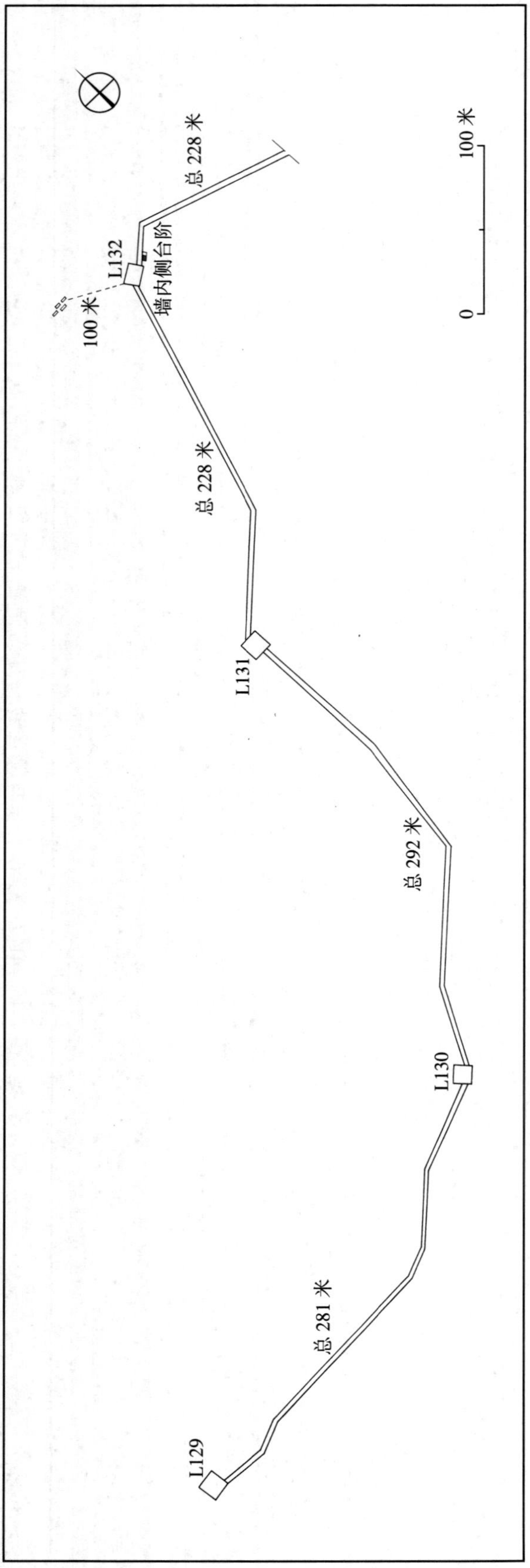

图［10］048　C47 冷嘴头测区边墙建筑遗迹分布图

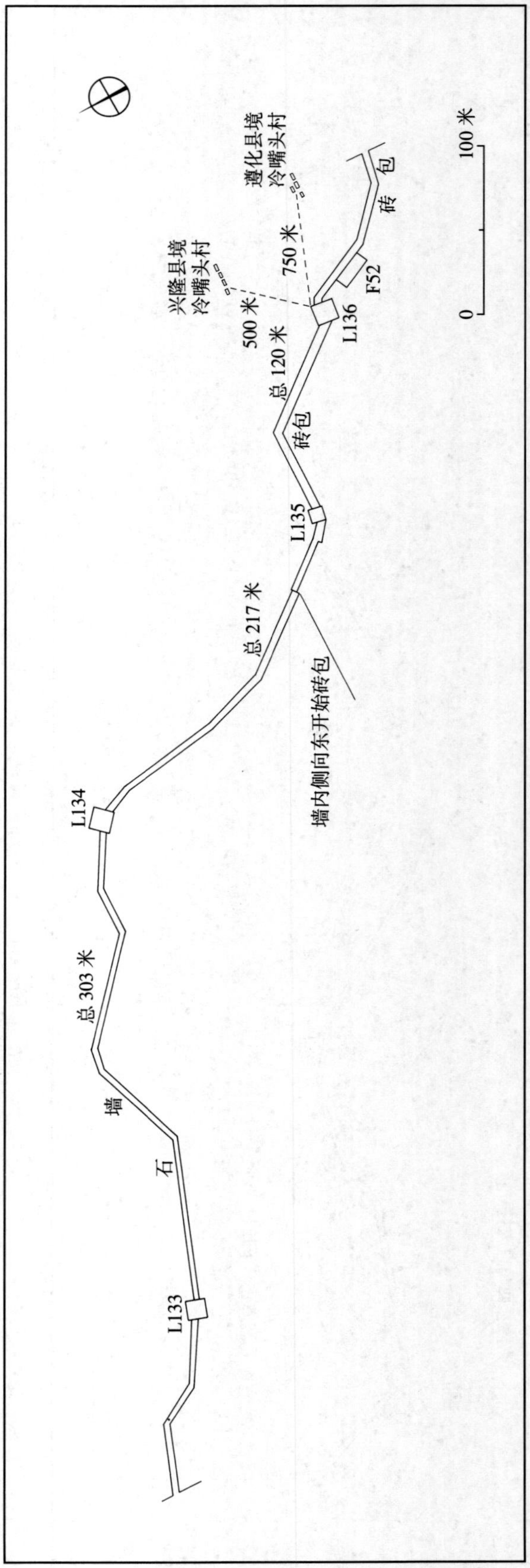

图［10］049　C48 冷嘴头测区边墙建筑遗迹分布图

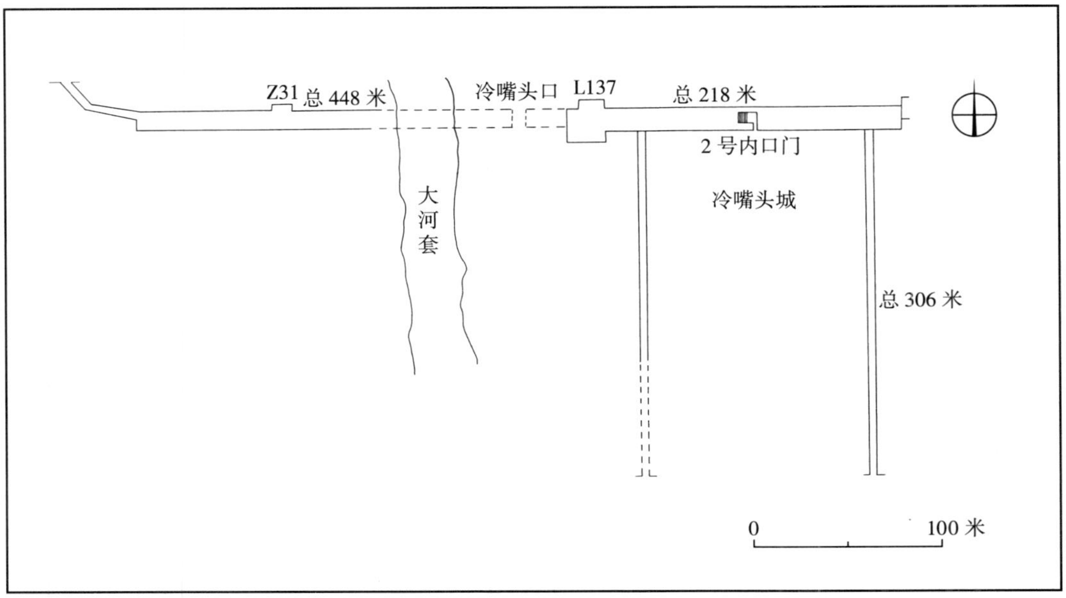

图［10］050　C49 冷嘴头测区边墙建筑遗迹分布图

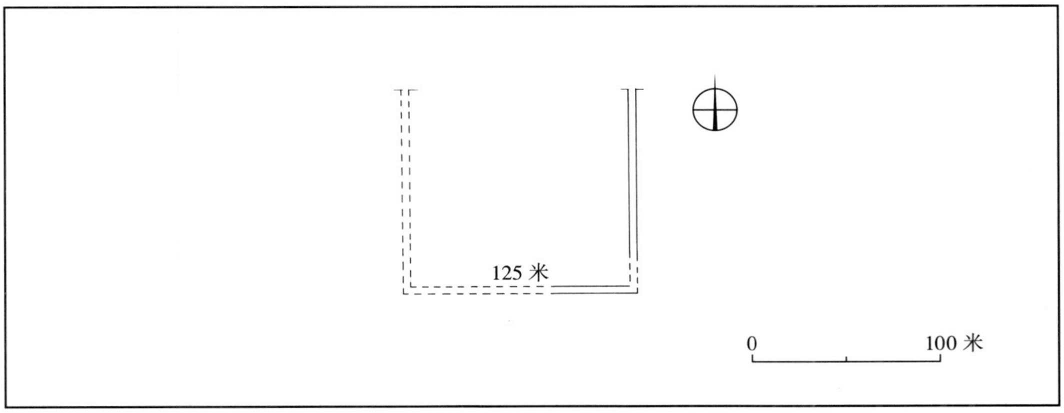

图［10］051　C50 冷嘴头测区边墙建筑遗迹分布图

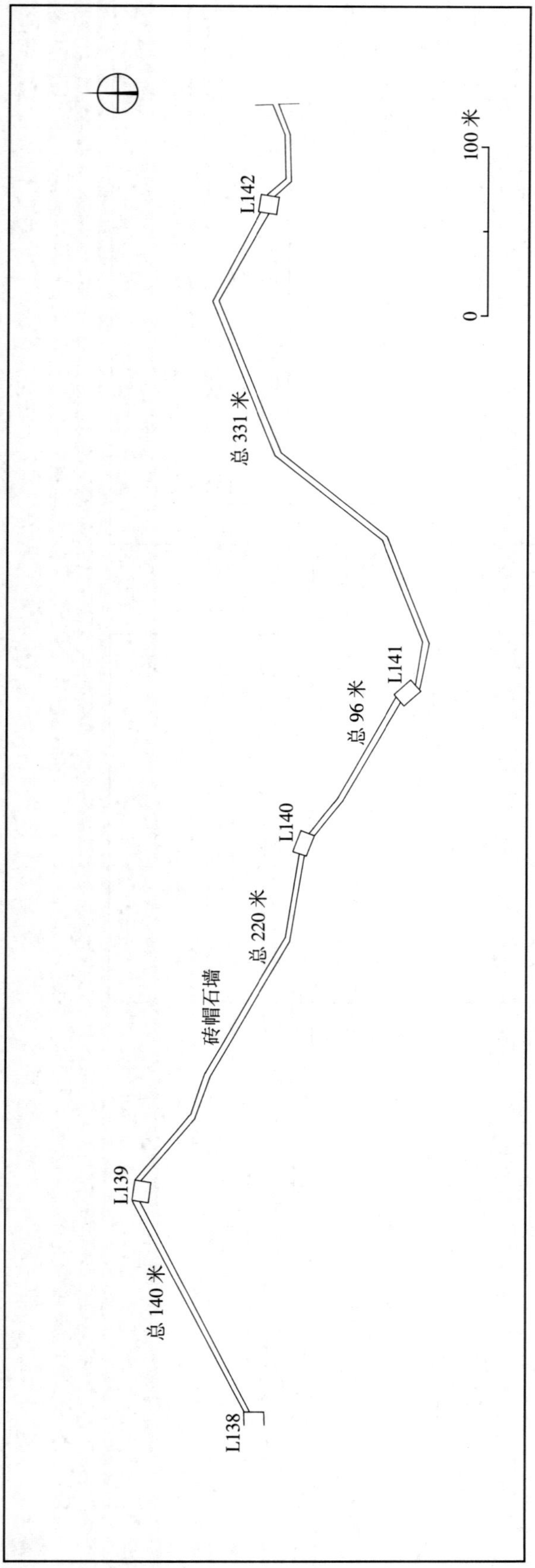

图［10］052　C51 冷嘴头测区边墙建筑遗迹分布图

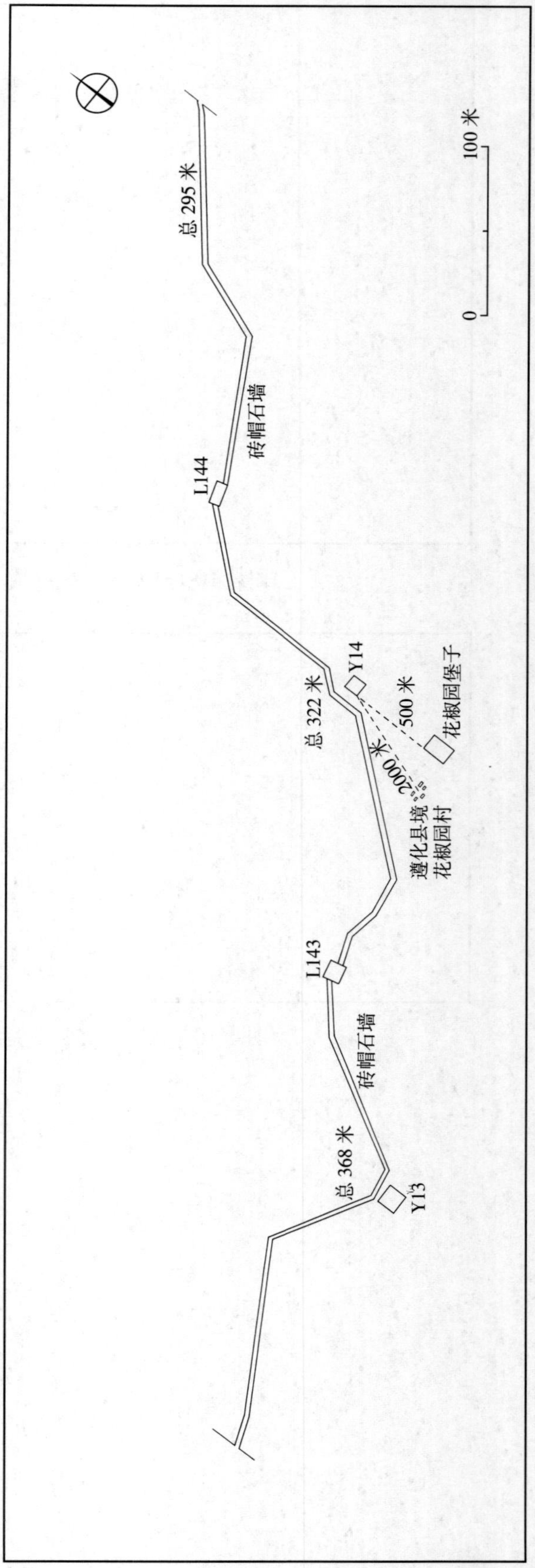

图［10］053　C52 冷嘴头测区边墙建筑遗迹分布图

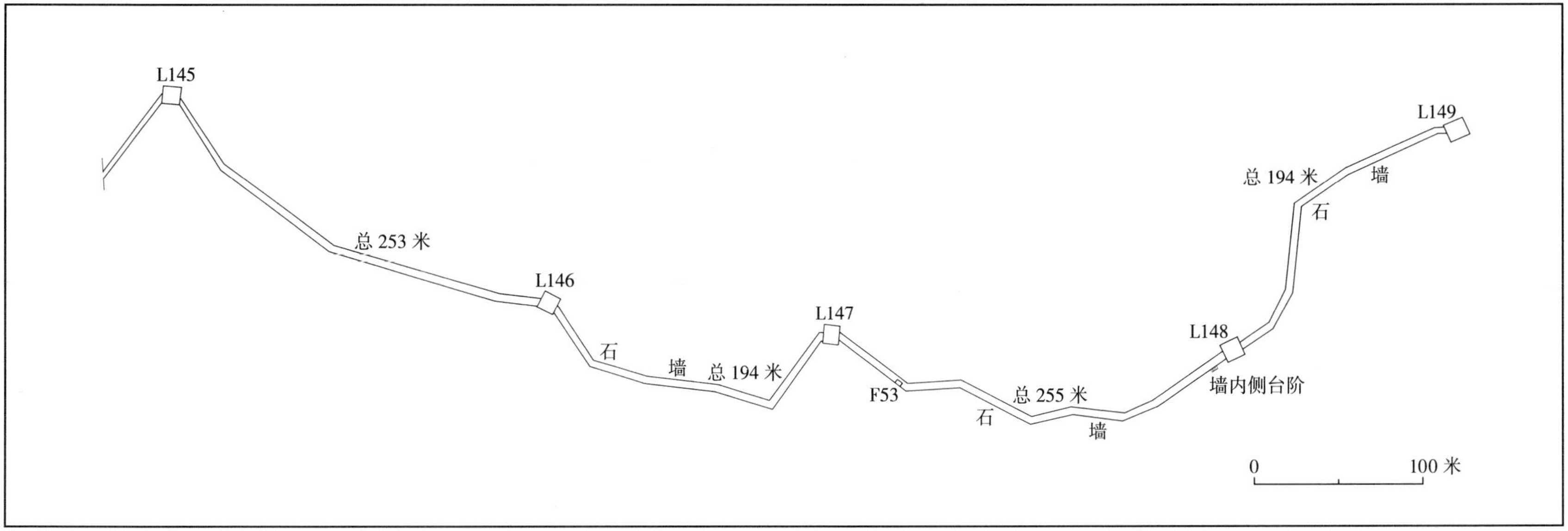

图［10］054　C53 冷嘴头测区边墙建筑遗迹分布图

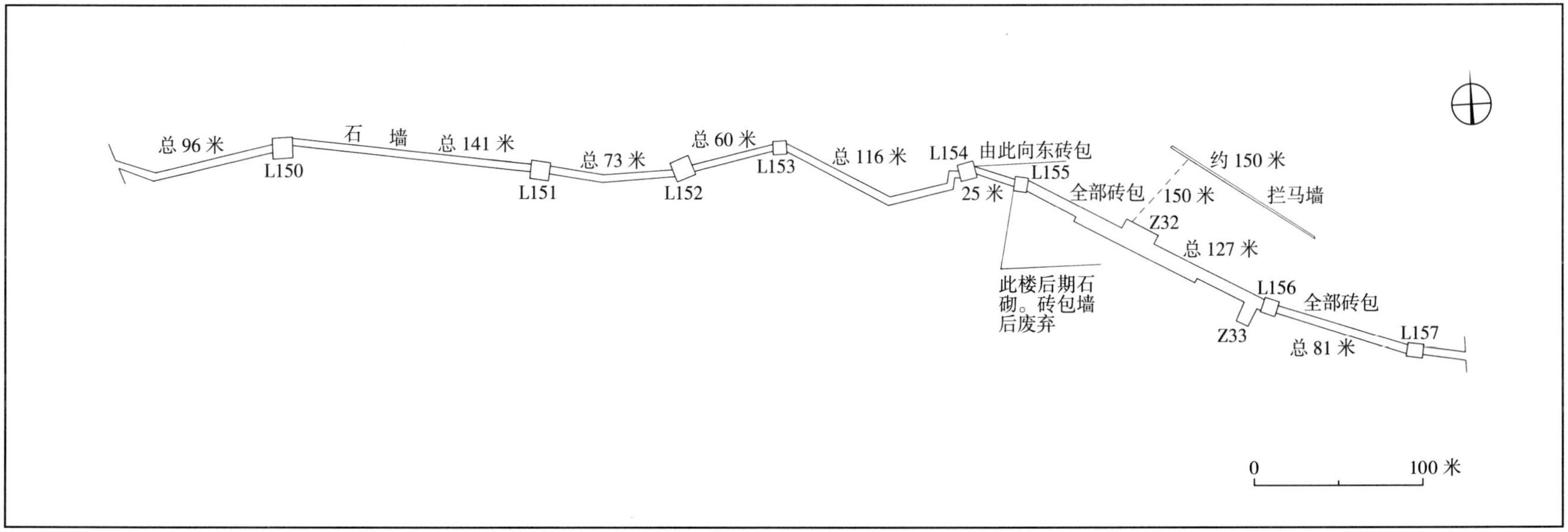

图［10］055　C54 冷嘴头测区边墙建筑遗迹分布图

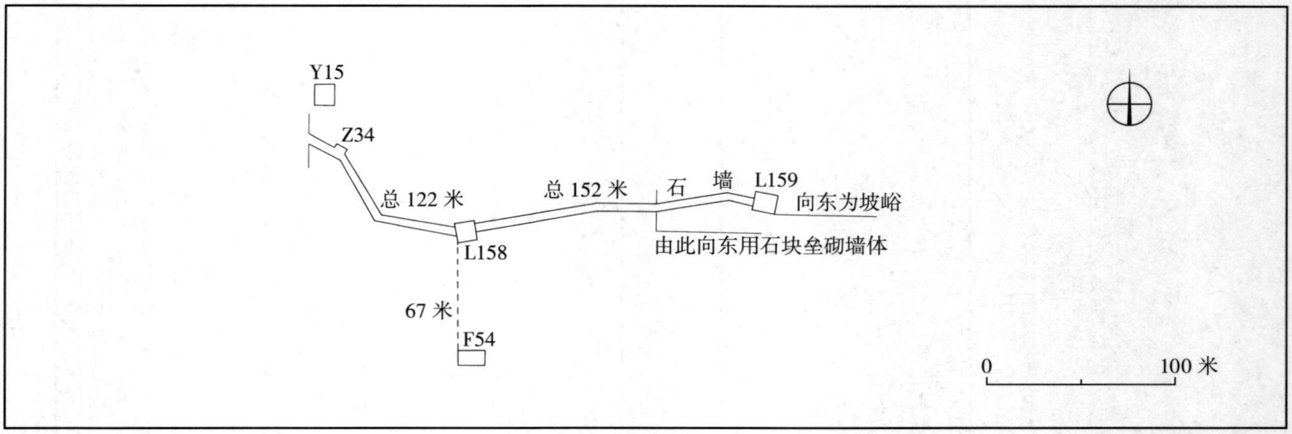

图［10］056　C55 冷嘴头测区边墙建筑遗迹分布图

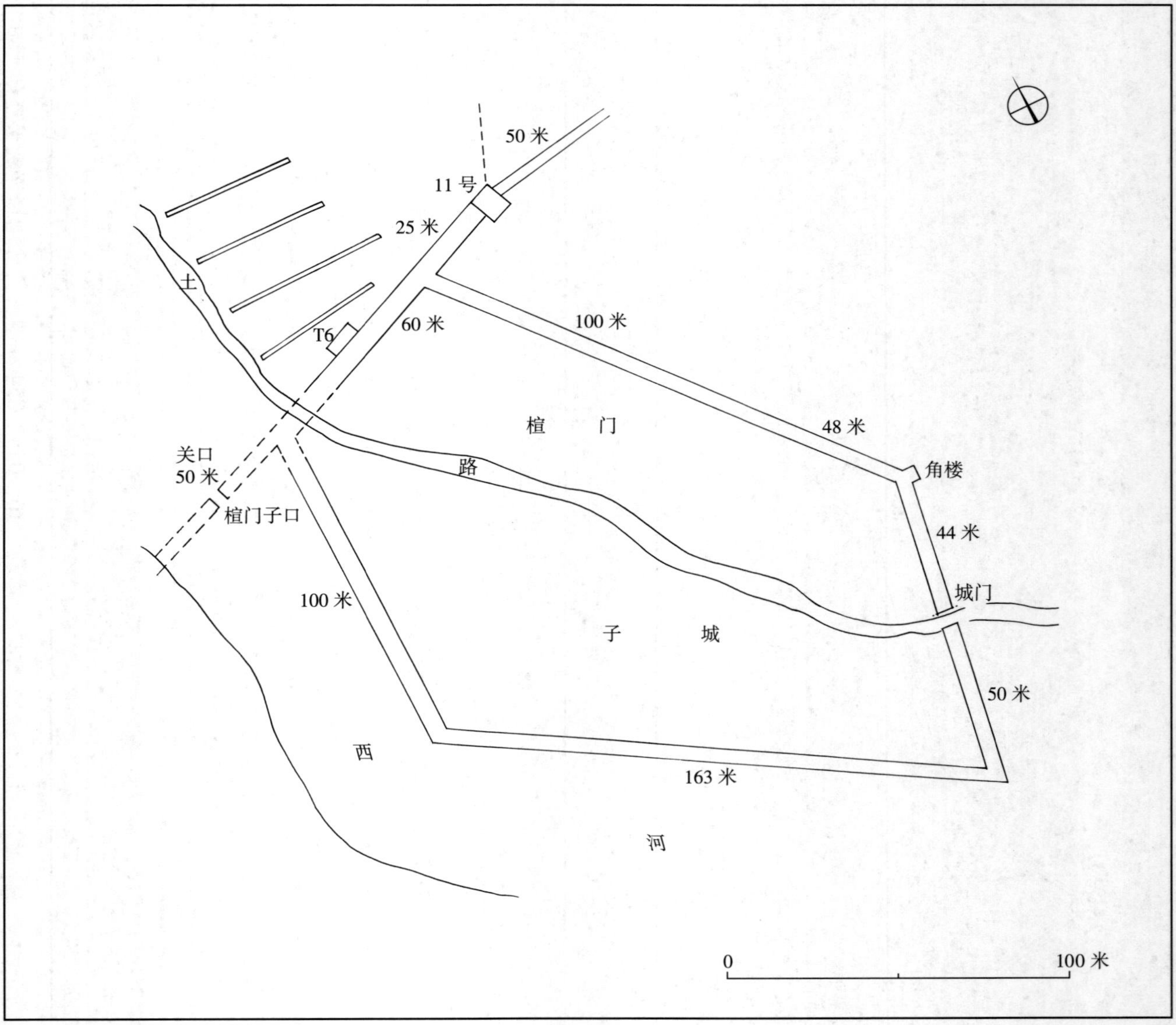

图［10］057　楦门子口关城平面图（连壁城）

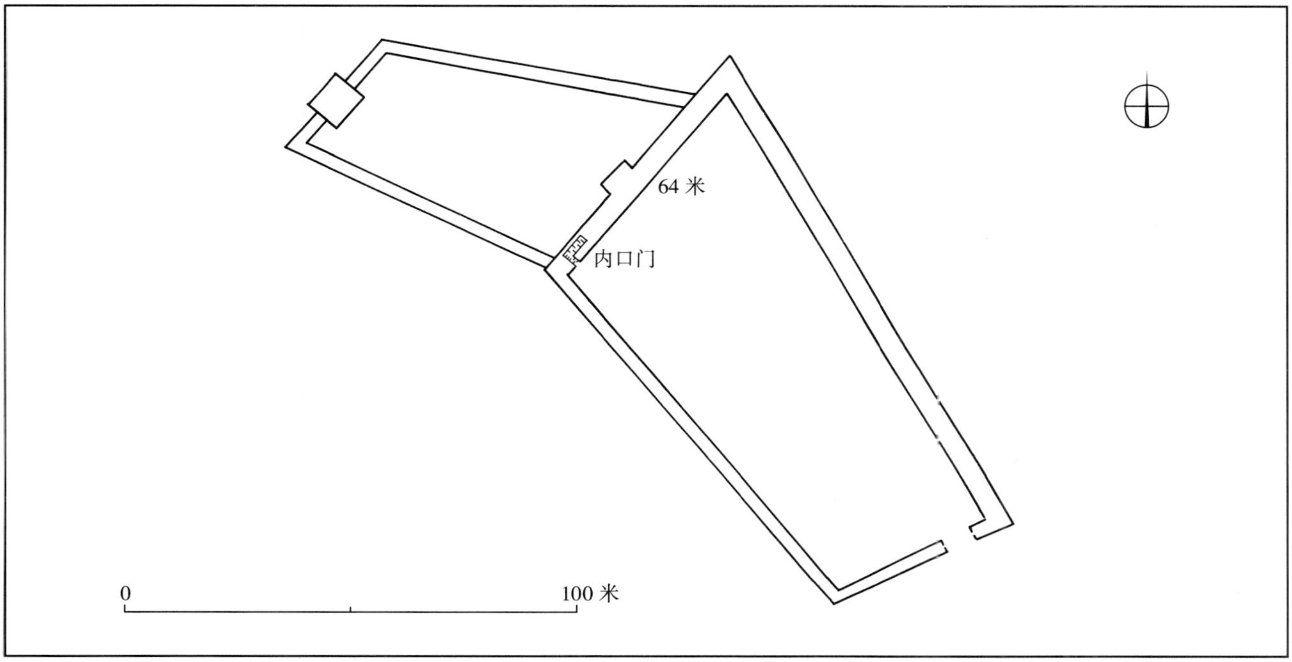

图［10］058　新立大队上海村西堡子平面图

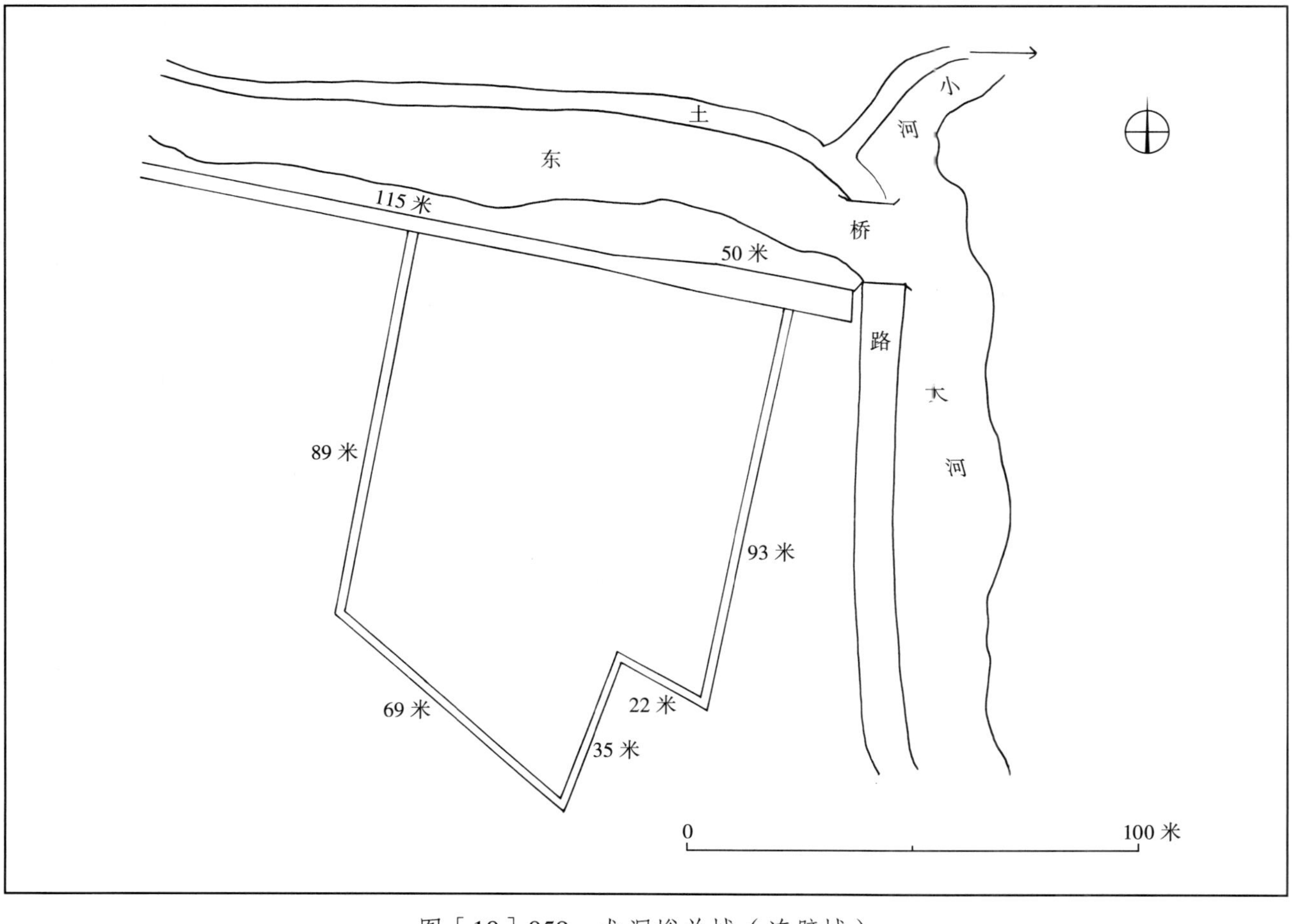

图［10］059　龙洞峪关城（连壁城）

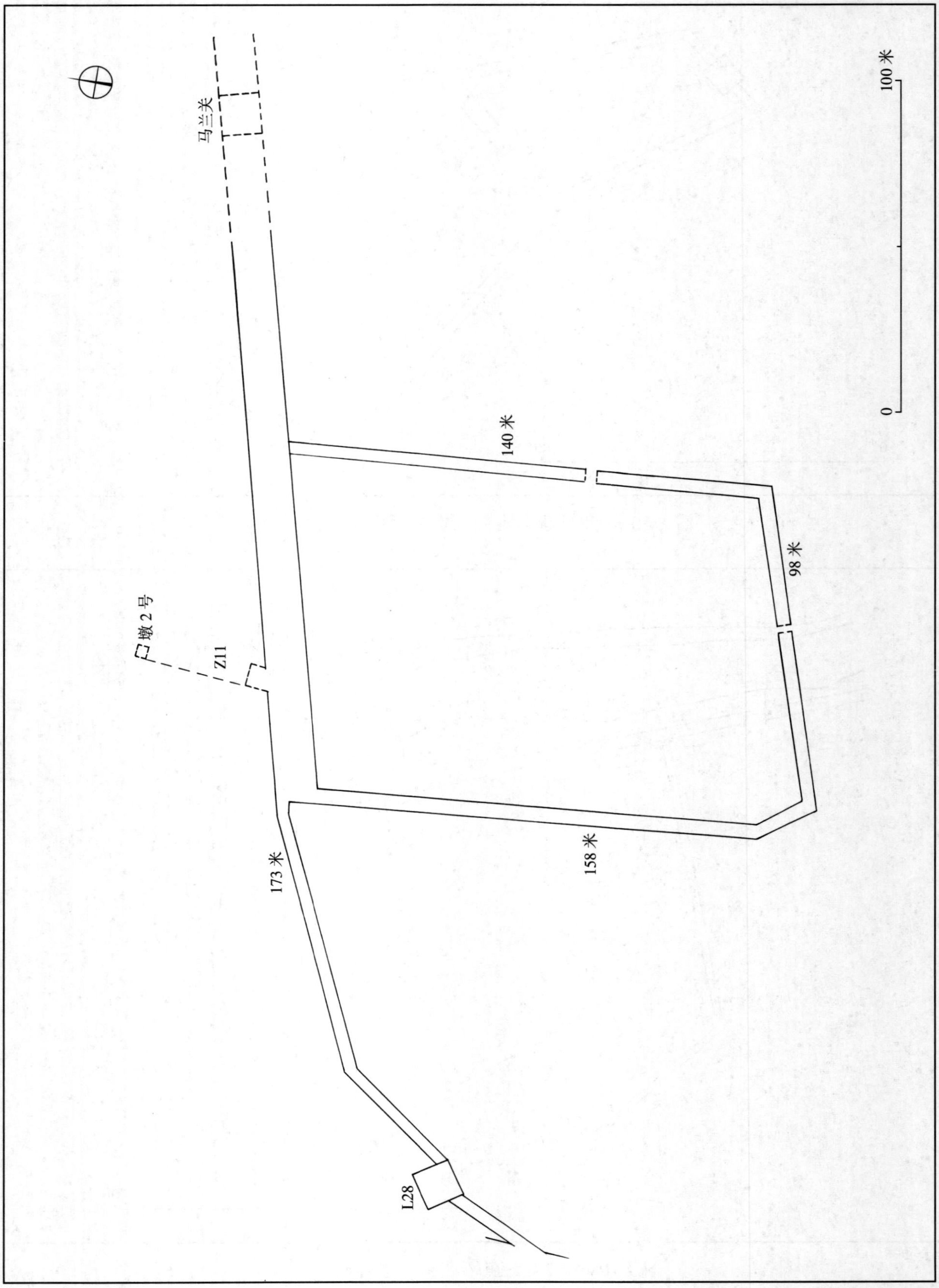

图［10］060　马兰关西城（连壁城）

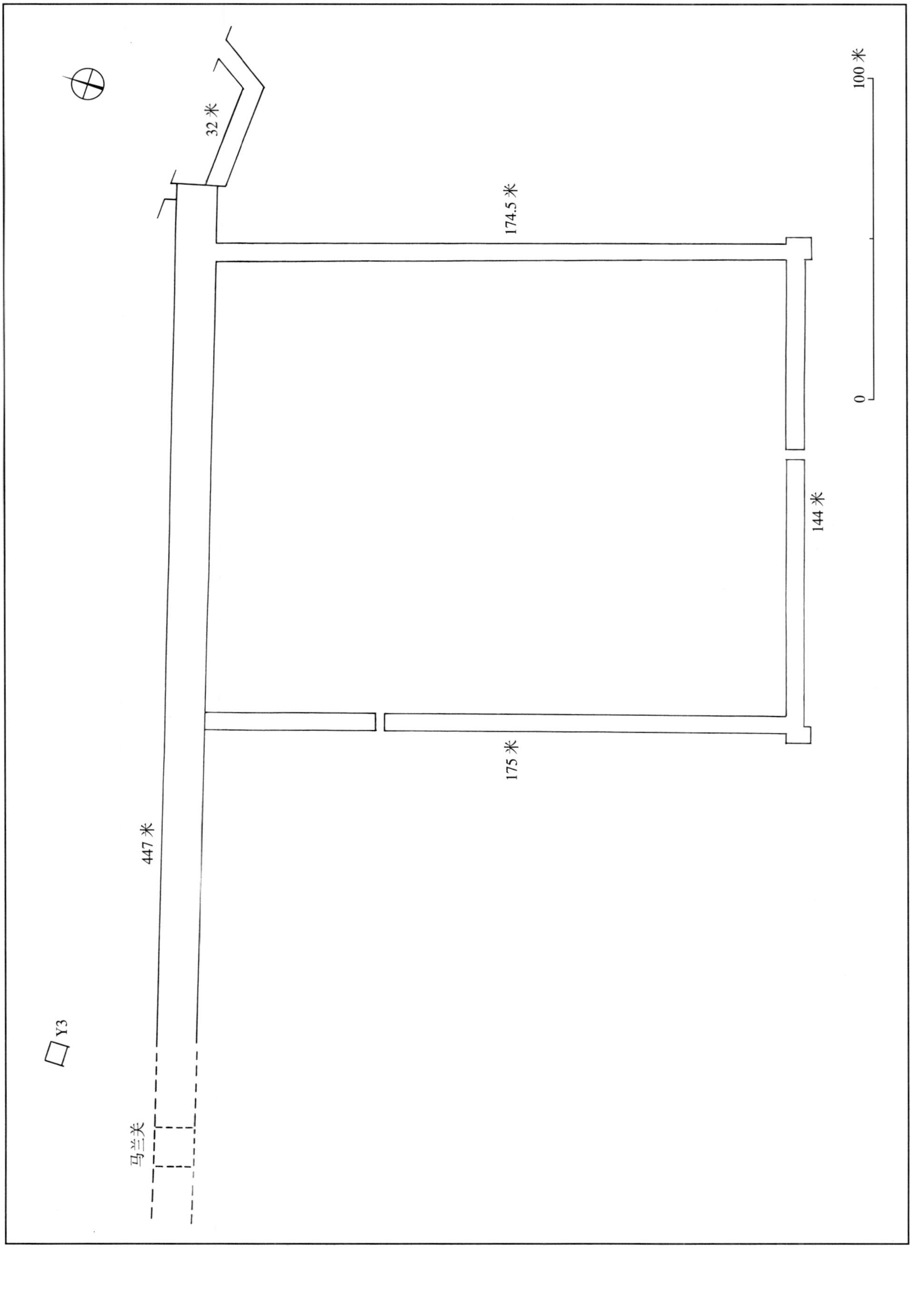

图［10］061 马兰关东城（连壁城）

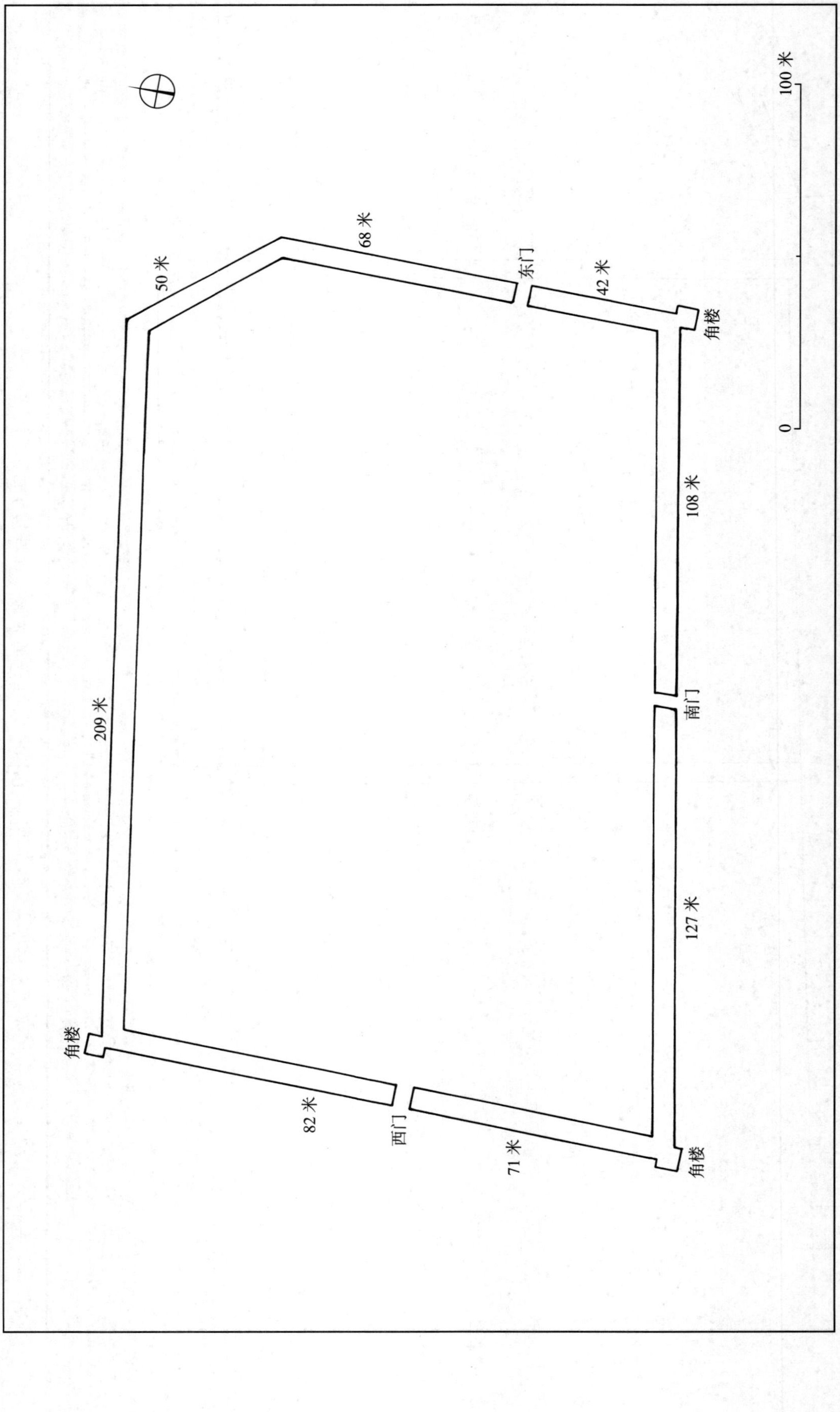

图［10］062　鲶鱼池堡

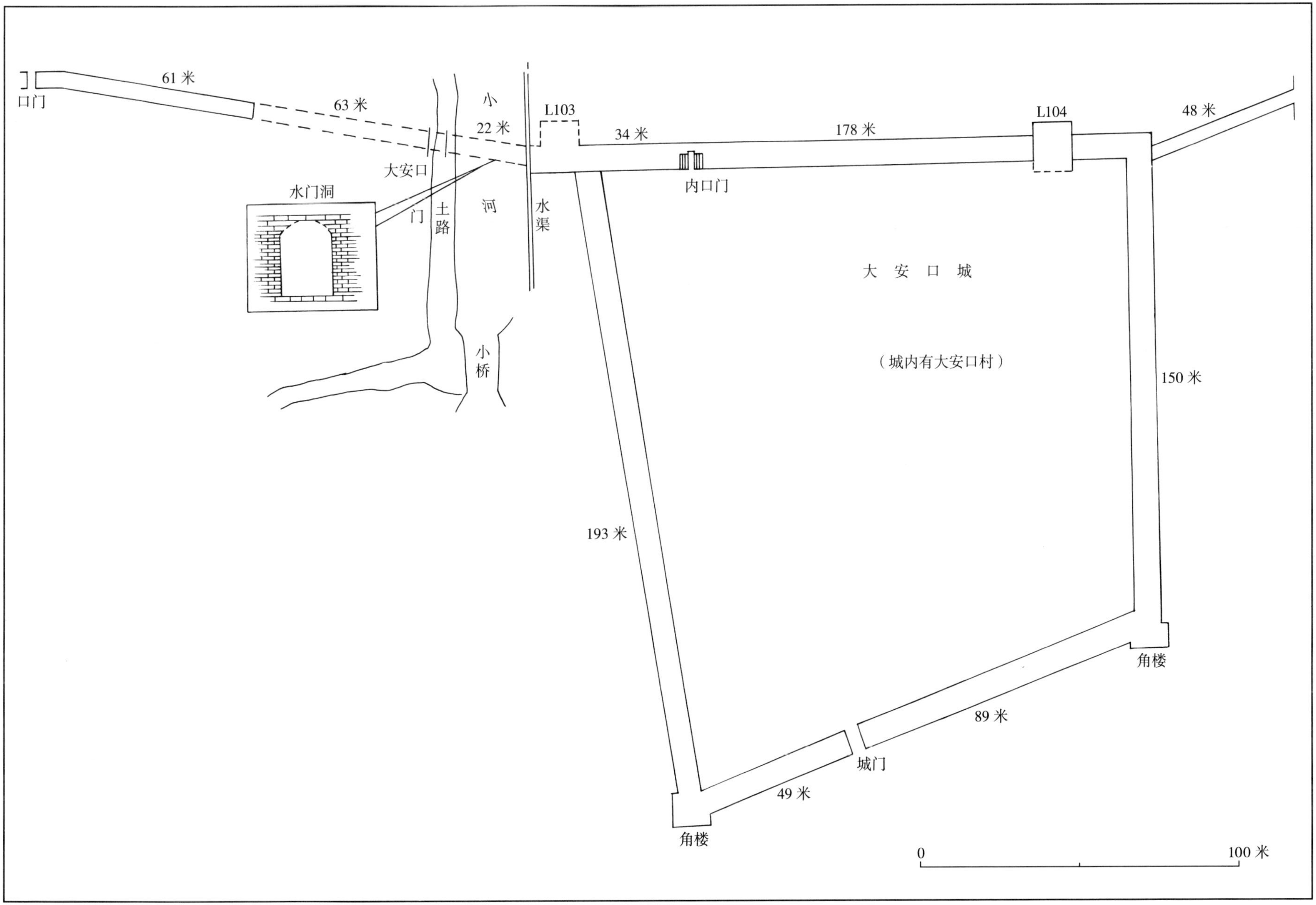

图［10］063 大安口城（连壁城）

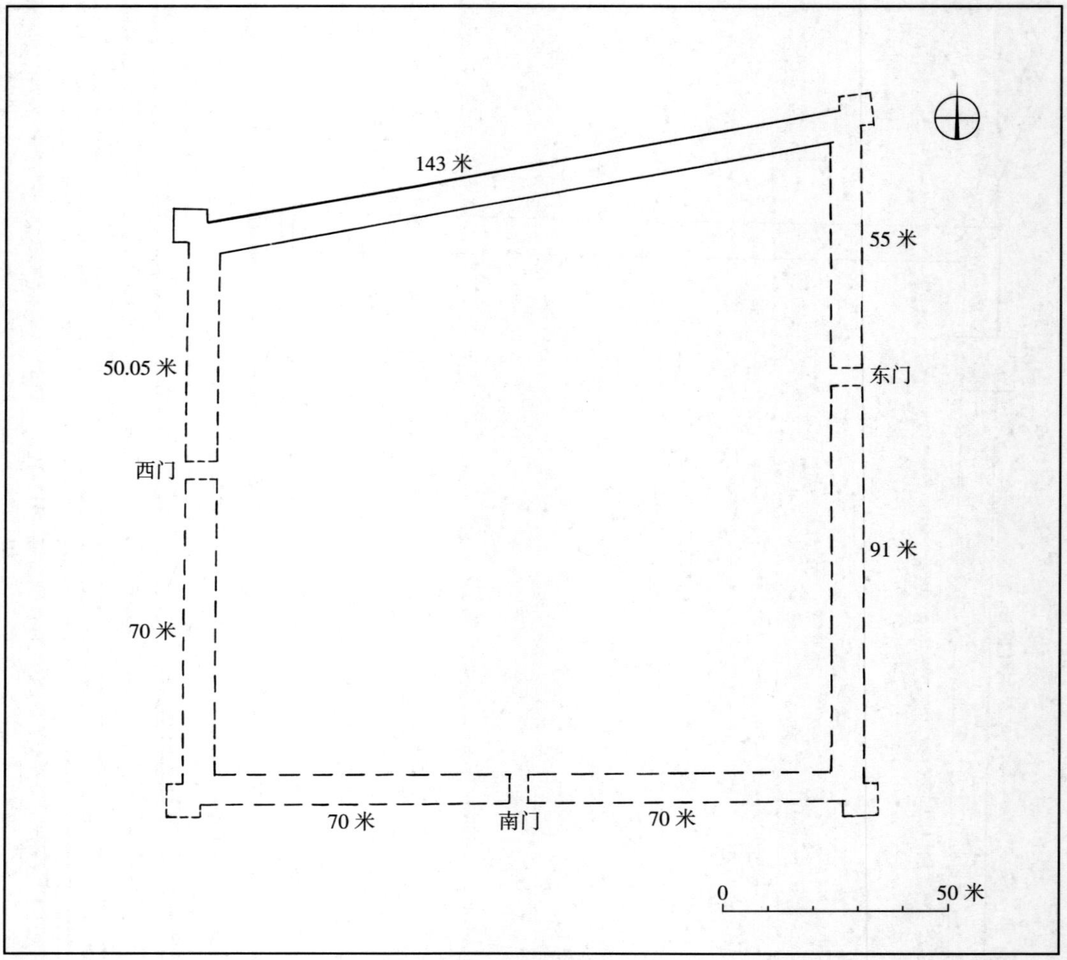

图［10］064　西下营堡子

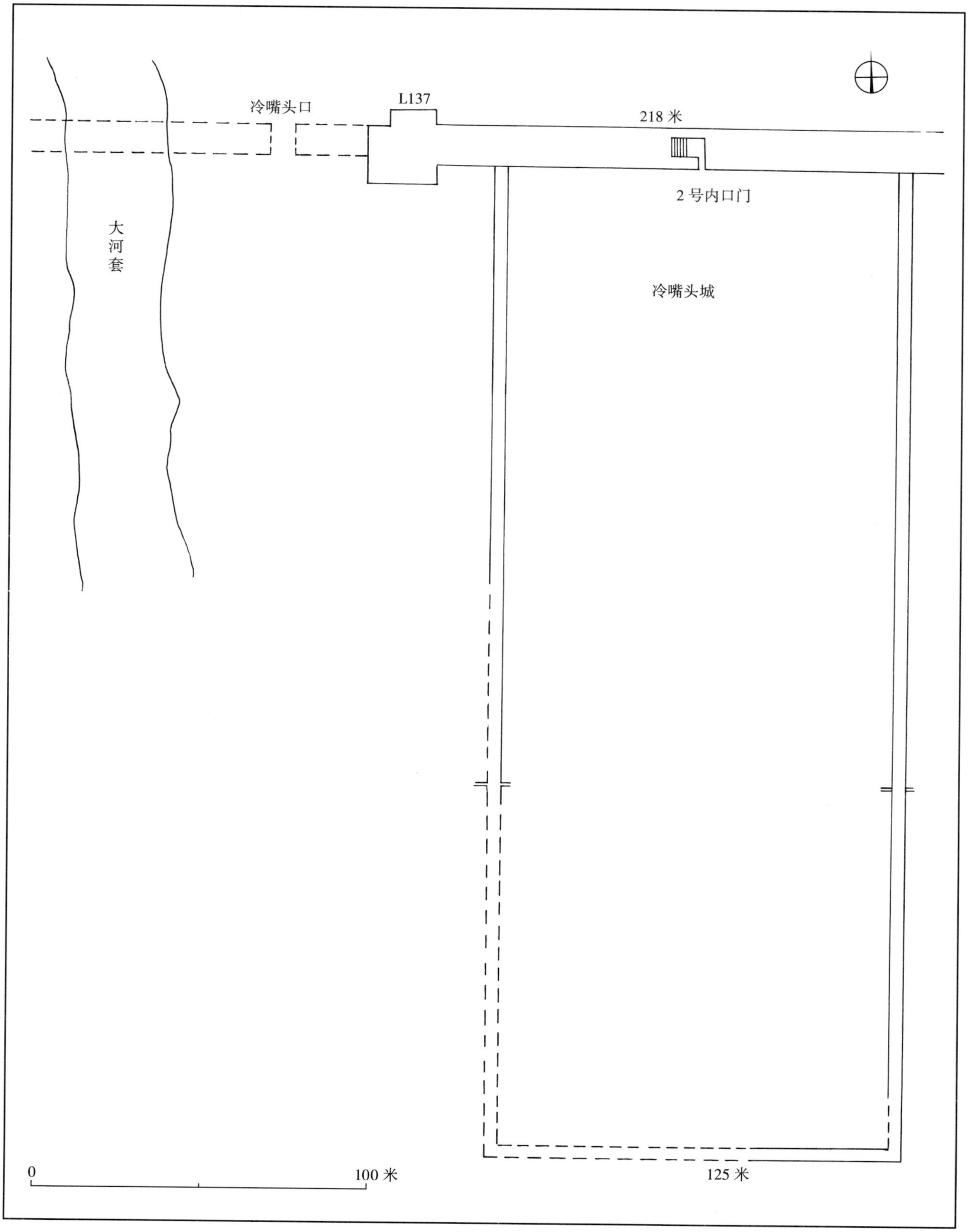

图［10］065　冷嘴头关城（连壁城）平面图

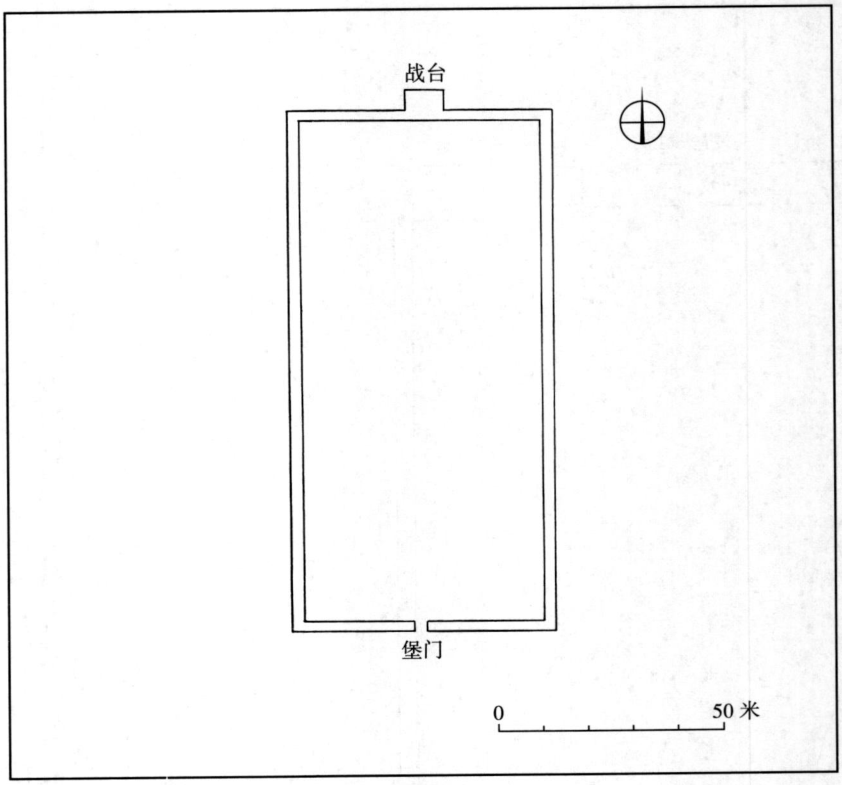

图［10］066　花椒园堡子

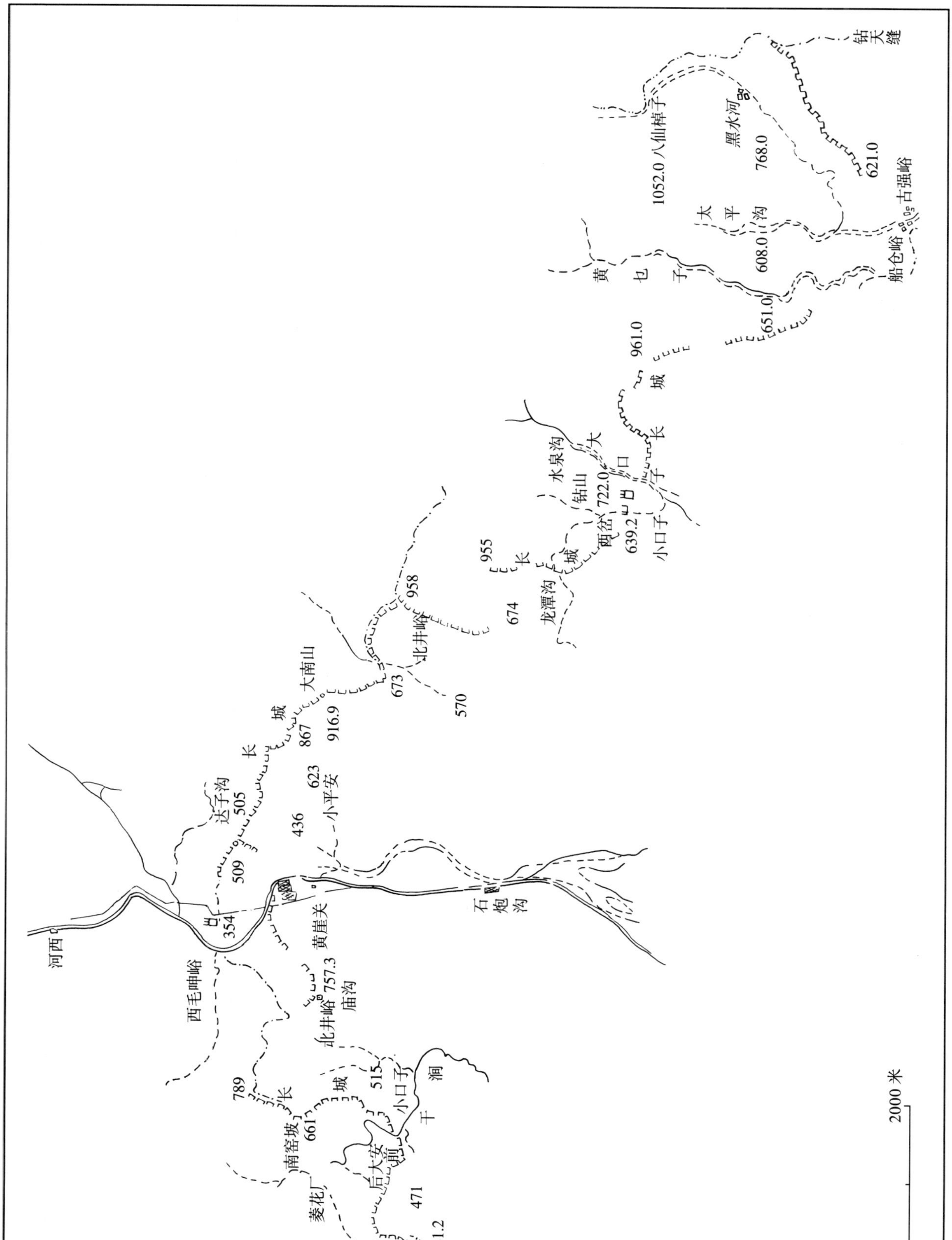

图［9］001　第九测区长城地段图（用五万分之一图）

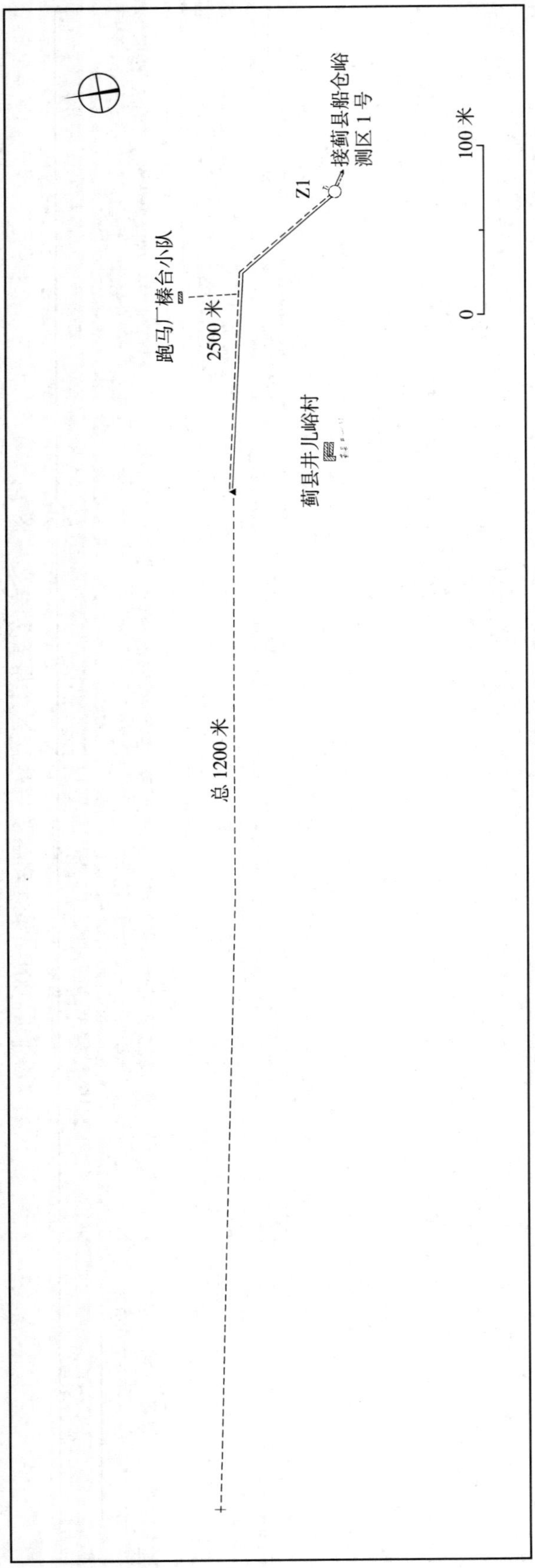

图［9］002　一段 C1 跑马厂测区边墙建筑遗迹分布图

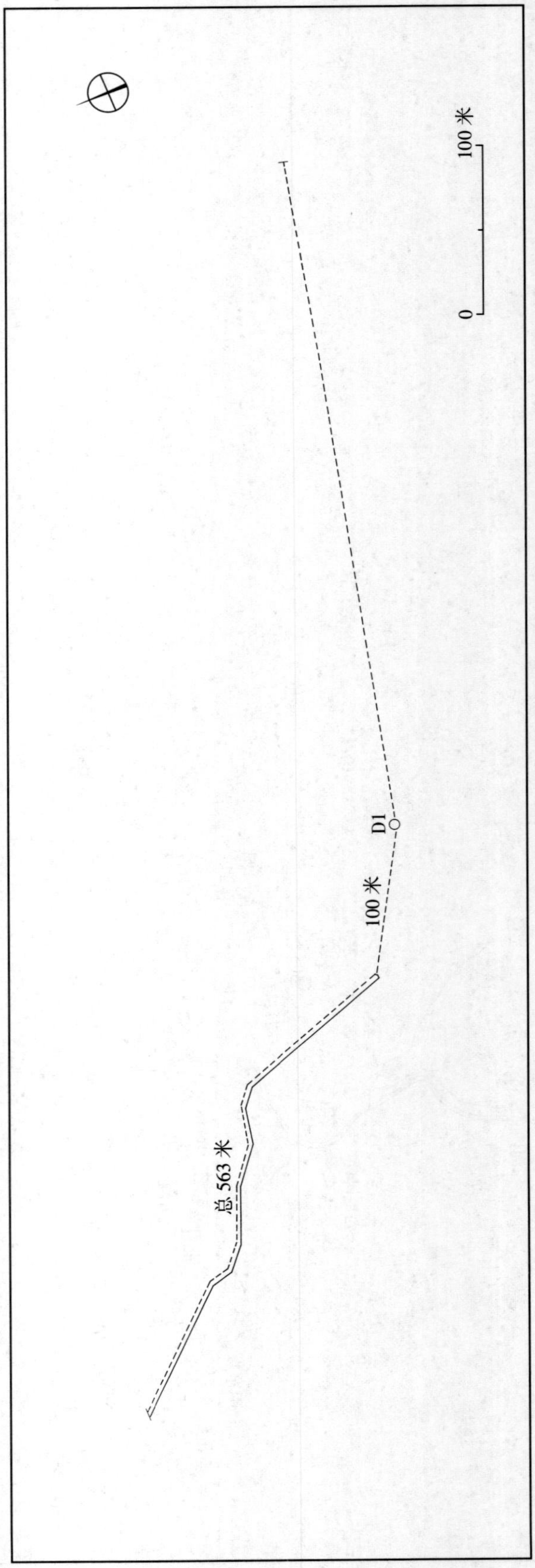

图［9］003　一段 C2 跑马厂测区边墙建筑遗迹分布图

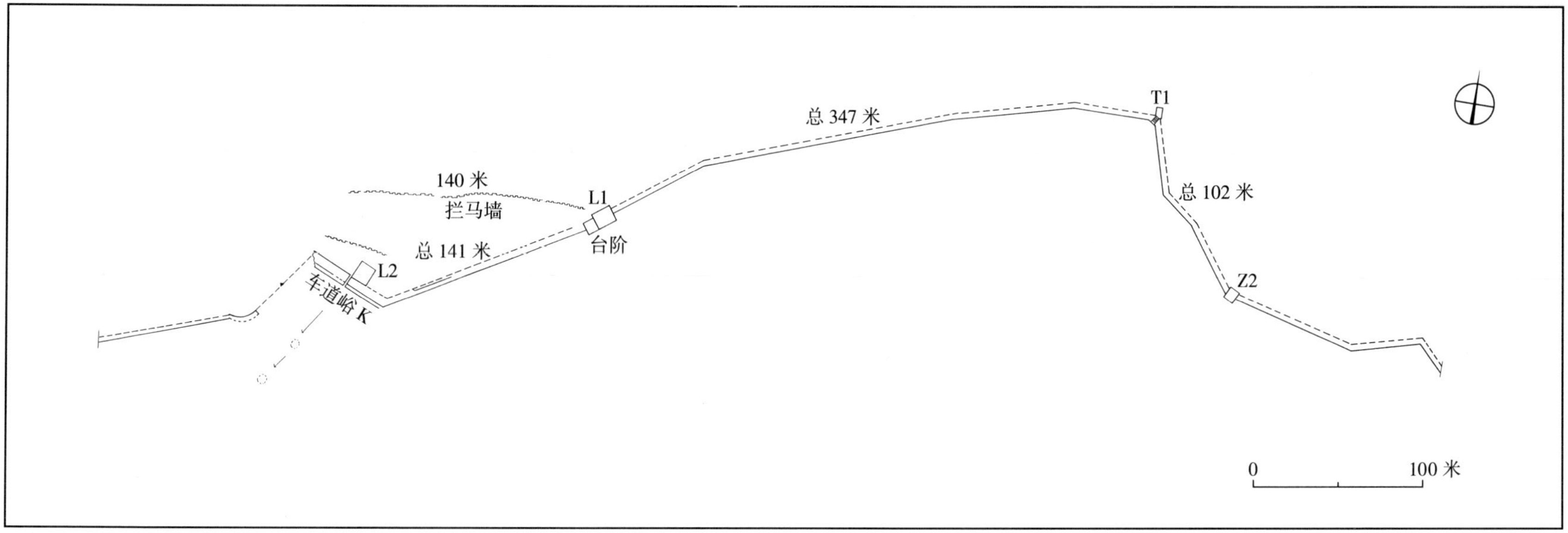

图［9］004　一段 C3 跑马厂测区边墙建筑遗迹分布图

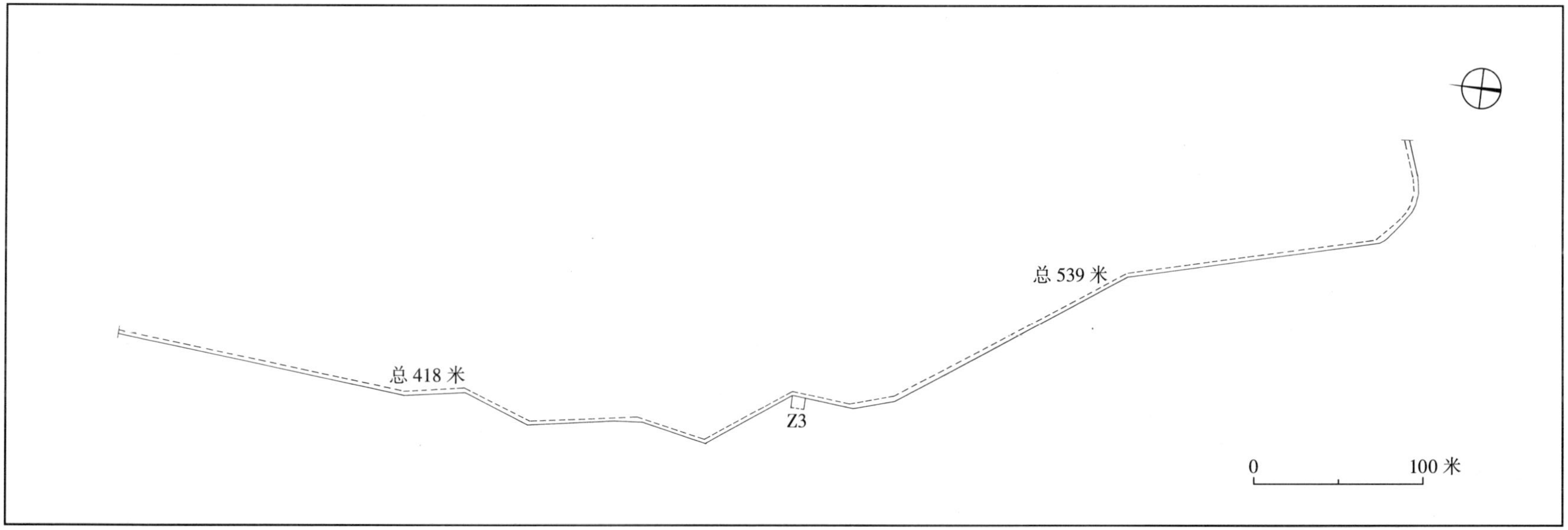

图［9］005　一段 C4 跑马厂测区边墙建筑遗迹分布图

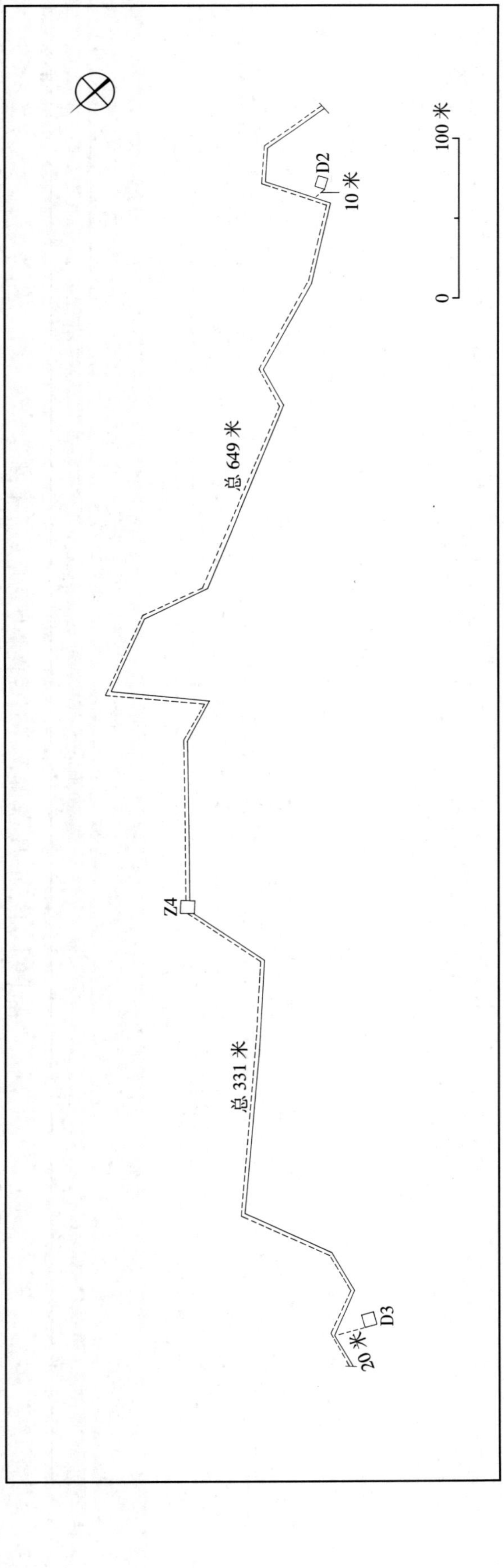

图［9］006　一段C5跑马厂测区边墙建筑遗迹分布图

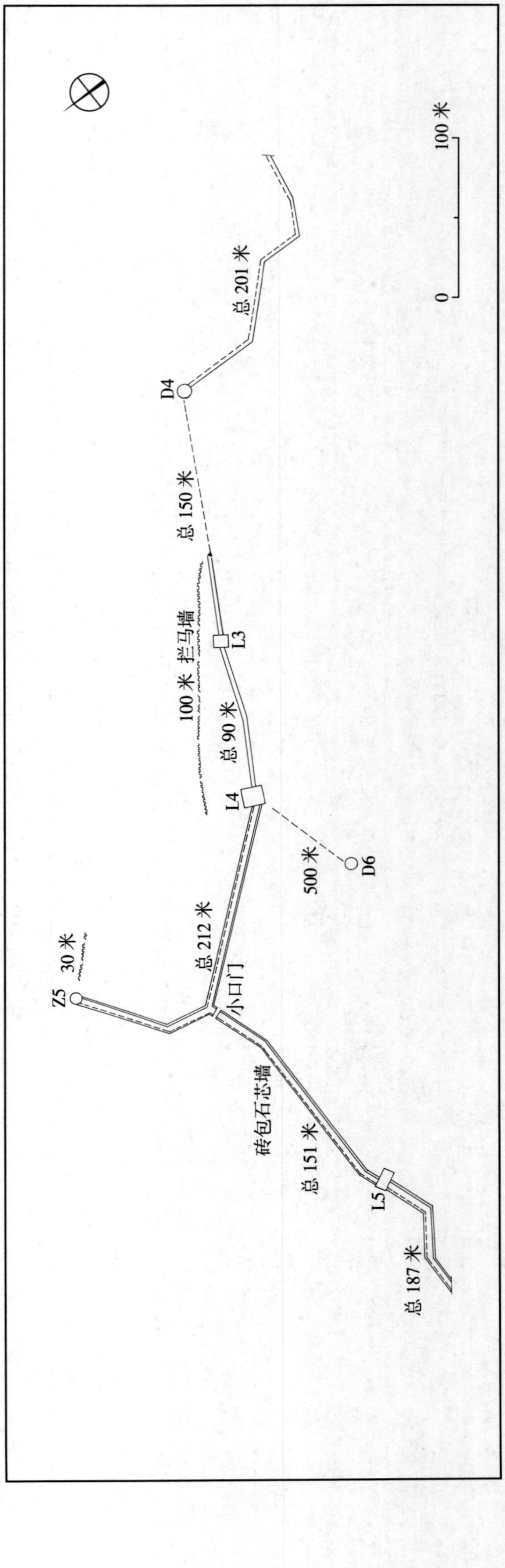

图［9］007　一段C6跑马厂测区边墙建筑遗迹分布图

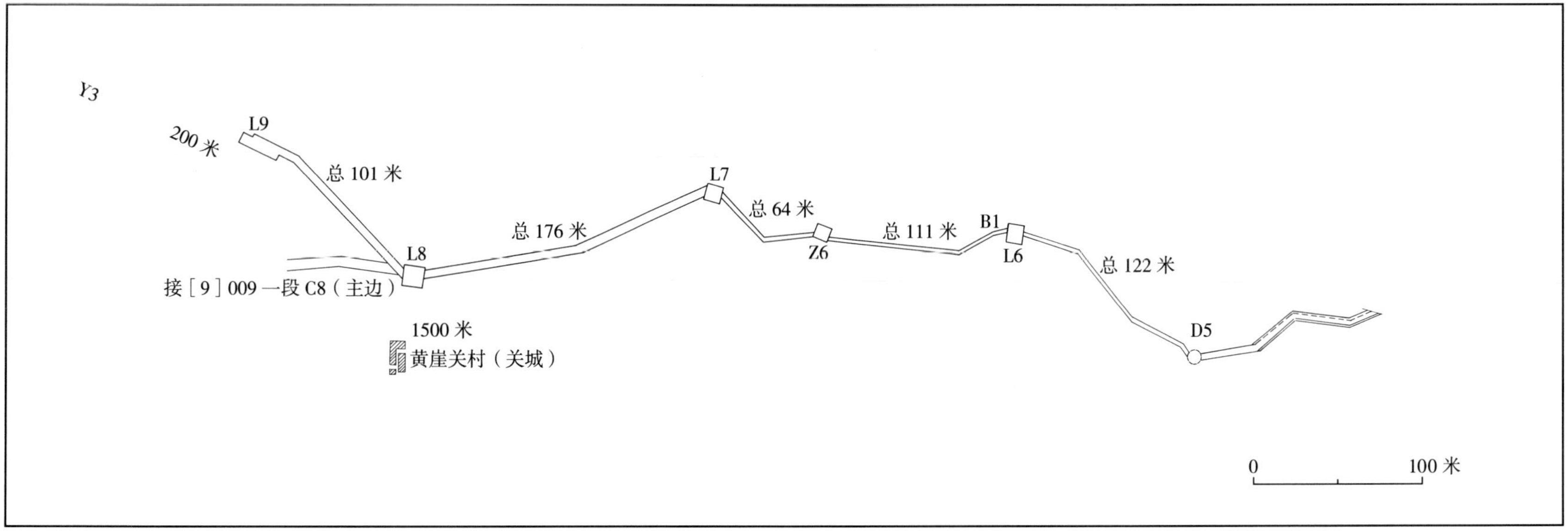

图［9］008　一段 C7 跑马厂测区边墙建筑遗迹分布图

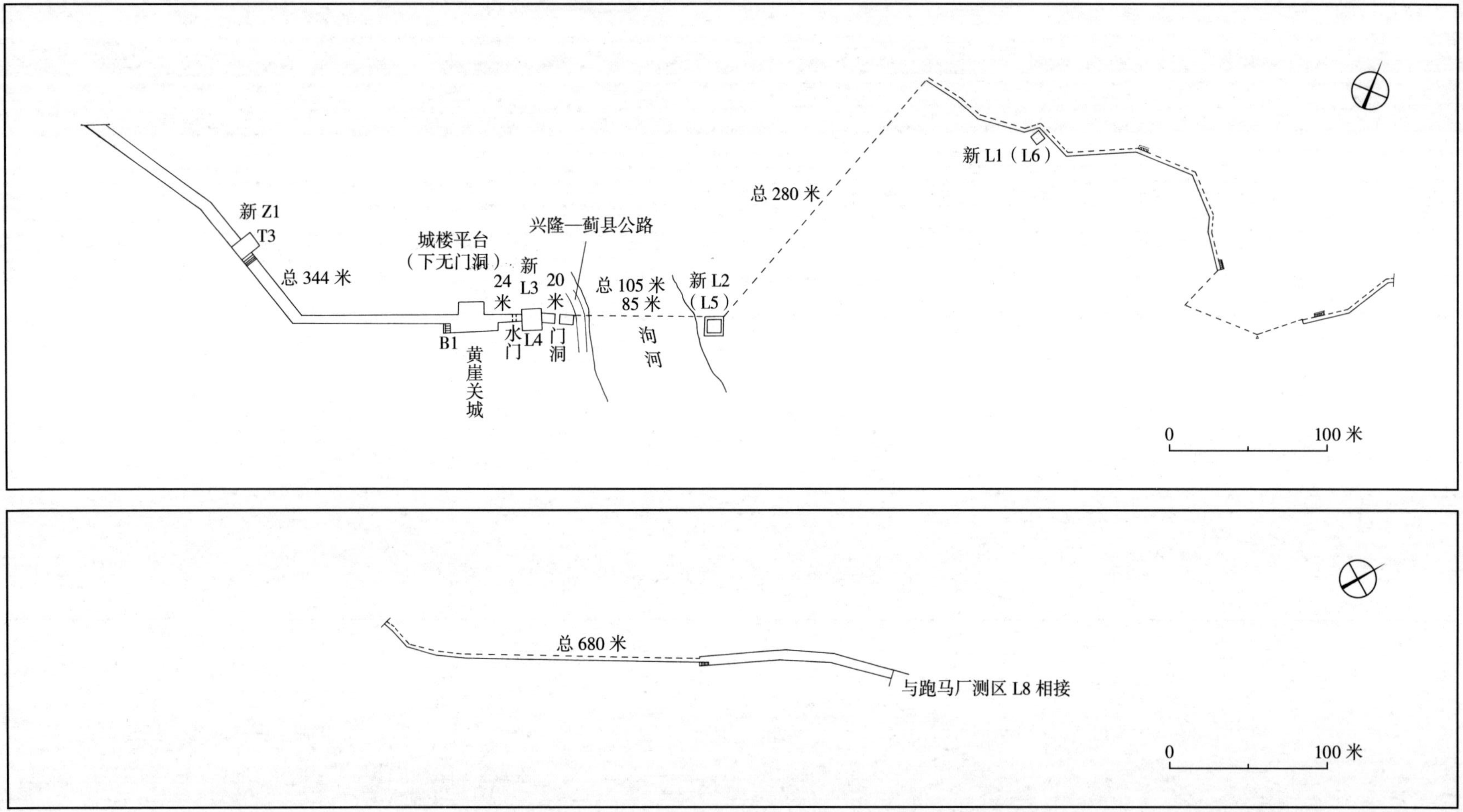

图［9］009　二段 C8 快活林测区边墙建筑遗迹分布图

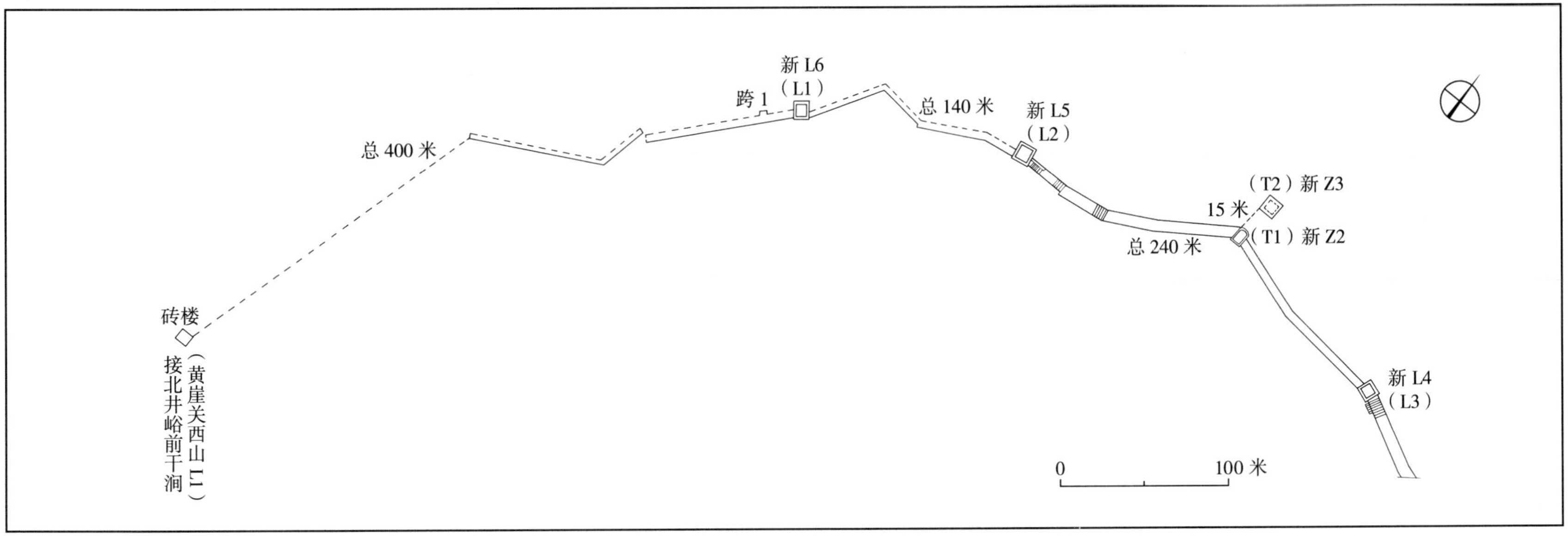

图［9］010　二段 C9 快活林测区边墙建筑遗迹分布图

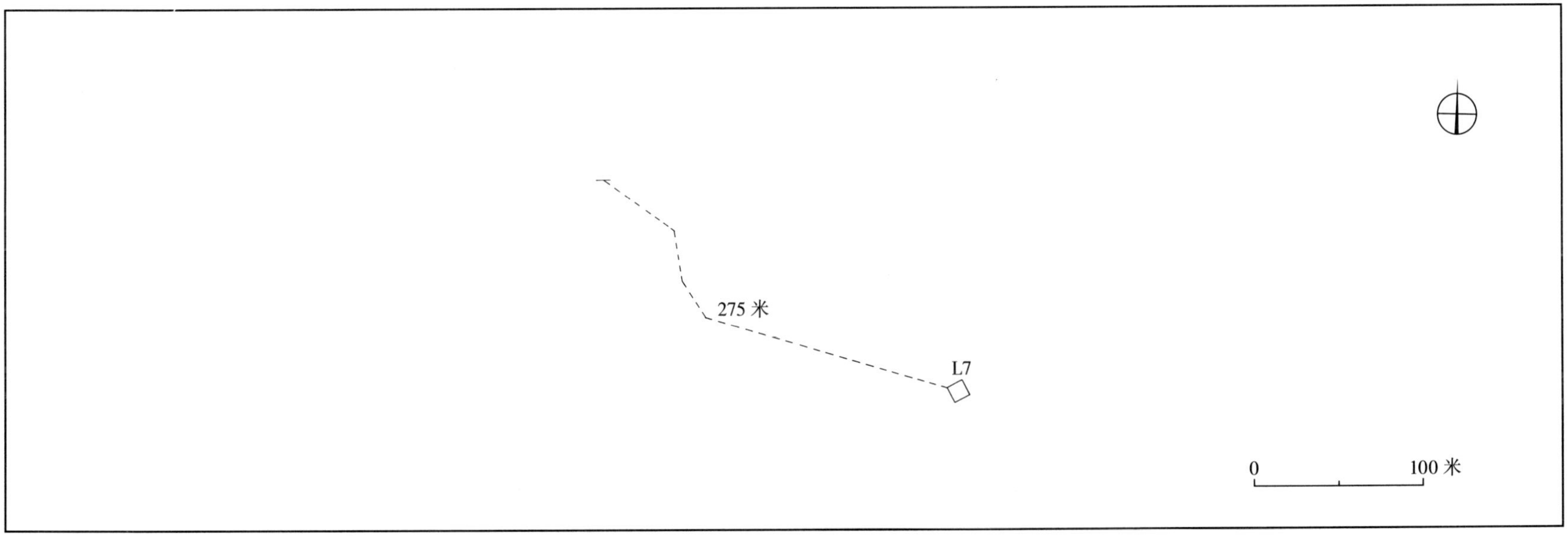

图［9］011　二段 C10 快活林测区边墙建筑遗迹分布图

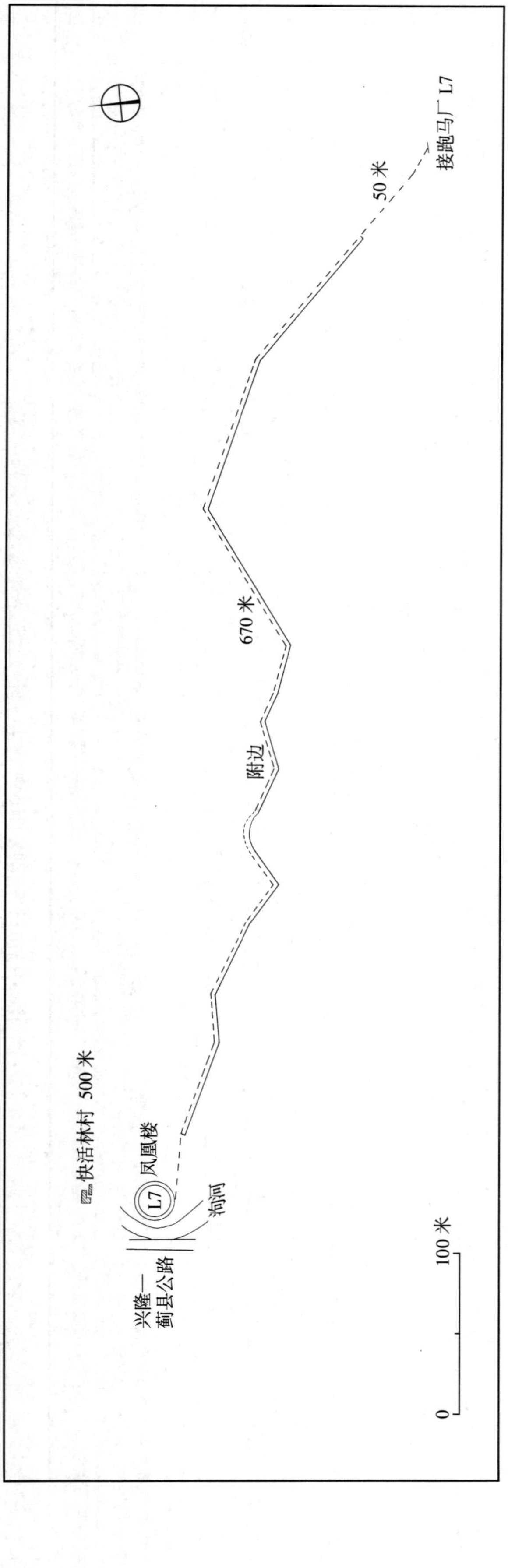

图［9］012　二段 C11 快活林测区边墙建筑遗迹分布图

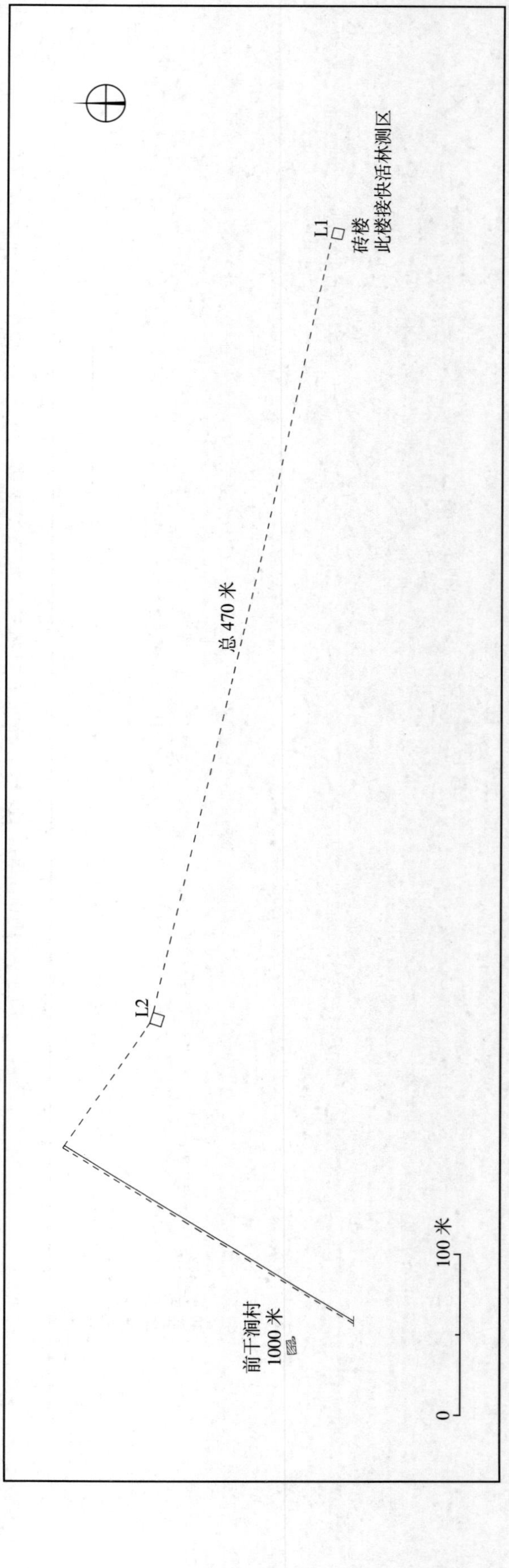

图［9］013　三段 C12 前干涧测区边墙建筑遗迹分布图

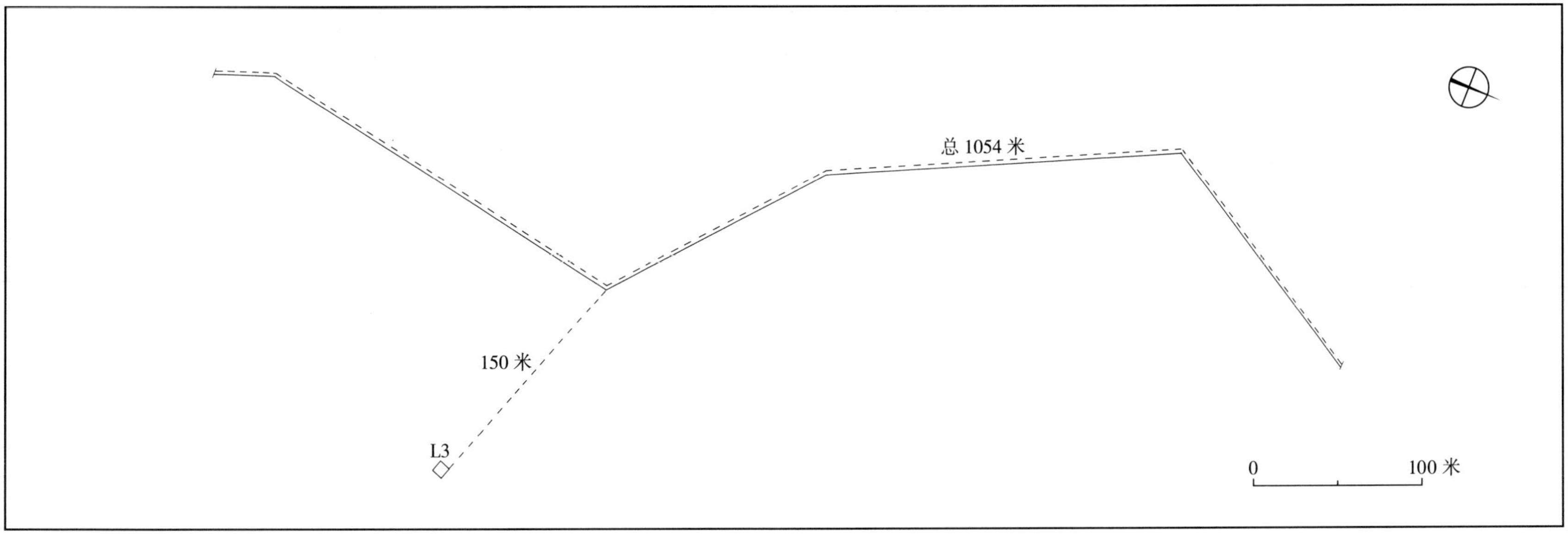

图［9］014　三段 C13 前干涧测区边墙建筑遗迹分布图

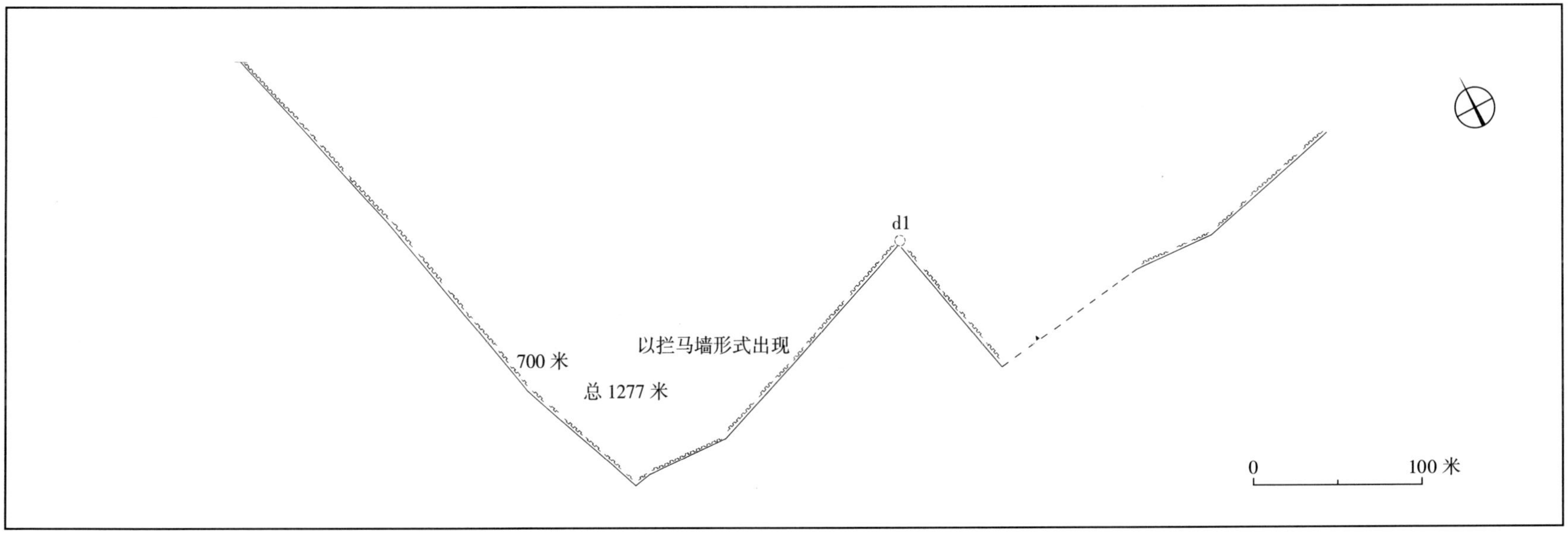

图［9］015　三段 C14 前干涧测区边墙建筑遗迹分布图

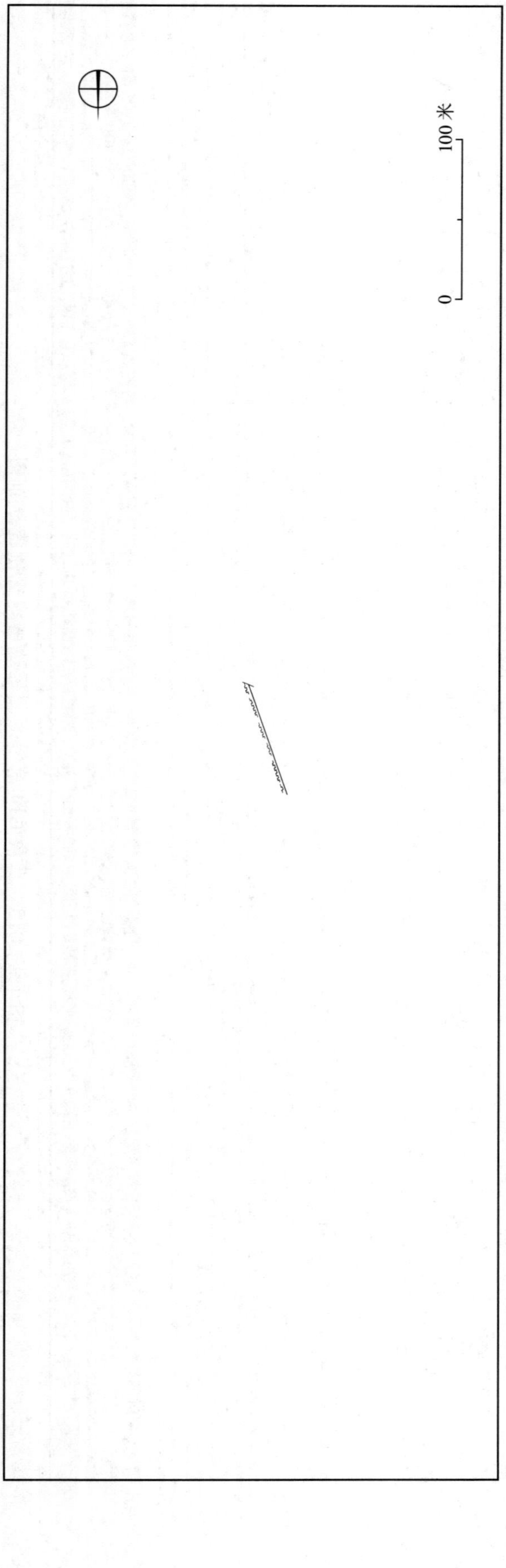

图［9］016　三段 C15 前干涧测区边墙建筑遗迹分布图

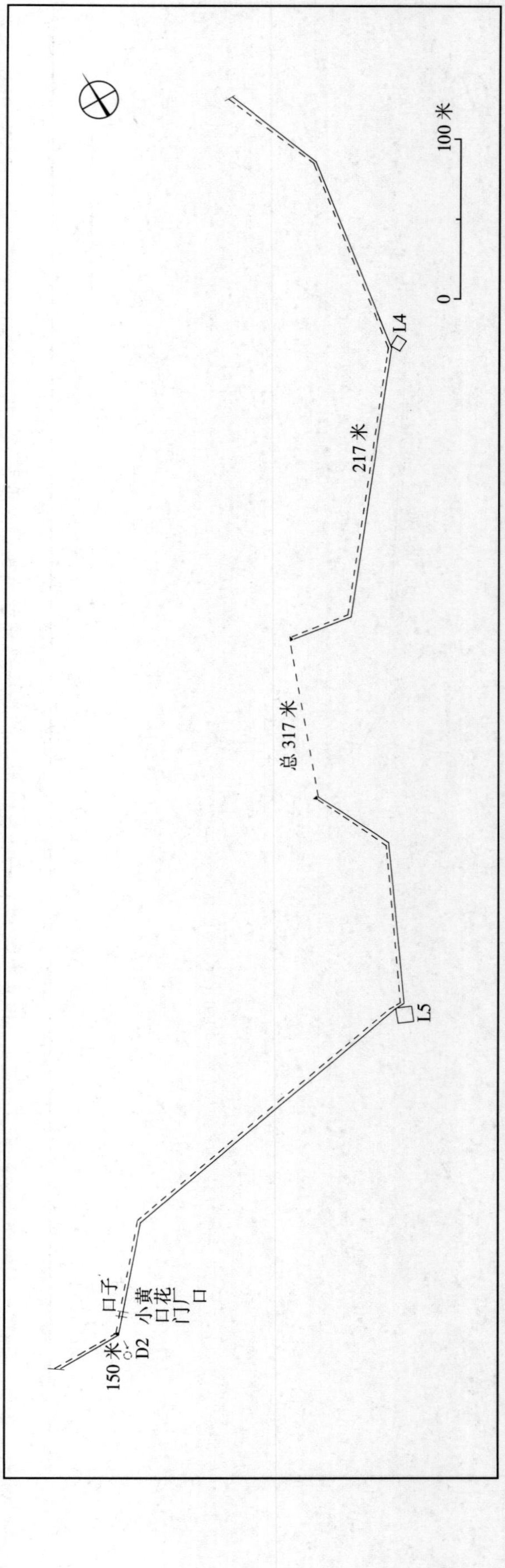

图［9］017　三段 C16 前干涧测区边墙建筑遗迹分布图

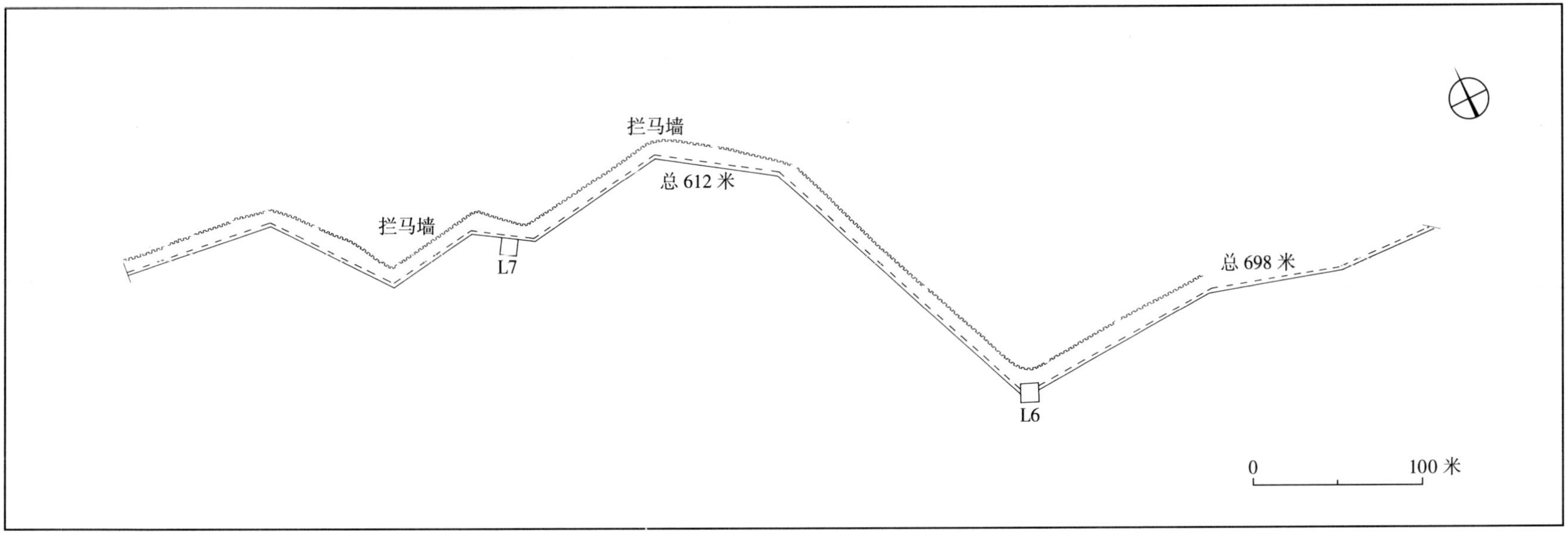

图［9］018 三段 C17 前干涧测区边墙建筑遗迹分布图

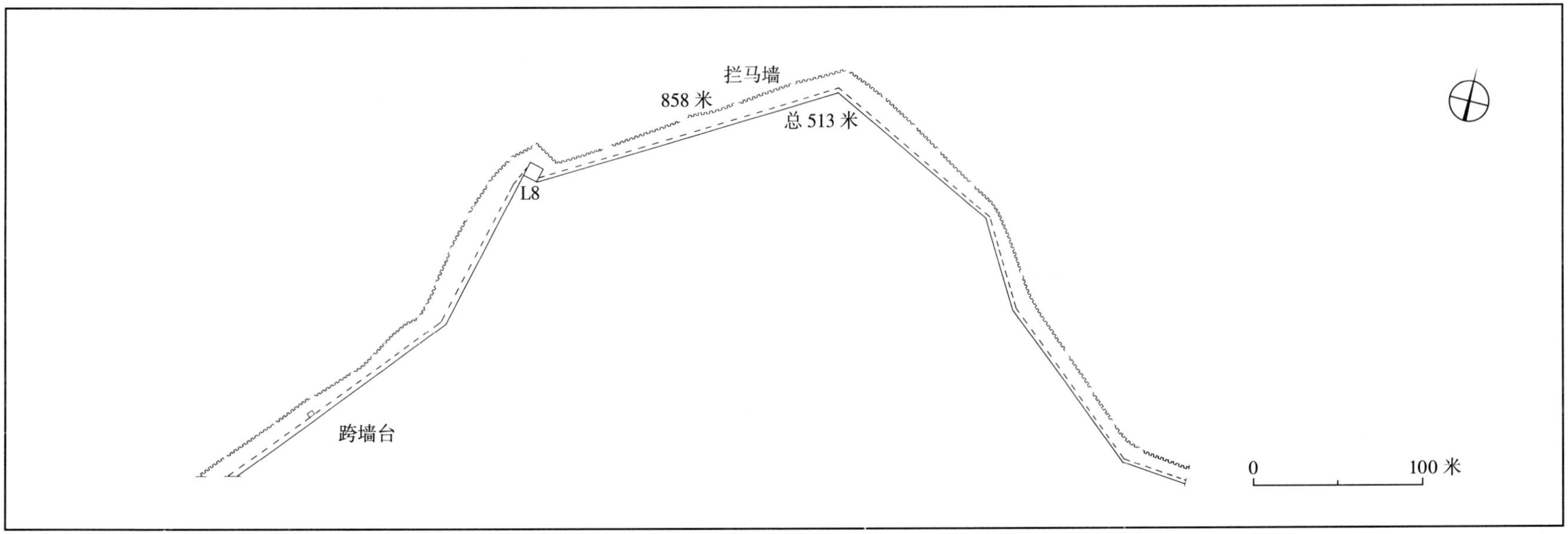

图［9］019 三段 C18 前干涧测区边墙建筑遗迹分布图

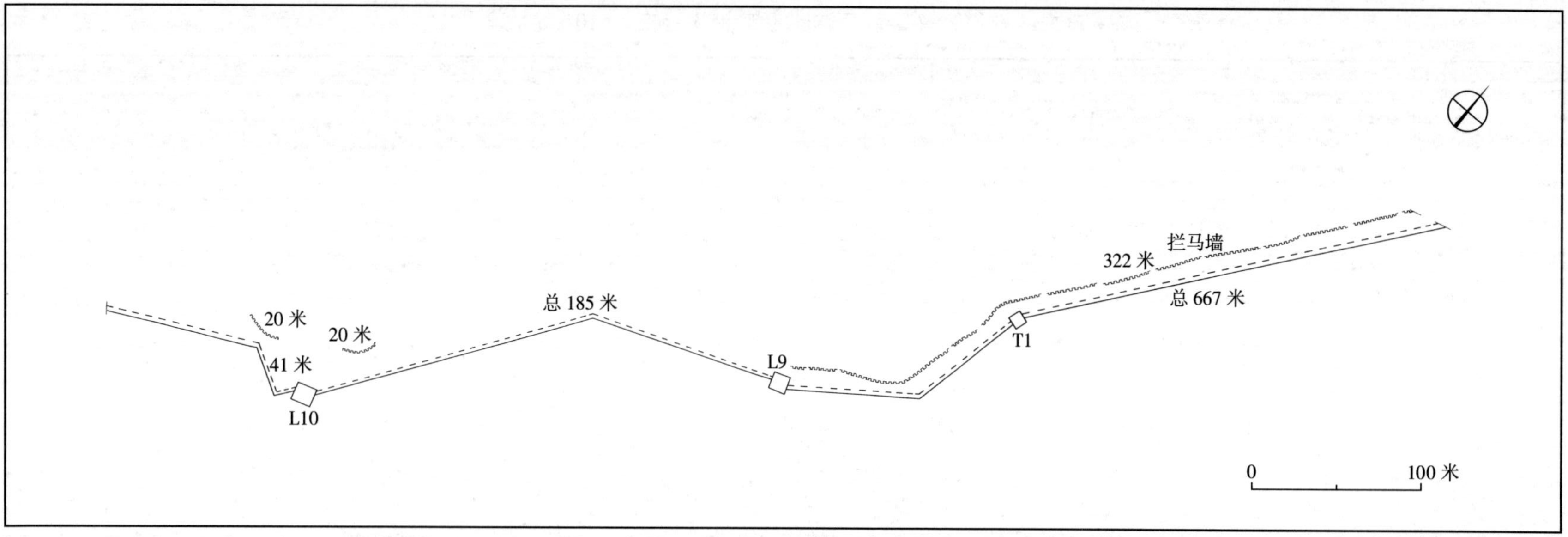

图［9］020　三段 C19 前干涧测区边墙建筑遗迹分布图

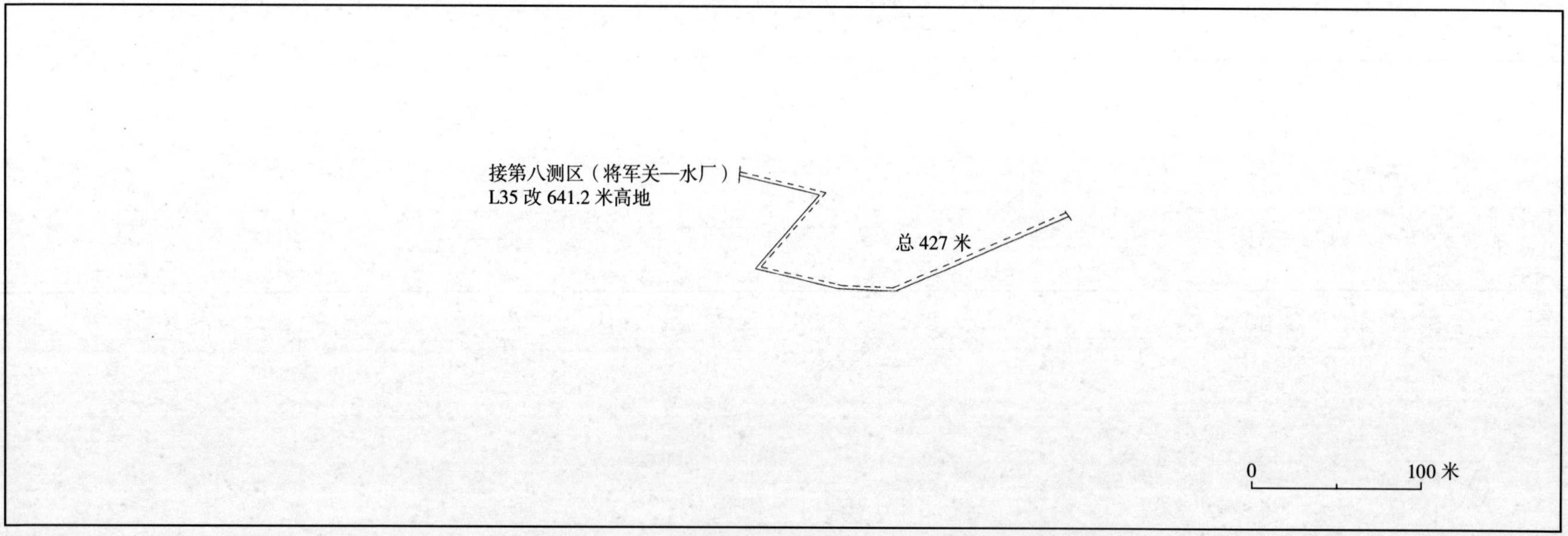

图［9］021　三段 C20 前干涧测区边墙建筑遗迹分布图

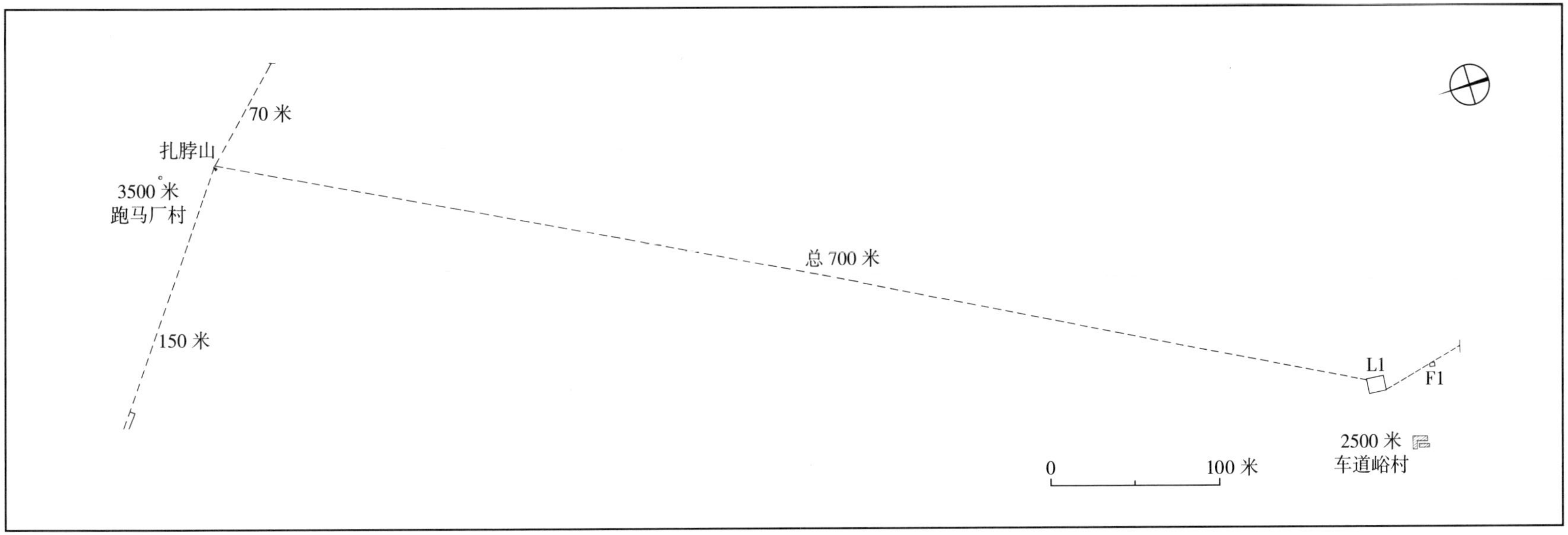

图［9］022　四段 C21 船仓峪测区边墙建筑遗迹分布图

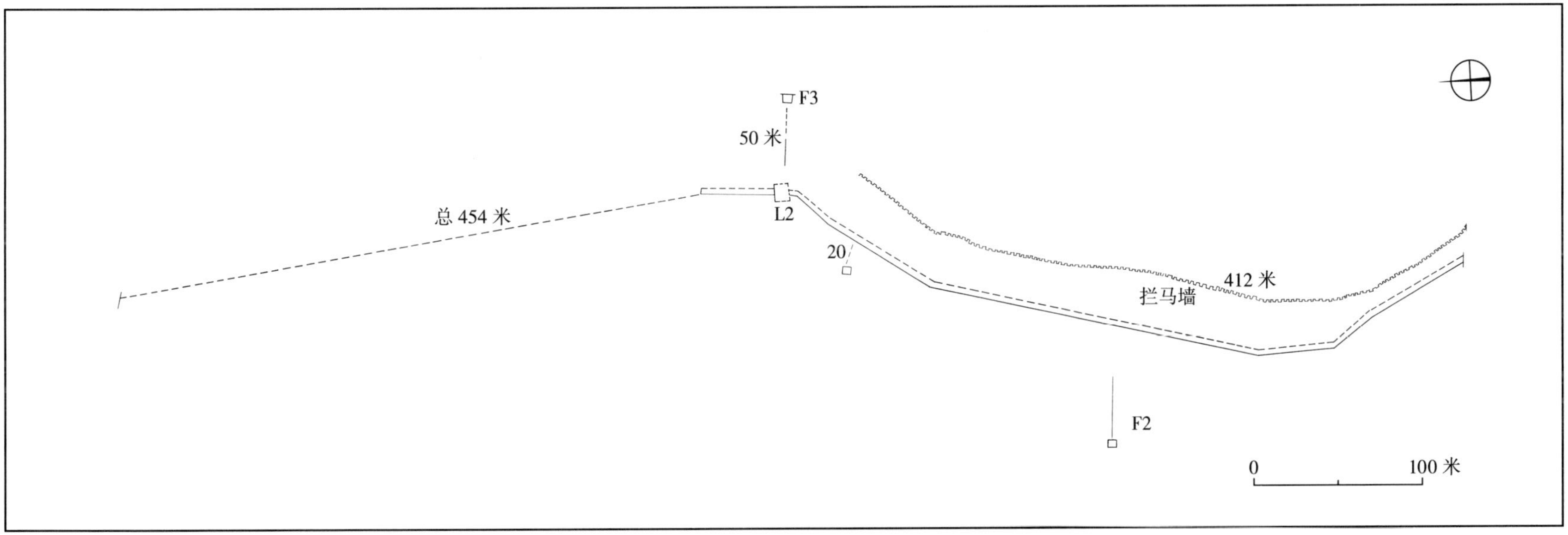

图［9］023　四段 C22 船仓峪测区边墙建筑遗迹分布图

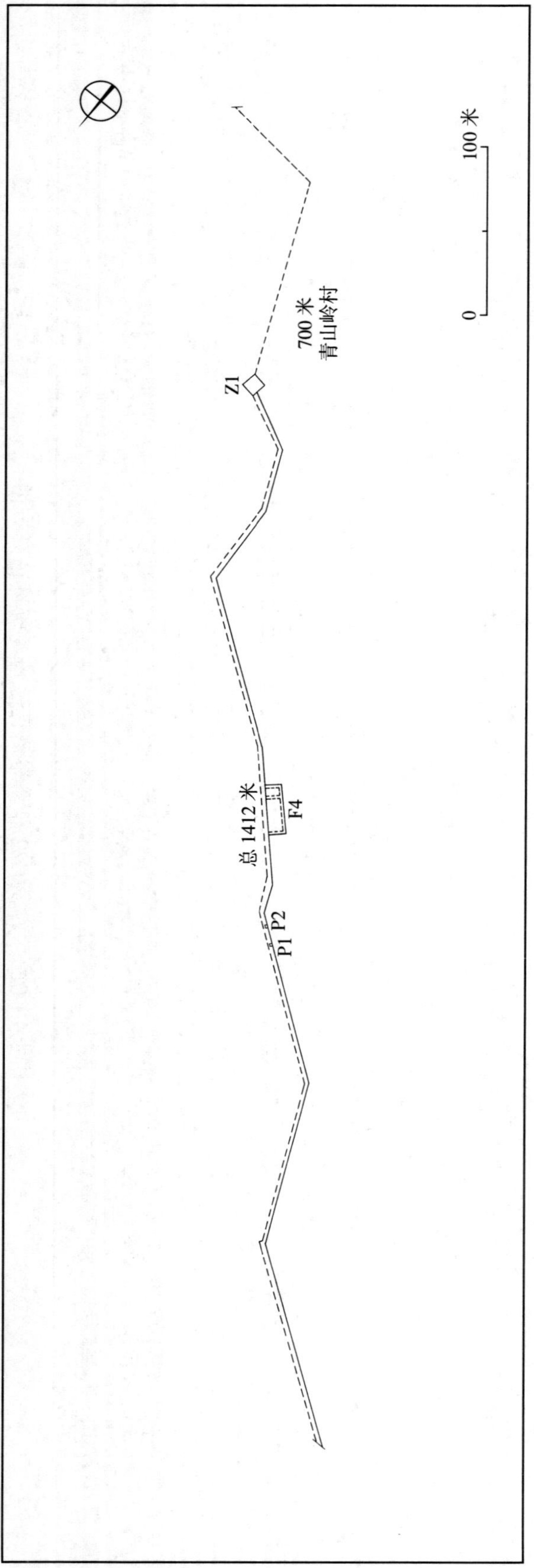

图［9］024　四段C23船仓峪测区边墙建筑遗迹分布图

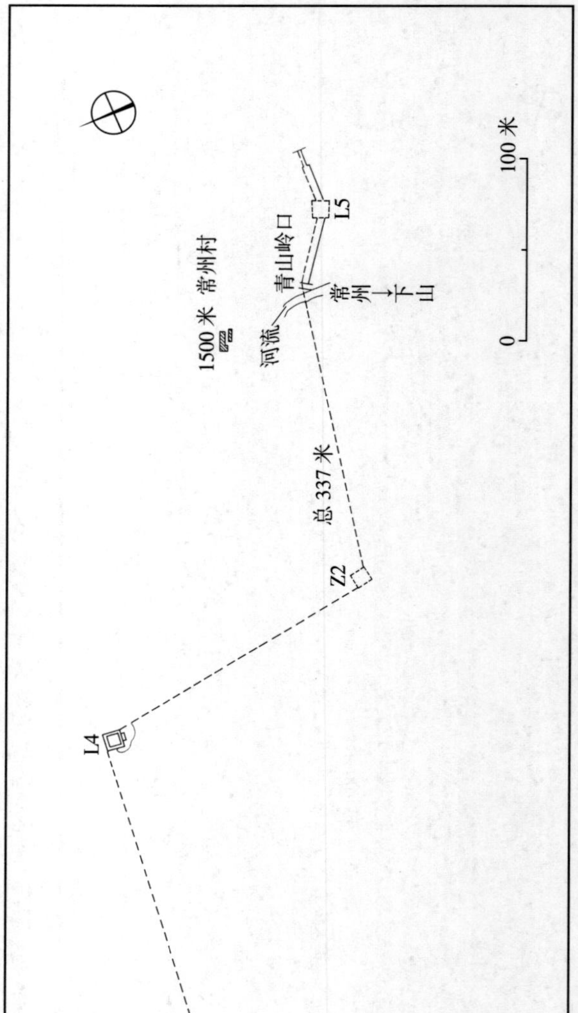

图［9］025　四段C24船仓峪测区边墙建筑遗迹分布图

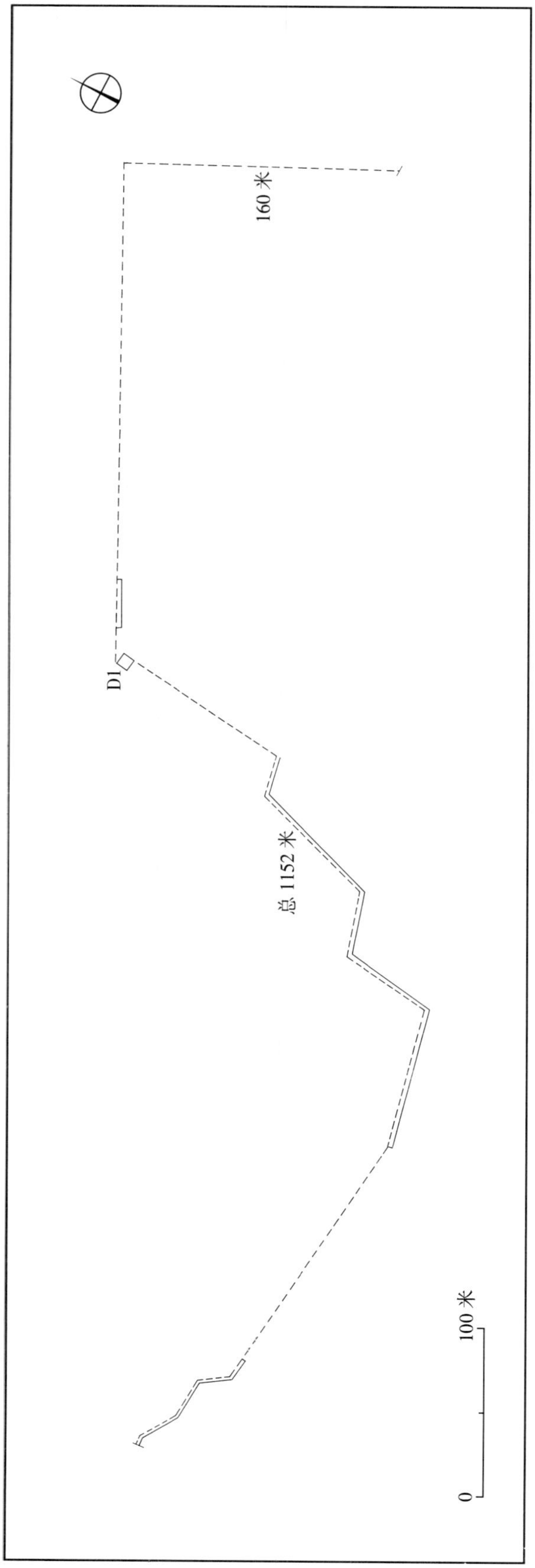

图［9］026 四段 C25 船仓峪测区边墙建筑遗迹分布图

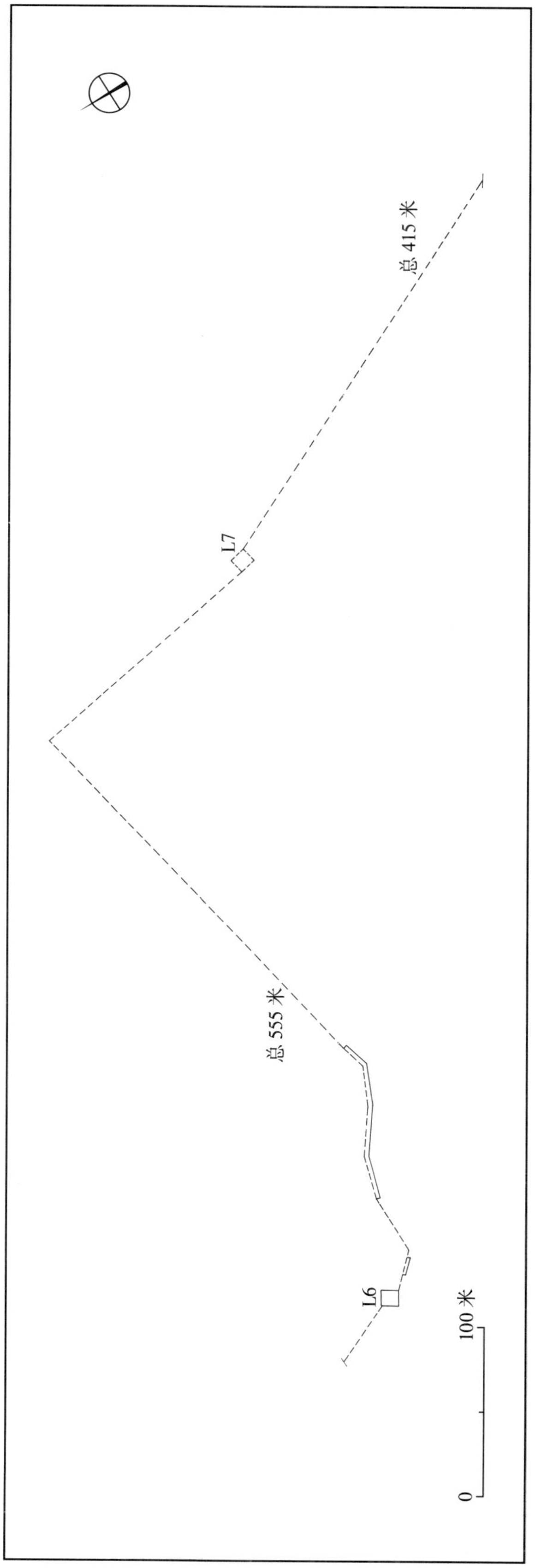

图［9］027 四段 C26 船仓峪测区边墙建筑遗迹分布图

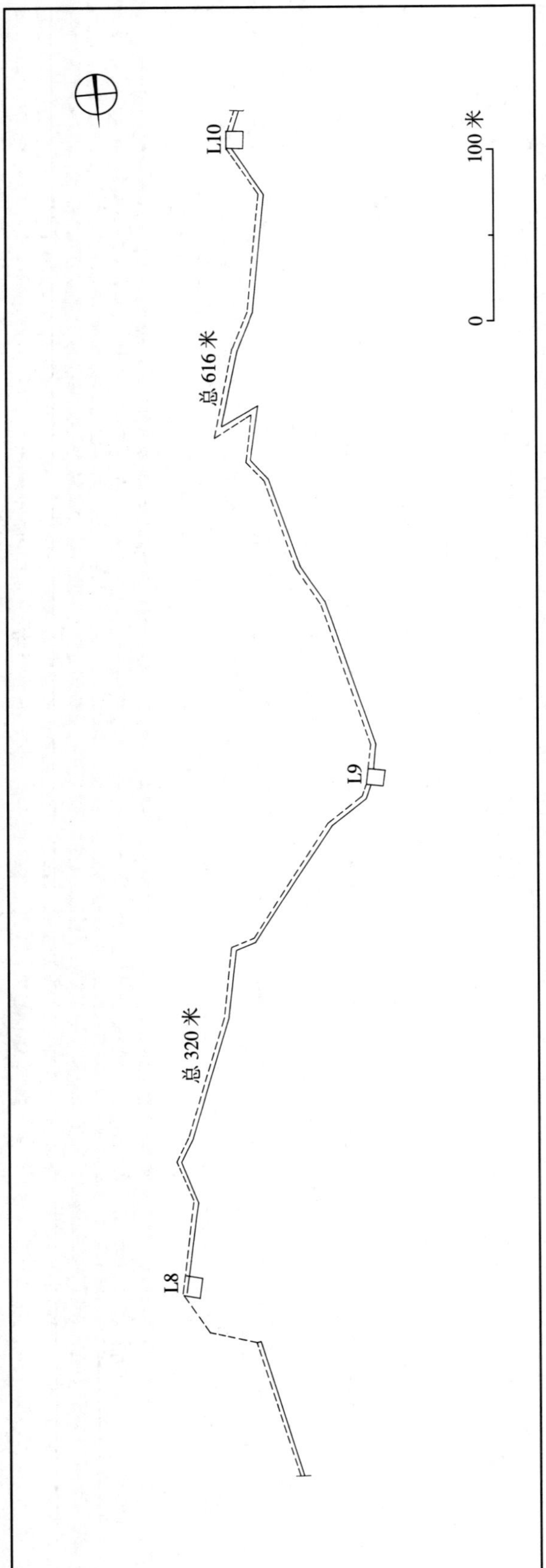

图［9］028　四段 C27 船仓峪测区边墙建筑遗迹分布图

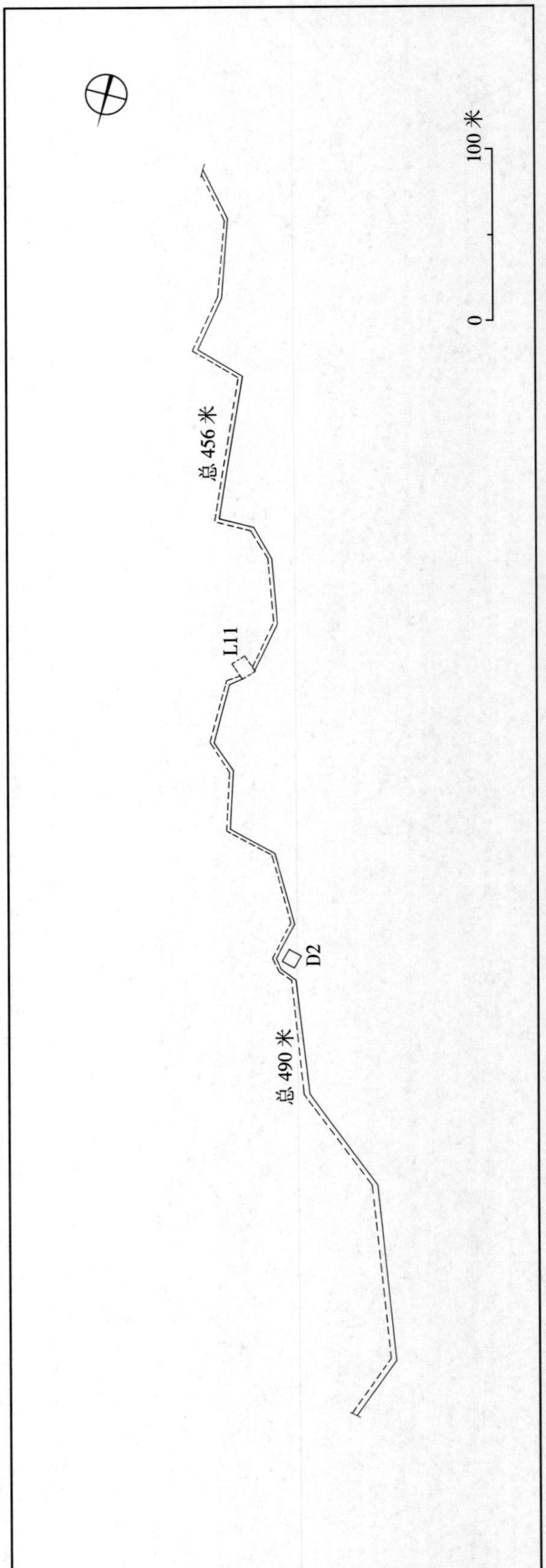

图［9］029　四段 C28 船仓峪测区边墙建筑遗迹分布图

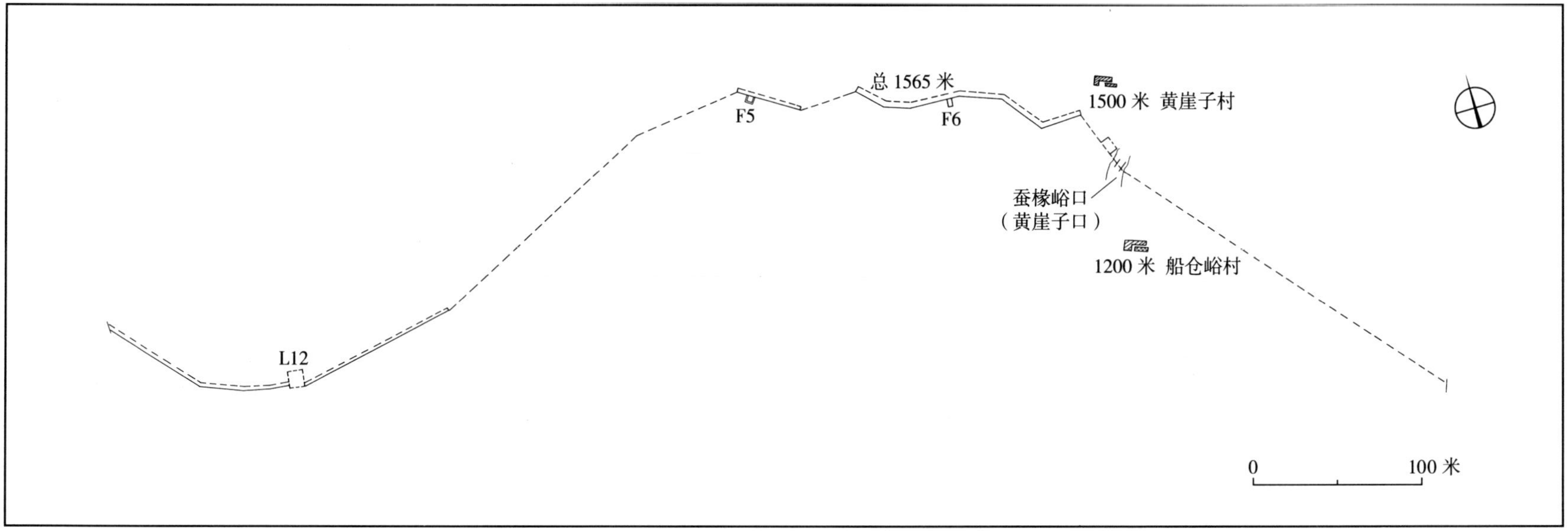

图［9］030　四段 C29 船仓峪测区边墙建筑遗迹分布图

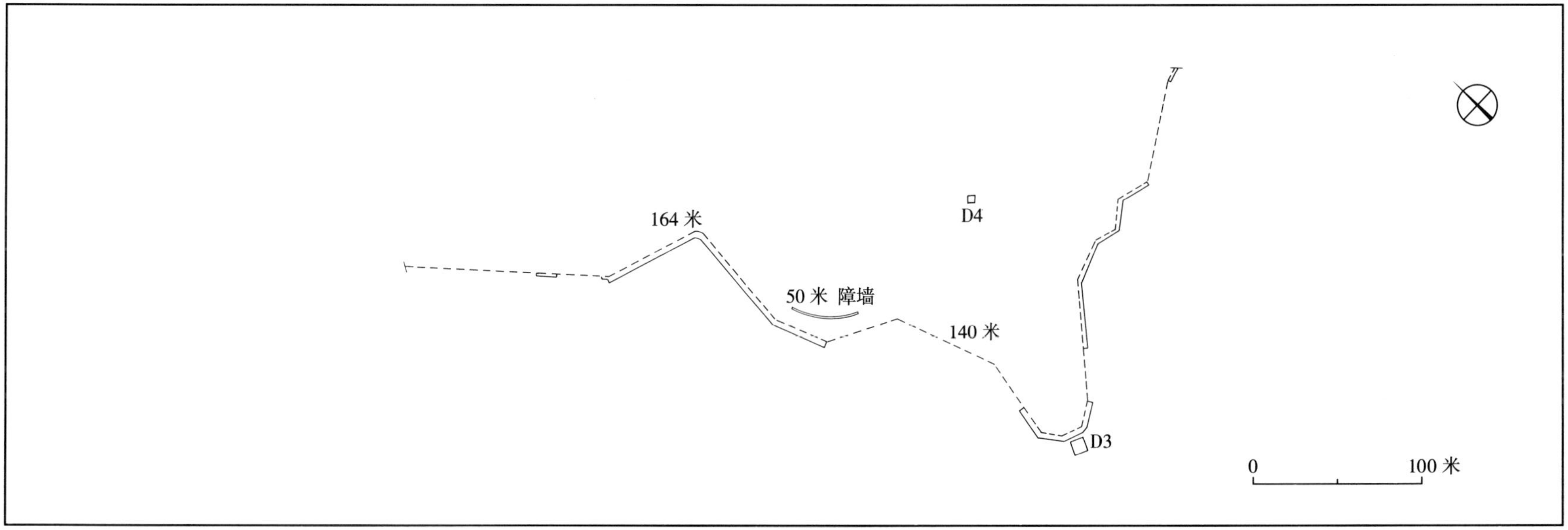

图［9］031　四段 C30 船仓峪测区边墙建筑遗迹分布图

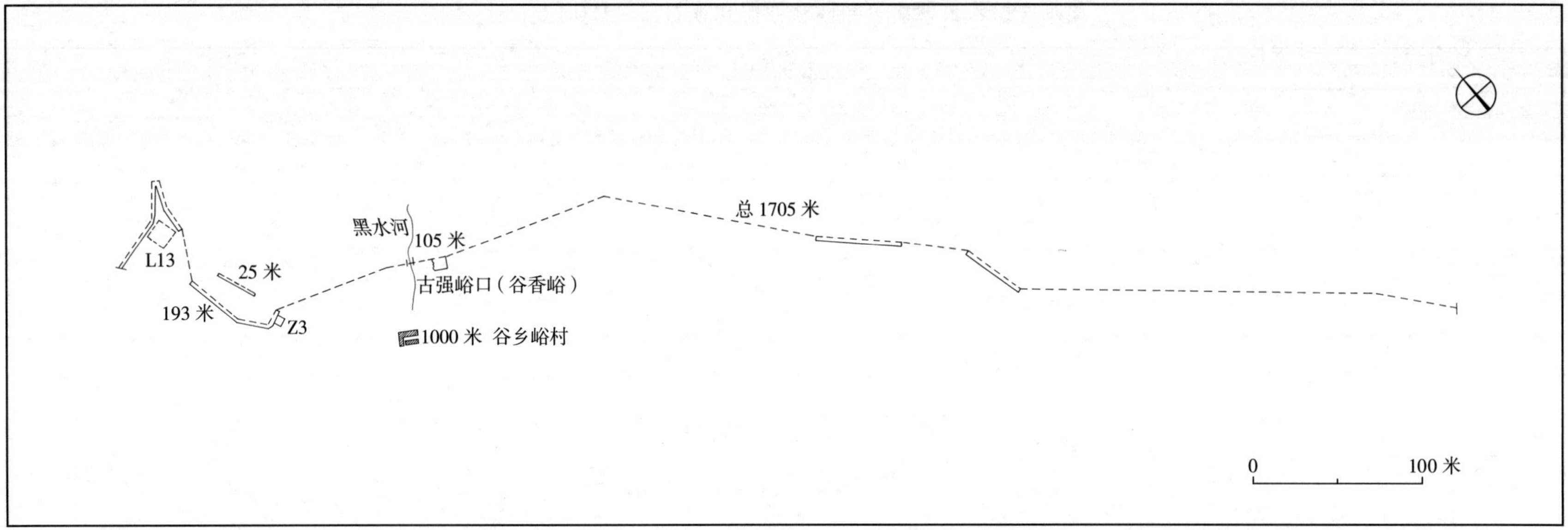

图［9］032　四段 C31 船仓峪测区边墙建筑遗迹分布图

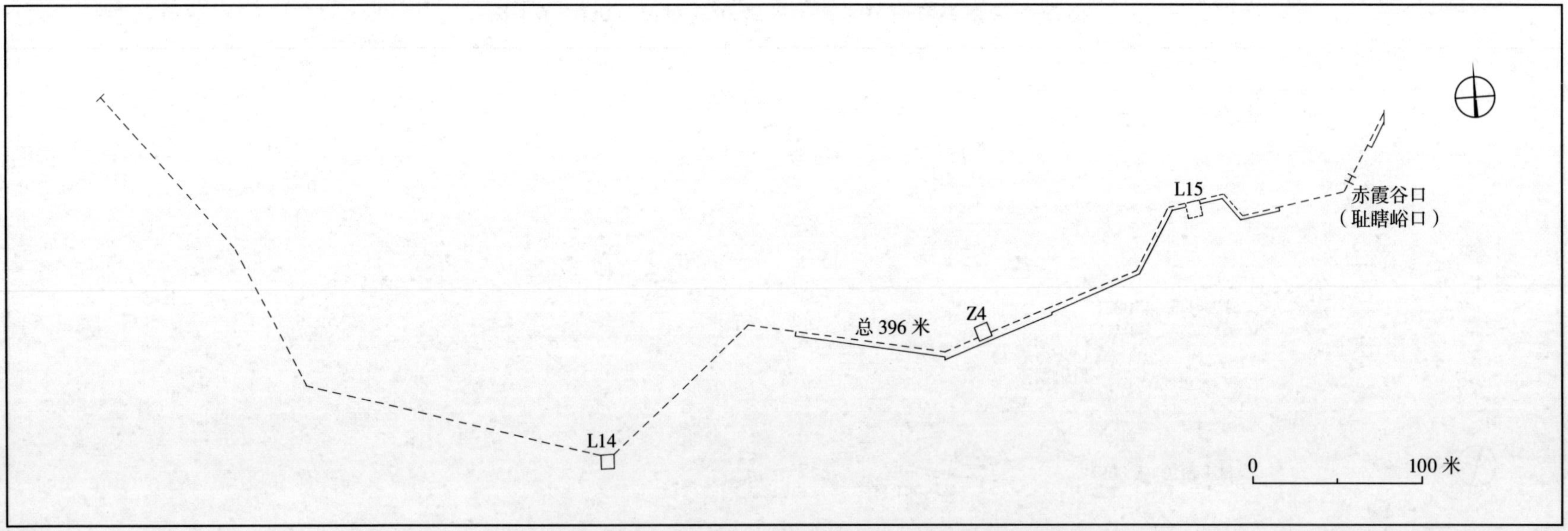

图［9］033　四段 C32 船仓峪测区边墙建筑遗迹分布图

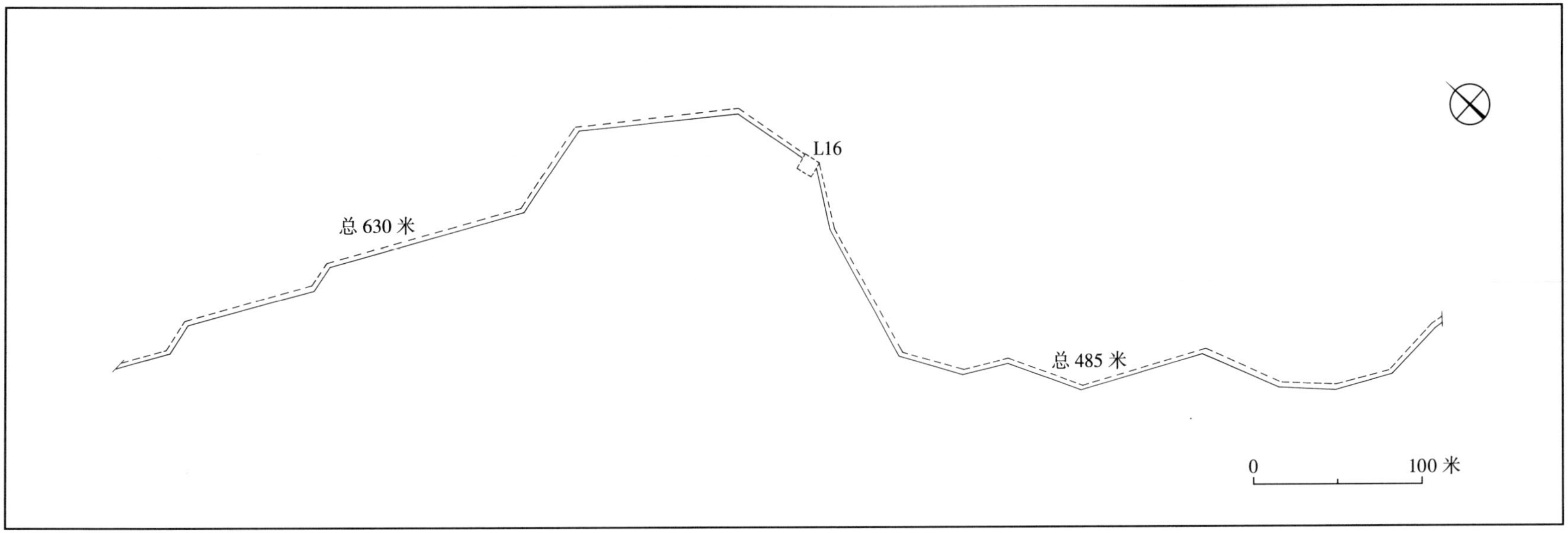

图［9］034　四段 C33 船仓峪测区边墙建筑遗迹分布图

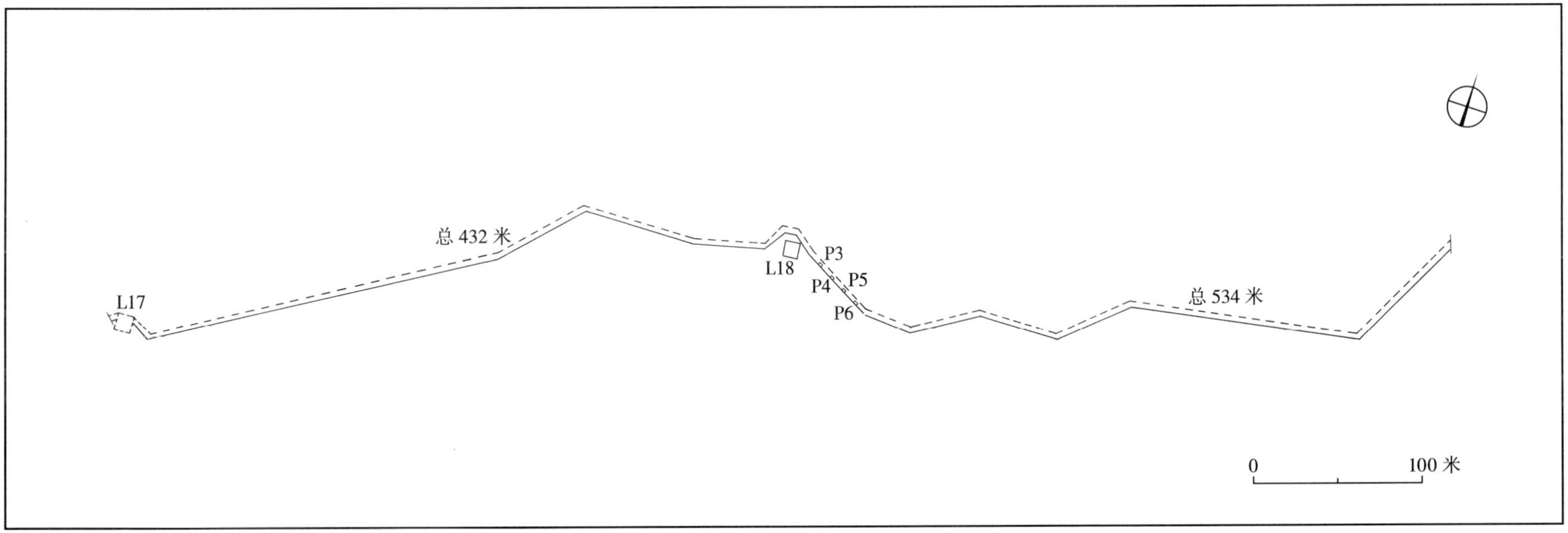

图［9］035　四段 C34 船仓峪测区边墙建筑遗迹分布图

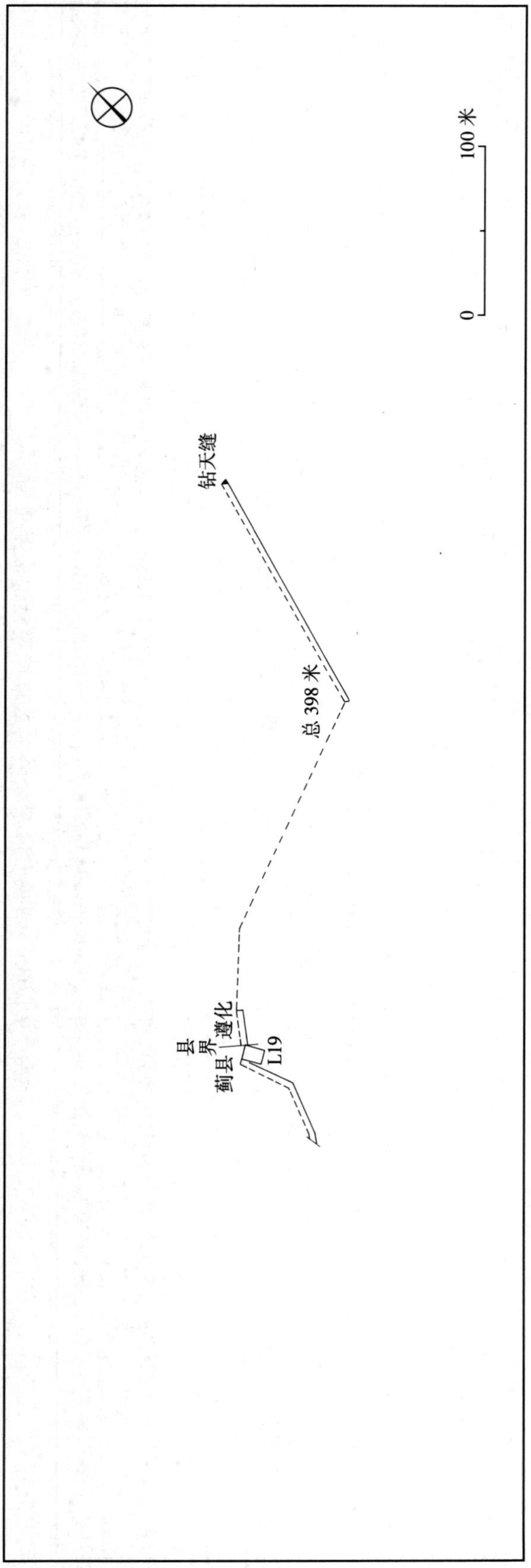

图［9］036　四段 C35 船仓峪测区边墙建筑遗迹分布图

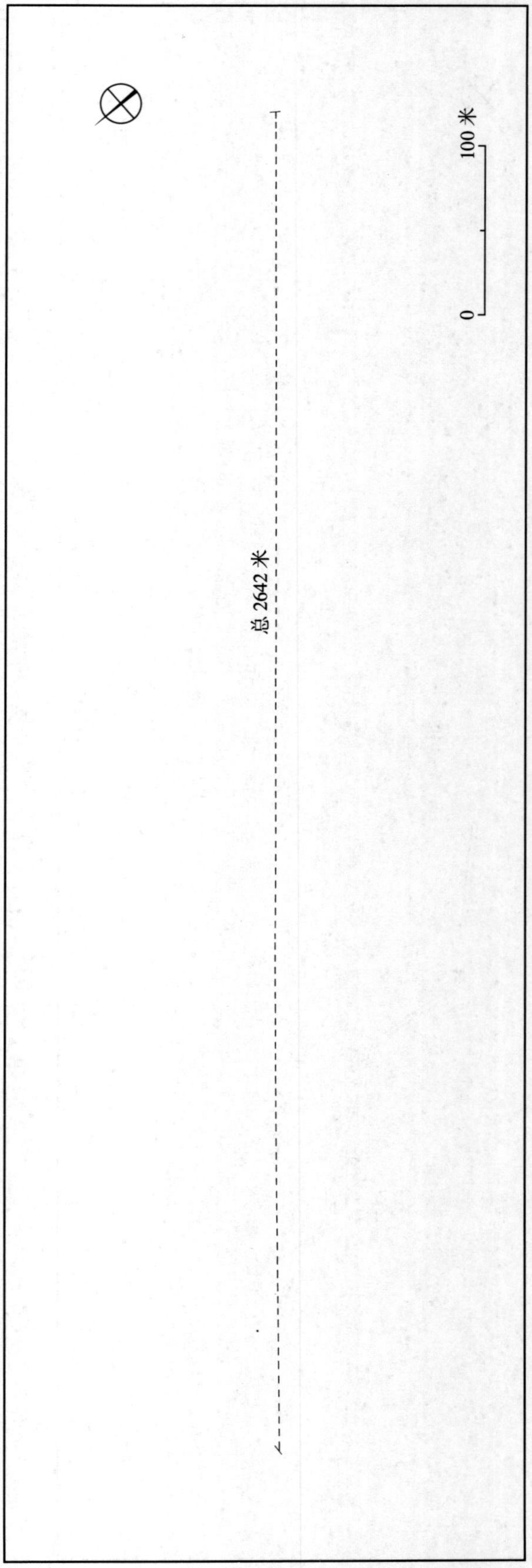

图［9］037　四段 C36 青山岭口北附边

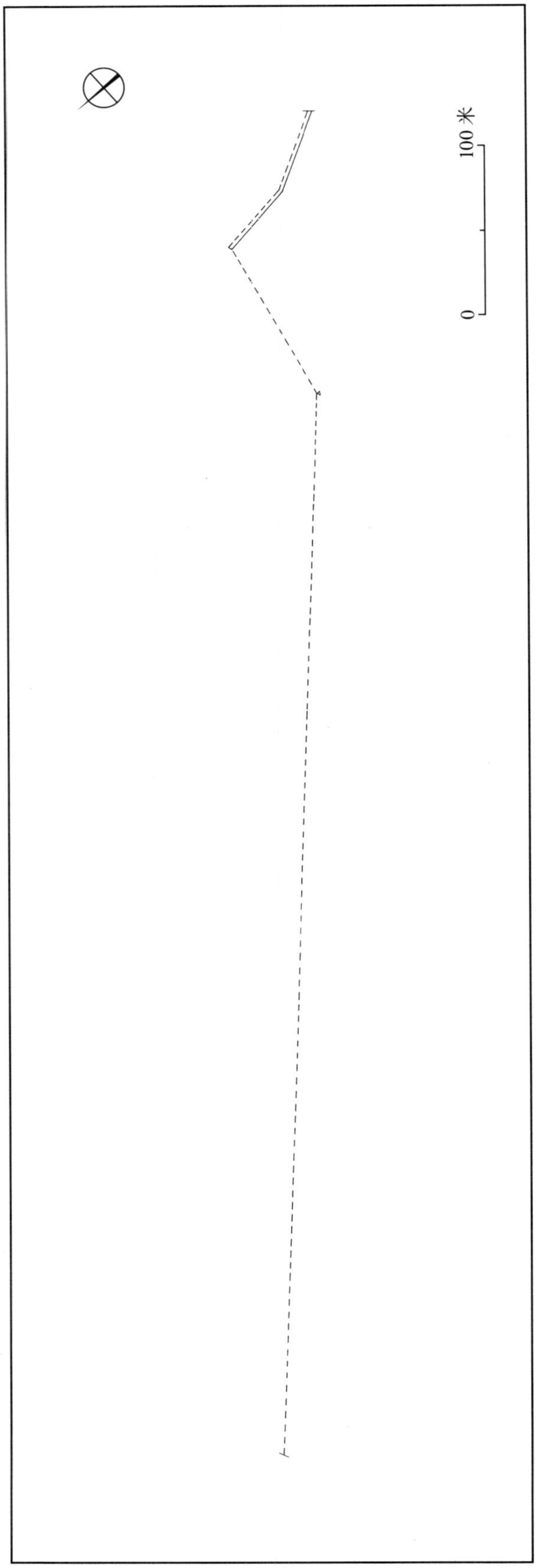

图［9］038　四段 C37 青山岭口北附边建筑遗迹分布图

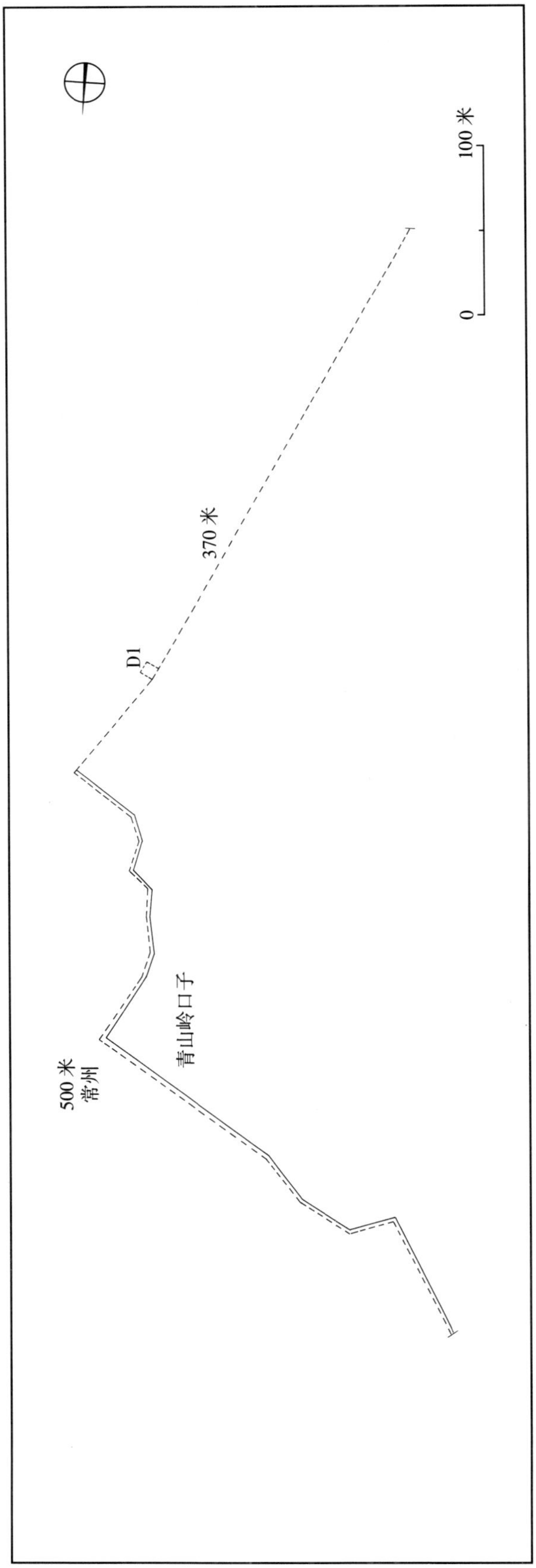

图［9］039　四段 C38 青山岭口北附边建筑遗迹分布图

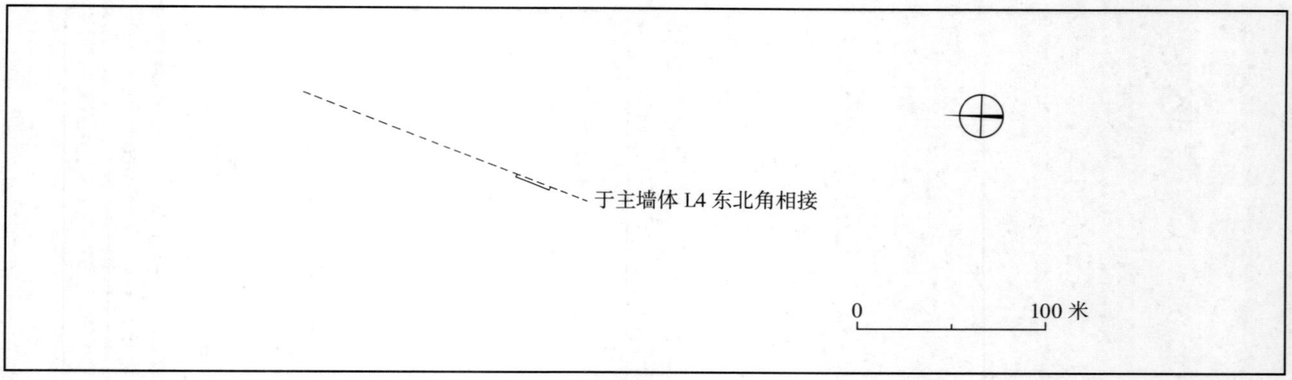

图［9］040　四段 C39 青山岭口北附边建筑遗迹分布图

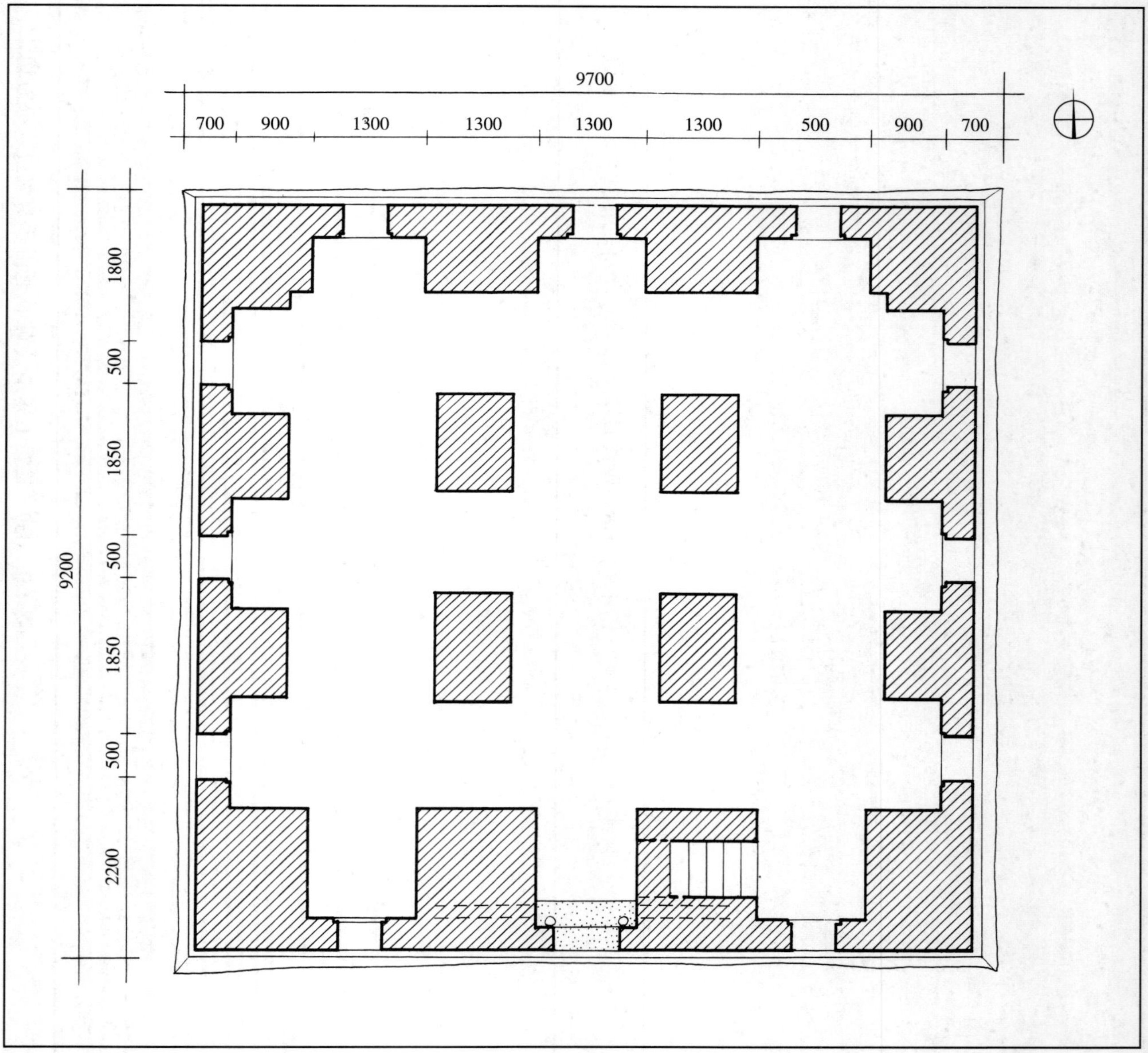

图［9］041　L4 中层平面图

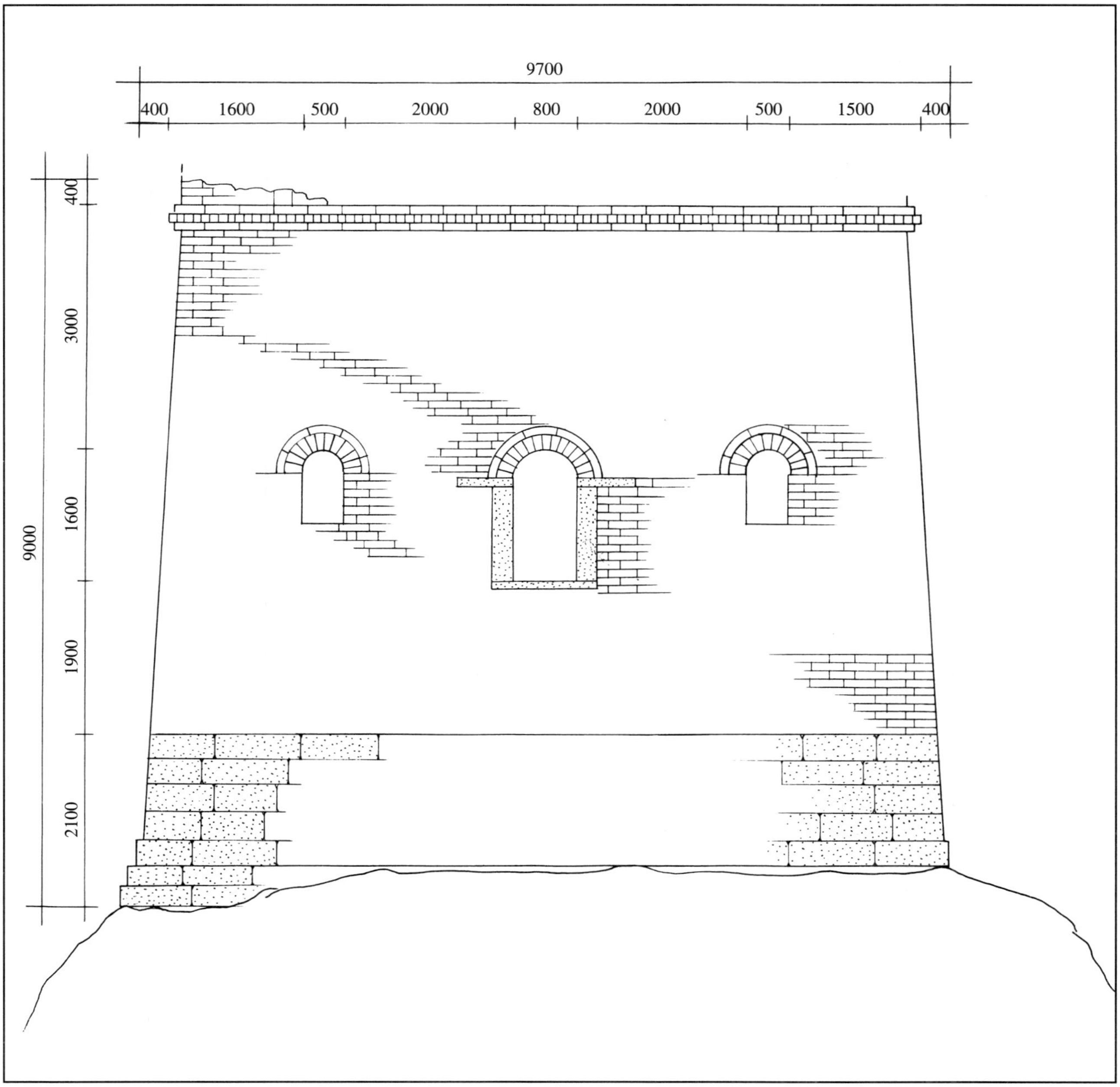

图［9］042　L4 南立面图

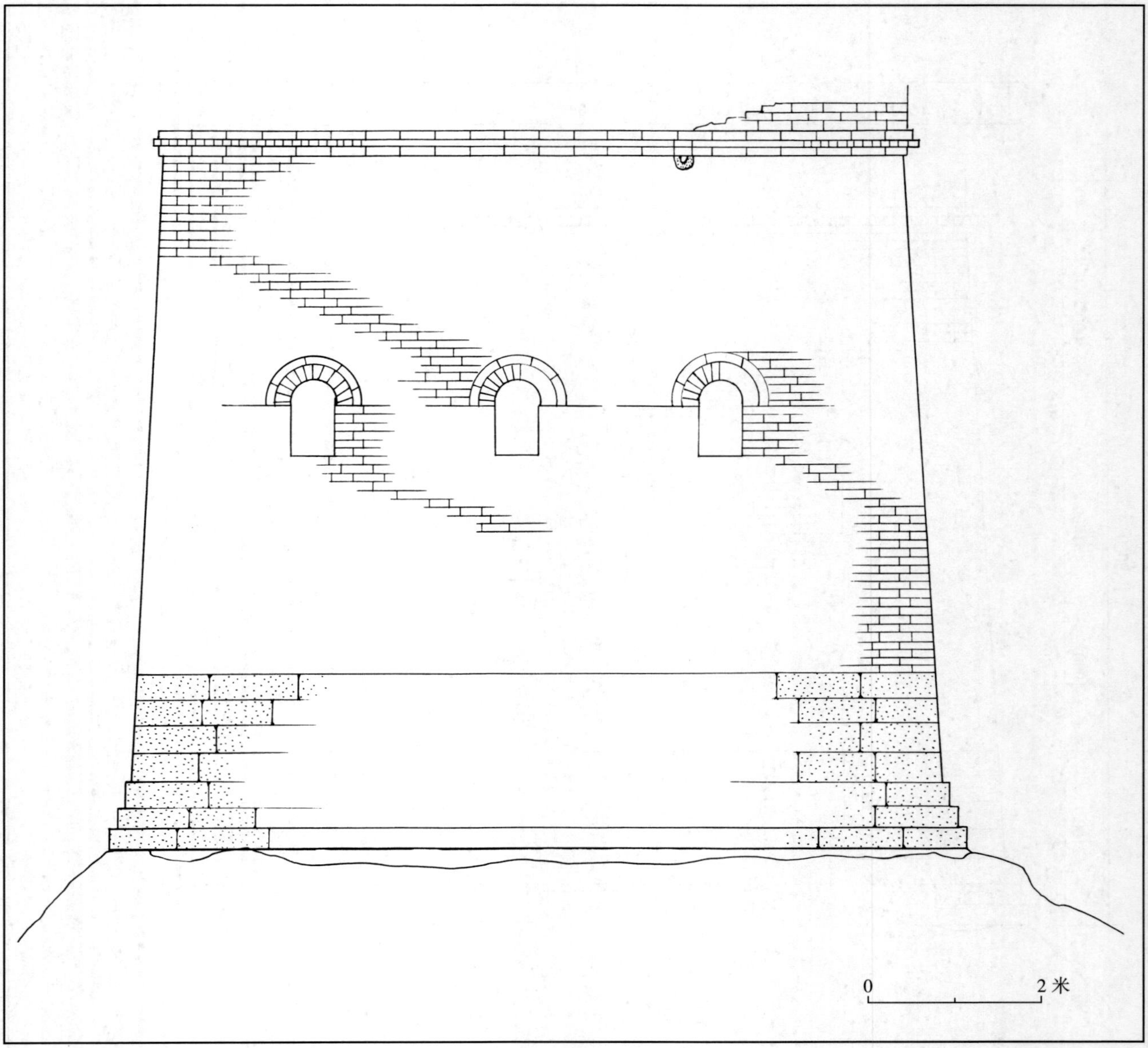

图［9］043　L4北立面图

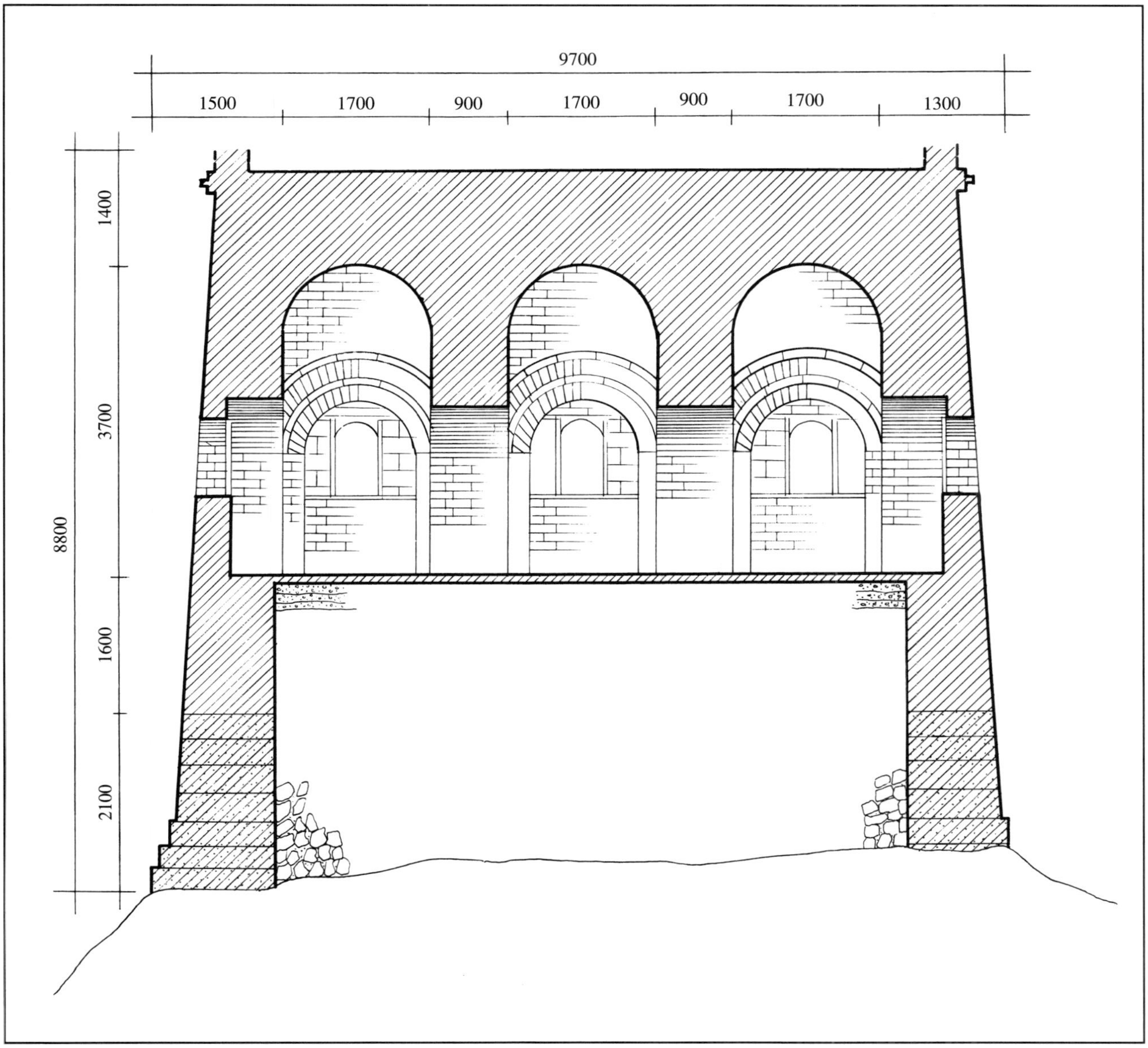

图［9］044　L4横剖面图

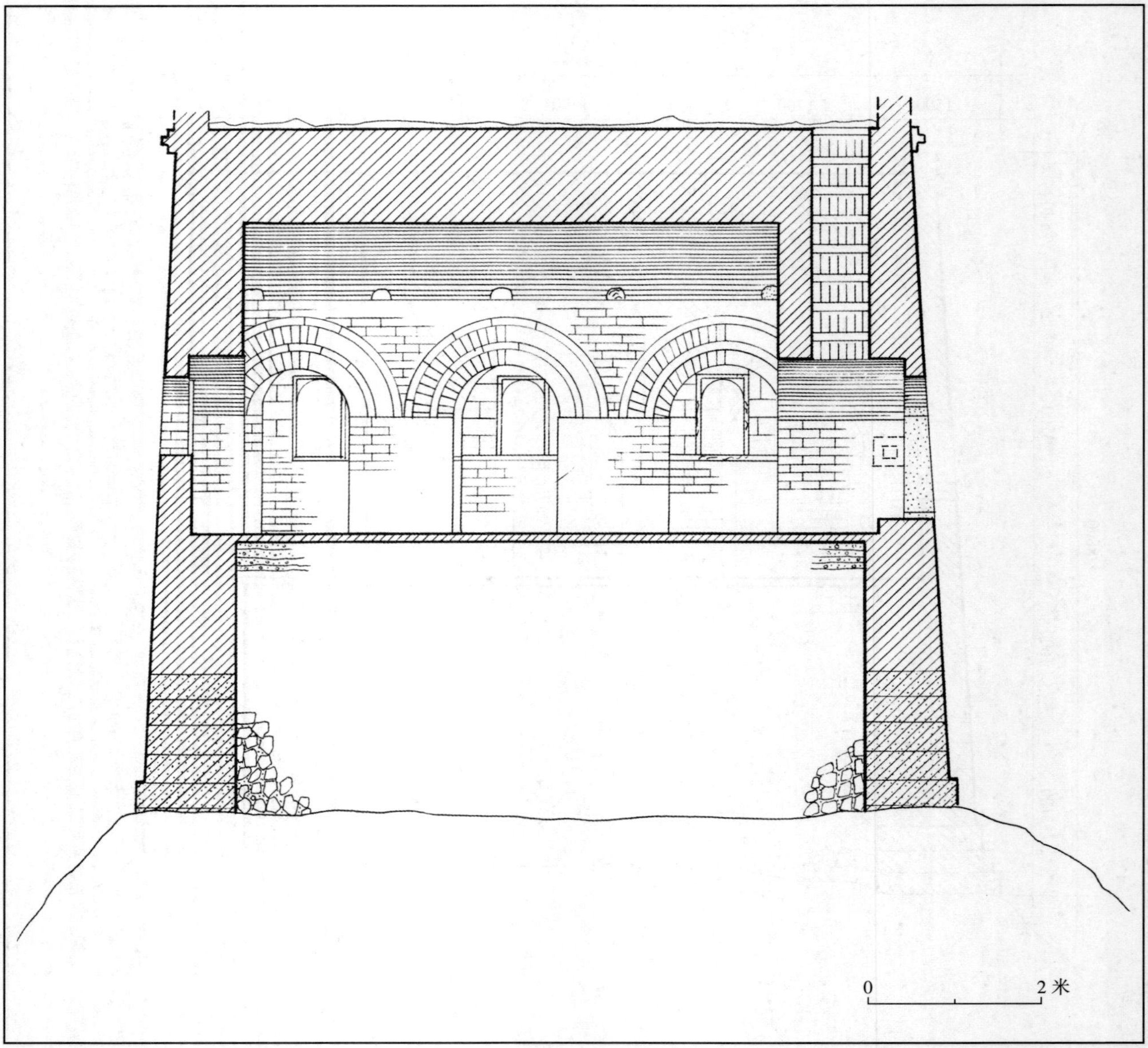

图［9］045 L4纵剖面图

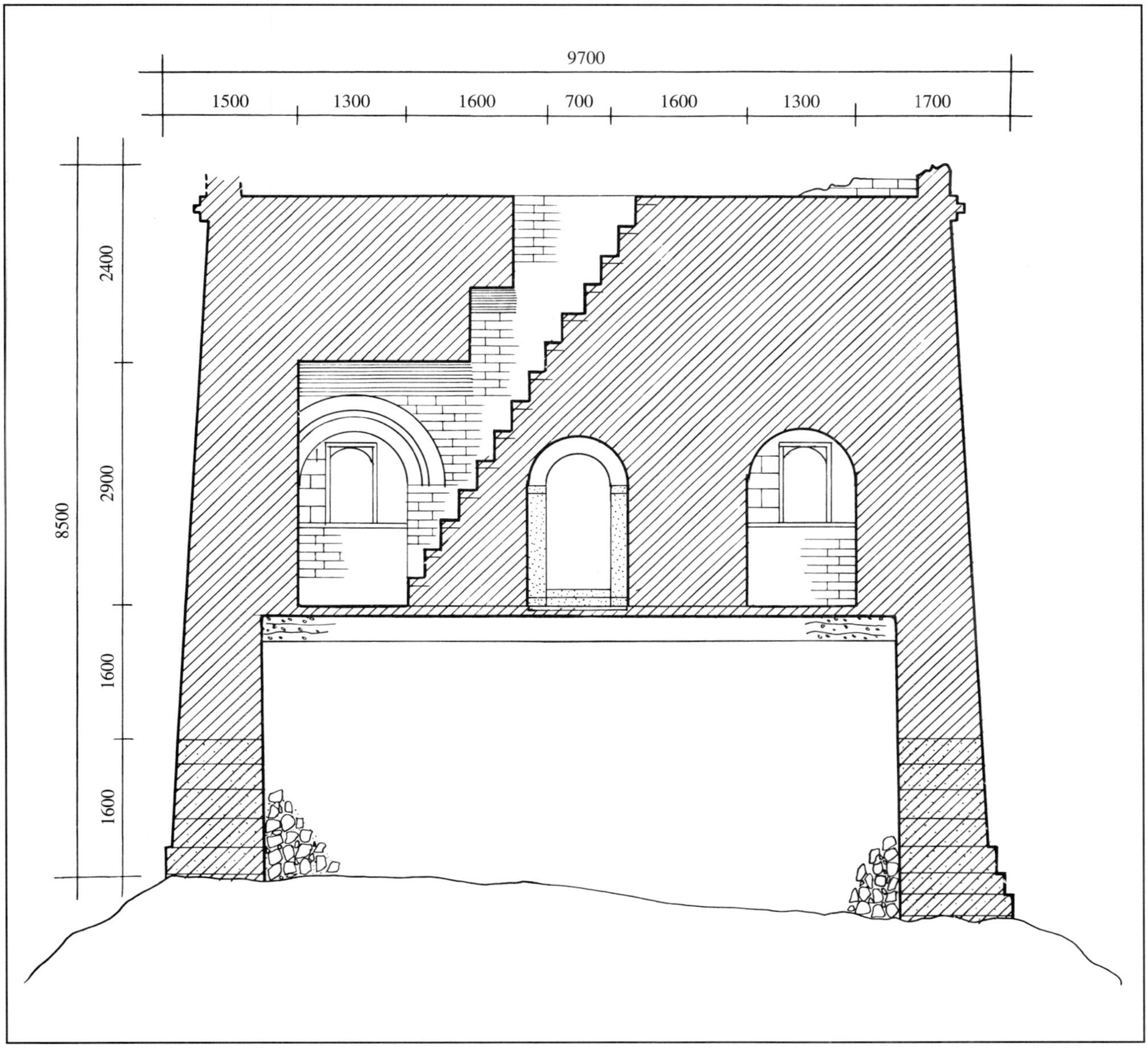

图［9］046　L4 梯道剖视图

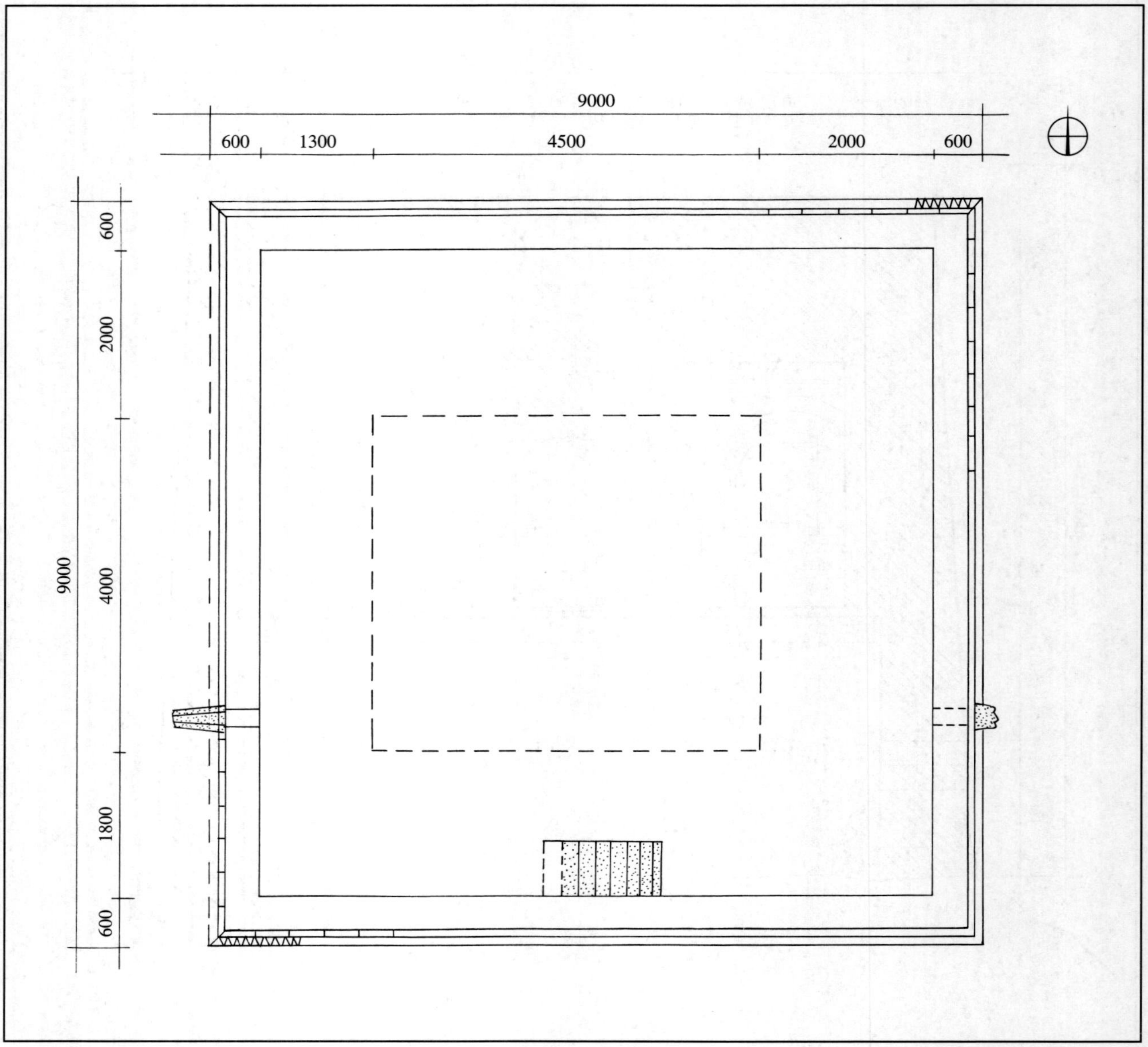

图［9］047　L4 上层平面图

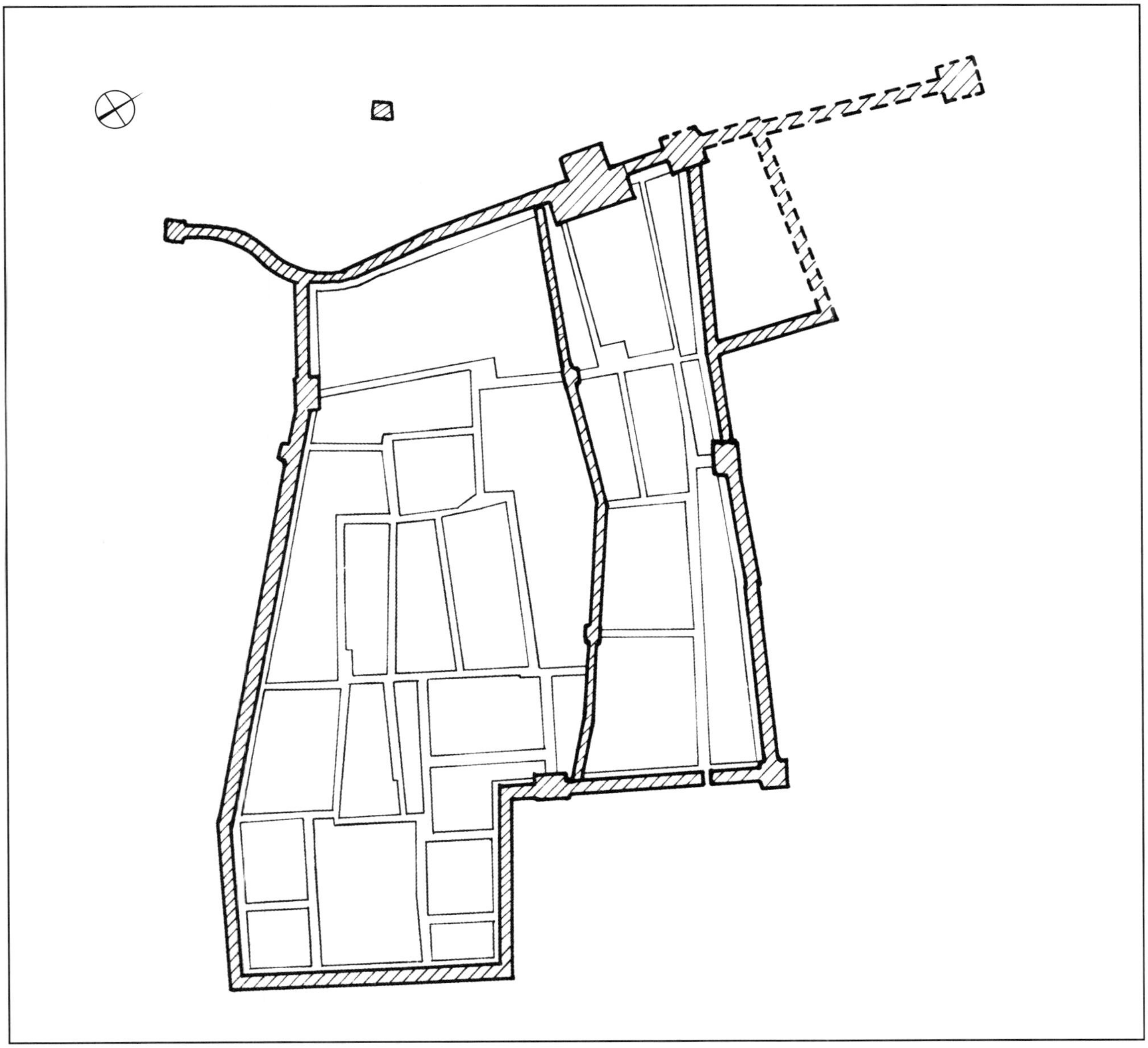

图［9］048　二段蓟县黄崖关城遗址平面图（采自《天津黄崖关志》插图二）

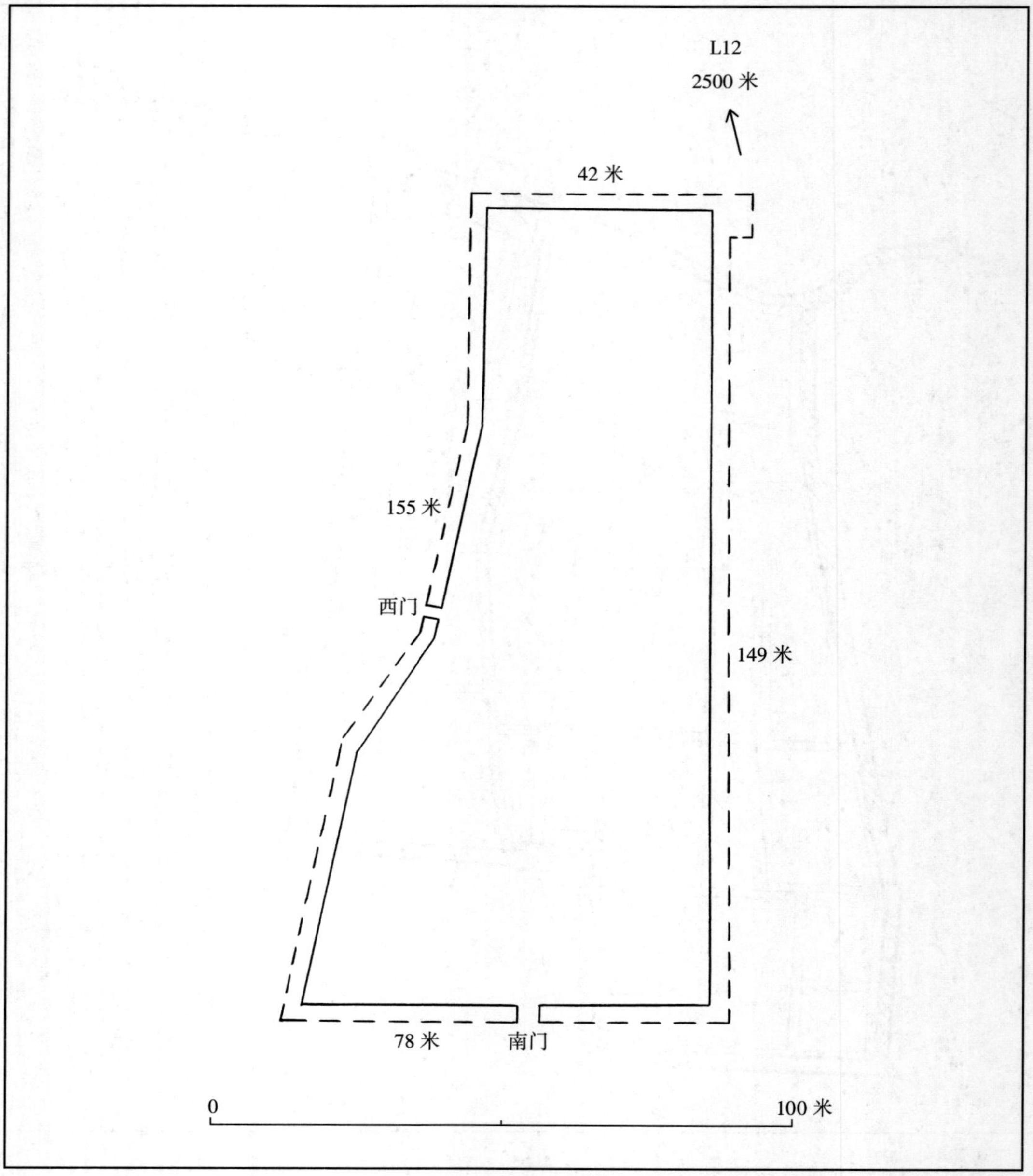

图［9］049　四段船仓峪城平面图

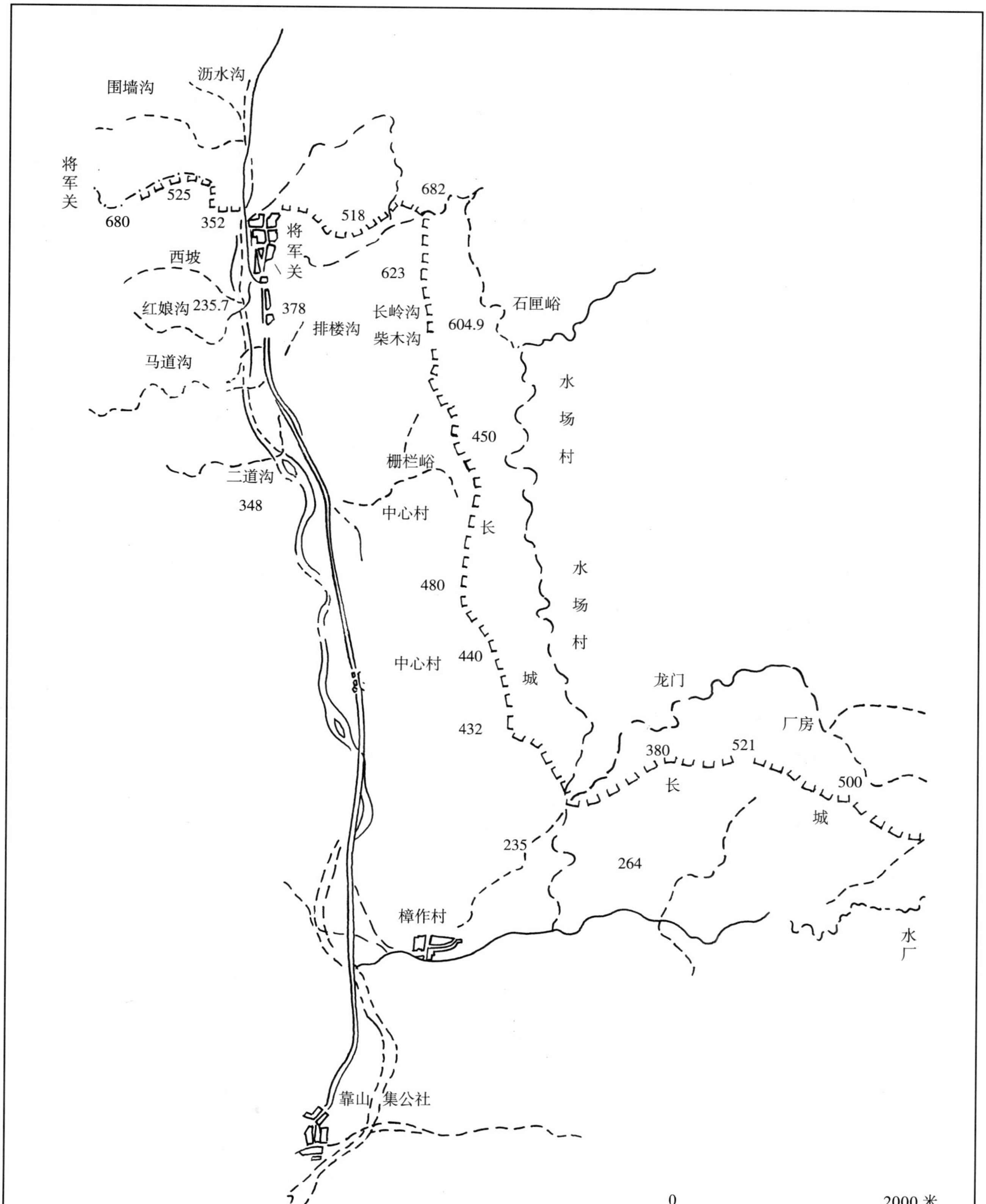

图［8］001 第八测区长城地段图（用五万分之一图）

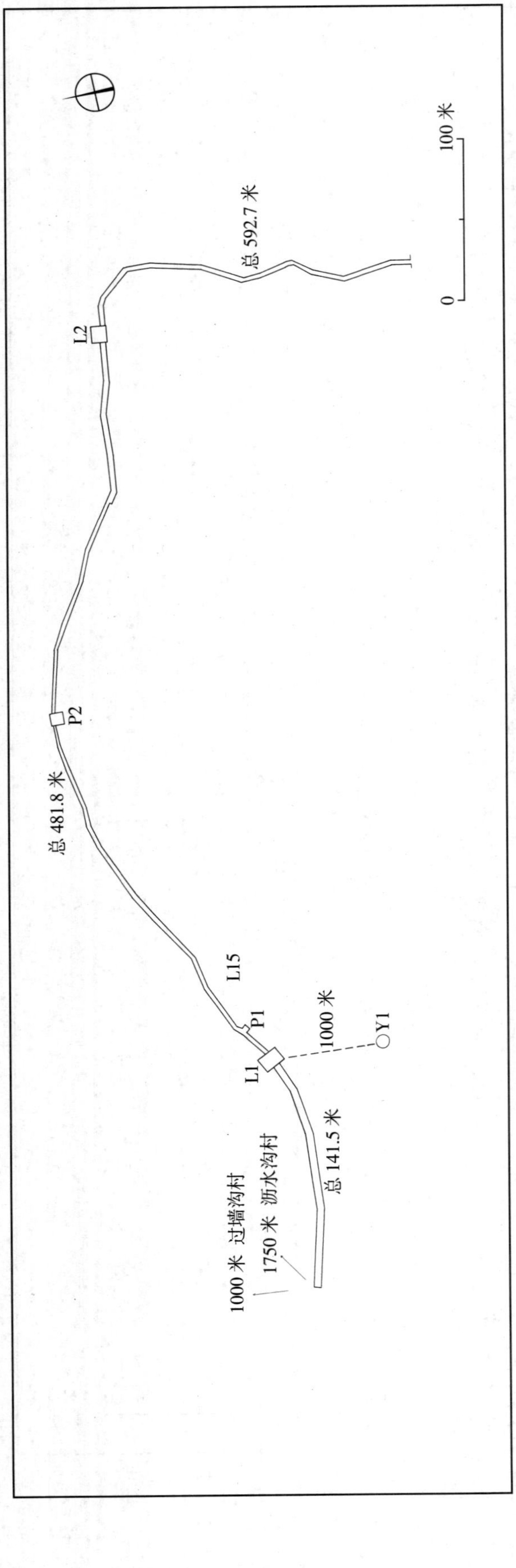

图［8］002　C1将军关测区边墙建筑遗迹分布图

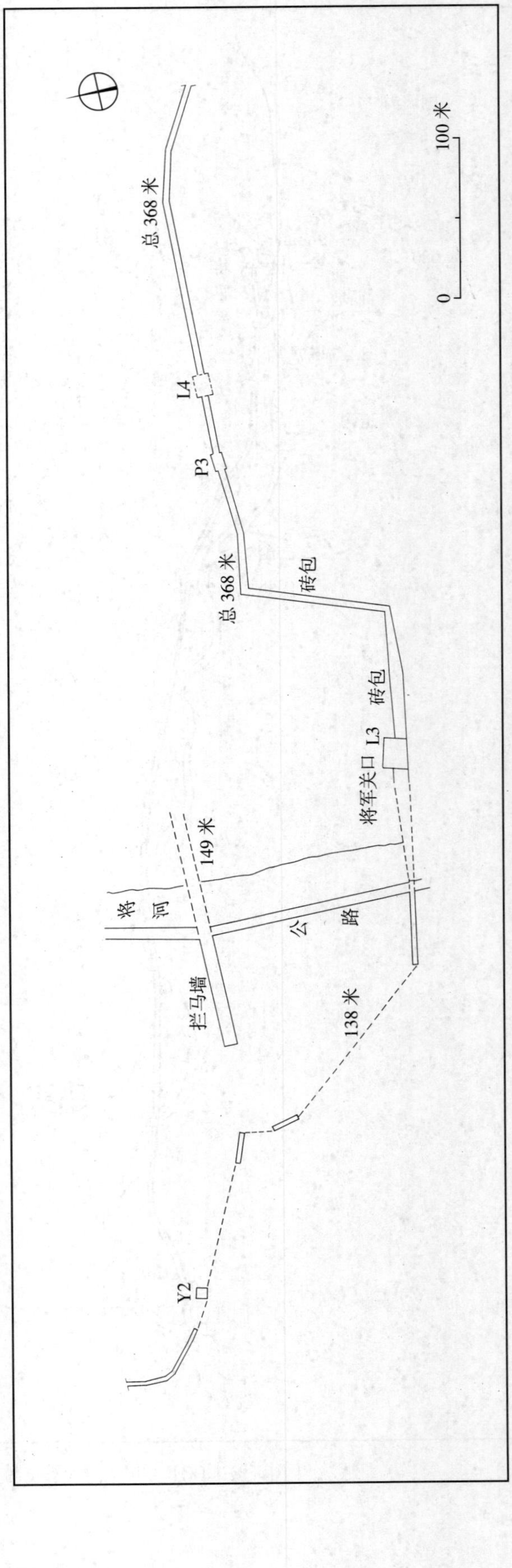

图［8］003　C2将军关测区边墙建筑遗迹分布图

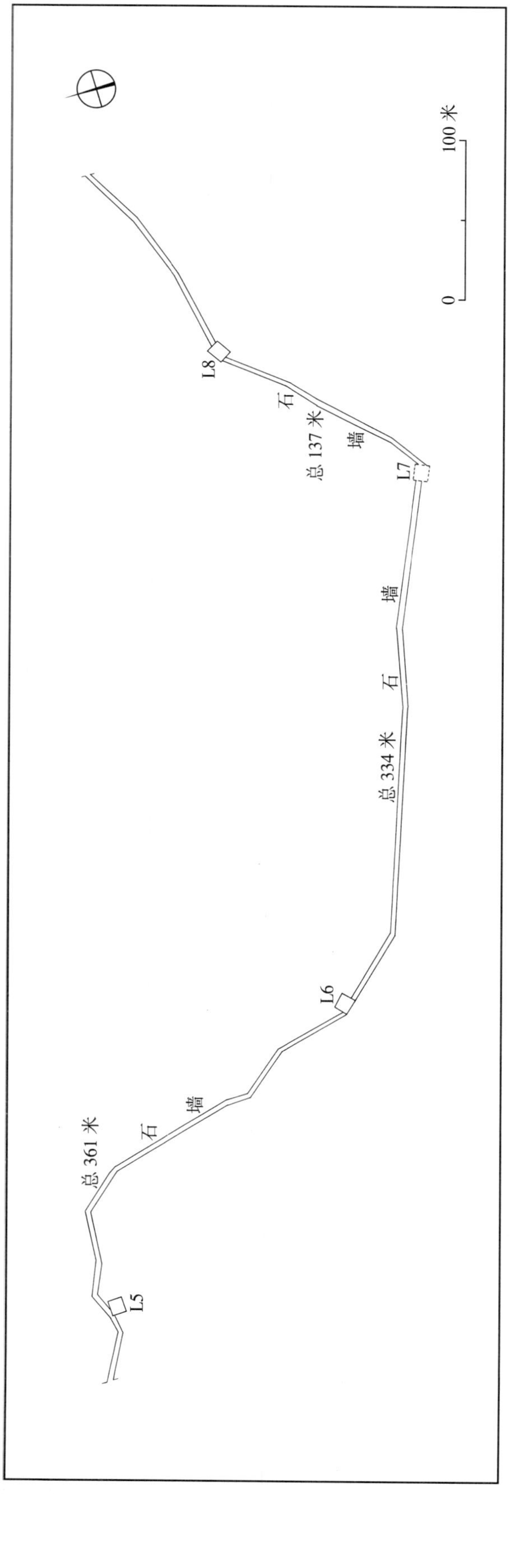

图［8］004　C3将军关测区边墙建筑遗迹分布图

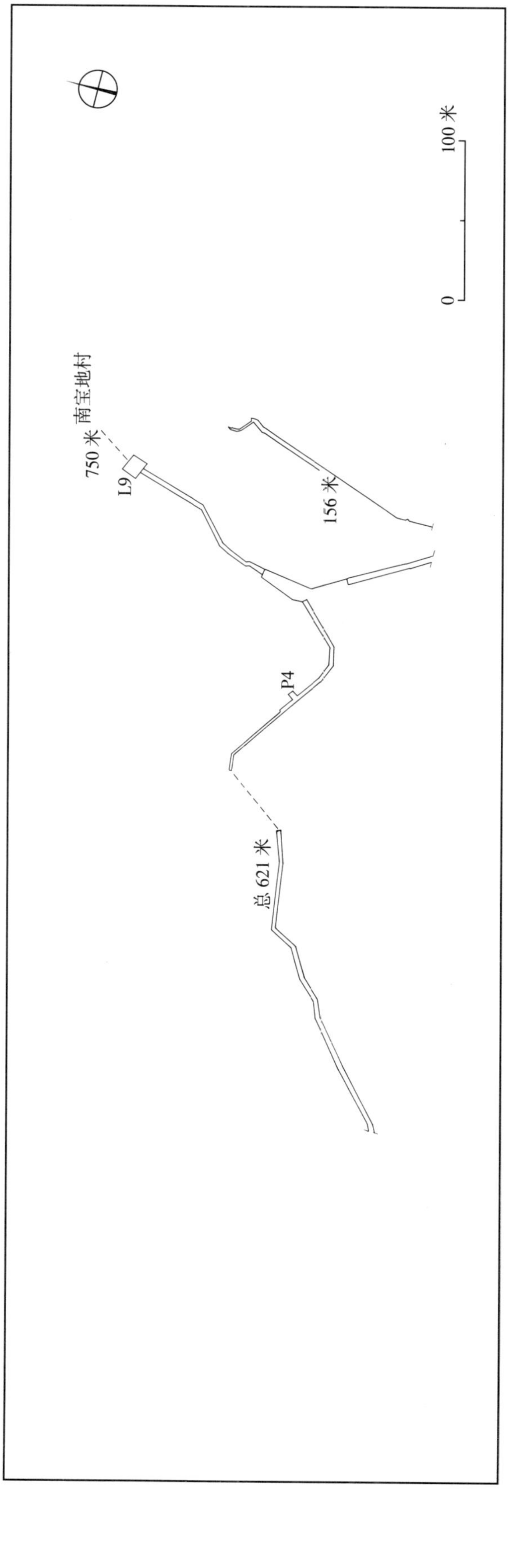

图［8］005　C4将军关测区边墙建筑遗迹分布图

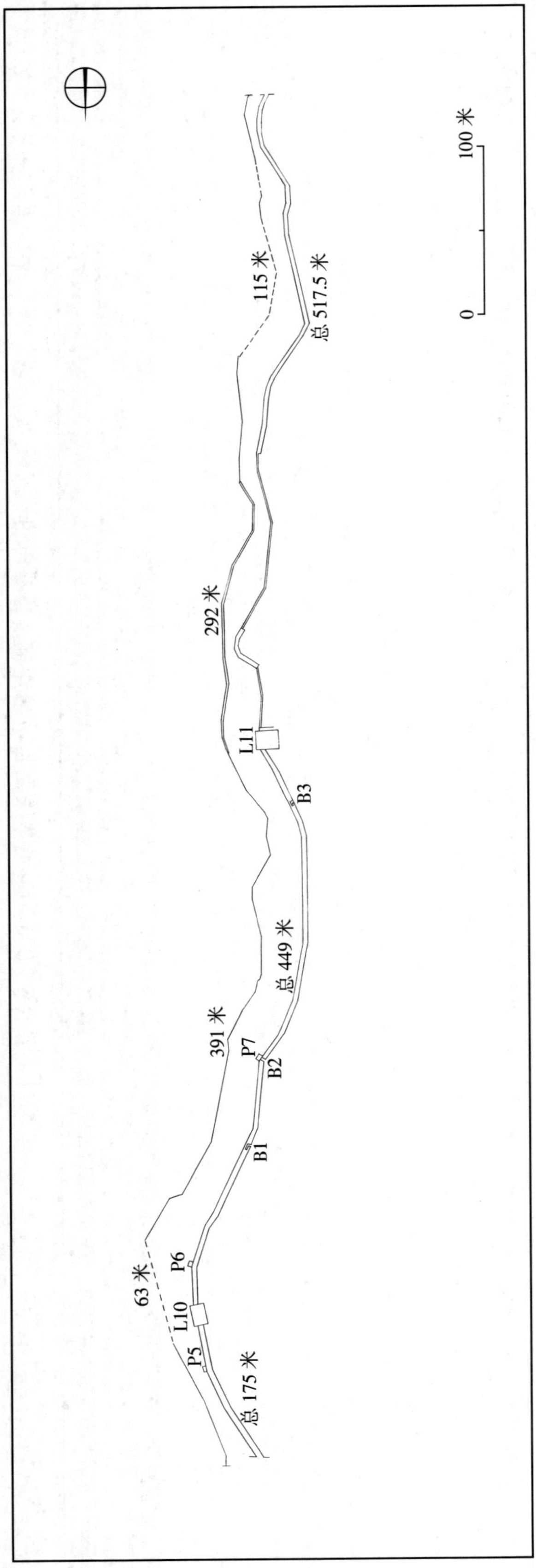

图[8]006 C5将军关测区边墙建筑遗迹分布图

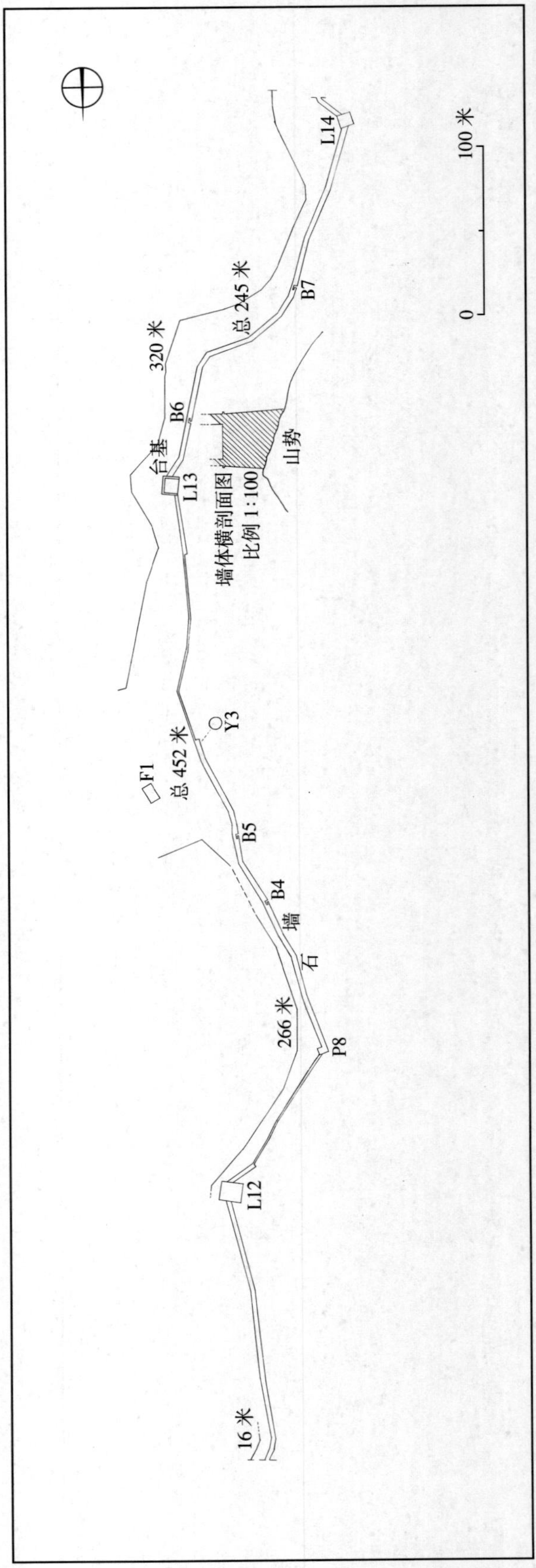

图[8]007 C6将军关测区边墙建筑遗迹分布图

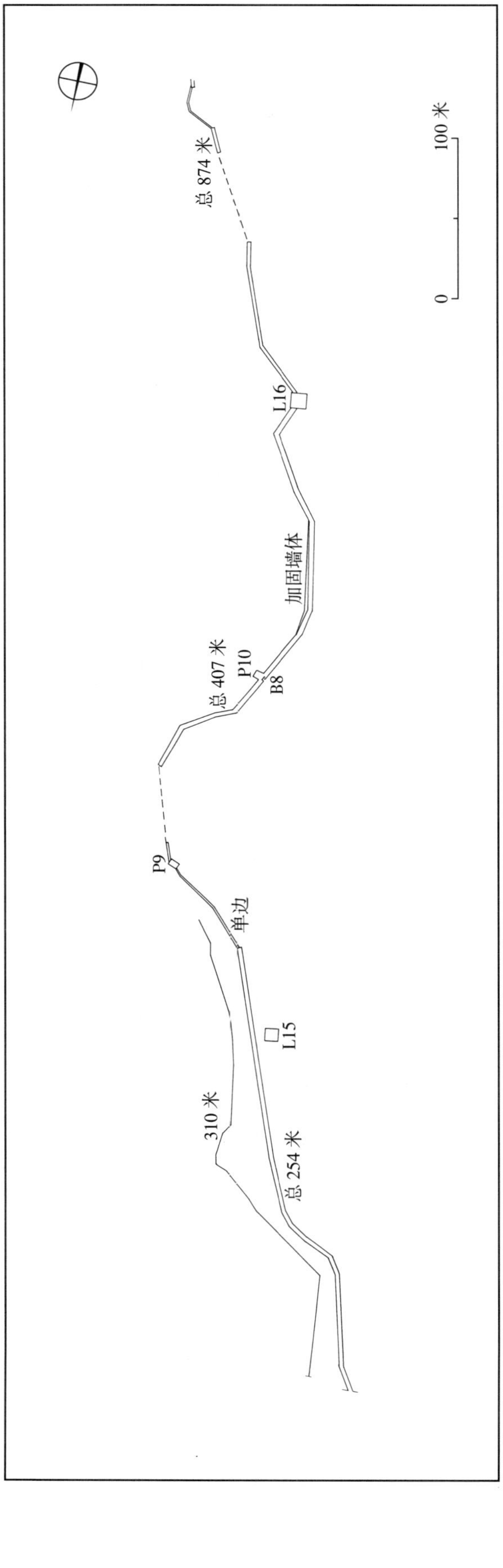

图［8］008　C7 将军关测区边墙建筑遗迹分布图

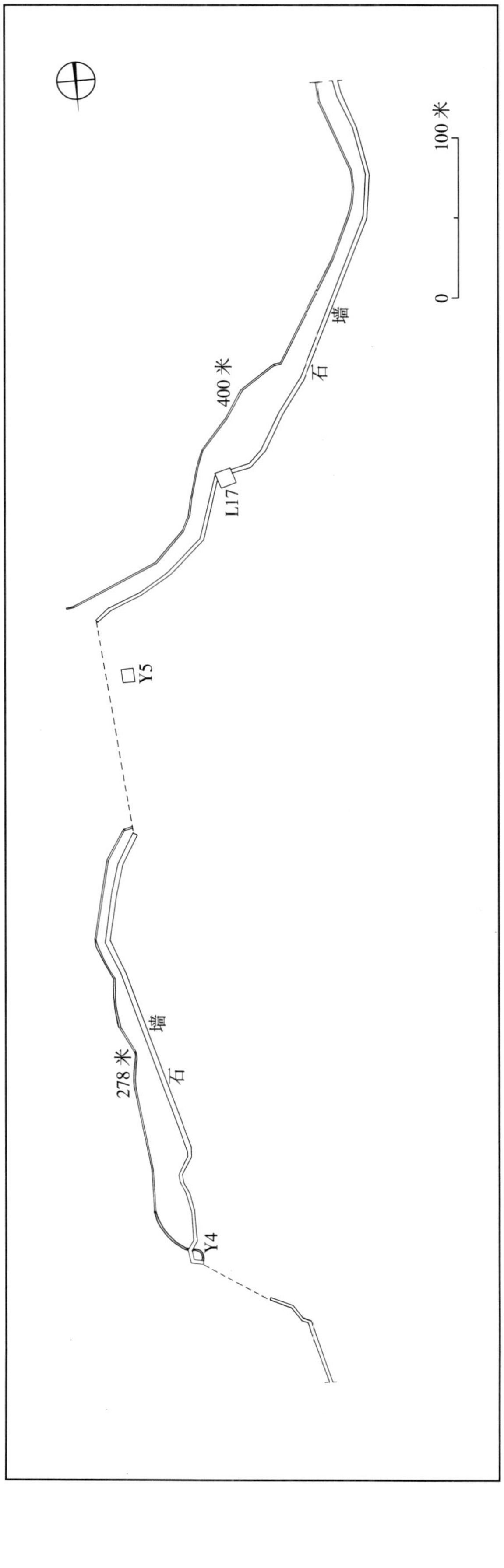

图［8］009　C8 将军关测区边墙建筑遗迹分布图

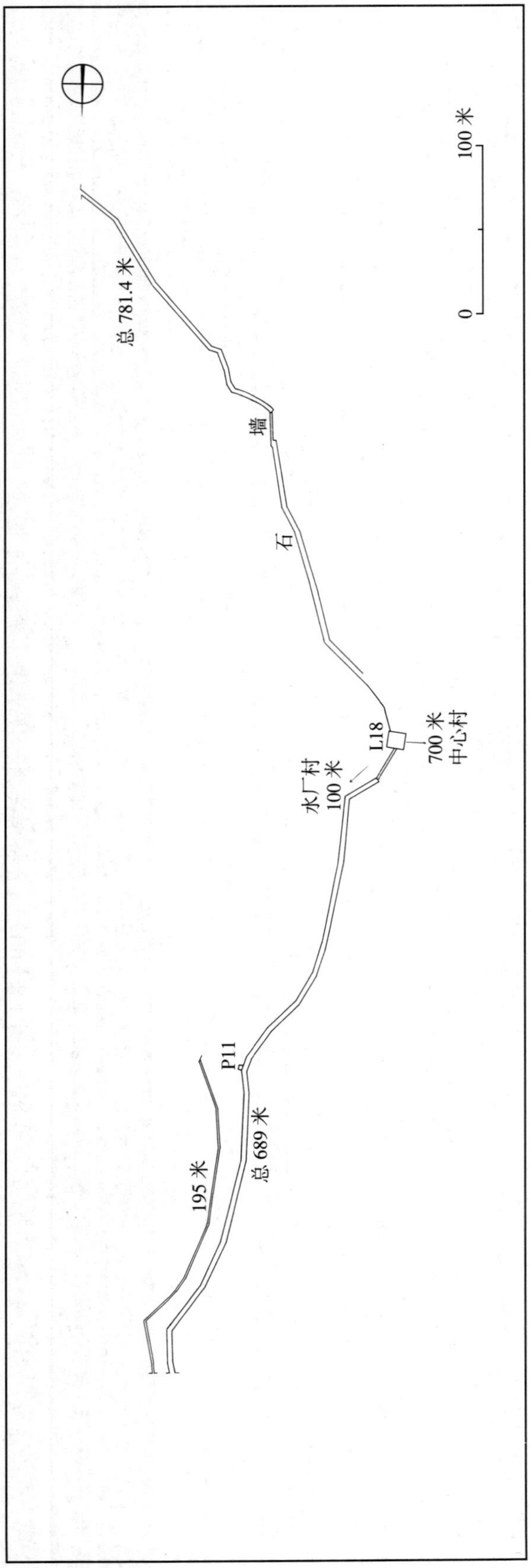

图［8］010 C9 将军关测区边墙建筑遗迹分布图

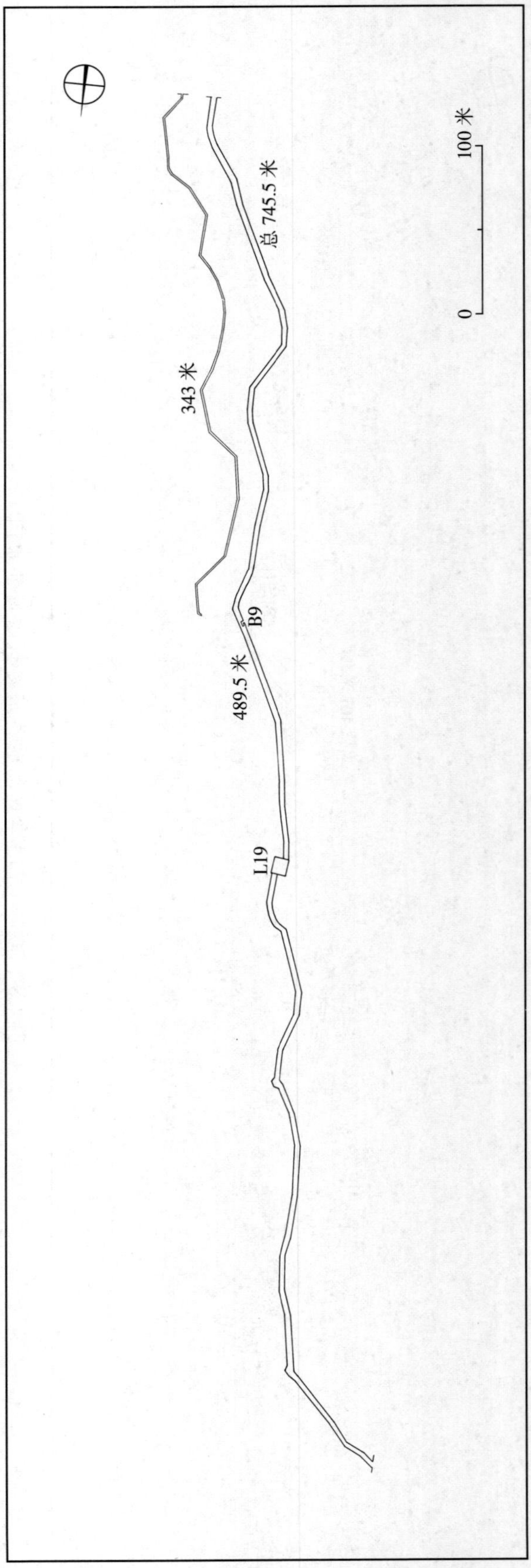

图［8］011 C10 将军关测区边墙建筑遗迹分布图

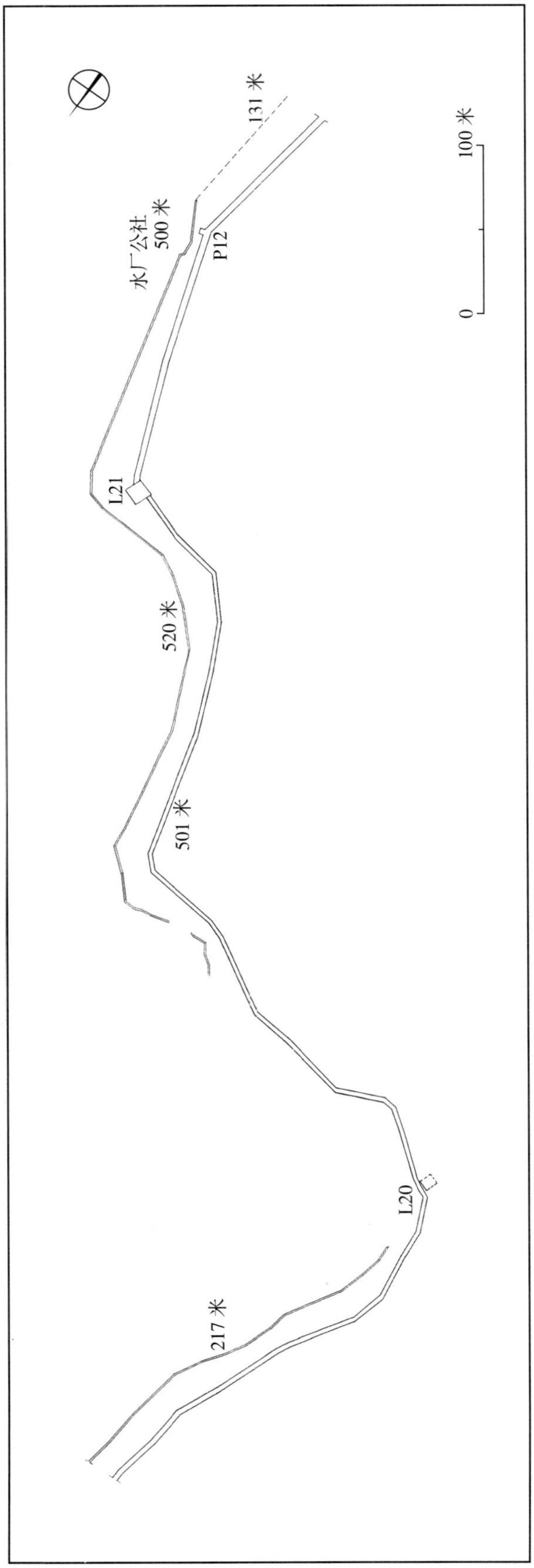

图［8］012　C11 将军关测区边墙建筑遗迹分布图

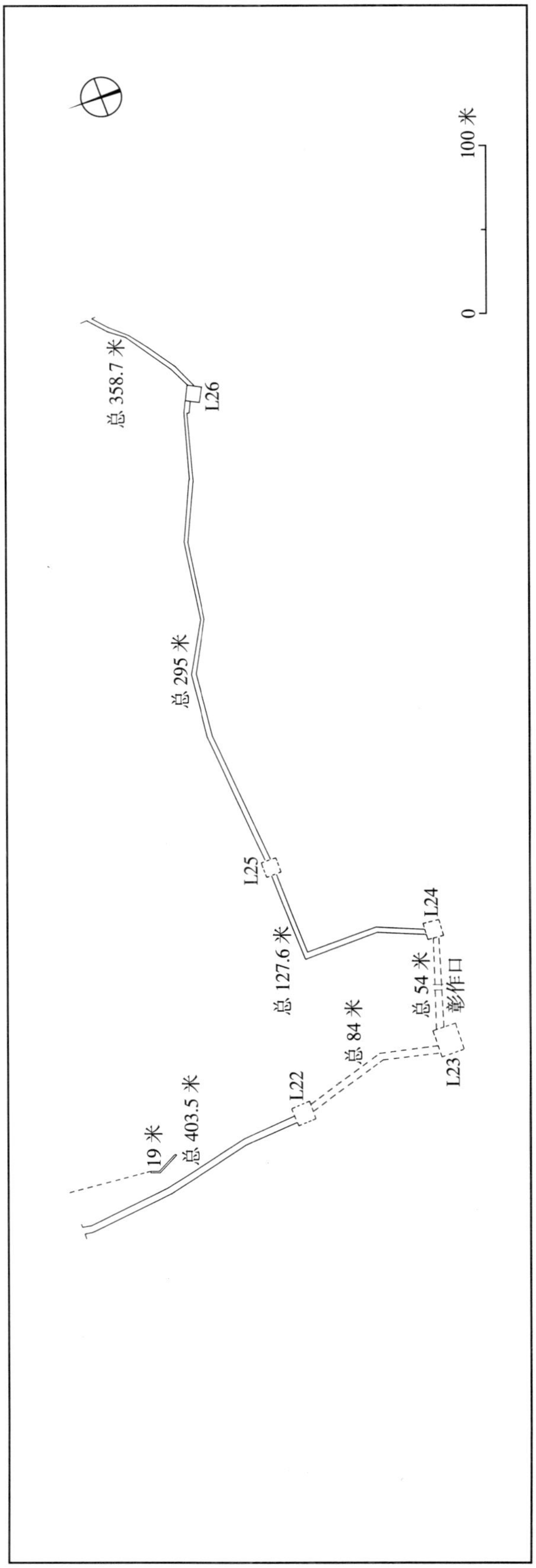

图［8］013　C12 将军关测区边墙建筑遗迹分布图

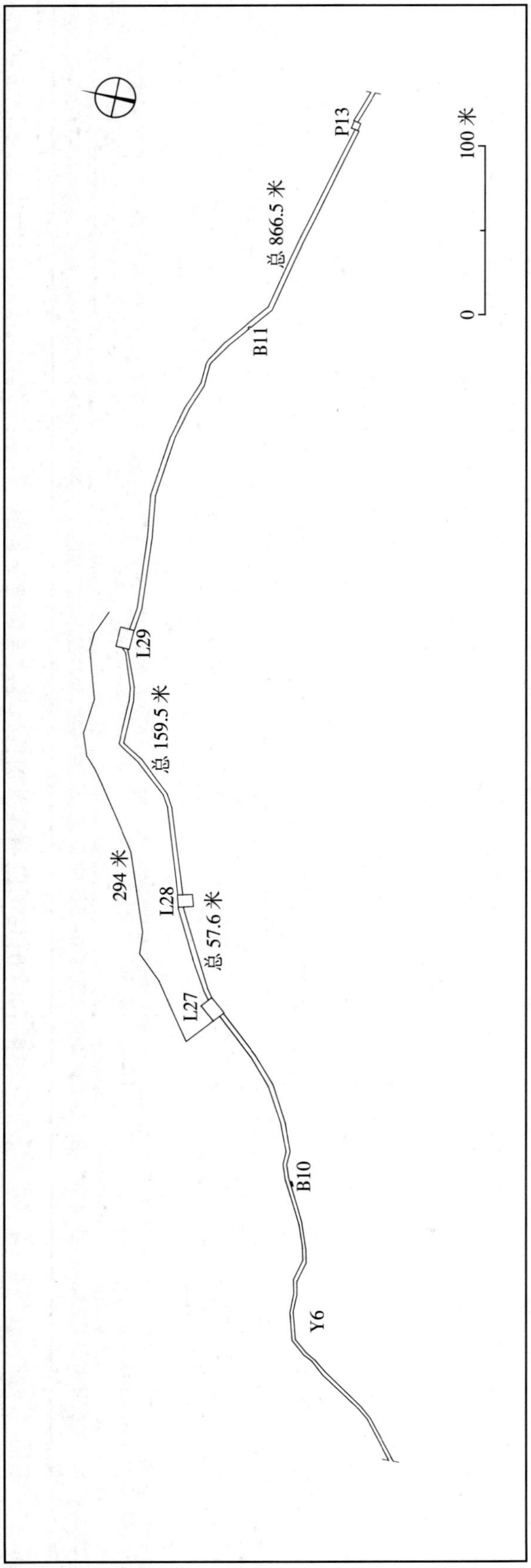

图［8］014　C13 将军关测区边墙建筑遗迹分布图

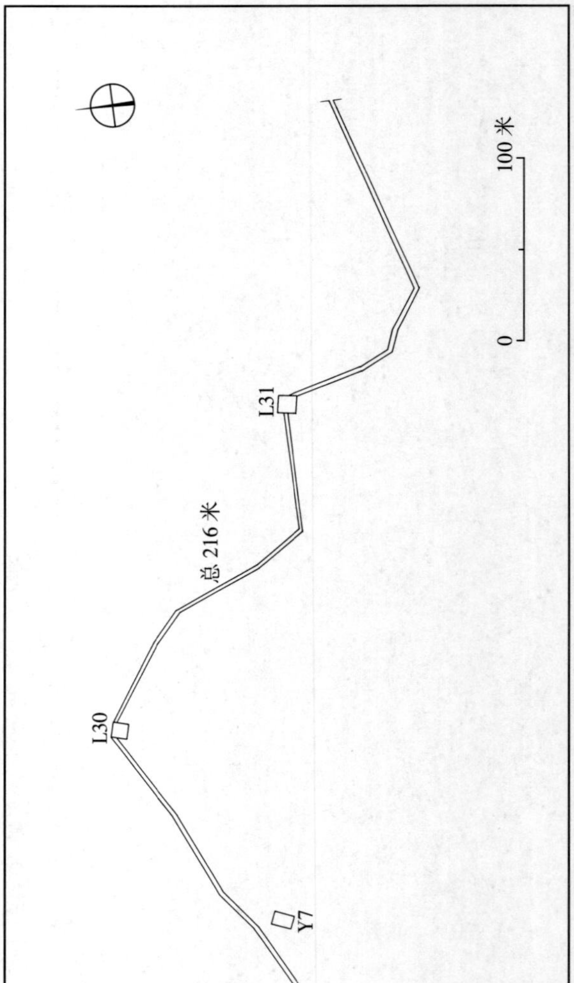

图［8］015　C14 将军关测区边墙建筑遗迹分布图

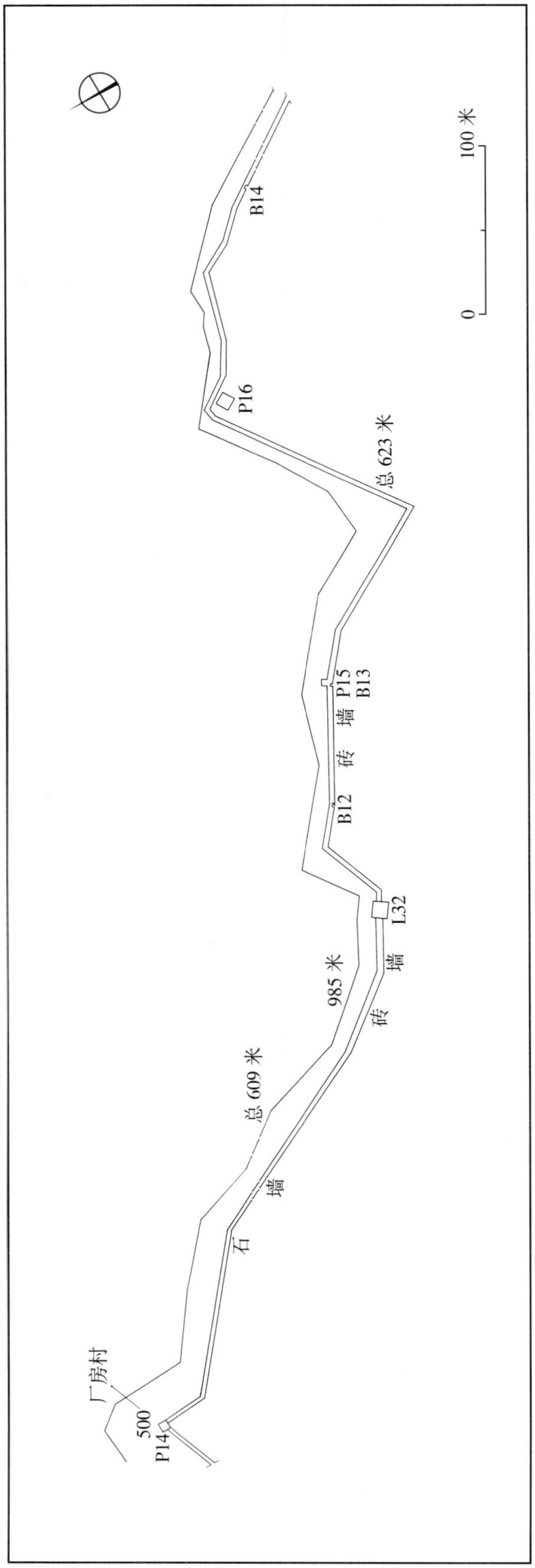

图［8］016 C15将军关测区边墙建筑遗迹分布图

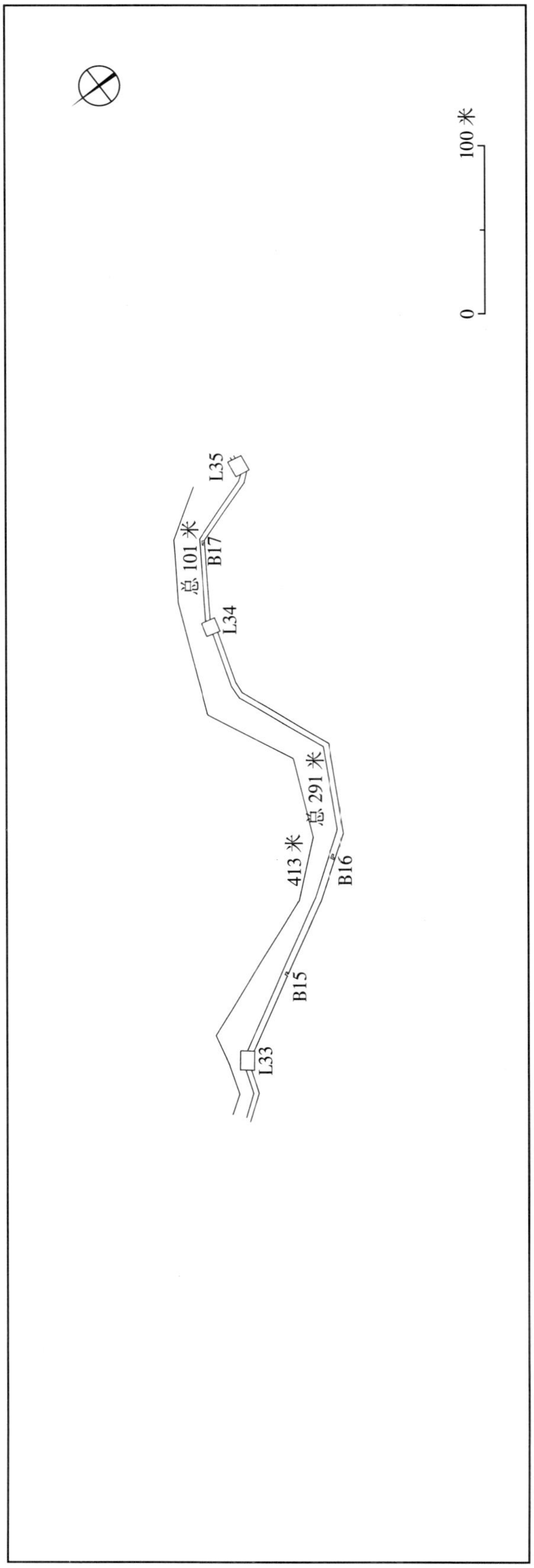

图［8］017 C16将军关测区边墙建筑遗迹分布图

图版

图版［11］001　L17 — L18 之间的边墙（由东向西，1982 年 11 月）

图版［11］002　L24 西立面（由西向东，1982 年 11 月）

图版［11］003　L24 — L25 远景（由南向北，1982 年 11 月）

图版［11］004　L29 远景（由西向东，1982 年 11 月）

图版［11］005　L37 南立面（由南向北，1982 年 11 月）

图版［11］006　L39 南立面及墙体（由南向北，1982 年 11 月）

图版［11］007　L46 远景（由东向西，1982 年 11 月）

图版［11］008　L49 南立面（由南向北，1982 年 11 月）

图版［11］009　L51 南立面（由南向北，1982 年 11 月）

图版［11］010　L51 西立面（由西向东，1982 年 11 月）

图版［11］011　L55 东立面（由东向西，1982 年 11 月）

图版［11］012　L55 南北边墙情况（由南向北，1982 年 11 月）

图版［11］013　L56 东立面（由东向西，1982 年 11 月）

图版［11］014　L56 南面门窗（由南向北，1982 年 11 月）

图版［11］015　L56 南北边墙情况（由南向北，1982 年 11 月）

图版［11］016　L60东立面（由东向西，1982年11月）

图版［11］017　L61东立面（由东向西，1982年11月）

图版［11］018　L61及边墙（由东向西，1982年11月）

图版［11］019　L62及边墙（由东向西，1982年11月）

图版［11］020　沙坡峪口以北边墙（由南向北，1982 年 11 月）

图版［11］021　罗文峪下营城北垣（由西向东，1982 年 11 月）

图版［11］022　罗文峪下营城南门匾额残碑（1982 年 11 月）

图版［10］001　清东陵西山钻天缝（由南向北，1982 年 10 月）

图版［10］002　L1 西立面（由西向东，1982 年 10 月）

图版［10］003　L1 — L2 之间墙体（由东向西，1982 年 10 月）

图版［10］004　Z1 残基址（由南向北，1982 年 10 月）

图版［10］005　L2 西侧（由西向东，1982 年 10 月）

图版［10］006　L3 东侧残基址（由东向西，1982 年 10 月）

图版［10］007　L4 基址（由东向西，1982 年 10 月）

图版［10］008　L5 残基址（由西向东，1982 年 10 月）

图版［10］009　L6 基址（由西向东，1982 年 10 月）

图版［10］010　Z2 残迹（由西向东，1982 年 10 月）

图版［10］011　Z3 残迹（由东向西，1982 年 10 月）

图版［10］012　L7 及墙体（由西向东，1982 年 10 月）

图版［10］013　L11 残基址（由南向北，1982 年 10 月）

图版［10］014　L11 — L12 之间石边墙（由西向东，1982 年 10 月）

图版［10］015　L12 基址（由南向北，1982 年 10 月）

图版［10］016　L13 南侧基址（由南向北，1982 年 10 月）

图版［10］017　L14 基址残存的石柱础（1982 年 10 月）

图版［10］018　楦门子北第一分支附边墙（由东向西，1982 年 10 月）

图版［10］019　楦门子北第二分支附边墙（由西向东，1982 年 10 月）

图版［10］020　L15 残基址（由东向西，1982 年 10 月）

图版［10］021　L23 基址（由东向西，1982 年 10 月）

图版［10］022　L24 基址（由西向东，1982 年 10 月）

图版［10］023　L28 及以东边墙（由西向东，1982 年 10 月）

图版［10］024　马兰关口现状（由南向北，1982 年 10 月）

图版［10］025　L30 东立面（由东向西，1982 年 10 月）

图版［10］026　L31 基址（由南向北，1982 年 10 月）

图版［10］027　L32 基址（由南向北，1982 年 10 月）

图版［10］028　L33 基址（由南向北，1982 年 10 月）

图版［10］029　L34 基址（由西向东，1982 年 10 月）

图版［10］030　L34 以北边墙（由南向北，1982 年 10 月）

图版［10］031　L35基址（由南向北，1982年10月）

图版［10］032　L36及墙体（由东向西，1982年10月）

图版［10］033　L37基址（由东向西，1982年10月）

图版［10］034　L38 南侧立面（由南向北，1982 年 10 月）

图版［10］035　L39 基址（由东向西，1982 年 10 月）

图版［10］036　L40 残基址（由西南向东北，1982 年 10 月）

图版［10］037 L42 基址（由西南向东北，1982 年 10 月）

图版［10］038 L44 残迹（由东向西，1982 年 10 月）

图版［10］039 L45 基址（由西向东，1982 年 10 月）

图版［10］040　L46 基址（由东向西，1982 年 10 月）

图版［10］041　L47 基址（由南向北，1982 年 10 月）

图版［10］042　L48 基址（由南向北，1982 年 10 月）

图版［10］043　L48 以东边墙（由西向东，1982 年 10 月）

图版［10］044　L49 基址（由南向北，1982 年 10 月）

图版［10］045　L50 残基址及墙体（由南向北，1982 年 10 月）

图版［10］046　L51 残基址（由东向西，1982 年 10 月）

图版［10］047　L52 基址及边墙（由南向北，1982 年 10 月）

图版［10］048　L52 以南边墙（由北向南，1982 年 10 月）

图版［10］049　L55 残基址及墙体（由东向西，1982 年 10 月）

图版［10］050　L56 及墙体（由东向西，1982 年 10 月）

图版［10］051　L57 北侧 Z12 基址（由南向北，1982 年 10 月）

图版［10］052　L57 西 Y6（由南向北，1982 年 10 月）

图版［10］053　L58 残基址（由南向北，1982 年 10 月）

图版［10］054　L58 和北侧之护城沟（由西向东，1982 年 10 月）

图版［10］055　L63 基址（由南向北，1982 年 10 月）

图版［10］056　L64 基址（由北向南，1982 年 10 月）

图版［10］057　L65 残基址（由南向北，1982 年 10 月）

图版［10］058　L66 残基址（由南向北，1982 年 10 月）

图版［10］059　L67 西立面（由西向东，1982 年 10 月）

图版［10］060　L68 残基址（由南向北，1982 年 11 月）

图版［10］061　L71 基址（由东南向西北，1982 年 11 月）

图版［10］063　L73 基址（由东向西，1982 年 11 月）

图版［10］062　L72 残基址（由南向北，1982 年 11 月）

图版［10］064　L73 — L74 间 Y10（由南向北，1982 年 11 月）

图版［10］065　L74 南石阶梯（由北向南，1982 年 11 月）

图版［10］066　L75 — L76 间边墙接茬处（由西向东，1982 年 11 月）

图版［10］067　L76 基址（由南向北，1982 年 10 月）

图版［10］068　L77 基址（由北向南，1982 年 10 月）

图版［10］069　L79 东立面（由东向西，1982 年 10 月）

图版［10］070　L80 — L81 间边墙（由南向北，1982 年 11 月）

图版［10］071　L81 基址（由北向南，1982 年 10 月）

图版［10］072　L82 以北 Y11 以北墙体（由南向北，1982 年 11 月）

图版［10］073　L84及东北边墙（由南向北，1982年11月）

图版［10］074　L85残基址（由东向西，1982年11月）

图版［10］075　L86基址（由东向西，1982年11月）

图版［10］076　L87 基址（由西向东，1982 年 11 月）

图版［10］077　L89 基址（由东向西，1982 年 11 月）

图版［10］078　L90 北侧边墙二次加厚情况（由南向北，1982 年 11 月）

图版［10］079　L90 北侧上墙石阶（由西向东，1982 年 11 月）

图版［10］080　L90 残基址（由东向西，1982 年 11 月）

图版［10］081　L91 基址（由东向西，1982 年 11 月）

图版［10］082　L94 基址（由南向北，1982 年 10 月）

图版［10］083　L95 残存南墙（由南向北，1982 年 11 月）

图版［10］084　L96 东墙（由东南向西北，1982 年 11 月）

图版［10］085　L97 南立面（由西北向东南，1982 年 11 月）

图版［10］086　L99 残基址（由南向北，1982 年 11 月）

图版［10］087　L99 以东边墙（由西向东，1982 年 11 月）

图版［10］100　L111 基址（由东北向西南，1982 年 11 月）

图版［10］101　L114 残基址（由西向东，1982 年 11 月）

图版［10］102　L114 — L115“兴州前屯卫”摩崖刻石（1982 年 11 月）

图版［10］103　L115 基址（由东向西，1982 年 11 月）

图版［10］104　L116 基址（由南向北，1982 年 11 月）

图版［10］105　L117 基址（由西向东，1982 年 11 月）

图版［10］106　L118 基址（由东向西，1982 年 11 月）

图版［10］107　L119 及石墙体（由东向西，1982 年 11 月）

图版［10］108　L119 以东石边墙（由西向东，1982 年 11 月）

图版［10］109　L122 基址（由西向东，1982 年 11 月）

图版［10］110　L123 残基址（由东向西，1982 年 11 月）

图版［10］111　L124 远望（由北向南，1982 年 11 月）

图版［10］112　L127 及石边墙（由西向东，1982 年 11 月）

图版［10］113　L128 及墙体（由西向东，1982 年 11 月）

图版［10］114　L129 残基址（由西向东，1982 年 11 月）

图版［10］115　L130 基址（由东向西，1982 年 10 月）

图版［10］116　L131 基址（由东向西，1982 年 11 月）

图版［10］117　L132 西南全景（由南向北，1982 年 11 月）

图版［10］118　L132 门现状（东侧，1982 年 11 月）

图版［10］119　L133 残墙（由南向北，1982 年 11 月）

图版［10］120　L134 残基址（由南向北，1982 年 11 月）

图版［10］121　L136 残基址（由南向北，1982 年 11 月）

图版［10］122　L138 以东石墙结构（由东南向西北，1982 年 11 月）

图版［10］123　L140 东立面（由东向西，1982 年 11 月）

图版［10］124　L140 基址上的残碑（1982 年 11 月）

图版［10］125　L141 西立面（由西向东，1982 年 11 月）

图版［10］126　L142 西立面（由西向东，1982 年 11 月）

图版［10］127　L142 以东 Y13 烽墩（由南向北，1982 年 11 月）

图版［10］128　L143 东立面（由东向西，1982 年 11 月）

图版［10］129　L144 南立面（由南向北，1982 年 11 月）

图版［10］130　L144 筒拱隔墙及台门（由南向北，1982 年 11 月）

图版［10］131　L144 南台门（由南向北，1982 年 11 月）

图版［10］132　L145 东南立面（由东南向西北，1982 年 11 月）

图版［10］133　L146 东立面（由东向西，1982 年 11 月）

图版［10］134　L147 俯瞰（由南向北，1982 年 11 月）

图版［10］135　L148 东立面及墙体（由东向西，1982 年 11 月）

图版［10］136　L151 东立面残墙（由东向西，1982 年 11 月）

图版［10］137　L152 东墙（由东向西，1982 年 11 月）

图版［10］138　L158 北立面（由北向南，1982 年 11 月）

图版［10］139　L159 西立面残墙（由西向东，1982 年 11 月）

图版［10］140　榼门子关城全景（由西向东，1982 年 11 月）

图版［10］141　楦门子关城东门残迹（由西向东，1982 年 11 月）

图版［10］142　新立大队上海村西堡子（由东向西，1982 年 11 月）

图版［10］143　马兰关西城南垣（由西向东，1982年11月）

图版［10］145　马兰关西城南垣石砌情况（由东向西，1982年11月）

图版［10］144　马兰关西城南垣城门址（由南向北，1982年11月）

图版［10］146　马兰关西城东垣（由南向北，1982 年 11 月）

图版［10］147　马兰关西城东垣门址（由东向西，1982 年 11 月）

图版[10]148　马兰关东城石砌墙体(由北向南，1982年11月)

图版[10]149　马兰关东城西墙门址(由西向东，1982年11月)

图版[10]150　马兰关东城南垣门址(由南向北，1982年11月)

图版[10]151 马兰关东城西南角楼(由东南向西北，1982年11月)

图版[10]152 鲶鱼石(池)堡西垣门址(由北向南，1982年11月)

图版[10]153 鲶鱼石(池)堡南垣(由北向南，1982年11月)

图版［10］154 鲶鱼石（池）堡南垣门址（由北向南，1982 年 11 月）

图版［10］155 鲶鱼石（池）堡东墙门址（由西向东，1982 年 11 月）

图版［10］156 鲶鱼石（池）堡城东南角楼（由西向东，1982 年 11 月）

图版［10］157　大安口堡城全景（由南向北，1982 年 11 月）

图版［10］158　大安口城东垣（由南向北，1982 年 11 月）

图版［10］159　大安口城西垣（由北向南，1982 年 11 月）

图版［10］160　大安口城南垣（由东向西，1982 年 11 月）

图版［10］161　大安口城南垣门址（由南向北，1982 年 11 月）

图版［10］162　冷嘴头以东边墙（由西向东，1982 年 11 月）

图版［10］163　冷嘴头城北垣内便门（由南向北，1982 年 11 月）

图版［9］001　一段跑马厂南山石边墙（由北向南，1982 年 8 月）

图版［9］002 一段 Z1 残基址（由西南向东北，1982 年 8 月）

图版［9］003 一段 D1 与墙体（由西向东，1982 年 8 月）

图版［9］004 一段 L1 基址（由西南向东北，1982 年 8 月）

图版［9］005 一段 L2 及石边墙（由西南向东北，1982 年 8 月）

图版［9］006　一段D2全貌（由南向北，1982年8月）

图版［9］007　一段D2附近石垛口墙（由南向北，1982年8月）

图版［9］008　一段Z4残迹（由东向西，1982年8月）

图版［9］009　一段D3（由南向北，1982年8月）

图版［9］010　一段 D4 全景（由东向西，1982 年 8 月）

图版［9］011　一段跑马厂 L4 — L5 间墙体结构及小口门通道（由南向北，1982 年 8 月）

图版［9］012　一段 Z5 及墙体（由南向北，1982 年 8 月）

图版［9］013　一段 L5 残基址（由西南向东北，1982 年 8 月）

图版［9］014　一段 D5 残基址（由南向北，1982 年 8 月）

图版［9］015　一段 L6 东立面（由东向西，1982 年 8 月）

图版［9］016　一段 Z6（由东向西，1982 年 8 月）

图版［9］017　一段 L7 跨出墙体情况（由东北向西南，1982 年 8 月）

图版［9］018　一段黄崖关东侧边墙（由东向西，1982 年 8 月）

图版［9］019　一段 L8 基址西立面（由西向东，1982 年 8 月）

图版［9］020　一段 D7 基址（由东向西，1982 年 8 月）

图版［9］021　三段 L1 南立面（由南向北，1982 年 9 月）

图版［9］022　三段 L2 全景（由南向北，1982 年 9 月）

图版［9］023　三段 L3 东南立面（由东南向西北，1982 年 9 月）

图版［9］024　三段 D1 北侧面（由北向南，1982 年 8 月）

图版［9］025　三段 L4 侧面（由南向北，1982 年 8 月）

图版［9］026　三段 L5 全景（由南向北，1982 年 8 月）

图版［9］027　三段 L5 南前干涧小口门（由南向北，1982 年 8 月）

图版［9］028　三段前干涧小口南 L6 台基侧面（由南向北，1982 年 8 月）

图版［9］029　三段 L6 西北边墙（由东南向西北，1982 年 8 月）

图版［9］030　三段 L6 西侧石边墙局部（由东向西，1982 年 8 月）

图版［9］031　三段 L6 — L7 东西主体边墙和拦马墙（由东向西，1982 年 8 月）

图版［9］032　三段 L7 基址（由东向西，1982 年 8 月）

图版［9］033　三段 L7 以西主体墙与拦马墙（由东向西，1982 年 8 月）

图版[9]034　三段L8残基址(由东向西,1982年8月)

图版［9］035　三段L8以东石边墙（由西向东，1982年8月）

图版［9］036　三段L8龙门村以南边墙（由北向南，1982年8月）

图版［9］037　三段Z1与边墙（由西向东，1982年8月）

图版［9］038　三段 L9 残基址（由南向北，1982 年 8 月）

图版［9］039　三段 L10 残基址（由南向北，1982 年 8 月）

图版［9］040　三段 L10 以西石边墙和拦马墙（由东向西，1982 年 8 月）

图版［9］041　三段 L10 以西上墙道（由西向东，1982 年 8 月）

图版［9］042　四段 L1（由北向南，1986 年 6 月）

图版［9］043　四段 L2（由西南向东北，1986 年 6 月）

图版［9］044　四段 Z1 基址（由南向北，1986 年 6 月）

图版［9］045　四段 L3 基址（由东向西，1986 年 10 月）

图版［9］046　四段 L4 东南立面（由东南向西北，1986 年 6 月）

图版［9］047　四段 L4 西南立面（由西南向东北，1986 年 6 月）

图版［9］048　四段青山岭口（大口子）（由南向北，1986 年 6 月）

图版［9］049　四段 D1 石基（由东向西，1986 年 6 月）

图版［9］050　四段 L6 基址（由南向北，1986 年 6 月）

图版［9］051　四段 L7 及残墙体（由南向北，1986 年 6 月）

图版［9］052　四段 L8 残基址（由南向北，1986 年 6 月）

图版［9］053　四段 L9 残基址（由东向西，1986 年 6 月）

图版［9］054　四段 L10 及石边墙（由南向北，1986 年 6 月）

图版［9］055　四段 L11 残基址（由西南向东北，1986 年 6 月）

图版［9］056　四段 L12 基址（由南向北，1986 年 6 月）

图版［9］057　四段 F5 基址（由东向西，1986 年 6 月）

图版［9］058　四段黄崖子口子（由南向北，1986 年 6 月）

图版［9］059　四段 L14 以北边墙（由南向北，1986 年 6 月）

图版［9］060　四段 L15 残基址（由西向东，1986 年 6 月）

图版［9］061　四段 L15 — L16 之间石边墙（由南向北，1986 年 6 月）

图版［9］062　四段 L16 残基址（由西南向东北，1986 年 6 月）

图版［9］063　四段 L17 及石边墙（由西向东，1986 年 6 月）

图版［9］064　四段 L18 基址及边墙（由西南向东北，1986 年 6 月）

图版［9］065　四段 L19 基址（由南向北，1986 年 6 月）

图版［8］001　L26 基址（由东向西，1982 年 9 月）

图版［8］002　L26 — L27 之间的石边墙（由西向东，1982 年 9 月）

图版［8］003　L27 基址（由南向北，1982 年 9 月）

图版［8］004　L28 基址（由西向东，1982 年 9 月）

图版［8］005　L29 墙体（由东向西，1982 年 9 月）

图版［8］006　L30 及墙体（由东向西，1982 年 9 月）

图版［8］007　L31 基址（由西向东，1982 年 9 月）

图版［8］008　L32 基址（由东向西，1982 年 9 月）

图版［8］009　L32 — P16 之间石砌墙体（由西北向东南，1982 年 9 月）

图版［8］010　L35 残基址（由南向北，1982 年 9 月）

图版［8］011　L35 以西边墙及削坡（由东向西，1982 年 9 月）